北京师范大学刑事法律科学研究院

刑法学研究总整理文库

总主编　赵秉志

刑法中的错误专题整理

陈　琴　杨会新　编著

中国人民公安大学出版社

·北　京·

图书在版编目（CIP）数据

刑法中的错误专题整理/陈琴，杨会新编著. —北京：中国人民公安大学出版社，2010.9

（北京师范大学刑事法律科学研究院刑法学研究总整理文库）

ISBN 978-7-5653-0196-4

Ⅰ. ①刑… Ⅱ. ①陈… ②杨… Ⅲ. ①刑法—中国—文集 Ⅳ. ①D924.04-53

中国版本图书馆 CIP 数据核字（2010）第 188410 号

刑法中的错误专题整理

XINGFAZHONG DE CUOWU ZHUANTI ZHENGLI

陈　琴　杨会新　编著

出版发行：中国人民公安大学出版社
地　　址：北京市西城区木樨地南里
邮政编码：100038
经　　销：新华书店
印　　刷：北京泰锐印刷有限责任公司

版　　次：2010 年 9 月第 1 版
印　　次：2010 年 9 月第 1 次
印　　张：10.75
开　　本：880 毫米×1230 毫米　1/32
字　　数：332 千字
印　　数：1~3000 册

书　　号：ISBN 978-7-5653-0196-4/D·0146
定　　价：32.00 元

网　　址：www.cppsup.com.cn　www.porclub.com.cn
电子邮箱：cpep@public.bta.net.cn　zbs@cppsu.edu.cn

营销中心电话：(010) 83903254
读者服务部电话（门市）：(010) 83903257
警官读者俱乐部电话（网购、邮购）：(010) 83903253
教材分社电话：(010) 83903259
公安图书分社电话：(010) 83905672
法律图书分社电话：(010) 83905745
公安文艺分社电话：(010) 83903973
杂志分社电话：(010) 83903239
电子音像与数字出版分社电话：(010) 83905727

总 序

新中国刑法学在新中国成立初期创建之后，虽然曾因政治运动出现过一段时间的停滞，但在党的十一届三中全会后开始复苏，并逐步走上了繁荣发展的道路。尤其是近20多年来，刑法学研究更是突飞猛进，成果迭出，成就斐然，从而成为我国法学领域公认的最为发达的主要学科之一。在新中国刑法学创建以来的近60年间，共出版著作近3000部，发表论文数万篇。面对如此丰硕的研究成果，总结其成就，反思其得失，从而为刑法学的进一步开拓发展提供导向，显得异常迫切。这就需要加强对数十年来刑法学研究成果的系统整理，将体现刑法学发展和具有重要学术价值的代表性研究成果，从发表在数以百计的报刊和文集上的浩如烟海的论文中精选出来，按照专题汇编成册，从而为今人的研究、学习提供便利，也为后人保留有代表性的研究资料。

以高铭暄、赵秉志教授为首的北京师范大学刑事法律科学研究院的刑法学研究团队，在潜心刑法理论研究的同时，历来都非常重视刑法学研究资料的整理和汇集，多年来在此方面曾推出了数部非常有影响的学术资料荟萃书籍。例如，《新中国刑法学研究综述（1949—1986）》（高铭暄主编，河南人民出版社1986年版）、《刑法修改研究综述》（赵秉志主编，中国人民公安大学出版社1990年版)、《刑法争议问题研究》(赵秉志主编，河南人民出版社1996年版)、《新中国刑法学五十年》(高铭暄、赵秉志主编，中国方正出版社2000年版)、《新中国刑法学研究历程》(高铭暄、赵秉志主编，中国方正出版社2002年版)、《刑法学的新动向》(刘志伟主编，中国人民公安大学出版社2005年版)等。"删繁就简三秋树，标新立异二月花"，这些书籍简明扼要地概括了中国刑法学理论研究的实际状况，反映出刑法学理论研究的最新动态，揭示了刑法学术研究的前沿问题，既为刑法学理论研究提供了资料方面的便利，免除了研究者披沙拣金、查找适合资料这一皓首穷经的辛苦，又汇集各家学说，避免了研究者冥思苦想的观点却是前人已有之说的无谓劳动，从而有利于研究者激发学术思想的火花。

为承袭前述著作的成功经验，汇集近年刑法学术的前沿论述，赵秉志教授等学者在中国人民大学刑事法律科学研究中心工作时，即曾酝酿编撰一套系统整理新中国成立以来刑法学研究成果的著作，但因故未能付诸实施。2005年8月，赵秉志教授、卢建平教授等数位学者首批加入北京师范大学并创建了全国首家实体性的刑事法律科学研究院。随后，经过多次研究和论证，决定组织精干队伍，编撰出版"北京师范大学刑事法律科学研究院刑法学研究总整理文库"。该套文库将刑法学各个重要问题的有关内容分别编辑成册，系集专题述评、代表性论文精选、研究论著索引为一体的大型学术工具书。它既是全面展示新中国刑法学研究成果的重要窗口，也是刑法学研究者、学习者从事刑法学研究和学习的捷径，还将为刑事法实务工作者集中提供权威或有价值的指导或参考。为保证本文库高质量地及时出版，北京师范大学刑事法律科学研究院刑法学研究团队给予了高度的重视，并精诚团结，投入了大量的时间和精力。并聘请研究院名誉院长高铭暄教授、研究院特聘顾问教授马克昌、王作富、储槐植先生担任本文库的学术顾问，组成了由院长赵秉志教授担任主任，常务副院长卢建平教授、中国刑法研究所所长李希慧教授为副主任，黄风教授、张远煌教授、吴宗宪教授、刘志伟教授、王秀梅教授、李汉军教授、王志祥教授为成员的编委会，负责文库的策划、作者的确定以及指导解决编写过程中遇到的重要问题。设立由刘志伟教授兼任主任，讲师黄晓亮博士、张磊博士为副主任，刘科博士、袁彬博士、李山河博士、苏明月博士、蒋娜博士、博士生彭新林为成员的编辑部，负责协调有关编辑与出版事宜。文库的编写队伍主要由北京师范大学刑事法律科学研究院的研究人员和部分博士后、博士生以及中国人民大学法学院刑法专业部分博士生组成。其每一册均由对相应专题有研究专长或研究兴趣的教师、博士生或近年毕业的博士担任编著者。考虑到本文库涉及刑法学总论、各论中的数十个专题，编著工程浩大，耗费时间也长，经过与中国人民公安大学出版社协商，决定根据各个专题的性质、完成的进度、文稿的规模分批出版，成熟一批出版一批。近两年来，基于各位编著者、审定者的辛勤工作，在中国人民公安大学出版社的大力支持下，刑法学研究总整理文库已有18本付梓问世，成为刑法学理论研究的重要参考，受到了刑法学界诸多专家学者以及读者朋友的热烈欢迎与好评。我们将以此为动力，一如既往地勤勉工作，不断推出高质量的专题整理作品。

最后，需要说明的是，“北京师范大学刑事法律科学研究院刑法学研究总整理文库”是以公开发表的论文和出版的著作作为基础编写而成的，没有广大论文与著作原作者的辛勤劳动，就不会有本书的问世，在此向他们表示衷心的感谢与崇高的敬意；受编写者的学术素养、概括与总结能力以及编写和出版时间等因素的限制，本书论著原作者观点的概括和介绍难免有不准确、不妥当之处，尚祈广大作者和读者谅解。同时，也欢迎广大读者多提宝贵意见，以便我们在今后的编写修订工作中不断改进。

“北京师范大学刑事法律科学研究院
刑法学研究总整理文库”编委会
2008 年 8 月 18 日

目　录

上编　研究述评

一、关于“刑法中的错误”的研究概况 …………………… (3)
（一）我国古代对刑法中的错误规定概况 ………………… (4)
（二）我国民国时期对刑法中的错误规定概况 …………… (6)
（三）新中国成立后至20世纪70年代末对刑法中的错误研究概况 ……………………………………………… (7)
（四）我国20世纪70年代末至20世纪80年代末90年代初对刑法中的错误研究概况 ………………………… (8)
（五）我国20世纪80年代末90年代初以后对刑法中的错误研究概况 ……………………………………………… (9)
二、关于“刑法中的错误”研究的主要问题及观点概述 …… (11)
（一）刑法中的错误的含义 ………………………………… (11)
（二）刑法中的错误的研究意义 …………………………… (12)
（三）错误问题的存在领域 ………………………………… (13)
（四）刑法中错误的分类 …………………………………… (14)
（五）事实错误与法律错误的区分标准 …………………… (22)
（六）事实错误的处理原则 ………………………………… (32)
（七）对象认识错误与不能犯问题 ………………………… (40)

（八）因果关系认识错误问题 …………………………（43）
（九）共犯中的错误 ……………………………………（49）
（十）法律错误的处理原则 ……………………………（54）
三、关于“刑法中的错误”研究的整体评价 ……………（59）

下编 代表性论文精选

因果关系错误与刑事责任浅析 ………………… 陈泽宪 （67）
论我国刑法中的能犯未遂与不能犯未遂 …………… 赵秉志 （70）
刑法上认识错误的概念及分类 ………………… 陈明华 （77）
“不能犯”质疑 ……………………………………… 利子平 （84）
罪行轻重的认识错误与定罪量刑 ……………… 薛进展 （88）
错误中的正当化与免责问题研究 ………… 高铭暄 钱 毅 （92）
论刑法中的因果关系错误 ……………………… 刘明祥 （114）
危险性的判断与不能犯未遂犯 ………………… 顾肖荣 （123）
论共同实行犯的事实错误 ……………………… 刘明祥 （137）
论英美刑法中关于法律认识错误的处理原则 ……… 张明楷 （147）
论刑法中的认识错误 …………………………… 阮齐林 （158）
论刑法中“行为性质错误” …………………… 杜 澎 （184）
对象错误条件下犯罪既遂的认定问题研究
——对一例故意杀人案的定性分析 ………… 倪培兴 （194）
不能犯问题研究 ………………………………… 黄卿堆 （209）
不能未遂犯论争：“客观危险说”批判 ………… 郑军男 （220）
不能犯的判断方法：危险概念的理性探析 ……… 张德友 （233）
被害人承诺与认识错误 ………………………… 郭理蓉 （244）
论期待可能性错误 ……………………………… 田鹏辉 （253）

刑法中的危险及其判断：从未遂犯和不能犯的区别出发 …………………………………… 黎　宏　(261)
我国刑法中的不能犯界说：以危险判断学说为基准 ……………………………………… 廖万里　(276)
论阻却犯罪的违法性错误 ……………………………… 彭文华　(291)
不能犯未遂构成特征新论 ……………………………… 郭天武　(301)
析教唆犯与间接正犯之间认识错误的认定与处理
——以部分的主客观相统一原则为立场 ………… 许发民　(312)
附录　论著索引 ………………………………………… (323)

上编　研究述评

一、关于“刑法中的错误”的研究概况

刑法学一直处于百家争鸣的状态，而其中的错误理论更是如此。错误的问题直接切入刑法基础理论上的难点——主观面与客观面的对应问题，或许我们可以称之为刑法上一个根本的难题。无论大陆法系还是英美法系的学者，都认为错误理论是相当重要并且非常困难的理论。

就错误理论与责任理论的关系及重要性而言，日本学者泷川幸辰认为，“错误理论不是从责任理论推导出来的结论，它就是一种责任理论，即‘从消极的立场来考察的责任理论’。因而错误理论在与责任概念及责任程度有关系的范围内，并不主张某些特殊的东西，而是你要有一个完整的责任理论的话，就不能没有错误理论。错误理论对于责任理论虽然不过是一种补充性质的东西，但是要把有关责任的问题全都从正面论述，在事实上是有困难的，必定会有某些问题被忽略了。从这方面来讲，同责任理论并列地讨论错误理论，从表里两个方面来明确责任的本质，就是很实际的——且不论理论上如何。”①

美国学者乔治·P. 弗莱彻认为，如果“从各种刑法典的具体细节以及语言上的变化差异中超脱出来”，那么各国刑法事实上都会面临有关12个问题的争论。这些通用的问题以及基本的区别，就是刑法的语法。他所归纳的12个问题，其中之一就是有关错误的问题。判断错误与刑事责任的关联，是“困难而又微妙的事情”，“处在刑

---

① ［日］泷川幸辰：《犯罪论序说》，王泰译，法律出版社2005年版，第107页。

法理论上最困难的问题之列”。[①] 换言之，在存在错误的场合，必须借助错误理论判断刑事责任，错误理论是责任理论的反面。

总体而言，刑法中的错误问题在德国和日本刑法中讨论的多，而且研究的深，对事实错误的关注比法律错误要多。对于事实错误的归责而言，在日本刑法形成了具体符合说、法定符合说和抽象符合说的基本理论脉络，而在这三大学说内，又形成了一些子学说。从整体上看，在这些学说背后都体现了学者基本的刑法价值观念和立场。理论争鸣蔚然壮观，也造成了实践部门适用的“无所适从”。日本实务界对于事实错误的案例，有采用具体符合说，也有适用法定符合说的情况存在。德国实务界的通说一直是具体符合说，但是这并没有妨碍德国学说的不断发展。德国关于事实错误的学说也存在具体理论、等价理论，以及新近流行的犯罪计划理论和实质等价理论。

英美刑法对于认识错误的考量主要在于判断这种错误的认识是否“合理”、用个案的方式来探讨在什么情况下是合理的，从而决定是否否定行为人的罪责，以及否定罪责的效果如何。相对大陆刑法的精巧学说，英美刑法更偏重于功利的刑事政策方面的考虑。

我国对于刑法错误的规定和研究，可以说历史十分悠久，经历了一个漫长的发展过程。以下将分阶段进行简要的介绍。

（一）我国古代对刑法中的错误规定概况

对于刑法中的错误问题，我国自古即有法律的规定。中国古代虽然没有现代刑法中错误问题的有关概念和学说，但是，与此相关的法律规定，在各个不同历史时期都能找到。据现有的史料记载，最早对这一问题作出规定的是《周礼》。蔡枢衡先生在《中国刑法史》中曾经指出，《周礼·秋官·司刺》中有所谓三宥之法，即“一宥曰不识，再宥曰过失，三宥曰遗忘”。这是对犯罪人实行宽大处理的三种情况。其中，“不识”和“遗忘”就是现代刑法错误论中所包括的错

---

① 参见［美］乔治·P. 弗莱彻著：《刑法的基本概念》，蔡爱惠等译，中国政法大学出版社2004年版，第2、3、221页。

误现象。所谓“不识”，按照东汉许慎所著《说文解字》的解释，“识，知也。”不识就是行为人在行为时对于自己成立犯罪的行为、危害的对象或结果，完全不了解或了解不够。所谓“遗忘”，《说文解字》解释为：“遗，亡也”，“忘，不识也。”不识就是不认识。也就是说，遗忘是指对于自己成为犯罪的行为、危害的对象或结果，本来有认识，一时忘记了。《周礼》中的三宥表明：如果认识不符合实际，亦即出现了当时不曾预料的实际；或者事前虽曾正确认识，临时有所忘记，遂致认识不符合实际，对这两种认识错误都应予以宽宥。①

关于事实错误，中国封建社会大多数朝代的刑法中，在以下两个问题上采取了基本相同的处理原则：②

一是对于对象错误，大都认为不阻却故意。例如，《唐律疏议》解释说：“数人共谋杀甲，夜中匆邃，乃误杀乙者，科以故杀罪。”唐律对于对象错误的杀人，仍以“故杀”论处的精神，历经宋元明清，一直延续到现在。

二是当行为人认识的事实与客观实际不一致，而刑有轻重之分时，大都采取“所犯重于所知从其所知，所犯轻于所知从其所犯”的原则。对于前者，即认识事实较发生事实为轻者，《唐律》规定：“其本应重，而犯时不知者，以凡论。”《唐律疏议》举例说：“本应重者，假有叔侄别处生长，素不相识，侄打叔伤，官司推问始知，听依凡人斗法。”对于后者，即认识事实比实际发生事实为重的，《唐律》规定：“本应轻者，听从本。”《唐律疏议》举例说：“本应轻者，父不识子，主不识奴，殴打之后，然后知悉，须依打子及奴本法，不可以凡斗而论。”

关于法律错误是否影响罪过及刑事责任的问题，中国古代刑法的

① 参见蔡枢衡著：《中国刑法史》，广西人民出版社 1983 年版，第 185 ~ 187 页。

② 参见刘明祥著：《刑法中错误论》，中国检察出版社 1999 年版，第 22 ~ 23 页。

规定有一个发展过程。秦汉之前，有对法律错误予以宽恕的史料记载。如郑司农在对《周礼》“三宥”之一的“不识”作注释时说：“不识，谓愚民无所识则宥之。”即对“愚民不识法而误犯”者予以宽宥。[①] 对此，蔡枢衡先生认为，在古代，对法律错误问题是分两种情况作不同处理：如果犯罪事实所违反的是人所共知的生活常规，无须另对法令和刑法有认识；如果所违反的是和生活常规互不相干的特殊禁令，则须另对法令和刑法有认识。否则，故意不能成立。[②] 到唐代，法典趋于严整化，唐及后世封建立法均采取“不知法律不赦”的原则。如《唐律疏议》“诈教诱人犯法”条明确规定：“诸诈教诱人使犯法，及和令人犯法，即捕若告，或令人捕告，欲求购赏，及有憎嫌，欲令入罪，皆与犯法者同坐。”注云：“犯者不知而犯之。”行为人虽不知其行为有违法性，仍依法处断。到明清时期，法律明确要求各级官吏熟读法律，因此基本排除了官吏犯罪以“法律错误”作为减免罪责理由的可能。而对于平民百姓，也加强了法律宣传和教育，所以不知法律而犯罪的百姓也不得宽宥。而到清末，受日本刑法第38条第3项：“不得因不知法律而谓无犯罪意思但依情状得减轻其刑”规定的影响，《大清新刑律》第13条第2项明文规定：“不知法令，不得谓非故意；但因其情节，得减一等或二等。”对于法律错误的态度又发生了一些变化，开始承认法律认识的错误对行为人的刑事责任会产生一定的影响，并视其情节减轻处罚。

（二）我国民国时期对刑法中的错误规定概况

北洋政府于1912年颁布的《暂行新刑律》和国民党政府1935年公布实施的《中华民国刑法》（史称《三五刑法》，迄今仍在我国台湾地区实行），对事实错误也作了相应的规定。其中《暂行新刑律》第13条规定：“犯罪之事实与犯人所知有异者，依下列处断：第一，

---

① 参见张晋藩等著：《中国刑法史新论》，人民法院出版社1992年版，第320页。

② 参见蔡枢衡著：《中国刑法史》，广西人民出版社1983年版，第192页。

所犯重于犯人所知或相等者从其所知；第二，所犯轻于所知者从其所犯。”1935年《中华民国刑法》第17条规定：“因犯罪致发生一定之结果，而有加重其刑之规定者，如行为人不能预见其发生时，不适用之。”

对于法律错误的规定，由于清末《刑法第二次修正案》认为《大清新刑律》第13条第2项的规定不够概括，故将其改为“不得因不知法令而免除刑事责任；但按其情节得减轻其刑”。国民党政府1928年颁布的刑法第28条也采用了这种表述方式。而1935年刑法第16条则更进了一步，规定“不得因不知法律而免除刑事责任；但按其情节，得减轻其刑。如自信其行为为法律所许可而有正当理由者，得免除其刑。”以前对不知法律而犯罪不得宽宥的做法，在此发生较大改变，即在肯定有罪的基础上可以免除刑罚处罚。

（三）新中国成立后至20世纪70年代末对刑法中的错误研究概况

新中国成立后，我国刑法学者们翻译了一些苏联刑法的理论著作。其中法律出版社1956年出版的基里钦科著《苏维埃刑法中错误的意义》，就是专门针对刑法中的错误问题进行专题讨论的著作。而在我国刑法的制定过程中，曾经对刑法中的认识错误问题进行过专门的讨论，并将有关该问题的规定纳入刑法草案。例如，到1957年，刑法草案第22稿第16条规定：“对于不知法律而犯罪的，不能免除刑事责任；但是根据情节，可以从轻或者减轻处罚。”[①] 当时围绕着刑法典的起草，我国刑法理论工作者们积极参与，激烈讨论，提出一系列积极的立法建议，并从刑法理论上进行阐述。在1957年上半年出现了刑法学研究的繁荣景象。

但是这种繁荣却仅是昙花一现。随着1957年下半年反右斗争开

① 后来考虑到实际工作中很难辨别犯人是否知道法律，而且这一规定也容易成为犯人推卸责任的借口，因此刑法草案第33稿删去了这一条。参见马克昌主编：《犯罪通论》，武汉大学出版社1999年版，第374页。

始，刑法学研究开始迅速降温。到 1966 年“文化大革命”开始，刑法学研究进入停滞、倒退时期。这一时期各校编写的教材也大都是适应政治运动需要的产物，过分强调政治性，专业内容反而被大大压缩。由于刑法起草工作在一度中断之后从 1962 年 5 月开始又恢复进行，因此刑法学的某些问题还在进行研究，只不过这种研究主要是在内部进行的，很少公开发表，致使对苏联刑法学著作及外国刑法典的翻译，构成这一时期比较突出的研究成果。[①] 很少能够看到这一时期公开发表的研究成果，对于刑法中的错误问题进行研究的成果更是很难找到。

（四）我国 20 世纪 70 年代末至 20 世纪 80 年代末 90 年代初对刑法中的错误研究概况

“文化大革命”结束后，党的十一届三中全会作出了实行改革开放和加强社会主义法制建设的重大战略决策。我国经济建设和社会发展逐步走入正轨，各项事业重新起步，并呈现出蒸蒸日上之势，法学研究也迎来了一个蓬勃发展的时期。我国第一部刑法典在历经艰难曲折之后终于 1979 年 7 月 1 日在全国人大五届二次会议上获得通过，并于 1980 年 1 月 1 日起施行。第一部刑法典的颁布给重新起步的刑法学研究注入了新的活力，大大推动了刑法学的繁荣发展，成为我国刑法学研究的一座里程碑。

虽然 1979 年刑法典并没有对刑法中的错误问题进行专门规定，但是作为与犯罪主观方面要件以及定罪量刑具有密切关系的一个问题，刑法中的错误问题还是受到了刑法学者的高度重视。这一时期的大多数有关刑法总论的著作都对刑法中的错误问题进行了研究与讨论。同时，还有多篇专门讨论此问题的硕士论文问世，如陈明华的《论刑法上的错误》（北京政法学院 1982 年印）、简明的《论刑法上的错误》（武汉大学 1985 年印）、青锋的《论刑法中行为人的认识错

---

① 参见高铭暄主编：《刑法专论》（上编），高等教育出版社 2002 年版，第 5 页。

误及刑事责任》(载西南政法学院研究生处编:《硕士学位论文集》,1986年印)、王明达的《论我国刑法上的认识错误》(北京大学1986年硕士论文)、赵春辉的《论刑法中的认识错误》(西北政法学院1988年印)、李新建的《刑法错误论》(中国政法大学1988年印)等。

这些对刑法中错误的研究所涉及的范畴也相当广泛,至少包括了以下问题:错误的含义、刑法中的错误的研究意义、错误问题的存在领域、错误的分类、错误对刑事责任的影响、教唆犯的错误问题、假想防卫与错误的关系、迷信犯与错误的关系、行为误差与认识错误、认识错误的研究方法等。

(五)我国20世纪80年代末90年代初以后对刑法中的错误研究概况

自20世纪80年代末90年代初以后,1979年刑法典的修改与完善问题被提上日程。与此相伴随的是刑法学理论研究的一个新高潮的到来。在这一阶段,不仅有学者对于刑法传统理论的问题进行了更为深入的研究,有学者更加重视刑法学理论与司法实务的结合,而且学者们的研究视野开始迈出国门,走向世界。对于刑法中的错误问题,也出现了更多的研究成果。我们不仅能够在各类学术期刊上经常看到学者们发表的研究论文,而且很多院校的研究人员也频繁地将此问题作为其学位论文的题目,同时几部专题研究此问题的专著也在这一时期问世了。这些专著包括时春明的《刑法上错误的理论与实践》(兰州大学出版社1989年版)、刘明祥的《错误论》(法律出版社、成文堂1996年联合出版)和《刑法中错误论》(中国检察出版社1999年版)、陈琴的《刑法中的事实错误》(中国人民公安大学出版社2008年版)等等。

这一时期,学者们对刑法中的错误问题研究更为系统,也更为深入。学者们不仅对于刑法中的错误的含义进行了各种新的界定,对错误的存在领域进行了理论上的扩展,提出了自己的错误分类新主张,同时讨论了错误在大陆法系、英美法系刑法理论中的渊源、分类、适用等问题，为我国刑法中此问题的研究提供了更多可资借鉴的学术资料。如对于错误问题的存在领域，有观点认为刑法中的错误不仅存在于故意犯罪领域，也存在于过失犯罪领域。如有学者提出，刑法意义的错误应该具有如下特征：其一，客观事实脱离主观认识，是错误的具体体现，这是一切错误的共性。其二，涉及刑事责任，是错误的特定含义，这是刑法意义的错误的个性。其三，对事实或法律的歪曲反映，是错误的基本内容。过失罪责中也应当研究错误问题。当行为人无危害社会的意识，但由于错误认识导致危害社会的结果，如果行为人的这种错误是可以避免的，即行为人完全能够认识到自己的行为可能发生危害社会的结果，那么，行为人便应对危害结果负过失的罪责。这类错误既可以发生在疏忽大意的过失中，也可以发生在过于自信的过失中。①

并且，这一阶段学者们讨论此问题的论文，倾向于将刑法中的错误问题与不能犯、未遂犯、假想防卫等问题联系起来，探讨错误对刑事责任有无及刑事责任大小的影响。如周其华：《假想防卫的主观要件》（《政法丛刊》1991 年第 1 期），高铭暄：《错误中的正当化与免责问题研究》（《当代法学》1994 年第 1 期），顾肖荣：《危险性的判断与不能犯未遂犯》（《法学研究》1994 年第 2 期），刘明祥：《论假想防卫过当》（《法学》1994 年第 10 期），张明楷：《论英美刑法中关于法律认识错误的处理原则》（《法学家》1996 年第 3 期），陈家林：《不能犯新论》（《国家检察官学院学报》2000 年第 1 期）等。

---

① 高铭暄主编：《刑法学原理》（第二卷），中国人民大学出版社 1993 年版，第 124 ~ 127 页。

二、关于“刑法中的错误”研究的主要问题及观点概述

（一）刑法中的错误的含义

有学者提出，所谓刑法上的错误，实际上是指刑法上的认识错误，它是指行为人对自己行为的法律性质和事实情况的错误理解。因此，它也是行为人实施行为时的一种主观心理状态。① 有学者指出，所谓错误，就是主客观不一致。刑法上所讲的错误是指行为人对自己的行为在法律上或者事实上认识的错误。② 还有学者认为，刑法中的认识错误，是指行为人对自己实施的犯罪构成事实或者对自己行为的社会危害性质，主观认识与客观实际不一致。③ 还有学者提出，我国刑法上的认识错误，其概念的内容的特别意义应当在于：第一，作为刑法理论上探讨的这种认识错误，是犯罪人在实施社会危害性的犯罪活动过程中发生的。第二，这种认识错误，只限于对刑事法律而不是刑法以前的其他法规，只限于对刑法分则所规定的某种犯罪构成要件的事实情况而不是与犯罪无关的事实情况。第三，这种认识错误的法律意义完全在于它是否影响行为人的罪过及其刑事责任。刑法上的认识错误，只能是“行为人的主观认识和客观现实之间的矛盾”。这里的“主观认识”，既指对法律的认识，也指对事实的认识。应当认为

① 杨敦先著：《刑法学概论》，光明日报出版社 1985 年版，第 142 页。
② 高铭暄著：《刑法总则要义》，天津人民出版社 1986 年版，第 134 页。
③ 阮齐林：《论刑法中的认识错误》，载《法学研究》1996 年第 1 期。

这样理解刑法上认识错误的概念及其实质是比较正确的。[①]

但是也有学者对“刑法中的错误”的提法不太赞同，认为在传统的刑法理论上，把这个问题叫做“刑法中的错误”，容易引起误会，好像是说我们的刑法有什么错误。为了避免这种误会，应改为“行为人在法律上和事实上认识的错误”。[②]

还有学者提出，传统刑法理论将错误解释为法律和事实上的认识错误，没有揭示刑法中错误的心理实质，也违反形式逻辑，是同义反复。刑法中的错误应当是，行为人对和自己行为有关的影响其犯罪与刑事责任的客观事实及其联系的歪曲反映。[③]

（二）刑法中的错误的研究意义

为什么要研究刑法上的认识错误呢？有学者提出以下两方面原因：[④]

（1）刑法上的认识错误可能影响行为人的罪过或罪过形式。认定一个人的行为是出于故意或过于自信的过失，是以行为人预见自己行为的危害结果为前提的，这里所谓预见，当然是指行为人正确认识自己行为的事实情况。如果对自己行为的事实情况存在错误认识，那就可能影响行为人的罪过或罪过形式。什么样的认识错误有影响，什么样的认识错误没有影响，需要经过研究以后才能解决。

（2）刑法上的认识错误还可能影响行为人所实施的行为构成犯罪既遂或未遂。有些认识错误，虽然不影响行为人的罪过形式，但可能使行为人所实施的行为不构成犯罪既遂，而构成犯罪未遂。要解决

---

① 陈明华：《刑法上认识错误的概念及分类》，载《西北政法学院学报》1985 年第 1 期。

② 王作富著：《中国刑法研究》，中国人民大学出版社 1988 年版，第 181 页。

③ 参见青锋：《论刑法中行为人的认识错误及刑事责任》，载赵秉志等编：《中国刑法硕士论文荟萃（1981 届—1988 届）》，中国人民公安大学出版社 1989 年版，第 274 页。

④ 高铭暄：《中国刑法学》，中国人民大学出版社 1989 年版，第 139 页。

在什么情况下认识错误影响行为人所实施的行为构成犯罪既遂或未遂的问题，也需要对刑法上的认识错误进行研究。

（三）错误问题的存在领域

对刑法中的错误可以作广义和狭义的理解。广义的理解，不仅包括认识与实际的部分不一致，也包括对实际发生的事情完全无认识的情况。根据广义的理解，错误论应是故意论和过失论派生的特殊问题，即发生错误在何种情况下排除故意，在何种情况下排除过失。狭义的理解，仅指认识与实际部分不一致的情况。根据狭义的理解，错误论在体系上应仅是故意论派生的特殊问题，故意（本体）论阐述认识与实际在一致情况下（无错误）故意的成立问题，错误论说明认识与实际不一致的情况下，对故意的成立产生何种影响的问题。[①]

大部分学者对错误问题的存在领域的观点认为，应当将对错误的研究限定于故意犯罪的领域。如有学者提出，刑法上所说的错误，是指故意犯罪中的错误。[②] 还有的学者对故意犯罪中的认识错误与过失犯罪中的认识错误问题进行了比较，认为刑法中所说的错误，是指人在进行有害于社会的事情——也就是指其中和犯罪有关的错误。如果说错误与过失犯罪有关，那么应该说过失罪永远是以错误为前提的，如果没有认识上的错误，也就不会有过失罪。这里所要研究的不是过失罪的问题，而是故意罪中的“错误”问题。故意罪中的错误同过失罪不同，它并不是以错误为前提，而是犯罪人在有意识地进行犯罪活动中，由于对个别事实的认识不符合实际情况或根本缺乏认识，因而使犯罪人原来预期所要达到的目的和结果发生了某些差异变化。为了使犯罪人对自己危害社会的行为负责，使之受到同其所犯罪行相适

---

① 阮齐林：《论刑法中的认识错误》，载《法学研究》1996 年第 1 期。

② 徐逸仁、程璞主编：《简明刑法教程》，复旦大学出版社 1988 年版，第 104 页。

应的刑罚，在研究故意罪时，就必须注意到错误对故意罪的影响。①

还有学者进一步指出，刑法中的认识错误只能产生于直接故意犯罪之中。过失犯罪中的主观认识情况不同于刑法中的认识错误。而在间接故意的情况下，行为人对危害结果的认识处于一种不确定的状态，包含着多种可能性，无论哪一种可能性变成现实，都可以与认识的内容相吻合，不存在认识错误的问题。②

但是，也有学者提出，刑法中的认识错误可以分为应负罪责的错误、应负过失罪责的错误和不应负刑事责任的错误。③ 按照这种观点，认识错误也可以存在于过失犯罪领域中。

（四）刑法中错误的分类

德国刑法中关于错误的意义是从故意概念中产生的，属于故意范畴的有对构成要件事实的认识，对构成要件事实的认识错误属于事实错误，阻却故意。至于对构成要件事实的认识错误，是出于对事实的错误评价还是基于对法律规范的错误理解，对这种认识错误的法律意义没有什么影响。但是，行为人出于对法律的不知或者误解，属于法律错误。法律错误可以分为对刑法规范错误和对其他法律规范错误。例如，德国在第二次世界大战之前的帝国法院时期，在判决上将错误分为“事实错误”与“法律错误”，而法律错误又可以分为“刑法上的法律错误”和“刑法外的法律错误”。而且，帝国法院对此分类方式所倡导的处理方式是，事实错误和刑法以外的错误排除故意，而刑

---

① 李光灿著：《中华人民共和国刑法论》（上册），吉林人民出版社 1984 年版，第 205 页。

② 王明达：《论我国刑法上的认识错误》，载赵秉志等编：《中国刑法硕士论文荟萃（1981 届—1988 届）》，中国人民公安大学出版社 1989 年版，第 283 ~ 284 页。

③ 参见赵春辉：《论刑法中的认识错误》，载赵秉志等编：《中国刑法硕士论文荟萃（1981 届—1988 届）》，中国人民公安大学出版社 1989 年版，第 287 ~ 288 页。

法上的法律错误则不排除故意。①

第二次世界大战结束以后，联邦德国的联邦高等法院和最高法院扬弃了帝国法院时期的关于错误的分类方式。1952 年 3 月 18 日的一份判决（BGH，194）表明，德国联邦最高法院在错误问题的处理上采纳了构成要件错误和禁止错误的分类方式，认为构成要件错误依照当时的德国刑法第 59 条（现德国刑法第 16 条）之规定排除行为人的故意，而禁止错误与行为人的故意无关，依照该禁止错误是否可以归责的不同，产生减轻故意刑罚或免除刑罚的法律效果。②

德国法院关于刑法中错误的分类的转变，来自于理论对实践所产生的深远的影响。大陆法系国家的犯罪论大多采用构成要件符合性、违法性、有责性的三要件体系。传统的犯罪三阶层论认为，违法是客观的，责任是主观的，把故意仅仅看做责任的要素，因此无论是事实错误还是法律错误，都仅仅属于责任论中的问题，都是从是否阻却责任论中的故意的角度来探讨的，并解释为“不知法律不免责，不知事实免责”。随着犯罪阶层理论的发展，新的犯罪论体系认为，故意不仅仅是责任要素，同时也是构成要件的主观要素，具有双重地位。构成要件故意，是对于符合构成要件的客观事实有所认识；责任要素的故意，是对违法性有所认识。构成要件故意的存在，即是故意罪责的表征。因此，只要符合构成要件故意的违法行为，原则上即会具有故意罪责。除非是在正当化事由前提事实的错误时，尽管行为人有行为意思的表现，但是并不认为其具备违反法秩序的心理表现，此为例外。如此，则对构成要件事实的认识错误，与构成要件故意相关；而违法性错误或禁止错误，则与责任故意相对。基于此，德国学界通说普遍受到犯罪阶层理论的影响，将错误的类型依照阶层体系分为构成要件错误与禁止错误。

---

① 参见［德］李斯特著：《德国刑法教科书》，徐久生译，法律出版社 2006 年版，第 294～295 页。

② 参见许玉秀著：《当代刑法思潮》，中国民主法制出版社 2005 年版，第 180 页。

此后至今，德国刑法学界普遍认为构成要件错误与禁止错误的区分方式能够建构解决错误问题的基本方针。区分构成要件错误与禁止错误的根据在于，构成要件错误是行为时相关事实认识错误，至于禁止错误，属于规范认识错误。此外，在德国刑法理论上，唯一仍然有争议的是，关于违法阻却事由之事实错误，也即所谓的“容许构成要件错误”，应当属于哪种错误，学说上有不同看法。容许构成要件错误是指正当防卫等违法阻却事由之事实错误。目前德国将此种错误独立化，另以独立章节讨论。此种错误被认为既非构成要件错误（有类似性），也不是禁止错误（也有类似性），而是一种特殊形态的错误。

虽然战后德国学界通说将错误的类型依照阶层体系分为构成要件错误和禁止错误，但是当前学说仍不缺乏赞同事实错误与法律错误之区分的见解。例如，德国学者 Puppe 认为，帝国法院关于刑法中错误的区分在原则上合适，他对帝国法院在法律错误当中采取“刑法的错误”与“刑法外的错误”的分类方式表示赞同，但认为帝国法院所说的“刑法外的法律错误”乃是关于事实的错误，所涉及的是构成要件错误或负面的构成要件错误，而帝国法院所说的“刑法上的法律错误”指的是包摄错误或负面包摄错误[①]；德国学者 Kuhlen 同样肯定帝国法院对事实错误与法律错误的区分，他主张“水平与垂直分类错误架构”的分类方式，认为只有通过所谓“水平的错误分类”，也就是通过事实错误与法律错误的区分，在法律效果上才能够

① 参见［德］克劳斯·罗克辛著：《德国刑法学总论》（第1卷），法律出版社2005年版，第324页。包摄错误是指行为人知道刑法的存在，但是在适用刑法时发生错误，包括误解刑法的情形。由于构成要件可以分为正面构成要件与负面构成要件，因此这种错误可以分为包摄错误与负面包摄错误。前者例如，行为人以为电磁记录不属于刑法上的“文书”，因此修改电磁记录行为不构成刑法上的伪造文书罪。后者例如，行为人以为杀害犯罪实施完毕的人属于刑法上的“正当防卫”，对容许规范发生了误解，误以为自己的行为合法。

建构“阻却故意的错误”与“不阻却故意的错误”①。

日本的分类方式的演变与德国大同小异，今日的立场一般是区分为构成要件错误和禁止的错误。然而，大塚仁教授说：“那么，这种新的错误的分类是否就使过去那种事实的错误和法律的错误的区别失去了意义呢？我不那样认为。所谓构成要件性错误，是对作为构成要件性故意的内容的犯罪事实的表象的错误，其性质无非是事实的错误。如后所述，我认为误认为存在相当于违法性阻却事由的事实也是事实的错误，因此，完全可以使用包括这种情形的事实的错误的观念，它依然应当作为与法律的错误和禁止的错误相对应的东西来理解。另外，与其称为法律的错误和禁止的错误还不如更率直地称为‘违法性的错误’更符合其内容。”②

我国台湾地区也有学者支持事实错误与法律错误之分类。例如，许玉秀教授即认为，事实错误与法律错误的分类与效果具有关联性，不像构成要件错误与禁止错误的分类与效果在阶层体系上相互分离（禁止错误或违法性错误的效果反映在罪责阶段，而不是违法性阶段），因此，事实错误与法律错误才是有效区分错误的方法。她还进一步提出“不法错误”与“罪责错误”的分类方式。她认为，从Kuhlen的水平与垂直错误分类可以发现，构成要件错误与禁止错误并没有真正符合犯罪阶层体系，因为犯罪阶层体系当中并没有禁止规

① 参见许玉秀著：《当代刑法思潮》，中国民主法制出版社2005年版，第181～185页。表一当中，K1为构成要件错误与法律错误的交集，是指行为人对于构成要件要素的法律意义有所误认的包摄错误，主要是对规范性构成要件要素的认识错误；K2为法律错误与禁止错误的交集，包括直接禁止错误和间接禁止错误，主要涉及建构违法性的规范要素；K3为构成要件错误与事实错误的交集，包括对象错误、打击错误与因果关系错误，主要涉及构成要件的事实要素，亦即描述性构成要件要素；K4为禁止错误与事实错误的交集，包括容许构成要件错误，主要涉及建构违法性的事实要素，亦即违法性之前提事实要件的要素。其中，规范性构成要件要素的错误和容许构成要件错误的归属是有争议的。

② ［日］大塚仁著：《犯罪论的基本问题》，冯军译，中国政法大学出版社1993年版，第195页。

范这个阶层，所以如果要顺应阶层的话，应该将垂直分类划分为构成要件错误与罪责错误，或者是不法错误与罪责错误。根据许教授的看法，故意的意欲要素属于罪责要素，故意的认识要素则同时分属于构成要件与罪责的两个阶层，亦即行为人对于不法事实的认识属于构成要件故意的认识要素，而对于罪责事实的认识则属于罪责故意的要素，而且她认为我国台湾地区“刑法”第272条与第274条①的主体要素与对象要素都属于罪责事实，该罪责事实的错误问题的法律效果反映在罪责阶层。据此，许教授主张以不法错误与罪责错误作为垂直的错误分类，而将罪责事实的错误定位在事实错误与罪责错误的交集类型。②

我国的刑法学说对错误通常采用传统的分类，将刑法中的错误分为事实错误和法律错误两种。这种分类方法应当说仍然是我国学界对刑法中的错误分类的主流观点。例如，有学者认为，我国刑法理论上历来把刑法中的错误分为事实错误（或对事实认识的错误）与法律错误（或对法律认识的错误）两类。对事实错误，一般理解为是行为人对自己的行为是否影响犯罪成立的事实情况的不正确认识。对法律错误，则通常解释为是行为人对自己的行为在法律上是否构成犯罪或者应当受到何种处罚的不正确认识。③ 还有学者指出，按照马克思主义的刑法理论和总结我国刑事审判实践的经验，把刑法上的认识错误从理论上划分成两类，即行为人在法律上的认识错误和在事实上的

① 我国台湾地区“刑法”第272条（杀直系血亲尊亲属罪）规定：“①杀直系血亲尊亲属者处死刑或无期徒刑。②前项之未遂犯罚之。③预备犯第一项之罪者，处三年以下有期徒刑。”第274条（母杀婴儿罪）规定：“①母于生产时或生产后，杀其子女者，处六个月以上、五年以下有期徒刑。②前项之未遂犯罚之。”

② 许玉秀、王玉铨：《从“所知所犯”论不法事实与罪责事实的区分》，载《刑法70年之回顾与展望纪念论文集》，元照出版公司2000年版，第185～186页。

③ 刘明祥：《论刑法中错误的分类》，载《国家检察官学院学报》1994年第4期。

认识错误，是比较符合实际的。以事实为根据，以法律为准绳，这是我国量刑的基本原则。只有犯罪人对于刑事法律和犯罪事实这两个方面所发生的认识错误，才涉及是否影响罪过及刑事责任问题。这里的事实，正是刑法分则所规定的犯罪构成要件的事实，本身就具有社会危害性。从我国刑事政策上看，犯罪人实施具有社会危害性的行为时，主观上是否发生认识错误，显然是涉及罪责的有无或大小的。在行为人对法律发生认识错误的场合，并不影响到他的罪过；而在对犯罪事实发生认识错误时，就有可能影响到罪过的成立或罪过形式。可见，按照这样两个不同的方面去进行刑法上认识错误的分类，是完全符合我国审判实践的经验和刑事政策的精神的，也是与现代世界诸国所采用的分类法相一致的。①

然而，也有学者表达了对传统分类方法的不同意见。与传统分类法有较大差异的是以下几种分类方法：

1．两分法，即把刑法中的错误分为社会危害性认识错误和不影响社会危害性认识的事实错误两类。② 其中，社会危害性认识错误包括两种情形：一是行为人由于对自己行为的某些事实缺乏认识或发生误解，因而影响了对自己行为社会危害性的正确认识；二是行为人对自己行为的事实情况认识无误，但由于某些原因，对自己行为的社会危害性质发生了错误认识。不影响社会危害性认识的事实错误，则是指行为人对行为的社会危害性有正确认识，同时行为已达到一定的危害程度，只是在犯罪对象、手段等方面有所误认，因而不影响行为人负故意罪的刑事责任。③

2．三分法，即把刑法中的错误分为应负故意罪责的错误、应负

① 陈明华：《刑法上认识错误的概念及分类》，载《西北政法学院学报》1985年第1期。

② 安健：《论刑法上的认识错误》，中南政法学院硕士论文，1992年印，第19页，第21~22页。

③ 安健：《论刑法上的认识错误》，中南政法学院硕士论文，1992年印，第19页，第21~22页。

过失罪责的错误和不应负刑事责任的错误三类。所谓应负故意罪责的错误，是指行为人基于犯罪故意而实施危害行为时，主观上对客观事实及其联系的错误认识不影响原有犯罪故意内容，或者错误认识构成新的犯罪故意而应负故意罪责的错误。所谓应负过失罪责的错误，是指行为基于非犯罪故意而实施某种行为时，主观上对客观事实及其联系的错误认识符合过失罪过的心理，应负过失罪责的错误。①

3. 五分法，即把刑法中的错误分为五类：一是社会危害性错误，也就是在类推案件中，行为人对自己行为的社会危害性的错误认识。二是违法性错误，其中包括违法性性质错误（作为错误和不作为错误）以及违法性程度错误（罪名错误和刑罚错误）。三是犯罪构成事实错误，其中包含同罪名事实错误和不同罪名事实错误。四是防卫和避险中的错误。这包括假想防卫和假想避险。五是共同犯罪中的错误，这又包含组织的错误、教唆犯的错误。②

4. 六分法，即把刑法中的错误分为对行为社会危害性的错误、对行为违法性的错误、对行为对象的错误、对行为客体的错误、对行为手段的错误和对因果关系的错误六种。③

5. 多分法，即采用多种标准，从不同角度把刑法中的错误分为多种类型。采此种分类法的论者认为，仅以错误的内容为标准，把它分为事实错误和法律错误两类是不够的，还必须以错误的性质为标准，根据认识主体在心理上对错误认识确定的程度，把它分为绝对性肯定错误、绝对性否定错误、相对性肯定错误和相对性否定错误四种形式。然后将这两种分类所得的错误种类进行组合，总共可分为

① 参见赵秉志等编：《全国刑法硕士论文荟萃》（1981 届—1988 届），中国人民公安大学出版社 1989 年版，第 287 ~ 289 页，第 292 页。

② 参见赵秉志等编：《全国刑法硕士论文荟萃》（1981 届—1988 届），中国人民公安大学出版社 1989 年版，第 287 ~ 289 页，第 292 页。

③ 参见《硕士学位论文集》，西南政法学院研究生处 1986 年编印，第 25 页。

52种。[1]

另外，还有两类与传统分类比较接近，但对大陆法系之分类有所借鉴的分类方式：

一种分类方式认为，刑法中的错误应当包括违法性错误和犯罪构成事实错误两类。其中违法性错误又称禁止错误；不过，我国刑法学中的犯罪构成事实并不同于大陆法系刑法学中的构成要件错误，它是与我国刑法理论上的犯罪构成四要件说联系在一起的，包括主体的错误、对象的错误和客观方面的错误三种。其中客观方面的错误包括行为的错误、行为对象的错误、特定时空条件的错误和因果关系的错误四种。[2] 该学者认为行为的错误，包括行为人对行为性质和行为方式的认识错误，也就是通说之行为性质错误和手段错误。但是，行为性质错误虽然也是对事实发生认识错误，如假想防卫是行为人对“正在进行不法侵害”的事实是否存在发生错误认识，导致行为人进行防卫致人死亡，但是“正在进行不法侵害”的事实并不是杀人罪的构成事实，因此对这一事实的认识错误应当不能称之为犯罪构成事实错误。

另一种分类方式认为，错误属于故意的反面问题，所以通过刑法上的故意概念可以解释错误论的基本问题。我国刑法第14条规定：“明知自己的行为会发生危害社会的结果，并且希望或者放任这种结果发生，因而构成犯罪的，是故意犯罪。”我国刑法理论一般从认识因素与意志因素两方面解释犯罪故意心态。关于认识因素，一般认为两项内容是必要的：其一是对犯罪构成事实的认识；其二是对行为社会危害性的认识。由此逻辑地引申出相反的命题，即行为人在犯罪构成事实上或者在行为的社会危害性质上发生认识错误，是否影响成立犯罪故意，这就是错误论的命题。由此还可以逻辑地引申出两种错误的类型：其一是犯罪构成事实的认识错误，其二是行为社会危害性质

① 参见时春明著：《刑法上错误的理论与实践》，兰州大学出版社1989年版，第92~94页。

② 何秉松、于齐生：《论刑法上的错误》，载《政法论坛》1994年第4期。

的认识错误。前者是一种事实性认识错误，后者是一种行为的社会、法律意义的认识错误。[1]

（五）事实错误与法律错误的区分标准

既然一般将刑法中错误分为事实错误和法律错误两种，那么某种错误，究竟是属于事实错误，还是属于法律错误，就是需要探讨的问题。究竟是事实错误或法律错误，形成争论的原因，首先在于“事实”错误及“法律”错误之用语，意义具有多种含义或者说并不明了。所谓事实，不仅是记述要素，也包括“规范”要素，故事实与法律之区别有点模糊不清。易言之，规范要素虽然并非直接意味着法律之当为要求，但是却与此有密切关联，故规范“事实”与法律十分接近。反之，所谓“法律”，不仅是刑罚法规，也包括民事法规等，如盗窃罪中财物之“他人性”，是根据民法来确定的，对于民法法规的误认，既可以认为是法律错误，也可以认为是犯罪事实的错误，二者的界限并不明晰。

关于应采用何种标准以区分事实错误与法律错误的问题，日本大致有两种立场：

第一，形式的标准说。（1）通说。设定所谓“成为评价基础之事实”与“成为评价标准之规范”的形式的判断准则。易言之，应严格区别“评价”之“前提”与“评价本身”。犯罪事实包括构成要件事实以及形成违法性内容事实两种，只要是形成刑法评价对象的事实，不论是否法律事实，该错误都是事实错误。有关成为刑法评价标准之规范，就应认为是法律错误。（2）严格责任说。依照此说，欠缺成立故意必要事实之认识时，是事实错误，除此之外的“事实”或者规范之错误都是法律错误。（3）折中说。本说以对前两说进行折中为特征，主张本说的论者认为，法律错误是行为是否为法律所允许的问题，而对于刑法规范本身之错误，事实错误是有关能唤起刑法规范意识前提之事实的错误。依据此见解，对于日本刑法第 109 条第

---

① 阮齐林：《论刑法中的认识错误》，载《法学研究》1996 年第 1 期。

2 项[①]的规定，行为人对烧毁建筑物是否属于“自己所有”的误解，必须依据有关民法所有权的规定而判断，类似这类需要其他法律的规定而明白其含义的法律事实错误，仍然属于构成要件内容的事实错误，属于构成要件错误，自然属于事实错误。反之，如假想防卫等，本不存在违法阻却事由的事实，行为人认为其存在，这一错误认识与构成要件无关，也与行为本身的违法性无关，不属于构成要件错误，也不是禁止错误，而是第三种错误。但是，在事实错误与法律错误这种分类当中，应当归属事实错误。

第二，实质的标准说。（1）以故意说为基础的见解：认为事实错误在认识的内容上，有一般人本来不应拥有的违法性意识，行为人只不过偶然引起危害结果；基于法律错误引起的被害情形，无法认为是偶然事故。（2）以责任说为基础的见解：主张在法律可直接期待违法性的意识及防止基于此的违法行为的情形，是违法性错误，但不阻却故意。只有在可直接期待违法性之意识，完成犯罪事实的认识的情形时，才可以视为事实错误而阻却故意。[②]

以上可见，形式的标准说着重于区分构成要件事实与其他事实，而构成要件事实又可以区分为纯粹的不需要评价的事实和需要评价的事实，对于不需要评价的构成要件事实的认识错误毫无争议的属于事实错误。对于需要评价的构成要件事实（主要是法律事实以及规范的构成要件要素）的认识错误，会有事实错误和法律错误的争议。而对于其他事实（主要是违法阻却事由之事实）的认识错误是属于事实错误还是法律错误的争议就更大。所谓实质的标准说，其实也必须借助“形式”的分类来判断，因此，它并不具有实质意义。

值得注意的是，日本判例将法律事实之错误解释为事实错误，认

---

① 日本刑法第 109 条：“放火烧毁现非供人居住而且现无人在内的建筑物、船舰或者矿井的，处二年以上有期惩役。前项所列之物属于自己所有的，处六个月以上七年以下惩役，但未发生公共危险的，不处罚。”

② 参见［日］川端博著：《刑法总论二十五讲》，余振华译，中国政法大学出版社 2003 年版，第 105～109 页。

定阻却故意，这与通说的观点相一致，如大审院之判例，对于错误解释民事诉讼法等，将查封无效力，误信为查封不存在，而毁损封印的情形，以不知法律之规定，或者错误适用之结果，产生犯罪行为本身构成要素事实之错误，因为对犯罪行为本身之构成要素欠缺认识，而必须否定其犯意之存在；判例将规范的构成要件要素之错误解释为法律错误，这与通说解释为事实错误的看法不同。关于正当化事由的错误，判例与通说相同，将其解释为事实错误。①

可以发现，事实错误与法律错误容易混淆或者不易区别的焦点在于对规范性构成要件要素和违法阻却事由的事实错误之归属的分歧。从前述事实错误与法律错误的区分之理论演变来看，事实错误毫无疑问是包括构成要件错误的。所谓构成要件错误是指对构成要件要素的认识错误，而构成要件要素分为记述构成要件要素和规范构成要件要素两类，对规范构成要件要素的认识错误就应当属于构成要件错误，同时为事实错误所涵盖。

关于违法性阻却事由之事实的认识错误的归属，如果按照事实错误与法律错误的分类，一般是应当作为事实错误的一种来研究的。这样看来，事实错误就不只限于对构成要件事实的认识错误，还应当包括对正当化事由前提的事实的认识错误。

对于事实错误与法律错误之区别，我国刑法理论上主要有两种不同主张：

第一种主张是根据错误是有关事实方面还是有关评价方面的内容来区分，即关于事实方面的错误为事实错误，关于行为在法律评价方面的错误则为法律错误。例如，刘明祥教授认为，“事实错误与法律错误的根本区别在于，前者是关于行为的事实情况的错误，后者则是对行为在法律上的评价错误。应该注意的是，当行为人对自己行为的事实情况存在错误认识时，同时也可能导致其对行为的法律评价产生不正确观念。例如，行为人误认为不法侵害存在而实行所谓的正当防

---

① 参见［日］川端博著：《刑法总论二十五讲》，余振华译，中国政法大学出版社2003年版，第110~113页。

卫，在这种假想的防卫中，就是由于行为人对客观事实发生了错误认识，从而导致其把犯罪行为误认为是正当行为。对于这种因事实错误而引起的法律评价错误，应作为事实错误看待。只有那种对客观事实有正确认识，仅仅只是对行为在法律上的评价产生不正确观念的情形，才能视为法律错误。”①

第二种主张是根据是否需要法律评价，来区分事实错误与法律错误。例如，冯军教授认为，“禁止性事实的认识错误即认为自己的行为是不违反法律、不被法律所禁止的行为的错误，当然是法律的错误。刑法性事实即需要根据刑法定立的标准来判断其法律性质的事实的错误，也属法律的错误。例如，正当防卫的法定成立要件之一是不法侵害的‘正在进行’，若甲看见乙正在磨刀并听见乙说要杀甲的妻子，甲误认为乙的不法侵害‘正在进行’，那么，甲的错误就属于法律的错误。与刑罚法规相关的法律性事实即需要根据非刑法的法律定立的标准来判断其法律性质的事实的错误仍属法律的错误，如某甲认为白鹤不是珍禽的错误仍属法律错误。这样，我认为，不需要评价的事实中不包括禁止性事实、刑法性事实、与刑罚法规相关的法律性事实，是犯罪构成中所规定的不需进行法律性判断，只需进行常识性判断的事实。”②

由上可见，规范性构成要件要素和正当化事由事实的认识错误究竟属于事实错误还是法律错误，是我国与日本关于事实错误与法律错误之界限的争议的焦点所在。实际上，究竟是事实错误还是法律错误，行为人的错误是与规范有关还是与事实有关，并没有多大的实际意义。因为事实错误和法律错误的效果已经远非一句古老的格言“不知事实免罪，不知法律不免罪”所能解决，事实错误和法律错误在具备相当条件时都能阻却故意的成立。重要的是，行为人的认识错误是成立故意，还是妨碍了故意的成立。当然，刑法理论除了解决实

① 刘明祥：《论事实错误与法律错误的区别》，载《法学评论》1995年第4期。

② 冯军著：《刑事责任论》，法律出版社1996年版，第177页。

际问题之外，还有理论自身的精确完美的追求，从这个意义上讲，尽管仍然争论不休，但是细致区分事实错误与法律错误，为"事实"的认识错误在犯罪理论上找到合适的归属和说明，仍是很重要的。

我们认为，如果区分事实错误与法律错误，认为关于事实方面的错误为事实错误，关于行为在法律评价方面的错误则为法律错误的第一种观点是比较妥当的。然而，第二种观点并非没有意义。事实错误论的核心内容就是对"犯罪构成中所规定的不需进行法律性判断，只需进行常识性判断的事实"的认识错误，如将甲当做乙的"人"的认识错误等。凡是对涉及需要进行法律性判断的事实的认识错误，如是否属于他人财物等发生认识错误的，往往是通过是否认识到构成要件事实的故意理论来解决的。

构成要件要素可以分为记述的构成要件要素（也称记述的要素）与规范的构成要件要素（也称规范的要素）。记述的要素是指如果存在一定的解释，则无须进行价值评价，仅仅根据法定的认识的判断就可以认定的场合。例如，关于杀人罪的对象"人"，尽管对于"人"的出生和死亡标准在法律上仍然有一定争议，但只要确定其解释，法官就可以不进行价值判断，直接进行认定。与之相对，规范的要素是指，尽管就此存在一定的解释，法官还是必须进行价值判断，否则无法认定其存否。例如，关于猥亵的概念，虽然有判例将其定义为"引起性的刺激或刺激性欲，危害普通人的性的羞耻心并违反善良的性的道德观念"，但是单凭此定义并不能认定猥亵，还必须经过一般的社会文化的评价才能作出判断。因此，与记述的要素的场合不同的是，关于规范的要素，作为故意的对象，应当在何种程度上予以认识，便是问题的关键所在。

但是，这并不意味着记述性要素就是确定的，而规范性要素就是绝对不确定的。例如"人"、"死亡"等记述性概念就是存有争议的；而"婚姻"、"未成年人"的概念就是相对确定的，因为其适用的前提被非常具体地规定了。因此，"规范性"本来的含义，可能只存在于总是需要评价，以将一个规范性概念适用到一件具体案件中时，才能发现。例如，动机是否"卑劣"，文章是否"淫秽"，只能个案地通过评价来决定，这类规范性概念就是“需要满足价值的”。[①] 由于“评价”本身经常有不确定性，是判断者借助“价值导向”采取一定立场的内心活动[②]，因此使得规范性要素成为区别于记述性要素的种类[③]。

淫秽物品或者猥亵物品之“淫秽”和“猥亵”是一个典型的规范的构成要件要素，对这些概念的认定，需要法官进行相应的价值判断。例如，英国法官库克伯恩认为，“我认为判断淫秽的标准应是，所指控为淫秽的事物是否有倾向贬低或是腐化那些对不道德影响不设防的人，以及那些可能接触到此类出版物的人。”[④] 美国最高法院则于 1973 年，在涉及色情罪含义的五起案件中发表了意见，宣布测定色情罪的准则是：（1）普通人按当代的社区的礼仪道德标准认为这个材料从总体上看是淫荡的；（2）这个材料以明显的令人厌恶的方式描绘性行为；（3）这个材料从总体上看缺乏严肃认真的文学价值、艺术价值、政治价值或者科学价值。[⑤] 俄罗斯官方认为，淫秽材料或物品是指其基本内容是对性关系的解剖学和（或）生理学细节进行粗俗的自然主义描绘的绘画、素描、文学、音乐和其他作品。[⑥] 我国

---

① ［德］卡尔·恩吉施著：《法律思维导论》，郑永流译，法律出版社 2004 年版，第 136 页。

② ［德］卡尔·拉伦茨著：《法学方法论》，陈爱娥译，商务印书馆 2003 年版，第 171 ~ 172 页。

③ 如果基于构成要件要素是价值与事实并立的命题的出发点，那么所谓的规范性与记述性在性质上就并非是“质”的不同，而是“量”的差异。因为价值体系既然是实存现象的反映，而现实中内涵价值，因此，我们对于构成要件的认识诠释或解读，实际上都是一种评价问题，所谓规范性构成要素与记述性构成要素在根本上只是“量差”，而非“质异”。归根结底，在于“评价”概念本身捉摸不定。

④ ［英］J. C. 史密斯、B. 霍根著：《英国刑法》，李贵方等译，法律出版社 2000 年版，第 844 页。

⑤ 储槐植：《美国刑法》，北京大学出版社 1996 年版，第 258 页。

⑥ 俄罗斯联邦总检察院编：《俄罗斯联邦刑法典释义》（上册），黄道秀译，中国政法大学出版社 2000 年版，第 121 页。

刑法第367条对淫秽物品所下的定义为：具体描绘性行为或者露骨宣扬色情的诲淫性的书刊、影片、录像带、录音带、图片及其他淫秽物品。可见，不同国家对“淫秽”的定义和认知也都不同。但是即使定义完全相同，由于文化背景和价值观念的差异，不同的人仍然可能对物品是否具有淫秽性具有不同的意见。

既然对于规范性构成要件要素的含义认定和理解没有既定的标准，那么，在涉及这类要素的案件中，需要研究的问题有两个：一是行为人构成犯罪是否必须认识这些要素的意义，如是否要认识到物品的“猥亵”；二是对这些要素的认识错误如何处理。诚然，这是一个硬币的两面。

关于行为人是否需要认识到规范性构成要件要素，日本学者大塚仁教授认为，构成猥亵物颁布罪需要特别表象到作为对象的物具有猥亵性，是所谓的意义的认识，但是，不需要认识其物件符合本罪的猥亵的文书、图画等。猥亵性的表象，只要是未必的认识就够了。[①] 我国学者张明楷教授指出，构成淫秽物品犯罪要求行为人认识到制作、复制、出版、贩卖、传播的是淫秽物品。[②] 笔者认为，我国刑法第14条规定，明知自己的行为会发生危害社会的结果，而希望或者放任这种结果发生的是故意犯罪。贩卖淫秽图书的人若没有认识到自己贩卖的图书具有淫秽性，认为只是普通的图书的，就不会认识到自己的行为具有社会危害性。因此，规范性构成要素应当属于故意的认识因素。

既然要求行为人对“淫秽性”等要素有认识，如前所述，规范的构成要件要素需要法官进行相应的价值判断，那么行为人对“淫秽性”的认识达到什么程度才视为有认识呢？对此，日本刑法理论有不同的看法。（1）最狭义说。平野龙一认为，只要行为人认识到某篇文章里包含有一般人对此持有的“羞耻嫌恶之心”，那么就具有

---

① ［日］大塚仁著：《刑法概说》（各论），冯军译，中国人民大学出版社2003年版，第493页。

② 张明楷著：《刑法学》（第二版），法律出版社2003年版，第891页。

日本刑法第175条之散布猥亵物等罪的故意，就应该有这样的对规范性要素的认识。(2) 狭义说。大塚仁认为，对“猥亵”等规范性构成要件要素的认识，不需要如同法官那样严密的对法的认识，只要达到一般人可以认识的程度，公众普遍认同就足矣。(3) 一般说。团藤重光认为，行为人对书籍的认识没有必要符合刑法中陈述的“猥亵”的意义，只要以刑法中对猥亵的认识为基础对书籍的意义性质有认识，就具有故意。(4) 广义说。大谷实认为，对于猥亵性的认识没有必要将其定位于日本刑法第175条的“故意”上，仅仅有以外行人带有的性好奇来了解书籍的内容这种认识就足够了。(5) 最广义说。前田雅英认为，在构成日本刑法第175条的故意散布猥亵物罪时，社会性、规范性地理解猥亵性是有必要的。然而，对“猥亵性”的认识的内容，既然在刑法上构成犯罪的非难是建立在一般人对规范的认识上的，那么只要一般人对猥亵这种事实有认识就可以了；尽管从行为人的角度看，物品不是猥亵的而是美的，但是只要该物品在通常情况下可以被理解为猥亵，那么便成立故意。① 笔者认为，不管采纳何种学说，都可能存在法官判断为具有“猥亵性”，然而行为人并没有认识到的情况。对于行为人没有认识到物品具有“猥亵性”，而法官裁定物品具有“猥亵性”的认识错误，应当怎么处理呢?

关于对“淫秽性”等规范构成要件要素的认识错误能否阻却故意，日本最高裁判所判例认为，散布猥亵物品罪中有关文书“猥亵”性质之错误，是法律错误而不阻却故意。对于散布猥亵物罪的成立，只需要认识到文书的记载有问题，并且有将该物散布的认识，而不需要认识这种文书具有猥亵性。即使贩卖者主观上以为不是猥亵的文书，但是客观上具有猥亵性的，是法律错误，不阻却故意。此判决认为如果认识了文书的存在，就满足了对构成要件事实的认识，至于猥

① ［日］中山研一著:《淫秽罪的可罚性》，成文堂1994年版，第211页。转引自蒋小燕著:《淫秽物品犯罪研究》，中国人民公安大学出版社2005年版，第100页。

亵性的认识，是有关是否为法律所允许的意识，属于违法性的问题。

但是，这种把猥亵性认识错误作为法律错误处理，而不阻却故意的判例态度，遭到了学者的批评。例如，川端博教授就指出，裁判官之认识对象，虽然是文书等物体，但是重要的是该文书之意义内容有无猥亵，这必须由裁判之规范评价作用方可确定。因为该因素属于外部的构成要件要素，故其意义认识属于故意之内容，而有关此种要素之错误，形成阻却故意。至于认识的程度，以所谓“行为人所属一般人间之并行评价”之解释，就足够了。换言之，对于欠缺此种意义认识之行为，已经不可以说是意图地实现构成要件结果。因此，有关“猥亵”性，不具有上述程度之意义的认识时，应认为对构成要件故意之成立，欠缺认识必要事实，可以阻却故意。反之，如果具有该种认识，如误解法律上不构成“猥亵”或误解以另外理由散布贩卖可被允许时，属于法律错误，不阻却构成要件故意。① 与此见解相同，我国学者刘明祥教授认为，仅仅认识外部的事实（如只知道制作、贩卖、传播的是某种书刊，但并不知道其内容具有淫秽性），那还不能认为行为人对作为客观事实的行为对象有正确的认识，应视为事实错误，阻却故意的成立；如果行为人认识到自己制作、贩卖、传播的对象是淫秽物品，只是由于对法律的无知，误认为这并不违法，那就是法律错误。②

同理，对于侮辱罪而言，行为人甲误认为自己使用的侮辱性语言没有任何侮辱人的意思，就属于对事实的认识错误；而行为人甲误认为自己侮辱他人的行为还没有达到刑法处罚的程度，就属于对法律的认识错误。

此外，对于涉及一些法律性规范认识的场合，要截然区分事实错误与法律错误是极其困难的事情。举例而言：

例一：甲因为误解分期付款契约的效力，认为仍然属于卖方之物

① ［日］川端博著：《刑法总论二十五讲》，余振华译，中国政法大学出版社2003年版，第117页。

② 刘明祥著：《刑法中错误论》，中国检察出版社2004年版，第256页。

为自己的财物，而将之出卖给他人。在此情形下，甲对于要出卖哪一个物，并没有认识错误。不具备侵占罪的故意，因为侵占罪的构成要件要求将自己合法持有的他人之物据为己有。

例二：甲接受乙的委托为乙保管珠宝，而恰巧甲也购买了类似款式的珠宝，珠宝的品牌、外型和颜色均相同，某甲因为欠债，所以打算变卖珠宝予以还债。但是却误拿了乙的珠宝予以出卖，甲误以为该物为自己所有之物，所以并不具有侵占罪的故意。

例一中，行为人对民法的认识错误，使行为人误将构成犯罪的事实视为另外性质的事实，这种错误只是因为对民法的误解所引起的"对构成事实的认识错误"，并不能理解为是对"法律"的认识错误的"法律错误"而得出不阻却故意成立的结论。相反，如果行为人只是在行为是否合乎刑法的问题上产生错误认识的话，就属于对刑法禁令认识的"法律错误"。例如，甲在国外缔结婚姻后来到中国，他以为按照婚姻法的规定，他有权在中国娶第二个妻子，这种错误属于对婚姻法的认识错误而引起的"对法律的认识错误"，因为甲所希望的重婚正是我国刑法所明文禁止的；反之，甲在国外离婚后来到中国，他不知道他在国外得到的离婚判决书在中国并没有法律效力，回国后再次结婚，这种情形就属于对判决效力的认识错误所引起的"对事实的认识错误"，因为行为人并不希望在第一个婚姻之外再缔结一次婚姻。

例二中，行为人误以为他变卖的东西属于他本人所有，这种错误属于对构成侵占罪的事实的认识错误，因为行为人并不想要"自己占有的属于他人的"东西；反之，如果行为人误认为未经所有人的同意，自己可以将占有的他人的东西拿去变卖还债，就属于对禁止侵占的法律的认识错误，因为行为人知道自己想要的是"他人的"东西。

综上所述，对于规范性构成要件要素的认识错误，判断是属于事实错误还是法律错误，是阻却故意还是成立故意，归根结底要回到故意概念本身。故意表现为主观上的反规范态度，行为人在对构成要件事实没有认识错误的情形下，尽管可能误认为其行为是刑法允许的，仍然决意为之，这种主观心态是为刑法所禁止的。在笔者看来，对规范构成要件要素的认识实际上是通过故意本体论就可以解决的问题，例如，行为人对刑法第 363 条之贩卖淫秽物品罪所要求之物品的“淫秽性”欠缺认识，自然没有故意；对盗窃罪要求之物品的“他人性”没有认识，也不可能成立盗窃罪之故意，这是运用故意理论的自然结果，实在没有事实错误理论出场的必要。所需要特别研究的，仍然是行为人对于“猥亵性”等规范构成要件要素认识到什么程度才认为是有认识，从而成立故意的问题，而不是对“猥亵性”没有认识是否成立故意的问题。[①]

（六）事实错误的处理原则

事实错误是指行为人的主观认识与客观事实不相一致，行为人希望发生的结果与实际发生的结果之间有所出入。在现实生活中，行为人在实施犯罪时，其预想与现实间多多少少会出现不一致的地方。例如，行为人意图将他人的右手致残，以使他人以后不能再握画笔，结果导致他人的左手受到伤害。但是，从故意伤害罪的构成要件的法的评价而言，并不因为是具体的左手还是右手的不同而有所不同，所

---

① 在判断行为人的主观认识程度时，应该结合具体情况根据客观事实来认定，而不是依赖行为人的陈述。例如，我国台北的谢氏夫妇的女儿标得梅山县的一处房屋，还没点交即请锁匠开锁，屋主林某控告二人非法侵入住宅及盗窃，检察官认为他们没有故意，作不起诉决定，当事人不服申请再议。检察官经过调查，发现二人以前也买过拍卖屋，应该知道未经点交即未取得所有权，因此向法院起诉无故侵入住宅罪。对于谢氏夫妇所主张的错误是否成立，检察官表示，强制执行法规定，拍卖不动产应当自从领得执行法院所发给权利移转书之日起，才取得不动产所有权。该县法院民事执行处去年 12 月 27 日制作权利移转书，而谢氏夫妇于 12 月 24 日开锁进入。谢氏夫妇虽然坚持称因为不了解强制执行法的规定，因此以为只要交完钱就可以进房屋，对无故侵入住宅的构成事实要件有认识错误。但是，经过调查发现，谢氏夫妇数年前曾经购买过法院拍卖的房屋，应当知道相应的规定，不应当存在认识错误的情况。参见《联合报》2005 年 6 月 28 日。

以，这种不一致在刑法归责上并不重要。行为人的主观认识与客观现实之间到底什么样的不一致才是重要的，才是能够影响故意成立的，是事实错误论所要探讨的问题。

围绕这一问题，在国外刑法理论中，主要有具体符合说、法定符合说和抽象符合说的对立。

具体符合说认为，行为人所认识的事实与现实发生的事实必须具体一致，即使在法律上属于同一法定事实，也不能算是符合。由于不符合，所以故意将被阻却。就所认识的事实成立未遂犯，就现实发生的事实成立过失犯。必须注意的是，采具体符合说者也提出修正见解，认为即使没有具体符合，只要对象等价（如都是人），便不阻却故意。这一理论被用来解决对象错误。一旦多加了对象等价理论，就与法定符合说达到相同的效果。

法定符合说认为，只要行为人所认识的事实与现实发生的事实属于同一构成要件之同一法定事实（构成要件等价），即使具体不一致，仍不阻却成为既遂罪的故意。例如，甲要杀乙但是却杀了丙，虽说想杀的人与被杀的人不同，但是由于被杀的都是人，杀人罪构成要件是以自然人为犯罪对象，所以不阻却杀人罪的杀人故意，仍然应当负杀人罪的既遂责任。再如，甲有意杀乙，却杀了乙的小狗，人与狗属于不同构成要件，因此，不能论以杀人既遂罪。

抽象符合说认为，如果有犯罪的认识，实际上又发生了犯罪的事实，即可认为符合，以犯罪既遂论。此说为主观责任论者所采。主观责任论者主张，刑事责任取决于行为人的主观，只重视行为人主观上所认识和意欲的，因此对于行为人是否具有构成要件故意，采取从宽认定。

从各个国家的情况来看，上述三种观点当中，抽象符合说的看法仅仅存在于刑法理论的历史中，现今没有哪个国家的司法实践予以采用。在日本，法定符合说一直是通说，但是近年来，已经受到了来自具体符合说的强有力的挑战。日本大审院的判例最初坚持具体符合说，之后转而支持法定符合说。在德国，无论是在理论还是实践上，通常见解是具体符合说。[①]

对事实错误处理的基本原则，我国大多数学者主张应当坚持主客观相统一原则。关键是要判断两点："第一，判断行为人对实际发生事实是否承担故意责任，关键要看现实发生的事实是否超出了行为人主观认识的范围，如果超出了此范围，则表明主观与客观不统一，不能让行为人对现实发生的事实承担故意责任；反过来，如果未超出此范围，就说明主客观两方面是统一的，应该要行为人对现实发生的事实承担故意责任。第二，判断行为人认识的事实与实际发生的事实在主客观方面是否相统一，必须以犯罪构成为根据。如果行为人认识的事实与实际发生的事实在构成要件上不符时，就可以肯定主客观两方面是不统一的，行为人对现实发生的事实就不应承担故意责任；反过来，如果行为人认识的事实与实际发生的事实虽然不一致，但在法律规定的犯罪构成要件上是相同的，应该认为其主客观方面是统一的，应对现实发生的结果承担故意犯罪既遂的责任。"[②]

然而，对于应当在什么程度内实现统一，观点不一：

一种观点认为，"我们把以犯罪构成为根据的主客观相统一原则作为处理事实错误的基本原则，这不同于大陆法系国家刑法学者所主张的'法定符合说'（或'构成要件符合说'）。如前所述，'法定符合说'的论者认为，行为人认识的事实与实际发生的事实并不要求在构成要件上完全符合，而只要有部分的重合，就可以肯定故意的成立。按照这种学说，行为人认识的事实与实际发生的事实间的不一致，即使不在同一构成要件范围内，也可能存在'法定符合'或'构成要件符合'的情形。这显然是把犯罪构成本不符合的事实错误解释为符合。这种做法是与我们坚持的以犯罪构成为根据的主客观相统一原则相违背的。按照我们的观点，行为人认识的事实与实际发生

① 参见黎宏著：《刑法总论问题思考》，中国人民大学出版社 2007 年版，第 300 页。

② 刘明祥著：《刑法中错误论》，中国检察出版社 2004 年版，第 92 ~ 93 页。

的事实只有在构成要件上完全相同（或符合），才认为是主客观相统一的，才能肯定行为人对实际发生的事实存在犯罪故意”[①]。这其实与具体符合说的看法一致。

另一种观点认为，应当在法定符合说的范围之内，考虑主客观统一。“在重罪不处罚未遂的情况下，如果重罪与轻罪同质，则在重合的限度之内成立轻罪的既遂犯”。[②] 两种观点之间的差别是：前者要求主观认识与客观事实只有在同一构成要件内，并且完全相同时，才能说主客观是统一的，才能认定为故意的既遂犯。但是，后者并不拘泥于这一点，即使认识内容和客观事实横跨不同的犯罪构成，在犯罪构成重合的范围之内，也可以认定为主客观的统一。所以，对主客观相统一原则作不同的理解，就会得出具体符合说或者法定符合说的结论。

还有学者认为，“如何把典型的主客观一致的犯罪构成原则运用在发生‘错误’又不能免责的场合，实质问题就是在主客观不一致时怎样把主观和客观统一起来。既然是‘不一致’，又要‘统一’，那就出现了‘谁统一谁’的问题。统一的途径无非是两种模式：客观统一主观（以客观事实为基础）；主观统一客观（以主观认识为基础）”[③]。因此，主客观相统一原则的关键在于是从客观面判断还是从主观面判断。

主客观相统一原则在面对具体问题时只是主观主义或者客观主义的不同表征。对于事实错误的学说与主观主义或者客观主义的关系，有学者认为，“对构成要件事实的认知和发生结果不一致的事实错误，客观主义只是在属于构成要件的行为范围探讨主观的要素而已。因此，客观主义逻辑地总结具体的符合说或法定的符合说。相反，以

---

① 刘明祥著：《刑法中错误论》，中国检察出版社2004年版，第93页。

② 张明楷著：《刑法学》，法律出版社2003年版，第234页。

③ 储槐植著：《美国刑法》（第二版），北京大学出版社1996年版，第99页。

行为者意思为重点的主观主义就有主张抽象的符合说的根据”[①]。

在我国现有犯罪体系上，应当以客观事实为基础，从客观事实出发，看是否有与其对应的主观方面。即使是强调客观面的判断的客观归责论者，强调客观构成要件行为的重要，但在定义构成要件是否实现时，或定义错误时，都如此表达：“行为的认识和造成结果的制造风险在规范的基础上是否一致”、“行为人的目的是否实现”、“行为人的犯罪计划是否实现”。因此，供作判断依据的客观构成要件，必定是行为人主观上所认定的客观构成要件，这不是叙述方式的问题，而是规范逻辑的必然。透过这些语句所反映出来的规范逻辑，便是客观归责理论者想要推翻、不愿承认的不法关联：行为人的主观面有不法的定向作用，甚至是决定行为不法色彩的主要因素。[②] 但是，笔者并不赞同客观归责论者以行为人的主观目的或者犯罪计划为标准来认定犯罪故意，而认为应该在构成要件的限度内进行抽象的评价。例如，对于具体的事实错误，不能因为行为人主观想杀“甲”，因此对客观上行为所造成的“乙”的死亡就认定没有故意，而是将想杀“甲”的意思根据故意杀人罪的构成要件抽象为具有杀人的故意。在抽象的事实错误的场合，对于故意的认定应更为技巧和抽象。例如，行为人想要盗窃枪支，客观上盗窃了财物的，应当从客观事实出发，也就是说看是否有盗窃财物的故意存在。因为行为人具有盗窃枪支的故意，在刑法评价上，意图盗窃枪支比盗窃一般财物的违法程度高，因此在这里可以认定行为人具有盗窃财物的故意，在盗窃罪的构成要件内实现主客观相统一。当然，不能因为行为人有犯重罪的意思，就一律认定其有犯轻罪的故意，否则就是抽象符合说的观点，难以令人接受。之所以可以由重罪认识“评价”为轻罪的故意，必须是二罪在构成要件内具有实质的重合的关系才可以适用。因此，笔者在适用主客观相统一原则时，实际上也是“法定符合说”的观点和结论。

---

① ［韩］李在祥著：《韩国刑法总论》，韩相敦译，中国人民大学出版社2005年版，第52页。

② 许玉秀著：《当代刑法思潮》，中国民主法制出版社2005年版，第92页。

因此，虽然同样是坚持依照主客观相统一原则来处理事实错误的问题，但是因为对“主观”与“客观”如何统一的理解不同，会导致得出不同的结论。那么，与其如此，在归纳事实错误的归责原则时，不如直接称为“具体符合说”或者“法定符合说”更加合适。这样的话，更能体现事实错误理论的特色。

一方面，主客观相统一原则作为马克思主义的认识论，是对所有的人类认知活动都具有普遍指导意义的原则，将主客观相统一原则这一普遍原则直接作为解决刑法错误问题的原则，是欠妥当的。另一方面，主客观相统一原则作为我国刑法的基本原则，在刑法学的各个领域都发挥着作用，有学者就认为，在认定犯罪的定罪、量刑、行刑等阶段都必须坚持主客观相统一原则，这种必须适用于刑法各个阶段、各个方面的“放之刑法皆准”的“通吃”原则，决定了这个原则不可能非常具体，只是“抽象”加“模糊”的统一。所以，正是主客观相统一原则的这一显著特点，决定了在解决错误问题是适用主客观统一原则没有疑义，但是却也不可能对解决刑法中的事实错误问题发挥很好的指导性作用。①

① 事实上，我国有学者认为主客观相统一原则是一种流传最广、影响力最大的折中说。这一折中可能存在的问题是：（1）对于犯罪的客观要件、主观要件需要分别判断，如对于实行行为、间接故意是否存在必须分别进行判断，判断过程极其复杂，不是主客观相统一这一口号可以概括的。（2）西方没有任何学派不是同时考虑主观和客观，但是从来不提主客观相统一这样的命题。（3）主客观相统一这类口号，使得思维简单化，混淆了很多复杂的东西，容易使人误解为主观、客观要件同等重要，是半斤八两的关系。因此，陈兴良教授认为我国刑法学中存在的大量主客观相统一之类的似是而非的标语式东西，严重损害了我国刑法学的科学性，有必要对主客观相统一原则进行清理，倡导法益原则和责任原则。参见陈兴良著：《刑法知识论》，中国人民大学出版社 2007 年版，第 293～294 页。主客观相统一原则的“似是而非”，在事实错误问题的处理上也有鲜明体现，可以这样“统一”，也可以那样“统一”，依据的原则一样，得出的结论却完全不同，那这样的“原则”还能是“原则”吗？尽管目前难以撼动主客观相统一原则的根基和地位，至少在事实错误问题的处理上，我们完全可以采纳“具体符合说”或者“法定符合说”的提法。

也有学者认为，不是主客观一致的归责原则出了问题，而是理论上对该原则存在误解。持此观点的学者指出，传统的或“心理的”归责理论造成了这样的错觉：故意与过失的罪过差异仿佛仅仅是行为人对行为结果有无认识和意欲的差异。于是，在甲意图杀害乙，结果误杀了丙的情况下，按照错误论上之具体符合说，由于甲的本意是杀死乙，所以对于乙，甲的行为构成杀人未遂，对于丙，甲的行为则构成过失致人死亡罪，从而形成故意犯与过失犯的想象竞合。

该归责理论之根本缺陷在于忽略了被行为所违反的禁止杀人的法规范（犯罪客体）及其保护目的，在事实错误案件的罪过认定及结果责任的归属判断上的决定性评价意义，并将犯罪构成中客观要件与主观要件之间的主客观一致，与个案中行为人的主观方面事实与客观方面事实之间的一致混为一谈，从而将行为（评价客体）成立犯罪必须符合主客观要件相统一的犯罪构成，转换成了个案中行为的具体结果必须符合行为人的主观认识和意图。这样一来，行为的罪与非罪、此罪与彼罪就不是由行为是否符合法律给定的犯罪构成所决定，而是由行为的结果是否符合行为人的主观犯意所决定，这就无异放弃刑法为行为评价规范之立场。① 如从刑法的立场来进行评价或判断，那么，甲意图杀死乙，并实施了足以致人死亡的行为，则甲的行为直接违反了禁止杀人的刑法规范。虽然，甲的行为落到了丙的身上，由于不得杀人的规范之保护客体是人的生命，丙死亡的结果符合被甲违反的禁止杀人规范之保护目的，因而结果存在于故意杀人罪犯罪构成的效力范围，丙死亡的结果应视为违反禁止杀人规范之故意行为的后果而归责于行为人，故甲应负故意杀人罪既遂之刑事责任。②

---

① 我国台湾地区学者柯耀程就此作了这样的注释：“限制从行为人主观之犯意对犯罪之成立与否之认定，而由刑法本身之法评价为标准之理念，早已为德国刑法学上之共识，盖唯有从法的判断上方能找到一客观而合理的判断标准，如委由行为人决定，则无异放弃刑法为行为评价规范之立场。”柯耀程著：《变动中的刑法思想》，中国政法大学出版社 2003 年版，第 98 页。

② 参见倪培兴：《对象错误条件下犯罪既遂的认定问题研究——对一例故意杀人案的定性分析》，载《中国刑事法杂志》2001 年第 4 期。

正确理解和解释主客观一致原则的前提是，应该自觉地将犯罪构成原则与现实生活中发生的具有刑法评价意义的事实区分开来。所谓主客观一致，是指犯罪构成的主观要件与客观要件的一致，而行为人行为的主观方面与行为的客观方面不一致这一事实，则是刑法评价的评价对象。作为评价标准，犯罪构成的诸要件不能是自相矛盾的，而必须具有合目的的一致性。然而，行为及其结果却常常不以行为人意志为转移地与其主观意愿相冲突。这种矛盾冲突之所以未必阻却被判断行为的犯罪构成符合性，就在于没有任何人仅仅为了犯罪而犯罪，如果我们将“行为”视为人的利益的存在方式和发展方式，那么，犯罪同样以其特有的形式或方式反映了人与其生活环境之间能动的、相互作用的关系。在这个意义上，可以将犯罪视为人们在特定条件或情况下可能采取的一种与刑法所保护的、占统治地位的社会关系或社会行为模式相对抗的利益谋取、维护或表达方式。[①] 但是不消说，通过犯罪的方式，行为人的主观意图或目的未必能够实现，所以，行为实现或符合了犯罪构成，结果却与行为人的预期大相径庭，这种情况在司法实践中并不鲜见。

因此，存在着两种意义上的“主客观一致”。一种意义上的主客观一致以行为人的意志为评价标准或基准。如行为人意图杀死张三，结果却杀死了李四，即主客观存在矛盾或不一致。另一种意义的主客观一致则是犯罪构成符合性意义上的主客观一致，它以刑法规定的犯罪构成所内涵的行为规范及其保护目的为评价标准或基准，如果不法意志支配下的行为导致了法益侵害的结果，并且该结果符合行为人的行为所违反的规范的保护目的，因而结果存在于犯罪构成的效力范围内，那么，不论该结果是否符合行为人的意愿，该行为的主客观方面就具有了法律上的或犯罪构成符合性意义上的一致性。作为刑事责任归责原则的主客观一致乃是法评价的客观的一致，犯罪行为可以视为一种合乎目的的行为，但是，这种目的只能是法评价的客观目的，而

---

① 参见倪培兴：《犯罪客体论》，载陈兴良主编：《刑事法评论》（第8卷），中国政法大学出版社2001年版。

不是因人而异的行为人的主观目的。[①]

（七）对象认识错误与不能犯问题

有学者将认识错误与不能犯结合起来进行研究，提出：[②] 不能犯未遂，是指犯罪人因事实认识错误而不可能完成犯罪、不可能达到既遂的犯罪未遂。外国和我国台湾地区刑法理论中，把不能犯未遂又区分为客体不能犯和手段不能犯（也称“方法不能犯”）的主张。而我国论及不能犯未遂的著作，都把“手段不能犯”改称为“工具不能犯”。对“客体不能犯”不少论著承袭了原来的名称，也有较新的论著改称其为“对象不能犯”。所谓手段不能犯（方法不能犯）或工具不能犯的未遂，是指误把白糖等无毒物当做砒霜等毒药去毒杀人，误用空枪、坏枪或臭弹去射杀人，误用根本不能致死的小剂量毒药去毒杀人，等等。这并不是所选择的投毒或枪杀等犯罪的手段、方法不能完成犯罪、达到既遂，而是因投毒手段、方法所用的“毒药”以及枪杀手段、方法所用的枪支、弹药等犯罪工具的性质，使得犯罪不能完成、既遂不能达到。所谓客体不能犯或对象不能犯的未遂，是指扒窃犯罪中被扒窃的衣袋、提包内无钱物；误认尸体为活人而开枪射击、砍杀；误认为被害人在床上而隔窗开枪射击，实际上被害人在另一间房子里；误认男子为女子而着手实施强奸行为，等等。

对象不能犯未遂中的犯罪客体问题，是不能犯未遂负刑事责任根据中的首要问题。在犯罪构成包含犯罪对象的犯罪里，犯罪的直接客体和犯罪的具体对象是永远不能脱离的，犯罪既遂正是通过犯罪行为对犯罪对象的直接作用而使客体受到法定的实际损害。在对象不能犯的未遂的场合，直接客体和犯罪对象不但都是客观存在着，而且是密不可分的。只是因为犯罪对象在犯罪行为实施时不处在行为作用的空

① 倪培兴：《论事实错误案件的归责原则》，载《中国刑事法杂志》2005年第3期。

② 赵秉志著：《论我国刑法中的能犯未遂与不能犯未遂》，载《法学杂志》1985年第4期。

间范围内而没有对之造成实害，因而犯罪对象所反映的社会关系——犯罪客体所受到的侵害，才没有表现为实际结果性损害，而表现为危险和威胁。例如，以为被害人在床上而开枪射杀，但实际上被害人却在屋外，这是对象不能犯的杀人未遂；如果被害人就在屋内，因被害人躲闪而未能射中，这是对象能犯的杀人未遂。应该承认，在对象不能犯未遂的场合，犯罪对象及其所体现的犯罪客体都是客观存在的。

罪过和犯罪行为的统一构成了行为人负刑事责任完整的根据，不能犯未遂也具备刑事责任这种完整的主客观根据。不能犯未遂与能犯未遂一样，都是同时具备了主观罪过和客观犯罪行为这两个犯罪构成中最基本的因素，二者的齐备和统一，决定了不能犯未遂也具有相当程度的社会危害性。

不能犯未遂（主要是工具不能犯未遂）与迷信犯有着罪与非罪的严格区别。迷信犯是指行为人出于极端迷信、愚昧无知而采用没有客观根据，在任何情况下都不可能产生实际危害的手段、方法来企图实现其犯罪意图的情况。典型的迷信犯是基于封建迷信而企图用超自然的力量实施犯罪的情况，如用诅咒方法企图杀人，用针扎纸人、草人的方法企图加害于人等。在工具不能犯未遂的场合，行为人是以认识到客观现象之间真实存在的因果联系为基础而行为的。行为人对行为的性质及实行行为的方法、手段的性质在认识上并没有发生错误，只是由于疏忽大意等心理状态而造成了对实施犯罪的具体工具的误认，从而选用了实际上不可能实现犯罪意图的犯罪工具，致使犯罪未能得逞。而在迷信犯的场合，行为人行动的基础并不是对客观现实之间真实存在的因果联系，而是反现实、超自然、虚无缥缈的幻想联系，由于对行为方法手段的性质，以及犯罪工具等所有行为要素，产生了认识上的错误（例如，行为人就是认为诅咒可以杀死人、认为施以咒语的糖果等可以毒死人而实际上去实施这些行为）。所以，这种场合下的行为至多只能反映和证明行为人犯意的存在，但却没有犯罪意志在客观上的展开，并不具有真正的、实际的或可能的危害性质，因此，这种迷信行为不能与行为人主观上的罪过结合，成为迷信犯构成犯罪和应负刑事责任的根据。

还有的学者对我国不能犯的提法和理论提出质疑。如有的学者提出，[①] 在我国刑法学界，绝大多数同志主张处罚不能犯必须根据“事实上的认识错误”的原则来解决。换言之，不能犯的理论并不能直接解决其刑事责任问题。既然一个旨在为解决刑事责任问题而提出的理论并不能解决这一问题，那么，它的存在还有什么实际意义呢？诚然，在主张不能犯理论的同志看来，不能犯不同于一般的未遂犯，它是犯罪未遂的特殊形式，这种特殊性对量刑可能会发生某些影响。但是，我们知道，影响犯罪未遂量刑的因素远不止于此。犯罪的性质、接近既遂的程度、行为实行的程度、犯罪之手段和行为人本身的社会危害程度等，对犯罪未遂的量刑都有重要影响。对于这些不同的情况，我们是否也要像不能犯那样，将它们分别列为犯罪未遂的种种“特殊形式”呢？显然，这样做是没有必要的。同时，我国刑法并没有规定标准的“一般未遂”和特殊的“不能犯未遂”。我国刑法对此未作规定绝不是偶然的，它是我国司法实践经验和外国立法经验的总结。论述对任何一种犯罪行为的定罪量刑，都必须立足于本国法律的规定。“不能犯未遂”一说没有法律根据。

又如有观点对不能犯的“主观说”提出批评，认为[②]理论上对不能犯的判断持的“主观说”的标准，并不妥当。大陆刑法学界认为，不能犯是未遂犯的一种。在未遂犯的处罚根据上，历来有主观说、客观说和折中说之争。主观说认为，未遂犯的处罚根据在于显示出犯罪人性格危险性的，与法相敌对的犯罪意思，其不足之处在于过度强调社会伦理价值和社会防卫，必然导致犯罪意思是未遂犯犯罪根据的结论。客观说认为，未遂犯的处罚根据在于发生构成要件结果的客观危险性或者法益侵害的客观危险性；即使存在犯罪意思，但如果没有发生结果的客观危险性，则不能作为未遂犯予以处罚。折中说认为，未遂犯的处罚根据首先是实现犯罪的现实危险性，其次必须考虑行为人的主观内容。大陆刑法中不遂犯直接包括不能犯的做法明显持的是主

---

① 利子平：《“不能犯”质疑》，载《法学季刊》1985 年第 1 期。

② 黄卿堆：《不能犯问题研究》，载《政法论丛》2002 年第 4 期。

观说的观点，无论是工具不能犯还是对象不能犯，都没有表明其“危害行为”在到“未遂”程度的具体标准，也就是说，在不能犯的场合，行为即使客观上并没有侵犯某一社会关系，但只要行为人主观上有恶性，就可以认定为未遂罪。这不仅与哲学上的质量互变规律相违背，而且对一向坚持主客观相统一原则的我国大陆刑法来说，也是不相协调的。

而且，此种观点还认为，对不能犯不加区分而一概视之为未遂犯，是一种过分强调社会利益而压抑个人利益，只讲社会保护而忽视人权保障的刑法功能观。在个人利益与社会利益相一致的前提下，刑法无论是惩治侵害个人利益的犯罪，还是侵害社会利益的犯罪，都是有益于社会的，具有同样的社会价值。“在刑法意义上，国家为了保护社会，就有必要设置刑罚，刑罚权就有存在的理由。”① 但是，个人利益与社会利益的关系是极其复杂的，经常面临着一种优先选择或取舍的困难，特别是在行为是否构成犯罪以及是否对之启动刑罚权的问题上，更是如此。众所周知，刑罚权从本质上看是一种“强权”——和平时期国家强权最集中的体现，放大犯罪圈固然有利于打击犯罪，但随之而来的是国家刑罚权的膨胀，其结果必然是侵犯公民权利。

（八）因果关系认识错误问题

所谓“因果关系错误”，是行为人对自己的行为与危害后果之间的因果关系存在错误认识。它属于刑法中事实上的错误。行为人对因果关系的认识错误，可能影响行为人的刑事责任。这通常有以下三种情况：②

第一，对结果认识错误，即行为人所预期或所认识的结果与实际

---

① 陈兴良著：《刑法的价值构造》，中国人民大学出版社 1998 年版，第 266 页。

② 陈泽宪：《因果关系错误与刑事责任浅析》，载《河北法学》1984 年第 1 期。

结果不一致。

1. 实际结果轻于预期结果。例如，某甲开枪向某乙射击，认为乙已被杀死。而实际上乙并没有死，只是受伤。这种错误不影响故意杀人罪的成立，但由于未达到行为人所预期的结果，甲只负杀人未遂的罪责。

2. 实际结果重于预期结果。例如，某甲只想伤害某乙，将乙殴伤。由于乙患有一种罕见的血液疾病，伤口流血不止，而最终死亡。这种情况下，甲对乙之死亡没有预见，所以不负故意杀人罪责，而应负故意伤害致人死亡的刑事责任。

3. 实际结果与预期结果程度相当，但二者并不一致。例如，某甲欲杀某乙，对乙开枪射击未中，却将突然走来的某丙击毙。则甲构成故意杀人未遂和过失杀人的牵连犯，应按“重罪吸收轻罪”的原则处理。这种情况也有的人称之为“对象错误”或“打击错误”，乃是所考察的角度不同之故。

第二，对形成结果的方式认识错误。这可分为下列两种情形：

1. 行为人仅实施一个行为的场合：例如某甲谋害某乙，将乙从桥上推落江中，甲认为乙是溺水而死，实际上乙是头撞桥墩而亡。这种情况下，实际结果符合行为人所追求的犯罪目的，且该行为与危害结果存在因果关系，故不影响甲承担故意杀人既遂的罪责。

2. 行为人实施了两个行为的场合：例如某甲出于杀意，用棍棒殴击某乙头部，致乙昏迷，甲误认为乙已死亡，为掩盖罪行，逃避侦查，而将乙投弃江中，乙被淹死。这种场合，甲应负何等罪责，各国的刑法学界均有不同意见的争论，司法实践亦不统一。

一种意见认为，甲在犯罪过程中实施了两个行为，并具有两种不同的罪过形式：第一个行为是棍击乙致伤，这时行为人具有剥夺乙之生命的故意，第二个行为是弃乙于水致死但这时甲已不具有杀人之故意，因他误认为乙已经死亡只是为了掩盖罪行，才过失致乙死亡。所以，甲犯有故意杀人未遂和过失杀人两种罪，应按“数罪并罚”的原则追究甲之刑事责任。

另一种意见认为，行为人所追求的犯罪结果既正实现，且该行为与结果之间亦具有因果关系，甲就应负故意杀人既遂的罪责。日本曾有这样一个判例：被告某甲决意杀某乙，趁其熟睡之机，用麻绳扼绞某乙颈部。被告误认为乙已死，为掩盖其罪行，便将乙弃置于海滩后返家。其后乙由于吸进沙末窒息而死。日本大审院的判决认为，该被告的行为与结果存在因果关系，且具有杀乙之故意，已构成故意杀人既遂，而不能认为杀人未遂和过失致死罪之并存。

德国的多数此类判例，则采用又一种意见，即认定为杀人未遂与过失致死罪的“想象竞合”。所谓想象的竞合犯，乃是指一个犯罪行为触犯了数个罪名。这种情况，刑法理论上一般都认为实质上是一个罪，而不是数罪，故称想象的数罪，无须并罚。但也有一些学者指出，既然认定行为人实施了两个犯罪行为，而又解释为想象竞合，显有自相矛盾之嫌。故亦主张将杀人未遂与过失致人死亡合并论处，即二罪并罚。

在我国，对这类案件如何处理，认识也不尽一致。《中国法制报》第145期关于吴永新一案的讨论证明了这一点。讨论中，上述三种意见均得到了反映。该案与前例的唯一不同点是，过失致死在前，故意杀人（未遂）在后。由于被告人吴永新误认为死亡结果为重伤，才对杨金库的尸体施加了故意杀害行为，实为对象不能犯。但就行为人是否适用“数罪并罚”的规定而言，两案的处理原则应是一致的。

另外，《法学》1983年第5期和第9期刊登了两篇与此有关的文章，讨论了一个案例：1982年4月10日下午，被告人陈新上厕所时把女儿放在外面靠篱笆站着。陈在厕所听到女儿哭声，出来见她扑倒在地，将其抱起见脸上、嘴上都是鸡屎，怀疑是站在女儿身边的杨红（男，四岁）推倒的，就抓住杨的左肩使劲“一转一推”，杨被推倒在地，头部碰在石头上。杨扑下去后脚蹬了几下。陈将女儿的脸擦干净后转身一看，见杨仍扑在地上，就将杨抱起，发现地上、石上都是血，并听见杨的喉咙里像打鼾一样响了一声，且脸色苍白，四肢瘫软，不哭不哼。被告人害怕承担责任，就将杨抱进自己的猪屋，出来将地上有血的石头、树叶拾起丢进厕所，用铁锹铲净地上血土。陈第二次进猪屋，见杨仍然躺着未动，即解散一捆稻草盖在他的身上。尔后出屋张望，见无人影，又第三次进猪屋。这时被告人好像见覆盖的稻草动了一下，怕杨又活了，顺手拾起一块石头向杨的头部砸去，并用一块石磨压在杨的身上。三天后被告人将杨的尸体转移到河边涵洞里，后尸体被水冲出而侦查破案。经法医鉴定：杨红头部被砸伤痕系死后伤，被告人用石头砸杨之前，杨已死亡。

对于该案，这两篇文章介绍了多种意见：①

一是应定过失杀人罪。就被告人实施第一个行为的起因来看，他既不具有伤害的故意，更没有杀人的故意。但是被告人应当预见自己的行为可能发生危害社会的结果，由于疏忽大意而没有预见，以致造成被害人死亡的结果，这是一种过失犯罪。被告人怕被害人复活，用石头猛砸其头部的行为，缺少犯罪客体，不能定为独立的罪，应当将被告人的这一行为作为其整个犯罪的一个从重情节。全案以过失杀人定罪并从重处罚。

二是故意伤害（致人死亡）罪。故意伤害致人死亡，是故意伤害罪中后果特别严重的犯罪，其主要特征是：行为人主观上具有伤害他人的故意，其行为造成了他人死亡的结果（不是第三者的行为造成的）。这是本罪与故意杀人罪的主要区别。本案被告人陈新的行为，触犯了我国刑法第134条第2款的规定，构成了故意伤害（致人死亡）罪。被告人的“使劲一推”行为，是出于怀疑被害人欺侮了他的女儿而实施的报复，实际发生的如此严重的后果，虽不是出于被告人的故意，因而不构成故意杀人罪，但作为年富力强的被告人对年仅4岁的幼童实施这样强度的行为所能造成的伤害结果，是明知的，因此具有伤害的故意。而被告人出于杀人灭口，用石头砸损尸体的行为，有杀人故意无疑，但据法医鉴定，杨红在这之前已经死亡，这就发生了客体不能犯的问题。在刑法理论上把客体不能犯作为未遂犯处罚的观点是常见的。如以此为据，被告人的前一个行为构成了故意伤

① 应懋等：《误认尸体为活人加以杀害应定何罪?》，载《法学》1983年第5期。

害（致人死亡）罪，后一个行为就构成了故意杀人（未遂）罪。这样就发生一个问题：对同一个被害对象，致于死亡在先，杀人未遂在后这样的两罪，不仅于逻辑不通，而且与事实不符。因此，有必要作深入的探讨。事实上，不能犯有绝对和相对两种。“相对不能”是指犯罪客体暂时不存在或犯罪手段不充分，虽然犯罪没有得逞，但仍有危害性，应按未遂犯论处。“绝对不能”是指犯罪客体不存在或犯罪手段完全没有实现犯罪结果的可能性，因而不能认定为未遂犯。如果这种不能实现预想的犯罪而实施的行为，触犯了其他罪名的话，则应以其实际构成的罪定罪。例如奸尸，即使误把刚死的人当做昏迷中的活人，并出于奸淫目的而实施了奸淫行为，由于强奸罪的客体即妇女的身心健康因人死而不存在，不可能造成对客体的实际侵害，但这一行为却危害了社会管理秩序，因此不构成强奸罪只构成妨害社会管理秩序方面的犯罪。就本案来说，被告人的行为实际侵害的只是被害人的尸体，这在任何情况下都不可能造成对生命的剥夺，因而不能构成杀人（未遂）罪。实际上，被告人实施的不是杀人行为，而是损尸行为，鉴于我国刑法没有毁损尸体罪的规定，同时又考虑到这一损尸行为又没有触犯其他罪名，因此本案应以故意伤害（致人死亡）定罪，量刑时把它作为一个从重的情节。

三是过失杀人和故意杀人（未遂）两罪，以并罚论处。被告人的第一个行为应定过失杀人罪。因为被告人实施的这一行为，既没有杀人故意，也没有伤害故意，是怀疑杨红推倒了他的女儿而采取的同态报复，其报复手段只是“一转一推”。对于被害人倒地致死，他是没有预见的。但对推倒4岁小孩有危险，他是应当知道而没有注意，一时的疏忽大意造成了这一严重后果，实为主观过失所致。被告人用石头对准被害人头部猛砸的行为，应定故意杀人（未遂）罪。这两个罪是独立存在的，其间不存在有密切的吸收关系，故应以数罪并罚论处较好。

还有一种持此观点的意见指出，那种把不能犯分为绝对和相对两种，认为误把死尸当活人加以杀害是属于绝对不能犯，被告人实施的行为不是杀人，而是毁尸，因此不认为犯罪的说法是属于纯客观说的观点，失之片面。根据主客观一致的犯罪构成理论，误将尸体当活人加以杀害，不仅有杀人故意和杀人行为，而且其杀人行为是指向我国刑法保护的“生命不可侵犯”的这一直接客体，只是由于犯罪对象认识错误，才使犯罪未能得逞，故构成故意杀人（未遂）罪。被告人陈新的行为虽然侵犯同一个对象，但是，他却先后在同一个对象上实施了两个犯罪。具有两个内容不同的罪过，实施了两个不同的犯罪行为，符合两个独立犯罪构成，也无牵连关系，彼此不存在吸收问题，应按过失杀人和故意杀人（未遂）两罪并罚原则处理。①

四是应定故意伤害致死和故意杀人（未遂）两罪，以并罚论处。被告人的“一转一推”行为，是出于气愤报复。被告人的“匿迹、藏人”行为，是出于怕负罪责。被告人用石头对准被害人头部猛砸的行为，出于杀人灭口。通过以上对被告人心理变化的分析，可见被告人的第一个行为具有故意伤害的心理，第二个行为具有故意杀人的心理。被告人的第一次行为，具有伤害的故意，又实施了伤害的行为，犯罪的主客观条件已取得一致，构成了故意伤害罪。但是，实际结果已经致人死亡，所以应定故意伤害致死罪。被告人的第二个行为，主观上是要剥夺被害人的生命，而且实施的行为也是把被害人当做有生命的人来对待的，从这点上说，已构成故意杀人罪。但事实上当时被害人已经死亡，这在刑法理论上，叫做客体不能犯。根据主客观一致的原则，对此应定故意杀人（未遂）罪。据此，对被告人的这两个行为应分别定罪，按从轻并罚处理。

第三，对引起结果之原因认识错误。这也有两种情况：

1. 误认他因为己因。例如，某甲投毒于某乙备食的物品中，乙吃后死亡。甲认为乙是食物中毒而死，实际上经法医检验证明，乙系食物进入气管，造成窒息死亡，死后毒性乃发。这类场合，甲虽有杀心，但其行为与结果之间并无因果关系，故只负杀人未遂的罪责。

2. 误认己因为他因。这种情况下，行为人之行为与结果具有因

① 朱华容、夏吉先：《我们对〈误认尸体为活人加以杀害如何定罪〉的看法》，载《法学》1983 年第 9 期。

果关系，但其主观上并无预见，故只能负过失犯罪的责任，或者因行为人对结果的发生确实无法预见，而属意外事件，行为人不对该结果负刑事责任。

（九）共犯中的错误

有学者对共犯中的认识错误进行了研究，提出共同犯罪中的认识错误比单个人的犯罪认识错误更复杂、特殊，具体表现如下：①

1. 对他人责任能力的认识错误。

第一，教唆犯误认无刑事责任能力者为有刑事责任能力者，因而教唆其实施犯罪。就被教唆者而言，他对教唆犯的教唆行为所表现出的两种反应，直接影响着教唆犯的定罪量刑。（1）被教唆者未实施犯罪，对教唆犯，依照我国刑法第26条第2款的规定论处，就是根据其所教唆的罪，可以从轻或者减轻处罚。（2）被教唆者实施了犯罪（包括预备、未遂和既遂），对此，教唆犯独立构成犯罪，而被教唆人由于无刑事责任能力，不以共同犯罪论处。从刑法理论上讲，这实际上是一种间接实行行为，仅仅因为他主观上没有认识到被教唆人属于一种“活”的犯罪工具，因此不能算作一种典型的间接实行犯。但并不因为教唆犯这种主观认识错误，而改变他亲自实施犯罪的性质。

第二，利用他人犯罪的人误认有责任能力者为无责任能力者，因而，试图假手于他人，即以他人为犯罪工具来实现自己的犯罪目的。就被利用者而言，他所作出的两种反应直接影响着利用者和对自己的定罪量刑。（1）被利用者未实施犯罪，根据我国刑法第26条第2款的规定，对利用者应独立论罪处罚。从刑法理论上讲，这是间接实行犯罪未遂（有人主张属于预备犯罪）。（2）被利用者实施了犯罪，从形式上讲，利用者出于假手于他人犯罪的目的，即主观上试图利用无刑事责任能力的人来犯罪，应依间接实行犯论处，被利用者因为具有

① 汪保康：《共同犯罪中认识错误的几种情况》，载《法律科学——西北政法学院学报》1991年第6期。

刑事责任能力，也可以独立论罪。根据我国刑法规定的精神，这实际上是教唆犯教唆被教唆人实施犯罪。教唆犯的主观认识错误还不足以影响共同故意的成立，因此，以共同故意犯罪论处比较妥当。当然，这是从一般情况而言的，如果利用者根本不可能认识到被利用者具有责任能力，可作为例外，不按共同犯罪论处。

2. 对他人意思表示的认识错误。

第一，无犯罪目的者误认他人的犯意表示是正当的，因而帮助其实施犯罪。具体地说，犯意表示人通常并不把真实的犯罪意图表示出来，而是运用欺骗的方法，伪称进行某一合法行为，从而骗取根本没有犯罪目的人的信任，使其毫无顾虑地实施某一危害社会的行为。这属于间接实行犯，而不属于我国刑法规定的被诱骗参加犯罪的胁从犯。

第二，误认他人的合法意思表示为犯意表示，因而实施犯罪的。我们知道，人的意思表示由明示和暗示两种方式组成，一般来说，运用明示的方式表示自己的意思，不易被人误解，而以暗示的方式表示自己的意思，则容易使人误解。这就为某些人将他人的合法意思表示误解为犯罪意思提供了可能。对此，因为只有误解者具备了犯罪意图，并实施了犯罪行为，应独立构成犯罪。

第三，误认他人的此种犯罪意思为彼种犯罪意思，因而实施了彼种犯罪行为。由于甲乙没有实施同一犯罪的意思，且犯罪目的各异，不存在共同故意，因此，甲乙宜独立论罪。

3. 对他人行为性质的认识错误。

第一，误认他人的犯罪行为为合法行为，因而一起实施的。在处理这种案件时，应该具体情况具体分析。例如，便衣民警甲正在与盗窃犯乙搏斗，乙为了逃避惩罚，就呼叫路过此地的丙，谎称甲在抢劫他的财物，丙信以为真，将甲打伤，并抱住甲，使乙得以逃脱。丙的主观认识出现了偏差，因此，不能以共同犯罪论处，丙的行为本身也不构成犯罪。

第二，误认他人的合法行为为犯罪行为，因而一起实施的，一般不构成犯罪。因为即使误认者主观上有犯罪意识，但其行为并不是危害行为，那当然不能处罚。如果在实施这一合法行为过程中，由于主观的认识错误，转而实施犯罪行为的，就应成立犯罪。

第三，共同犯罪人误认其他共同犯罪人的犯罪未遂行为为中止行为，因而自动中止犯罪的，构成犯罪中止，而不与其他共同犯罪人一起构成犯罪未遂，共同犯罪人误认其他共犯者的中止犯罪行为为犯罪未遂行为，因而放弃犯罪的，误认者以未遂罪论处，而不以犯罪中止论处。

有学者从同一构成要件内的错误和不同构成要件的错误角度进行了研究。认为：①

第一个角度，所谓同一构成要件内的错误，是指共同实行犯意图实行的犯罪与实际发生的犯罪，在行为的事实方面虽然不完全一致，但其构成要件相同。这种错误主要有以下几种表现形式：

1. 对象错误，即共同实行犯中的一人或几人弄错了具体侵害对象，但不同对象体现的社会关系相同。只要实际侵害对象与意欲侵害对象所体现的社会关系（即客体）相同，所有共同实行犯都应对实际发生的结果承担故意犯罪的责任，而不管实行犯本人是否存在对象上的认识错误以及危害结果是否由其所直接造成。这是因为每个共同实行犯在共同犯罪故意支配之下的行为，都是共同犯罪行为的有机组成部分，不能同整体行为割裂开来。因此，共犯个人在实行共同犯罪行为的过程中，由于弄错侵害对象而造成了未预期的危害结果的，其他共犯人也应对这一结果承担刑事责任。但是，应该注意的是，在共同实行犯罪的过程中，共犯中的某一个人超出共同故意的范围实施犯罪行为时，因弄错目标而对其他对象造成危害的，应由该共犯人对这一结果承担刑事责任。

2. 打击错误，即共同实行犯中的一人或几人，在对预定对象实施侵害行为时，由于失误而导致对另一未预料的对象造成侵害，但两种对象所体现的社会关系相同。我们赞成具体符合说的主张。因为，在上述打击错误的情况下，一般存在两个想象的犯罪构成。对预定侵

① 刘明祥：《论共同实行犯的事实错误》，载《法商研究》1994 年第 5 期。

害对象而言，行为人不仅有犯罪故意，而且实行了犯罪行为，只是由于行为偏差，才使犯罪未得逞，这显然是犯罪未遂；对实际侵害对象而言，行为人并未预见到会对其造成侵害，主观上不存在犯罪故意，一般只有犯罪过失（也有属于意外事件的情形），所以，通常构成过失罪。又由于行为人只实行了一个行为，而触犯了数个罪名，所以，不是实质上的数罪，不能实行数罪并罚，而只能从一重处断。

3. 因果关系错误，即共同实行犯所预期的危害结果已经发生，但因果关系的发展进程，与其中一个或几个共犯人所预见的不相一致。通说认为，因果关系错误不阻却故意，各共犯人都应对实际发生的结果承担故意犯罪既遂的责任。笔者赞成通说的主张。

第二个角度，不同构成要件间的错误，是指共同实行犯意图实行的犯罪与实际发生的犯罪，在犯罪构成要件上不相同。这种错误情况复杂，有几个问题值得研究：

1. 关于实行犯之间意思联络不一致的问题。在上述实行犯之间意思联络不一致的绝大多数场合，由于部分实行犯对另一部分实行犯的主观犯意及行为的事实情况缺乏认识，所以，对现实发生的危害结果，原则上应阻却共同犯罪故意的成立。

首先，就一方误解了另一方的犯罪意图的情形而论。各实行犯虽然互相配合实行了犯罪，但主观上的意思联络不一致，各自存在不同的而非共同的犯罪故意，所以，不能构成共同实行犯，只能按各自所实行的犯罪分别定罪量刑。

其次，对“实行过限”的情形来说。各实行犯对预谋的犯罪存在共同故意，构成共同犯罪，而对过限部分（或过剩部分），由于没有实行过限行为的人在事先并无认识，不存在共同故意，所以，对过限部分不能构成共同实行犯，只能由实施过限行为的个人负故意犯罪的责任。

再次，对“实行减少”的情形而言。各共犯人共谋实行较重的罪，但到现场作案时，情况发生变化，实际实行的是较轻的罪。行为人意图犯的重罪与实际犯的轻罪之间存在包容关系，其重罪的故意内容中包含有轻罪的认识因素。行为人之所以没有实行重罪，是由于现场情况与其主观上预见的不同，行为人只需要采用轻罪的犯罪手段，就可以达到犯罪目的，所以，对行为人按实际实行的轻罪的共同实行犯处理较为妥当。

2. 关于“双重错误”的问题。所谓“双重错误”是指实行犯之间不仅意思联络不一致，而且由于分担实行者的错误，导致实际发生的事实与其所预见的事实在构成要件上不符。例如，甲乙共谋伤害丙，乙在与甲共同实行犯罪的过程中，又产生了杀害丙的意图，在对丙开枪射击时，未打中丙，但毁坏了其贵重财物。在这种场合，由于行为人主观上的意思联络不一致，所以，应否定共同实行犯成立。这种错误不是发生在实行共同犯罪行为的过程中，而是发生在实行超出共同犯罪故意范围的行为过程中，所以只可能对发生错误的个人的刑事责任产生影响。

3. 关于实行犯之间意思联络一致，但在共同实行犯罪过程中出现错误的问题。实行犯之间意思联络一致，但在共同实行犯罪的过程中，由于认识错误或者行为差误，导致实际发生的事实与预见事实在犯罪构成上不相符合。这是发生在不同构成要件间的最典型的共同犯罪错误，也是我们这里所要重点研究和解决的问题。该错误包括以下几种类型：

（1）实际发生的犯罪比预谋实行的犯罪重。各实行犯共谋实行一定的犯罪，主观上有共同犯罪故意，客观上又共同实行了所预期的犯罪行为，只是由于某个实行犯（或者所有实行犯）主观上的错误才导致预期的危害结果没有发生，而发生了比预期结果更严重的结果。对预期的犯罪而言，是由于各共犯人意志以外的原因而未得逞，属于犯罪未遂；对现实发生的结果，各共犯人都未预见，因此，不存在犯罪故意。在主观上存在过失且刑法有处罚过失犯罪规定的情况下，构成过失犯罪，并与所预期的犯罪形成想象数罪。

（2）实际发生的犯罪比预谋实行的犯罪轻。在这种场合，各共同实行犯都对所预谋的犯罪构成未遂犯；对实际发生的危害结果，在行为人主观上有过失，而刑法又有处罚过失犯的规定的情况下，成立过失犯，与其预谋实施的犯罪构成想象数罪，应从一重处断。

(3) 实际发生的犯罪是预谋犯罪的结果加重犯。对结果加重犯，只要其实施基本犯的行为，就存在引起加重结果发生的危险性；只要加重结果是由共同犯罪的行为所引起的（不管是否由共犯人本人行为直接引起），各共犯人都应对加重结果承担责任，即应按结果加重犯处罚。

（十）法律错误的处理原则

我国刑法对认识错误没有什么规定，更谈不上对法律错误的规范。这就直接导致在司法实践中，违法性认识从来都不是司法人员关心的内容，法官根本不会理会行为人对行为的法律性质的认识。传统理论对法律错误的研究也很有限，多数教材在谈到法律错误时，通常将之分为假想的犯罪、假想的不犯罪和罪名与罪刑的错误三种。这种分类的缺陷是：将错误中的“法律”限定为刑法显得过于狭窄；对包括违法性认识在内的法律错误缺少深入探讨，等等。

有学者对违法性认识错误对刑事责任的影响进行了研究。关于违法性认识错误的内容，我国学术界有三种不同的观点：一种认为只要行为人认识到其行为为道德规范所禁止，就视为具有违法性认识。第二种观点认为只有认识到行为触犯法律，才算具有违法性认识。第三种观点认为只要认识到其行为为法律所不容许，就算具有违法性认识。① 这种观点为很多学者所接受。

关于违法性认识错误能否成为减免刑事责任的理由，我国刑法学者也是各抒己见，依观点和见解的差异大致可分为以下四种学说：

1. 否定说。该说认为犯罪故意的成立与违法性认识的有无无关，违法性认识错误对刑事责任无丝毫影响。捍卫此说的理由有犯罪故意的成立只须有对事实的认识，否定无须有对违法性的认识；刑法的效力不以行为人知法为必要；承认缺乏违法性认识可减免刑事责任，就会为犯罪分子逃避惩罚提供借口；违法性认识是每一个有责任能力的

---

① 参见刘明祥：《刑法中违法认识的内容及其判断》，载《法商研究》1995年第3期。

人所应该具备的，所以没必要再把违法性意识列为故意的认识内容等。

2. 肯定说。此说认为法律是规范人们行为的标准，是个人决定其作为或不作为的依据。“知法而犯法”表明行为人“对法有敌意”，国家便拥有对其进行处罚的依据。因此，“不知者不为罪”不仅有其深厚的观念基础，而且有其法理依据。

3. 基本否定说。此说认为，“认识行为的违法性一般来说并不是犯罪故意的内容……但是在这个问题上不能绝对化，不能排除个别例外的情况。如果原来并非所禁止的行为，一旦用特别法规规定为犯罪，在这个法律实施的初期，行为人确实不知有这种法律，而认为自己的行为是合法的，那就不应认为具有犯罪故意”。①

4. 折中说。此说认为违法性认识错误可否阻却或减轻刑事责任的问题，不可一概而论，应具体问题具体分析。违法性认识可能性必要说借鉴国外刑法理论中的责任说，认为违法性认识的可能性是故意成立的要件，阻却故意的成立。如果有充分理由表明行为人虽然认识了行为事实，但确实不知，且根据当时的情况也不可能认识行为是触犯刑法的，就不构成犯罪的故意。违法性认识错误系不可避免时可阻却责任，在存在违法认识的可能性时，只可减轻责任。也有人认为行为人对自己行为的违法性缺乏认识并不影响成立犯罪故意但只要这种缺乏是由于行为人对其行为的社会危害性缺乏认识造成的，就可以排除主观故意。②

有学者提出，③ 对行为人主观恶性的认识，不是应从其反规范意识（这里所说的规范不仅指法律规范，也包括道德规范）中寻找。

---

① 高铭暄主编：《中国刑法学》，中国人民大学出版社 1989 年版，第 127 页。

② 参见马克昌主编：《犯罪学通论》，武汉大学出版社 1991 年版，第 350 页。

③ 张庆方：《论违法性认识错误对刑事责任的影响》，载《烟台大学学报》（哲社版）1998 年第 2 期。

只要行为人认识到自己的行为为人们普遍遵行的行为规范所不容，而仍然实施该行为，即使他认为自己的行为是正当的，也仍然可以认为其具有蔑视社会规范的主观恶性，从而就具有了可罚性的主观基础。基于上述分析，该观点认为：

第一，行为人不认为自己的行为构成犯罪，但对行为的违法性有认识的，不阻却刑事责任。

第二，行为人欠缺违法性意识，但认识到其行为违反道德规范的，仍不能阻却刑事责任。有些学者认为法律和道德毕竟是不同性质的规范，既然法律不干涉仅违反道德的行为，也同样应免除仅具有违反道德认识的行为人的刑事责任。其实，违反道德的行为和刑事违法行为之间，有时并无明确的界限。过去许多被认为“应提交道德法庭审判”的行为，现在不是已按犯罪处理了吗（这种改变甚至常常是在刑事立法保持不变的情况下发生的）？而且，由于我国刑事立法过于粗陋简要，在审判实践中对许多行为确定是否构成犯罪时，往往也是根据其违反道德的严重程度的。

第三，行为人并未认识到其行为为法律和道德所禁止，而认为其具有正当性，若这种错误不是因为过失所致，应阻却刑事责任。若行为人对行为性质的错误判断是由于过失所引起，可减轻其刑事责任。若行为人对行为性质的错误判断是由于过失所引起，可减轻其刑事责任。容易发生善意违法的几种情形，在上文中已作了分析。在这种情况下，由于行为人主观上不具有可责难性，根据主客观一致的归罪原则，不应按犯罪处理，否则就会罪及无辜。

有学者对罪行轻重的认识错误进行了专门探讨，认为罪行轻重的认识错误，是指行为人对自己的危害行为在法律上所符合的罪名和刑罚有误解，这是刑法中行为人在法律上认识错误的一种。罪行轻重的认识错误包括罪名认识错误和刑罚轻重的认识错误两种，前者如主观上认为自己犯意支配下的行为构成甲罪，而行为客观上却符合乙罪的规定，后者如行为人自认为自己主观危害欲望支配下的危害行为应受甲款刑罚处罚，而行为客观上却符合乙款刑罚规定。对上述两种错误认定其为犯罪殊无疑问，但应以何种罪名和刑罚论处，却有异议，有的采“行为符合说”，即以行为实际符合的法定罪名和刑罚论处，有的采“从轻说”，即在主观认识和行为实际符合的两种罪名和刑罚中，以轻者论。该观点认为，这两种错误具有不同的法律意义，罪名认识错误反映危害的性质，刑罚轻重的认识错误反映危害程度的大小，对这类案件的定罪处罚应具体案件具体分析，分别予以处置：

第一，对罪名认识错误，根据主客观一致的原则，予以实事求是的论处才是比较合理的，即无论罪行轻重，皆应将主观罪过和客观行为结合起来，具体案件具体分析予以定罪。

第二，主观认定的刑罚轻于行为客观上所符合的法定刑罚的，如某地一瓷器厂的勤杂工某甲，打扫时见厂会议室内随意放着一尊瓷佛像，小巧好玩，便认作略有价值的摆设之物而顺手偷回家，路途中与人相撞，瓷像落地摔碎。后经调查，这瓷像系用专窑烧制而成价值2万元。对这一案件，不应仅以行为实际危害程度为处刑根据，而应结合其主观危害欲望的程度，即以其主观认定的刑罚为处刑的主要根据，同时考虑到严重的危害毕竟与其行为有因果联系。因此，可将其客观严重危害作为同一刑种幅度内予以从重处罚的根据。

第三，主观认定的刑罚重于行为客观上所符合的刑罚的，不能简单地以行为人主观认定的刑罚论处，而应按照刑法关于未遂犯的规定论处，即以其客观上所造成的危害程度作为量刑的主要依据，将其主观上的危害欲望程度作为量刑时在同一刑种幅度内予以从重论处的根据。①

还有学者对英美国家关于法律错误的理论进行了研究，提出：不管是在英国，还是美国，“不知法律也不能免责”仍然是处理法律认识错误案件的基本原则。只是在进入20世纪后，才逐步承认这一原则的例外。所谓“例外”，也只限于基于相当理由完全不知法律存在的场合以及信赖有关权威者意见的场合；而且，法律认识错误能否成为抗辩理由，还取决于法院具体的、实质的认定；另外，模范刑法典

① 薛进展：《罪行轻重的认识错误与定罪量刑》，载《人民司法》1988年第4期。

公布后，许多州的制定法也只规定了事实认识错误，许多州的制定法对法律认识错误作了相当严格的规定。

与美国例外承认法律认识错误可能免责有所不同的是，英国的立法与司法机关现在还严格遵守“不知法律也不能免责”的原则，不承认不知法律或误解法律是抗辩理由。在英国，因法律认识错误而欠缺违法性意识的情况可分为两类：一是信赖公共机关的意见而对自己的行为进行错误的法律评价；二是对法规符合性欠缺认识。在英国，不知法规的存在而实施的行为，不可以免责。关于第一种类型的法律认识错误，英国现在还不承认其为抗辩理由。关于第二种类型的法律认识错误，即没有周密认识行政刑罚法规因而没有认识到自己的行为符合该法规的，英国也不承认其成立抗辩。

三、关于“刑法中的错误”研究的整体评价

任何刑法理论的研究，都有相应的范畴。刑法中的错误，一般认为可以分为事实错误和法律错误两种。尽管大陆法系刑法学随着犯罪阶层体系的发展，出现了构成要件错误和禁止错误的新的分类方式，英美法系则倾向于将分类更精细化，但是事实错误和法律错误的传统分类方法仍然具有相当重要的意义。根本原因在于行为人对于某些事实的认识以及法律评价意义的认识是刑事归责的基本要素。

刑法中的事实错误，简而言之，是行为人的主观认识与客观事实不一致，是主观和客观的“误会”。故意一定与行为人主观上的认识有关，所以错误所要解决的问题一定与故意有关。刑法第14条规定行为人对于构成犯罪的事实明知并有意使其发生，也就是说行为人主观上所认识的与客观上构成犯罪的事实要一致，这种一致被我们称之为对称或统一①。那么，如果出现了“不一致”，是否会影响“故意”的成立呢？错误的判断，无论是涉及主观还是客观，判断标准都是刑法所规定的构成要件。现实中，“错误”随处可见。一种是“心想事不成”，如未遂犯，行为人主观上想要实现的构成要件，在客观上并未实现，也就是主观事实比客观多的主客观不一致。另一种

---

① 一般性的犯罪要件主观构成要件与客观构成要件要对称，但是有些犯罪还要多出一个特殊的主观要素，即主观超过要素，就是与客观构成要件不再对称的主观面，因为与客观构成要件相对称的主观面称为故意，而主观超过要素没有客观事实与之对应；有些犯罪还要多出一个特殊的客观要素，就是与主观构成要件故意不相对称的客观面，大陆法系称之为“客观处罚条件”，我国有学者称之为“客观超过要素”。

是“事成心不想”，如事实已经符合客观方面的要件，但是主观上并不符合主观要件，那么就是欠缺故意，可能成立过失犯或意外事件。显然，并非所有的“不一致”都属于事实错误论所要研究的内容。如今我国事实错误论所存在的主要问题，在于将其他理论所研究的事实错误问题都纳入事实错误论中予以研究。尤其是对于没有认识到构成要件的事实存在的情形，大多属于故意之本体论就可以解决的问题，即从故意理论的正面就可以得出结论，没必要非得从反面来视之。既然对事实错误进行理论研究，就应当首先界定其研究的范畴，排除适用其他理论可以解决的问题，这样才不会淹没事实错误理论的主旨。

任何刑法理论的研究，均是为了合理的归责。因为主观认识与客观事实不一致，那么，对于客观发生的事实能否进行故意归责，是事实错误论研究的核心问题。对“事实层面”上主客观不一致的情形，在“规范评价”上如何实现主客观的统一呢？换言之，对行为人认识的事实和现实发生的事实在什么范围内“符合”、“合致”或“统一”，才可以成立故意呢？围绕这一核心问题，各国的事实错误理论展开了学说的对立。

日本的事实错误理论，对于怎样才算“符合”，存在具体符合说、法定符合说和抽象符合说的对立。具体符合说认为，行为人所认识的事实与现实发生之事实须具体一致，即使在法律上属于同一法定事实，也不能算是符合。由于不符合，所以故意将被阻却，就所认识的事实成立未遂犯，就现实上发生的事实成立过失犯。法定符合说认为，只要行为人所认识的事实与现实发生的事实属于同一构成要件之同一法定事实，亦即在构成要件上等价，即使具体不一致，也可以在法律上评价为符合，不阻却成立故意既遂罪。抽象符合说则认为，如果有犯罪的认识，实际上又发生了犯罪的事实，即可以认为符合，论以犯罪既遂。显而易见，具体符合说是最易理解的理论，也是最省心的解决方式。然而，具体符合说一切从行为人的主观认识出发，凡与主观认识不一致的客观发生事实，一概阻却故意。那么，如我国台湾地区学者柯耀程所言，“限制从行为人主观之犯意对犯罪之成立与否之认定，而由刑法本身之法评价为标准之理念，早已为德国刑法学上之共识，盖唯有从法的判断上方能找到一客观而合理的判断标准，如委由行为人决定，则无异放弃刑法为行为评价规范之立场。”① 换言之，刑法作为评价规范，必须从规范的角度来评价行为人的行为，而不是仅仅从行为人的主观认知来评价。构成要件是犯罪的定型，也是评价规范的载体。如此，法定符合说以构成要件为基准，判断主观认识与客观事实在构成要件是否等价的方式合理得多。但是，在认定是否阻却故意的问题上，法定符合说显然比具体符合说抽象，必须将故意抽象化。因为行为人本来想杀的是甲，由于认识或者行为错误，客观上却杀死了乙，法定符合说想要对乙的死亡结果认定行为人成立故意杀人既遂，必须将行为人想杀“甲”的犯意抽象为想杀“人”的故意，这显然技巧得多。“纠正人们的直感的错误的部分以达成问题的合理解决正是法定的符合说的追求。法定符合说以构成要件为根据，把直感上的故意评价为法律上的过失、直感上的过失评价为法律上的故意、直感上的未遂评价为法律上的既遂，从而实现了错误论的价值。”② 抽象符合说更进一步，为了处罚的均衡，创立了更多技巧性的评价方式。然而，过犹不及，抽象符合说以主观主义为理论基础，只要行为人想犯罪实际上犯了罪，于是就体现了行为的主观恶性，因此想方设法要行为人承担故意既遂的责任。这无疑超出了构成要件的法定框架，不是规范的评价，而是恣意的评价，违反了当代刑法的基石——罪刑法定原则。

德国的事实错误理论，对于如何才能“合致”，也存在具体理论和等价理论的对立。其中，具体理论相当于具体符合说，等价理论相当于法定符合说。对于等价对象之对象错误（同一构成要件内的对象错误），具体理论与等价理论的结论相同，认为对于结果对象肯定故意既遂的成立。对于不等价对象的事实错误（不同构成要件内的

---

① 柯耀程著：《变动中的刑法思想》，中国政法大学出版社 2003 年版，第 98 页。

② 冯军著：《刑事责任论》，法律出版社 1996 年版，第 190 页。

对象错误和打击错误)，二者的结论也相同，认为应当成立目标对象的故意未遂和结果对象的过失的想象竞合。唯一存在争议的就是等价对象的打击错误（同一构成要件内的打击错误)，前者认为成立故意未遂和过失的竞合，后者认为成立故意既遂。为了缓和具体理论与等价理论的对立，德国学者又提出了犯罪计划理论、实质等价理论与故意危险理论。Roxin的犯罪计划理论认为故意的归责标准在于行为人的计划的实现，行为人的计划以主观愿望为依据，因此即使对于同一构成要件内的对象错误，原则上也否定故意既遂的成立。然而，出于目的论的解释，他将“对象在眼前”和“对象不在眼前”的对象错误区别对待，前者使用等价理论，后者使用具体理论。对于同一构成要件内的打击错误，他根据行为人是否具有概括故意，分别适用等价理论与具体理论予以处理。Hillenkamp的实质等价理论以法益类型为基础，将构成要件所保护的法益区分为“高度人格法益”及“财产法益”，前者的打击错误只能根据具体理论处理，后者的打击错误则可以根据等价理论进行故意归责。Puppe的故意危险理论修正了其先前主张的根据等价理论打击错误一律不阻却故意的见解，她根据客观上危险所呈现的密度将犯罪情状区分为三种情形，分别适用具体理论或者等价理论来处理。总体来说，德国事实错误理论对于不同构成要件内的事实错误，认识趋于一致，即对于客观发生的结果不能成立故意犯罪。其争议集中在同一构成要件内的事实错误，尤其是对于打击错误，设定了不同的标准作差异处理，那么关键就在于区别处理的理由的说明是否令人信服。

我国的事实错误理论，严格来说还没有形成学说对立的局面。比较一致的看法是对于主观认识与客观现实不一致的事实错误，应当适用我国刑法的基本原则——主客观相统一原则。那么，对于主客观如何“统一”，以及应当在什么程度内统一，就会形成不同的见解。有人认为应从主观认识出发，以主观统一客观；有人认为应从客观事实出发，以客观统一主观。见解不同，对事实错误的处理结果也不同，基本上或者赞同具体符合说或者与法定符合说的结论相同。与其如此，不如直截了当地主张具体符合说或者法定符合说。我们赞同法定符合说之构成要件符合说，认为在构成要件重合的限度内可以承认故意既遂的成立。

值得注意的是，在我国的许多相当有争议的问题上，比方说如果有主观说、客观说和折中说之争，那么不论持何种观点的学者，都认为自己的推导过程或结论是从主客观相统一出发的，符合主客观相统一原则。就事实错误理论而言，同样如此。主张具体符合说的人认为法定符合说和抽象符合说是违背主客观相统一原则的，而赞同法定符合说的人也是绝不同意这一说法的，认为自己所持的主张才是符合我国的这一基本原则的。主客观相统一原则，真正成为了“放之刑法而皆准”的基本原则，适用于我国刑法的不同阶段、不同问题和不同学说。然而，对于主观认识与客观现实不一致的事实认识错误而言，如何将主观与客观统一起来进行归责，却是尤其需要进一步研究的问题。

下编　代表性论文精选

因果关系错误与刑事责任浅析

陈泽宪

错误，就是人的主观认识与客观实际不相符合。刑法中的错误，是指行为人对自己行为在法律上和事实上的认识错误。所谓“因果关系错误”，是行为人对自己的行为与危害后果之间的因果关系存在错误认识。它属于刑法中事实上的错误。

由于主客观相统一的原则是我国刑法中确定罪与罚的一个基本原则，所以，行为人对因果关系的认识错误，可能影响行为人的刑事责任。这通常有以下三种情况：

（一）对结果认识错误，即行为人所预期或所认识的结果与实际结果不一致。

1. 实际结果轻于预期结果。例如，某甲开枪向某乙射击，认为乙已被打死。而实际上乙并没有死，只是受伤。这种错误不影响故意杀人罪的成立，但由于未达到行为人所预期的结果，甲只负杀人未遂的罪责。

2. 实际结果重于预期结果。例如，某甲只想伤害某乙，将乙殴伤。由于乙患有一种罕见的血液疾病，伤口流血不止，而最终死亡。这种情况下，甲对乙之死亡没有预见，所以不负故意杀人罪责，而应负故意伤害致人死亡的刑事责任。

3. 实际结果与预期结果程度相当，但二者并不一致。例如，某甲欲杀某乙，对乙开枪射击未中，却将突然走来的某丙击毙。则甲构成故意杀人未遂和过失杀人的牵连犯，应按“重罪吸收轻罪”的原则处理。这种情况也有的人称之为“对象错误”或“打击错误”，乃是所考察的角度不同之故。

（二）对形成结果的方式认识错误。这可分为下列两种情形。

1. 行为人仅实施一个行为的场合：例如，某甲谋害某乙，将乙从桥上推落江中，甲认为乙是溺水而死，实际上乙是头撞桥墩而亡。这种情况下，实际结果符合行为人所追求的犯罪目的，且该行为与危害结果存在因果关系，故不影响甲承担故意杀人既遂的罪责。

2. 行为人实施了两个行为的场合：例如，某甲出于杀意，用棍棒殴击某乙头部，致乙昏迷，甲误认为乙已死亡，为掩盖罪行，逃避侦查，而将乙投弃江中，乙被淹死。这种场合，甲应负何等罪责，各国的刑法学界均有不同意见的争论，司法实践亦不统一。一种意见认为，甲在犯罪过程中实施了两个行为，并具有两种不同的罪过形式：第一个行为是棍击乙致伤，这时行为人具有剥夺乙之生命的故意，第二个行为是弃乙于水致死但这时甲已不具有杀人之故意，因他误认为乙已经死亡只是为了掩盖罪行，才过失致乙死亡。所以，甲犯有故意杀人未遂和过失杀人两种罪，应按“数罪并罚”的原则追究甲之刑事责任。

另一种意见认为，行为人所追求的犯罪结果既正实现，且该行为与结果之间亦具有因果关系，甲就应负故意杀人既遂的罪责。日本曾有这样一个判例：被告某甲决意杀某乙，趁其熟睡之机，用麻绳勒绞某乙颈部。被告误认为乙已死，为掩盖罪行，便将乙弃置于海滩后返家。其后乙由于吸进沙末窒息而死。日本大审院的判决认为，该被告的行为与结果存在因果关系，且具有杀乙之故意，已构成故意杀人既遂，而不能认为杀人未遂和过失致死罪之并存。

德国的多数此类判例，则采用又一种意见，即认定为杀人未遂与过失致死罪的“想象竞合”。所谓想象的竞合犯，乃是指一个犯罪行为触犯了数个罪名。这种情况，刑法理论上一般都认为实质上是一个罪，而不是数罪，故称想象的数罪，无须并罚。但也有一些学者指出，既然认定行为人实施了两个犯罪行为，而又解释为想象竞合，显有自相矛盾之嫌。故亦主张将杀人未遂与过失致人死亡合并论处，即二罪并罚。

在我国，对这类案件如何处理，认识也不尽一致。《中国法制报》第145期关于吴永新一案的讨论证明了这一点。讨论中，上述三种意见均得到了反映。该案与前例的唯一不同点是，过失致死在前，故意杀人（未遂）在后。由于被告人吴永新误认为死亡结果为重伤，才对杨金库的尸体施加了故意杀害行为，实为对象不能犯。但就行为人是否适用“数罪并罚”的规定而言，两案的处理原则应是一致的。

我们认为，在这类案件中，行为人实施犯罪的过程，诚然可以分解成两个犯罪行为，因此不构成想象的竞合犯或牵连犯。但这两个行为毕竟是紧密关联的同一犯罪过程，所以，若采用数罪并罚，总难免有牵强烦琐之嫌。这也是各国在司法实务中处理这类案件时，一般不适用数罪并罚的原因。看来比较符合实际的解决方法，是对此类行为人按吸收犯论处。所谓“吸收犯”，是指事实上数个不同的行为，其一行为吸收他个行为，仅仅成立吸收行为一个罪名的犯罪。两种行为之间之所以能成立吸收关系，是由于这些行为通常属于同一犯罪过程，彼此之间存在着密切的联系。例如，抢劫犯将抢劫所得财物存放在家中或出卖，其窝赃或销赃行为被抢劫行为所吸收，只成立抢劫罪，而不另成立窝赃、销赃罪。在前述案件中，则对行为人按其一重行为即故意杀人罪科处刑罚，而不以故意杀人和过失杀人二罪并罚。

（三）对引起结果之原因认识错误。这也有两种情况：

1. 误认他因为己因。例如，某甲投毒于某乙备食的物品中，乙吃后死亡。甲认为乙是食物中毒而死，实际上经法医检验证明，乙系食物进入气管，造成窒息死亡，死后毒性乃发。这类场合，甲虽有杀心，但其行为与结果之间并无因果关系，故只负杀人未遂的罪责。

2. 误认己因为他因。这种情况下，行为人之行为与结果具有因果关系，但其主观上并无预见，故只能负过失犯罪的责任，或者因行为人对结果的发生确实无法预见，而属意外事件，行为人不对该结果负刑事责任。

由此可见，研究刑法中的因果关系错误问题，目的在于分析行为人的主观状态，以确定其罪过的有无和罪过的形式，为使行为人负刑事责任提供准确的主观依据。所以，一般地说，因果关系错误并非刑法中因果关系本身的内容，而是客观存在的因果关系在行为人头脑中的歪曲反映，或是行为人的因果联想与客观实际过程的偏差。因此，决不能以行为人对因果关系的主观认识，来决定刑法中因果关系的有无。否则就会重蹈资产阶级“相当因果关系说”的覆辙，使司法丧失准确的客观标准，而导致主观臆断。这是我们必须注意避免的。

（发表于《河北法学》1984 年第 1 期）

论我国刑法中的能犯未遂与不能犯未遂

赵秉志

我国刑法理论以实际上能否构成既遂为标准，把犯罪未遂分为能犯未遂和不能犯未遂。能犯未遂，是指犯罪人有实际可能完成犯罪、达到既遂状态，但是在着手实行犯罪后，由于犯罪人意志以外的原因致使犯罪未得逞，未能达到既遂。不能犯未遂，是指犯罪人因事实认识错误而不可能完成犯罪、不可能达到既遂的犯罪未遂。结合刑法理论和司法实践来考察，在这种分类中，关于能犯未遂本身并无争议，不需要特别研究；存在争议和需要着重研究的是不能犯未遂，其中主要是以下几个问题：

一、不能犯未遂的种类及其名称

外国和我国台湾刑法理论中，把不能犯未遂又区分为客体不能犯和手段不能犯（也称“方法不能犯”）的主张。而我国论及不能犯未遂的著作，都把“手段不能犯”改称为“工具不能犯”。对“客体不能犯”不少论著承袭了原来的名称，也有较新的论著改称其为“对象不能犯”。笔者经过对照分析发现，“手段不能犯”与“工具不能犯”两名称实质相同，“客体不能犯”与“对象不能犯”二者亦同。既然二者的内容相同，要解决的问题就是用什么名称才能更准确、更恰当地反映与说明具体内容，使之符合我国刑法的基本原理。

所谓手段不能犯（方法不能犯）或工具不能犯的未遂，是指误把白糖等无毒物当做砒霜等毒药去毒杀人，误用空枪、坏枪或臭弹去射杀人，误用根本不能致死的小剂量毒药去毒杀人，等等。这并不是所选择的投毒或枪杀等犯罪的手段、方法不能完成犯罪、达到既遂，而是因投毒手段、方法所用的“毒药”以及枪杀手段、方法所用的枪支、弹药等犯罪工具的性质，使得犯罪不能完成、既遂不能达到。可见，这些情况实际上是犯罪人使用了按其客观性质不能实现行为人犯罪意图、不能构成既遂的犯罪工具，以致犯罪未遂。所以在我国刑法论著中将这类情况称为“工具不能犯”的未遂是科学的，它较“手段不能犯（方法不能犯）”未遂的说法，更为准确。

所谓客体不能犯或对象不能犯的未遂，是指扒窃犯罪中被扒窃的衣袋、提包内无钱物；误认尸体为活人而开枪射击、砍杀；误认为被害人在床上而隔窗开枪射击，实际上被害人在另一间房子里；误认男子为女子而着手实施强奸行为，等等。这类情况究竟应该称为客体不能犯的未遂还是对象不能犯的未遂？犯罪客体就其概念而言是我国刑法所保护的一定的社会关系，它是看不见摸不着的，是犯罪行为所无法直接接触和施加作用的，然而它又是任何构成犯罪的场合必须具备的要件之一，谈不上“不能犯”；这类情况下犯罪人行为所指向的犯罪对象当时并不存在于犯罪行为有效的作用范围内，或者因具有某种属性而不能既遂，只能未遂。这里不是客体不能侵犯而恰恰是对象不能侵犯，是由于不能给对象造成实际损害而只能给对象所体现的客体造成威胁性的侵害。因此，根据社会主义刑法理论中犯罪客体和犯罪对象关系的原理，以及这类不能犯未遂的实际情况，把这种不能犯未遂称为“对象不能犯未遂”是科学的、恰当的，而“客体不能犯未遂”的说法，则混淆了客体与对象，并且容易由此产生对犯罪客体在犯罪构成中的地位、作用的误解，会使人误解为可以有不能侵犯客体、没有侵犯客体的犯罪的成立，误解为犯罪客体不是犯罪未遂情况下的构成要件。因此应该摒弃“客体不能犯未遂”的说法，而坚持“对象不能犯未遂”的名称。

在把不能犯未遂区分为客体不能与手段不能（方法不能）的外国刑法理论中，又根据不能的程度，把二者再区分为绝对不能与相对不能，过于烦琐。不能犯未遂在具体情况下都可以说是绝对不能，若超出这些具体情况又都可以说是相对的不能。这种区分空泛、烦琐，难以在实践中掌握其危害程度，因而失去了实际意义。因此，我国刑法理论不再进行这种区分。

二、不能犯未遂应负刑事责任的根据

行为符合主客观相统一的法定犯罪构成要件，是我国刑法中认定行为构成犯罪并追究行为人刑事责任的唯一根据，这一点对犯罪未遂而言

也不例外。但是由于不能犯未遂具有一些容易在其刑事责任根据上使人产生疑问或误解的特点，因此就其未遂负刑事责任的根据问题，专门加以研究和阐明。

对象不能犯未遂中的犯罪客体问题，是不能犯未遂负刑事责任根据中的首要问题。中外刑法理论对这个问题的研究不够，甚至讹误。苏联刑法学者贝斯特洛娃提出，牲畜是杀人罪的不能犯的客体，偷盗者本人的私有财产为盗窃罪不能犯的客体。这里显然是误把对象不能犯中的行为人，误作不能犯未遂的犯罪客体了，从而根本违背了犯罪客体的科学定义。苏联著名刑法学家特拉伊宁则认为，在客体不能犯未遂的场合，除了缺少犯罪结果外，还缺少该犯罪构成所需要的犯罪客体，但是也要追究刑事责任。这样，在不能犯未遂问题上，他就违背了他在同一本书中所提出的具备犯罪构成四个方面的要件是构成犯罪和追究刑事责任的唯一根据这一正确命题。我国个别论及此问题的论文认为，在对象不能犯的未遂中，因为没有具体的犯罪对象，犯罪的直接客体无从体现，但是可以有犯罪的同类客体，同类客体可以脱离犯罪对象而存在。如强奸罪中误认男子为女子的对象不能犯的情况下，因侵害的实际对象是男子，强奸罪的直接客体无从体现，但其同类客体即妇女的人身权利却是存在的。这种观点否认了对象不能犯未遂里直接客体的存在，也就是否认了这种场合具体犯罪构成的存在，因为具体犯罪构成要求的只能是直接客体而不能是同类客体；而且犯罪未遂一定要与具体犯罪联系起来，我国刑法中相当数量的犯罪是据直接客体不同而区分开的。例如，在强奸妇女罪对象不能犯的情况下，就不能按同类客体定一个侵犯人身罪（未遂）的罪名。

在犯罪构成包含犯罪对象的犯罪里，犯罪的直接客体和犯罪的具体对象是永远不能脱离的，犯罪既遂正是通过犯罪行为对犯罪对象的直接作用而使客体受到法定的实际损害。在对象不能犯的未遂的场合，直接客体和犯罪对象不但都是客观存在着，而且是密不可分的。只是因为犯罪对象在犯罪行为实施时不处在行为作用的空间范围内而没有对之造成实害，因而犯罪对象所反映的社会关系——犯罪客体所受到的侵害，才没有表现为实际结果性损害，而表现为危险和威胁。例如，以为被害人在床上而开枪射杀，但实际上被害人却在屋外，这是对象不能犯的杀人未遂；如果被害人就在屋内，因被害人躲闪而未能射中，这是对象能犯的杀人未遂。这两种场合下，犯罪人在主观上和客观行为上都是指向犯罪对象的，都是要通过对犯罪对象的损害来给客体造成实际损害，却都由于意志以外的原因而未得逞，因而犯罪对象和犯罪客体都没有遭到实际结果性损害，而是受到危险性的侵害。这两种情况相比没有什么质的不同，不能仅仅因为犯罪对象在空间位置上的略微不同，就否认了前种情况下犯罪对象和犯罪直接客体的存在。应该说，在这两种情况下，犯罪对象和犯罪客体都是实际存在的，只不过是犯罪对象的空间位置是否处于犯罪行为直接作用范围内有所不同。再如，在误以牲畜为人而实施枪杀的场合，牲畜当然不是杀人罪的犯罪对象而是行为人所误认的目标，这种场合犯罪对象（即某个有生命的自然人）和犯罪客体（即该人的生命权）都是客观存在的，只不过是由于犯罪人主观认识的错误而没有出现在犯罪行为作用的效力范围内，但是犯罪人主观的犯罪意志和客观的犯罪行为都是指向该对象及其所体现的客体的，而且对象和客体都因犯罪行为遭到了危险性、威胁性的侵害，因此完全应该把对象和客体纳入该具体案件的犯罪构成里。人们都不否认工具不能犯未遂里犯罪对象和犯罪客体的存在，如行为人误用射程五百米的枪支向一千米外的某人射击，都承认位于射程之外的该人即是犯罪对象；其生命权即为犯罪客体。而这种情况与对象不能犯未遂的情况相比，应该说二者都是因为犯罪对象处于犯罪行为作用力范围之外而未遂的。因此应该承认，在对象不能犯未遂的场合，犯罪对象及其所体现的犯罪客体都是客观存在的。

罪过和犯罪行为的统一构成了行为人负刑事责任完整的根据，不能犯未遂也具备刑事责任这种完整的主客观根据。在工具不能犯未遂中，行为人主观上具备明显的犯罪故意并外化为行动；从客观上看，虽然由于所误选的犯罪工具的性质而使得行为缺乏完成犯罪和达到既遂的性质，但是这种行为是与行为人的犯罪意识和意志密切联系在一起并受其支配的，因而这种行为就具备了严重危害社会的犯罪性质。在对象不能犯未遂中，行为人主观的犯罪故意和客观的犯罪行为的共同具备和紧密结合更是显而易见。总之，不能犯未遂与能犯未遂一样，都是同时具备了主观罪过和客观犯罪行为这两个犯罪构成中最基本的因素，二者的齐备和统一，决定了不能犯未遂也具有相当程度的社会危害性。这种主客观要件及其所决定的行为的社会危害性，就是不能犯未遂构成犯罪及追究其刑事责任的科学根据。

三、不能犯未遂与迷信犯的区别

封建刑法明文规定严惩迷信犯。例如，中国封建刑法就把诅咒、造畜蛊毒、厌魅等迷信犯列为仅次于谋反、谋大逆、谋叛和恶逆后的“十恶大罪”之一予以严惩。这是由封建立法者的阶级局限性及其所处时代的局限性所决定的。近、现代刑事立法和刑法理论一致认为迷信犯不为罪不应处罚，对该结论，各家学说又有种种解释，但是这些解释又大多未能科学地、明确地说明这个问题。按照我国刑事立法和刑法理论，迷信犯也是不为罪不处罚，不能犯未遂（主要是工具不能犯未遂）与迷信犯有着罪与非罪的严格区别，运用我国刑法理论可以对这一结论作出科学的、明确的论证。

迷信犯是指行为人出于极端迷信、愚昧无知而采用没有客观根据，在任何情况下都不可能产生实际危害的手段、方法来企图实现其犯罪意图的情况。典型的迷信犯是基于封建迷信而企图用超自然的力量实施犯罪的情况，如用诅咒方法企图杀人，用针扎纸人、草人的方法企图加害于人等。基于极端愚昧无知而确信某些没有任何危害的物质能加害于人并用以实现犯罪意图的情况，也应属于迷信犯的范畴（也有人称之为“愚昧犯”）。迷信犯主观上存在犯罪故意，他认为自己的行为会发生危害社会的结果而希望、追求这种结果的发生。迷信犯在客观形式上也有行为，但是这种行为只是表明其犯罪故意的外在形式，它既不是具体犯罪构成中的实行行为，甚至也不是为实行犯罪创造便利条件的预备行为，而仅仅是犯意的客观表示。迷信犯与某人产生犯意后把犯意写在日记上或告知某个朋友（但不是要串通其参加犯罪）的情况没有什么质的区别，它们都只是单纯的犯意表示。可见，迷信犯的客观行为不是刑法意义上具有社会危害性的犯罪行为，即迷信犯实际上缺乏犯罪构成所必需的客观方面的行为要件，缺乏犯罪行为。所以可以说，迷信犯之所以不为罪、不追究刑事责任，不在于它缺乏主观罪过，而在于它缺乏客观的危害行为，因而当然就缺乏主客观相统一的犯罪构成和追究刑事责任的根据。

迷信犯与工具不能犯未遂在行为性质上为什么一个不具有危害性质，一个具有危害性质？如何理解这种质的区别？

在工具不能犯未遂的场合，行为人是以认识到客观现象之间真实存在的因果联系为基础而行为的。行为人对行为的性质及实行行为的方法、手段的性质在认识上并没有发生错误，只是由于疏忽大意等心理状态而造成了对实施犯罪的具体工具的误认，从而选用了实际上不可能实现犯罪意图的犯罪工具，致使犯罪未能得逞。行为人在工具不能犯未遂的场合所实施的行为，从其整个性质上看具备了真正的、实际的危害性质，这种行为已不单纯是犯罪意志的反映和证明，也是犯罪意志在客观上的展开，完全符合了犯罪构成所要求的犯罪实行行为的基本特征，是行为人负刑事责任完整的主客观根据。

在迷信犯的场合，行为人行动的基础并不是对客观现实之间真实存在的因果联系，而是反现实、超自然、虚无缥缈的幻想联系，由于对行为方法手段的性质，以及犯罪工具等所有行为要素，产生了认识上的错误（例如，行为人就是认为诅咒可以杀死人、认为施以咒语的糖果等可以毒死人而实际上去实施这些行为）。所以，这种场合下的行为至多只能反映和证明行为人犯意的存在，但却没有犯罪意志在客观上的展开，并不具有真正的、实际的或可能的危害性质，因此，这种迷信行为不能与行为人主观上的罪过结合，成为迷信犯构成犯罪和应负刑事责任的根据。

四、不能犯未遂与能犯未遂的危害程度有无不同

论及能犯未遂与不能犯未遂这种分类的论著，大多没有涉及二者危害程度的比较，只有个别论著提出能犯未遂比不能犯未遂危害要大些，量刑应考虑。但都未予分析论证。而这个问题实质上是关系到研究未遂的这种分类有无实际意义的重要问题之一，因此应该予以必要的关注。

能犯未遂与不能犯未遂不但都具备罪过和犯罪行为统一的构成犯罪和应负刑事责任的根据，二者也都可以停留在行为实行终了或未实行终了的未遂状态，二者危害性的不同，能犯未遂客观上造成犯罪结果的可能性更大，而不能犯未遂一般不具有实际损害结果。

进一步探究可以发现，导致未遂的“意志以外原因”各有所不同。

在不能犯未遂里，“意志以外的原因”仅限于行为人主观认识错误中的“工具错误”和“对象错误”两种具体原因。这两种原因一般是在犯罪着手时就存在并发挥着作用，其作用又决定了在不能犯未遂的大多数情况下，非但不会产生犯罪结果，也不会造成任何实际危害后果。如在对象不存在于行为效力范围内的对象不能犯未遂的情况下，以及误以空枪射杀人、误以无毒物为毒药而用以杀人等工具不能犯未遂的情况下都是如此。而在能犯未遂里，“意志以外的原因”可以是犯罪人本人以外的原因、犯罪人本人能力知识方面的原因及其对犯罪结果的错误认识等几种。这些原因可以是在犯罪着手以后既遂以前的任何时候出现并发挥抑止犯罪完成的作用，因此能犯未遂虽然也没有发生法定的犯罪结果，却往往可以有实际危害结果的发生，如能犯的杀人未遂中就往往可能发生轻伤、重伤的实际危害结果。这种实际危害结果的有无及轻重，不但在客观上反映了行为危害性的大小，在主观上也往往反映了行为人犯意的展开程度和顽强程度。由于在一般情况下，能犯未遂往往比不能犯未遂具有较大的社会危害性，因此在量刑时应予以适当考虑。

当然也不能把这种分类对危害性的一般意义绝对化，对具体未遂案件一定要通过全面地、具体地分析来确定其危害程度。

（发表于《法学杂志》1985 年第 4 期）

刑法上认识错误的概念及分类

陈明华

刑法上的认识错误（亦称刑法上的错误），是刑法理论上的一个问题。从现有资料来看，把这一问题作为主观罪责方面的一个重大理论问题，并同“故意论”、“责任论”结合起来加以研究，乃是资产阶级刑事法学派在以“犯意责任”的原则代替封建社会主要盛行的“结果责任论”之时开始的。适应资本主义不同阶段刑事政策的需要，不同的刑事法学派对此也曾提出不同的理论和主张，为资产阶级的刑事镇压提供着“理论根据”。综观现代世界各国，对于刑法上的认识错误问题，或于立法中明文规定，或于刑法理论，刑事判例中给予很大的注意和运用。

我国刑法中对于这一问题没有直接地通过法律条文作出专门规定。但是，刑法第 11、12、13 条的规定，为这一问题的研究解决，提供了具有重要意义的一般原理和法律根据。从审判实践中看，刑法上的认识错误问题，不仅客观存在着，而且往往容易被人们所忽视，长期以来，对这一问题缺少理论上的专门研究。因此，认真研讨这一问题，对于准确判明行为人主观上的罪过，正确确定犯罪人的刑事责任及其大小，防止“客观归罪”，维护社会主义法制，无疑有着重要意义。本文仅对刑法上的认识错误的概念和分类予以初步探讨，以就教于法学界的同志们。

一、刑法上的认识错误的概念

认识错误在人们生活中应该说是一种普遍的现象。如同刘少奇同志在《人为什么犯错误》中所指出的：“我们可以大胆地说，不犯错误便不是人。”由于认识客体的复杂性、认识过程的曲折性、认识主体的局限性，使人的主观认识与客观实际不相符合，由此而导致行为向着违反客观实际的方向发展。犯罪人在实施危害社会的行为时，同样也会由于主客观方面的原因而发生认识错误。但是，这种认识错误就其性质而言，与普通人在革命实践中发生的错误截然不同。因此，刑法上的认识错误，既不是指人们在工作中和日常生活中从事有益于社会的活动时可能发生的错误，也不是指行为人对刑法以外的其他法规发生的认识错误，而只能是指行为人在实施危害社会行为的过程中对于自己行为的刑事法律性质和犯罪情况的认识错误。国外刑法学者也曾有人对于刑法上认识错误的概念作广义地解释。例如，把刑法意义上的“法律错误”中的“法律”二字解释为泛指一切法律。日本刑法学者滕本勘三郎认为：日本刑法中的不知法律，并不限于刑法。德国的判例也曾作过类似的解释。这种广义的解释，把刑法意义上的认识错误的外延漫无边际的扩大，势必在刑法理论和刑事审判实践中对于法律错误与事实错误的界限以及行为人罪责的确定引起混乱。

社会主义刑法中的行为人对法律的认识错误，仅仅限于刑事法律的特定范围，并且是与犯罪和刑事责任有关的认识错误。行为人对刑事法律以外的其他法规所发生的认识错误，只是涉及行为是否违法，而并不发生构成犯罪的问题。审判实践中的确也有这种情况，即行为人对刑法分则中有关空白罪状中的法规发生认识错误，这是否属于刑法上的认识错误问题？在研究刑法上的认识错误概念时，不能不给予回答。我国刑法分则一些空白罪状中所涉及的有关法规，如海关法规、税收法规、国家保密法规、监管法规等，它们所反映的法律关系事实，是刑法对行为人的行为发生法律效果的前提，因而也是该罪构成要件的事实内容的补充。也就是说，在刑法某些空白罪状的条文中，构成犯罪，必须是以行为人明知而故意违反这一法规为前提条件的。如果行为并没有违反这一法规，如果违反而情节不严重或者未造成严重后果的，则不构成该罪。例如，我国刑法第128条规定，违反保护森林法则，盗伐、滥伐森林或者其他林木，情节严重的，则构成盗伐、滥伐林木罪。如果行为人对保护森林法规发生认识错误，不是明知而违反，无疑是缺乏故意，因而是不能构成盗伐、滥伐林木罪的。行为人对这种法规说解的结果，致使缺乏对刑法规定的该罪构成要件事实的认识。这应当认为是属于刑法上认识错误问题的范围的。简言之，我国刑法上的认识错误，其概念的内容的特别意义应当在于：

第一，作为刑法理论上探讨的这种认识错误，活动过程中发生的。乃是犯罪人在实施社会危害性的犯罪。

第二，这种认识错误，只限于对刑事法律而不是刑法以前的其他法规，只限于对刑法分则所规定的某种犯罪构成要件的事实情况而不是与犯罪无关的事实情况。

第三，这种认识错误的法律意义完全在于它是否影响行为人的罪过及其刑事责任。

对于刑法上认识错误的概念，一些资产阶级刑法学家也曾从不同的角度提出过，并试图给予合理地解决。泷川幸辰认为："错误就是现实与观念不一致"，"所谓某行为是基于错误即意味着行为是出于不知或误解"。牧野英一也曾认为："错误是观念（认识）与对象（实在）之龃龉"①。旧中国《法律大辞书》解释说："错误（刑法）为观念与现象差异之谓。换言之，即认识与对象不符，或心身相左之谓也"②。应当承认，上述概念，都程度不同地指出了错误乃是主客观不相一致这一点，是有其合理的一面的。现代资产阶级刑法学者中也还有人提出："行为人对于犯罪构成之事实所认识与现实所发生的并不一致时，是否可以成为阻却故意的原因，学说上即所谓'错误'之问题"③。对于刑法上的认识错误的这种概念，与前述概念相比较，是紧紧抓住了行为人对于犯罪构成的事实的认识是否影响故意罪责成立这样一个十分重要的问题，然而，把行为人对于刑事法律发生的认识错误问题排除在概念之外，这显然是不无疑问的。

在苏联刑法学者及其著作中，关于刑法上认识错误的概念，也不尽相同。1948 年出版的《刑法总则》认为，"错误，是行为人对于所实施的行为在法律上和事实上的真实性质和结果的不正确观念。"基里钦科认为，这一定义把法律错误和事实错误形式主义加以对立了。他指出："错误应当理解为，行为人对于所实施的行为社会危害性和那些组成某种犯罪构成重要因素的情况的不正确观念"④，基里钦科所作的这种理解，强调并从行为的社会危害性这一犯罪的最本质特征着眼，并由此而

① 牧野英一：《刑法总论》1907 年。

② 郑竞毅：《法律大辞书》第 2074 页。

③ 陈朴生：《刑法总论》第 123 页。

④《苏维埃刑法中错误的意义》第 19 页。

看待行为人对于自己的行为在法律上的认识错误。但是，把刑法上认识错误的概念，截然划分为对行为社会危害性的错误与对犯罪构成要件的事实的错误这两个方面；也很难说就是科学的，因为行为人对于法律发生的认识错误，这一问题的本身既不排除其社会危害性的实质，从内容上看，也还不能简单地用社会危害性的有无及大小来替代。否则，就可能从另一方面把犯罪事实、刑事法律与行为的社会危害性对立起来，给理论研究和司法实践带来不必要的误解和混乱。

从我国司法实践中所涉及的行为人认识错误的刑事案件来看，一种情况：行为人对于自己的行为在法律上认识错误，如对于行为是否构成犯罪，触犯何种罪名以及应受何种刑罚的误解等；另一种情况是：行为人在实施犯罪时对于行为、结果及其因果关系这些犯罪客观方面的认识错误。这样两个方面，应当认为是构成刑法上认识错误的概念的基本内容。从马克思主义认识论的基本原理上看，刑法上的认识错误，只能是“行为人的主观认识和客观现实之间的矛盾”。① 这里的“主观认识”，既指对法律的认识，也指对事实的认识。应当认为这样理解刑法上认识错误的概念及其实质是比较正确的。

某些资产阶级刑法学者，往往花费大力气去争论行为人是出于不知还是误解以及两者之间的区别这样一些问题。然而，研究我国刑法上的认识错误问题，并不能停留在这一点上，而是需要解决行为人对于刑事法律和犯罪事实的认识错误，是否影响到他的罪过及其刑事责任，这在刑法上才是有意义的。就是说，研究认识错误问题，仅仅是为着解决行为人的刑事责任的。在故意犯罪情况下，行为人对于行为会发生危害社会的结果是明知而希望或者明知而放任的心理态度。那么，行为人对那些规定在刑法中的、足以说明某种犯罪构成要素的事实及基本特征，是否都认识预见到了，这就关系到故意犯罪的成立及刑事责任问题。如果行为人仅仅是对那些属于犯罪构成要件范围以外的情况发生认识错误，尽管也可能会影响到罪与非罪的界限、社会危害程度大小及刑罚的量定，但并不影响到故意罪责的构成。因此，对于我国刑法上的认识错误问题来说，正确地解决认识错误对行为人的罪过及其刑事责任的影响，

① 《法学词典》第708页。

永远是研究这一问题的出发点和归宿。

二、刑法上的认识错误的分类

关于刑法上的认识错误，现代世界各国大都分为“法律的错误”和“事实的错误”。这种区分，可以追溯到古罗马时代，在罗马法学者那里就有所谓“不知法律不赦”的格言[①]。在早期的资产阶级刑法典中，如1810年法国刑法典，1871年德国刑法典，都没有明确规定刑法上的认识错误问题。后来的德国刑法典第59条，对行为人在事实上的认识错误作了专门规定，德国及日本多数学者，则根据错误的性质，把缺乏对犯罪构成要件事实的认识叫做“事实的错误”；把缺乏行为违法性的认识场合（误认自己的行为为法律所允许）叫做“法律的错误”[②]。把法律的错误又分为“缺乏犯罪构成要件事实认识的非刑罚法规的错误”和“缺乏违法性认识的刑罚法规的错误”；事实的错误又分为“抽象的事实错误”和“具体的事实错误”。这种为德国大审院判例一直坚持的观点，却遭到后来的德意志联邦法院的反对，为避免同旧大审院的理论相混淆，别鲁柴鲁主张，把法律的错误叫做“禁止的错误”，事实的错误叫做“构成要件的错误”[③]。也有的学者放弃这一区分；而以“违法性的错误”和“构成事实的错误”代之，似为概念的具体确切[④]。其实，二者之理论依据在本质上并无多大区别。

对于上述“两分法”表示积极反对的，以德国的贝林格为代表，他从犯罪构成要件论出发，把违法性包括于犯罪事实之中，认为把刑法上的错误区分为事实的和法律的做法，是没有价值的。贝林格以德国刑法

① 见许鹏飞：《比较刑法纲要》第104～106页，翁国梁：《中国刑法总论》：法律错误不阻却刑事责任，“盖系承袭罗马法‘不知法律不赦’之原则也”。

② 滕木英雄：《事实错误与法律错误的界限》。

③ 木村龟二：《刑法总论》第331页。

④ 韩忠谟：《刑法原理》第223页。

第 59 条第 1 款的规定[①]作为法律根据，仅仅承认事实错误才有法律意义。而日本刑法学者泷川幸辰则从法定规范出发，把违法性作为犯罪构成的必备因素，他认为，法律所不许可的行为而行为人误解为法律所允许并予以实行者，此属于错误问题。他还指出，错误之所以阻却责任，理由在于行为人误解法律而缺乏违法性的认识，只有这种错误在刑法上才是重要的。上述关于错误的分类的两种观点，并未能代表资产阶级刑法传统的学说，事实上也未被后来的学说所采纳。

在刑法上的认识错误的分类中，值得一提的是苏联的基里钦科教授，他在谈到错误概念问题时特别指出，错误可以分为三种：对于行为的社会危害性的错误；对于组成犯罪构成因素的情况的错误；对于法律的错误。[②] 他主张把行为人对自己行为社会危害性的错误作为刑法上的认识错误的一个独立的种类，并把它和组成犯罪构成因素的情况的认识错误、对法律的认识错误并列起来。不难看出，基里钦科教授的这种"三分法"，至少与他自己关于认识错误的概念是不相一致的。如前所述，他是把行为人对于法律的错误包括在对行为的社会危害性的认识之中的。问题的实质在于，在社会主义条件下，犯罪行为及其社会危害性、违法性，这三者应当是有机统一的。社会危害性总是犯罪行为的最本质特征，因此，社会主义刑法既要注意行为人认识一定的行为为刑法所禁止，即认识行为的违法性，又要注意行为人对于自己行为的社会危害性的认识。然而，违法性与社会危害性在社会主义刑法中并不是对立的。某种行为首先因为有着社会危害性，才谈得上违法性；同样某种行为触犯刑律，行为本身无疑就有着社会危害性。强调社会危害性，而脱离犯罪事实，离开违法性，甚至把社会危害性与违法性要么对立起来，要么等同起来，都是不妥的。社会危害性并不能脱离犯罪构成要件的诸因素的总和。审判实践中犯罪人发生认识错误的情况表明，对行为社会危害性的认识错误，总是具体体现在行为人对于犯罪事实的认识错误和法律的认识错误之中。当行为人对于自己的行为是否构成犯罪发生认识

① 该款规定："在实施可罚行为时，不知道属于法定构成要件的行为事实或加重处罚的行为事实存在的人，对其事实不应负责任。"

② 基里钦科：《苏维埃刑法中错误的意义》第 21 页。

错误时，这其中实质上也就包含着行为人对自己行为本身有无社会危害性、是否违法发生认识错误的问题。因此，简单地以对行为的社会危害性的认识错误去替代对法律的认识错误这一问题的全部内容，是缺乏充分理由的。正如《苏维埃刑法中的犯罪学说》一书所指出的："在行为社会危害性错误与行为违法性错误之间进行区别是毫无根据的"①。这也正是基里钦科所主张的"三分法"未被后来的苏联刑法教科书所采用的主要原因之一。

按照马克思主义的刑法理论和总结我国刑事审判实践的经验，把刑法上的认识错误，从理论上划分成两类，即行为人在法律上的认识错误和在事实上的认识错误，是比较符合实际的。以事实为根据，以法律为准绳，这是我国量刑的基本原则。只有犯罪人对于刑事法律和犯罪事实这两个方面所发生的认识错误，才涉及是否影响罪过及刑事责任问题。这里的事实，正是刑法分则所规定的犯罪构成要件的事实，本身就具有社会危害性。从我国刑事政策上看，犯罪人实施具有社会危害性的行为时，主观上是否发生认识错误，显然是涉及罪责的有无或大小的。在行为人对法律发生认识错误的场合，并不影响到他的罪过；而在对犯罪事实发生认识错误时，就有可能影响到罪过的成立或罪过形式。可见，按照这样两个不同的方面去进行刑法上认识错误的分类，是完全符合我国审判实践的经验和刑事政策的精神的，也是与现代世界诸国所采用的分类法相一致的。

（发表于《西北政法学院学报》1985 年第 1 期）

① 《苏维埃刑法中的犯罪学说》，1961 年第 9 章第 4 节。

"不能犯"质疑

利子平

不能犯是资产阶级刑法学者提出的一个概念。我国刑法从我国的实际情况出发，并借鉴外国的立法经验，没有规定不能犯。但是，在我国的一些刑法教科书和专论中，对不能犯的理论一般都予以肯定并加以论述。而这些论述在许多关键问题上观点很不一致，认识极不统一，这样势必会给司法实践在定罪量刑时造成不必要的混乱。因此，对这个问题作进一步的探讨研究，是很有必要的。

我认为，不能犯的理论是不科学的，没有实际意义的。我们不能也没有必要接受这种使人无所适从的理论。理由是：

第一，"不能犯"的概念并不科学。

我们知道，法律术语有其自身的严肃性，它要求每一个概念都必须十分准确、完整地揭示所反映的事物和现象的本质特征。首先，不能犯一词，从词义上来看就是很不确切的。好像在这种情况下，行为人根本就不可能对我国刑法所保护的社会主义社会关系造成任何侵害。由此自然就会得出行为人的行为没有社会危害性，因而不应受到刑罚惩罚的结论。但是，根据我国主客观相统一的犯罪构成理论，这种解释是没有理论依据的。我国刑法学界通常所指的不能犯，是和犯罪未遂问题紧密联系在一起的，一般都认为它是犯罪未遂的一种特殊形式，即所谓"不能犯未遂"。因此它具有社会危害性，应当受到刑罚处罚。也就是说，不能犯是能够对我国刑法所保护的社会主义社会关系造成一定的侵害的，这样的解释，应该说其含义基本上是正确的，但它却与不能犯一词的词义不符合，因为不能犯概念的外延无法包含"能够"的内容。可见，不能犯一词是不准确的、自相矛盾的。我们不应继续沿用不能犯这一概念。

再说，研究"不能犯"问题并没有多大理论意义。何谓不能犯？不能犯和未遂犯究竟有何区别和联系？在刑法理论上是众说纷纭，莫衷一是。究其原因，归根结底是由不能犯提法本身的不科学性所产生的。

在我国刑法学界，有的同志提出："不能犯同一般未遂犯不同之处，主要在于使得犯罪行为未能发生危害结果的原因。凡是犯罪手段、犯罪对象根本不可能导致危害结果发生的，都是不能犯。"在这里，"根本不可能"的含义是什么呢？既然是"根本不可能"发生危害结果，那么，其行为是否具有社会危害性？若没有社会危害性，则处罚它的根据又是什么？很明显，上述提法无助于这些问题的解决。实际上，不能犯并不是不能对我国刑法所保护的社会主义社会关系造成一定的侵害，它是具有社会危害性的。所谓不能犯和未遂犯都是由于行为人意志以外的原因而缺乏犯罪构成所要求的危害结果，在具体场合中，两者都是没有，也"不能"造成特定的危害结果。我认为在理论上研究它们之间的种种区别，并无多大的实际意义，因为这种区别对于犯罪未遂的成立并不会发生任何影响，不能犯也就是犯罪未遂犯，应当和其他未遂犯一样处理。

第二，"不能犯"的理论对我国司法实践没有实际意义。

不能犯的理论是为解决刑事责任问题而提出来的，它能否很好地解决这一问题，是其有无存在必要之关键。当前，摆在我国刑法学界的一项重要任务，就是要建立一个具有中国特色的社会主义刑法学体系，使之既要能说明问题，又应尽量简明扼要，通俗易懂，使人便于掌握。只有这样的刑法理论才能更好地为我国的司法实践服务。因此，我们对古今中外的刑法理论，都必须从我国的实际情况出发，以能否解决司法实践中的实际问题作为取舍的统一标准，采取批判继承的态度，择其善者而从之，不善者弃之。这个总的原则，对不能犯的理论也不例外。

在我国刑法学界，绝大多数同志主张处罚不能犯必须根据"事实上的认识错误"的原则来解决。换言之，不能犯的理论并不能直接解决其刑事责任问题。既然一个旨在为解决刑事责任问题而提出的理论并不能解决这一问题，那么，它的存在还有什么实际意义呢？诚然，在主张不能犯理论的同志看来，不能犯不同于一般的未遂犯，它是犯罪未遂的特殊形式，这种特殊性对量刑可能会发生某些影响。但是，我们知道，影响犯罪未遂量刑的因素远不止于此。犯罪的性质、接近既遂的程度、行为实行的程度、犯罪之手段和行为人本身的社会危害程度等，对犯罪未遂的量刑都有重要影响。对于这些不同的情况，我们是否也要像不能犯那样，将它们分别列为犯罪未遂的种种"特殊形式"呢？显然，这样做是没有必要的。

我认为，在我国刑法学中完全可以根据主客观相统一的犯罪构成理论，在“事实上的认识错误影响行为人的刑事责任”这个总的原则下解决这类问题，而不必再借助所谓不能犯的理论。因为不能犯的理论并不能直接解决其刑事责任问题，对于哪些不能犯应负刑事责任，哪些不应负刑事责任的问题，它最终仍然要回到这一原则上来。用不能犯的理论来解决其刑事责任问题，无非是在理论上徒增了一道复杂程序，在司法实践上把问题搞得更复杂化而已。

第三，“不能犯未遂”的提法没有法律根据。

有的同志认为，以犯罪分子实际上能否实现犯罪为标准，可以把犯罪未遂分为能犯未遂和不能犯未遂两种。这种观点值得商榷。我国刑法第 20 条规定：“已经着手实行犯罪，由于犯罪分子意志以外的原因而未得逞的，是犯罪未遂。”根据本条之规定，犯罪未遂具有如下三个基本特征：1. 犯罪分子已经着手实行犯罪，2. 没有发生犯罪分子所追求的危害结果，3. 犯罪未得逞是被迫的、违反犯罪分子意愿的。只要具备了上述三个基本特征，犯罪未遂即可宣告成立。至于犯罪未遂的具体原因，可以不问。无论什么原因导致犯罪未得逞，都是犯罪未遂。我国刑法并没有规定标准的“一般未遂”和特殊的“不能犯未遂”。我国刑法对此未作规定决不是偶然的，它是我国司法实践经验和外国立法经验的总结。我认为，论述对任何一种犯罪行为的定罪量刑，都必须立足于本国法律的规定。从这种观点来看，“不能犯未遂”一说没有法律根据。在我国司法实践中，也从未使用过不能犯的概念。对于误认尸体为活人加以杀害这样一类“不能犯”的情况，其刑事责任问题，是根据“事实上的认识错误”的原理来解决的，一般都是作为未遂犯处理。因为，行为人一方面在主观上具有剥夺他人生命的直接故意，另一方面，在客观上又实施了足以杀害他人的行为，而且其杀人的行为是直接指向我国刑法所保护的“公民的生命权利”这一直接客体。根据主客观相统一的犯罪构成，其行为具有社会危害性。只是由于行为人对犯罪对象的认识错误，即行为人意志以外的原因，才没有发生行为人所追求的危害结果。故对误认尸体为活人加以杀害的，应以故意杀人（未遂）定罪量刑；而对于另外一些“不能犯”的情况，如迷信犯，企图用画符念咒的方法杀人的，由于行为人是出于极端的愚昧无知，其行为没有也根本不可能危及我国刑法所保护的任何社会关系，因而没有社会危害性，就不能认定是犯罪。

（发表于《法学季刊》1985年第1期）

罪行轻重的认识错误与定罪量刑

薛进展

所谓罪行轻重的认识错误，是指行为人对自己危害行为在法律上所符合的罪名和刑罚有误解，这是刑法中行为人在法律上认识错误的一种。由于我国刑法仅要求行为人对自己行为时危害性有认识，无须对违法性有认识，因此，行为人对罪行轻重的认识错误不影响其犯罪故意的存在，也就是说对罪之成立没有影响。罪行轻重的认识错误不涉及罪与非罪，但涉及此罪与彼罪、此刑与彼刑的认定问题。罪行轻重的认识错误包括罪名认识错误和刑罚轻重的认识错误两种，前者如主观上认为自己犯意支配下的行为构成甲罪，而行为客观上却符合乙罪的规定，后者如行为人自认为自己主观危害欲望支配下的危害行为应受甲款刑罚处罚，而行为客观上却符合乙款刑罚规定。对上述两种错误认定其为犯罪殊无疑问，但应以何种罪名和刑罚论处，却有异议，有的采“行为符合说”，即以行为实际符合的法定罪名和刑罚论处，有的采“从轻说”，即在主观认识和行为实际符合的两种罪名和刑罚中，以轻者论。笔者认为，这两种错误具有不同的法律意义，罪名认识错误反映危害的性质，刑罚轻重的认识错误反映危害程度的大小，对这类案件的定罪处罚应具体案件具体分析，分别予以处置。

罪名认识错误是行为人主观上认识的罪名与行为实际符合的罪名有差异。这种错误又有两种情况，一种是主观认识的罪名轻于行为实际所符合的罪名。例如，主观认定某一妇女为成年人，便用暴力方法施以强奸，而实际上该女还不满 14 岁。行为人主观认定的罪名是一般强奸罪，行为客观上却符合奸淫幼女的罪名，其中主观认定的罪名要轻于行为实际符合的罪名。另一种是主观认识的罪名重于行为实际符合的罪名。正如某甲以盗窃枪支（作杀人之用）的犯意窃得一军人挎包，但里面并无枪，只得到少量钱和衣物。行为人主观认定的罪是刑法第 112 条的盗窃枪支弹药罪，行为人实际符合刑法第 151 条的一般盗窃罪，主观认识的罪名重于行为实际符合的罪名。上列两种情况都是主观认识的罪名同行为实际符合的罪名不一致，实质就是主观罪过与客观行为在性质上的差异。

如何看待这种差异？众所周知，犯罪的主观方面和客观方面之间有着紧密的联系，这表现为主观罪过是行为产生的内在动因，行为则是罪过的外在表现，行为在罪过的指导和支配之下才能产生，因而在一般场合，行为的性质取决于罪过的性质，有什么样的罪过就有什么样的行为。而在某种场合，即在犯罪实施过程中，因行为人意识和意志之外某种因素的阻碍，行为虽在罪过的支配下实施了，但它却偏离了罪过指导的方向，而转向另一方向，行为性质遂与罪过性质相异而没能实现主观犯意。罪名认识错误即是如此。由于使行为变异而没实现犯意的原因乃是行为人意志之外的因素，因而以行为实际符合的罪名或以"从轻说"论处，显然与我国刑法理论之处罚犯意支配下的行为的原则相背离，笔者认为根据主客观一致的原则，予以实事求是的论处才是比较合理的，即无论罪是轻是重，皆应将主观罪过和客观行为结合起来，具体案件具体分析予以定罪。本文前述两例，前例犯罪分子置被害人是否幼女于不顾，以暴力方法实施强奸，故应以奸淫幼女罪认定，后例以盗窃枪支弹药罪未遂论处，这样才能体现罪罚相当。

刑罚轻重的认识错误是行为人主观上所认定的刑罚与行为客观上所符合的法定刑罚有差异。这种错误不涉及此罪与彼罪的问题，只是同种罪中适用不同处罚条款的问题。

刑罚轻重的认识错误也有两种情况：一是主观上认定的刑罚轻于行为客观上所符合的刑罚，二是主观认定的刑罚重于行为客观上所符合的刑罚。这两种情况处罚不一，应予区别对待。

第一，主观认定的刑罚轻于行为客观上所符合的法定刑罚。这种情况的行为人认识到自己行为具有危害性，并据其危害欲望认为危害程度不大，只需受较轻的刑罚处罚，但行为实施的结果却因危害后果甚为严重而符合比他所认定的要重得多的法定刑罚。例如，某地一瓷器厂的勤杂工某甲，打扫时见厂会议室内随意放着一尊瓷佛像，小巧好玩，便认作略有价值的摆设之物而顺手偷回家，路途中与人相撞，瓷像落地摔碎。后经调查，这瓷像系用专窑烧制而成价值2万元。这样，行为人主观上认为其数额不太大只会受一般盗窃罪的刑罚处罚，而行为客观上却因数额特别巨大而符合刑法第 152 条严重盗窃罪的刑罚，主观认定的刑罚明显轻于行为实际符合的刑罚。这类错误实际上是主观危害欲望的程度与行为实际危害程度的差异。

我们知道，罪过的性质决定行为的性质，同样，罪过所表现的主观危害欲望的程度也决定行为的实际危害程度。两者具有一致性。如同为预谋的故意伤害，若都没超乎行为人意识和意志之外因素的影响，预谋故意重伤的危害欲望支配下的行为必造成重伤之危害，而预谋故意轻伤的危害欲望支配下的行为则只产生轻伤之危害。只有在某种场合，因行为人意志之外因素的影响，而使行为实际造成的危害程度大大超过主观危害欲望的程度。上述案例由于行为人没认识到那瓷像的实际价值如此之大，因而主观上的危害欲望程度远小于行为实际造成的危害。在这种错误中，因造成客观危害程度超过主观危害欲望的原因不是行为人自己的意愿，而是意志之外的因素，如以行为实际危害程度（即行为实际符合的刑罚）为量刑的根据，无疑是把行为人犯罪意识和意志之外的危害行为作为惩罚对象。惩罚的对象只应是犯意支配和指导之下的行为，本着这一精神，我们不应仅以行为实际危害程度为处刑根据，而应结合其主观危害欲望的程度，即以其主观认定的刑罚为处刑的主要根据，同时考虑到严重的危害毕竟与其行为有因果联系，因此，可将其客观严重危害作为同一刑种幅度内予以从重处罚的根据。

第二，主观认定的刑罚重于行为客观上所符合的刑罚。这种情况的行为人自认为其行为会产生重大危害而可能受到严重刑罚的惩处，可事实上行为并没造成如期的重大危害，只符合较轻刑罚惩处的规定。这种情况与前种相反，行为人主观上的危害欲望要比行为实际产生的危害大，是否也应以其主观认定的刑罚定呢？这也不是，虽然主观恶性的程度决定了行为的实际危害程度，但这只有在没有意志和意识之外因素影响时才能一致，而在行为遇到某种意志之外因素阻碍时，就不会产生与主观危害欲望相等的危害。因此，对这类现象不能简单地以行为人主观认定的刑罚论处，而应按照刑法关于未遂犯的规定论处，即以其客观上所造成的危害程度作为量刑的主要依据，将其主观上的危害欲望程度作为量刑时在同一刑种幅度内予以从重论处的根据。司法实践中目前也是持这种看法，如预谋盗窃银行，虽未得分文，也以犯罪论处，并结合主观恶性而处以相当的刑罚。只有这样，才能使之罪刑相当。

总之，罪行轻重的认识错误种类不同、性质不同，因而认定标准也应不同，任何单一标准都不是我国主客观统一的定罪量刑原则的表现。

（发表于《人民司法》1988年第4期）

错误中的正当化与免责问题研究

高铭暄　钱　毅

刑法上所说的错误，作为行为人主观认识与客观现实不相符合的一种特殊情况，对于犯罪故意的成立及其刑事责任有着重大的影响。有些错误，可能并不阻却行为人的犯罪故意和行为的违法性，因而不影响刑事责任的承担，有些错误，则可能阻却故意而形成过失，从而影响到刑事责任程度的重轻，还有些错误，则可能直接关系到行为人主观上有无罪过（包括故意和过失），行为是否具有违法性，乃至行为人是否应当承担刑事责任的问题。而错误中的正当化与免责（即错误中的违法性阻却与免除刑事责任）问题，正是在区分不影响、不阻却故意及行为违法性和能够影响、阻却故意及行为违法性的错误的基础上，以阻却故意、排除行为的违法性及其责任的错误为其研究的主要课题的。本文拟对此问题作些综合性研究。

一、错误中的正当化与免责问题的由来

错误中的正当化与免责问题，从其渊源上考察，历来的通说都认为与“不知法律不赦”（Ignorantia juris neminem neminem excusat）这一古老的罗马法原则密切相关。这一原则的基本思想，据认为最初是由公元2至3世纪的罗马法学家帕乌鲁斯首先提出来的，6世纪时，成为学说法上的原则。以后，到了13世纪又派生出“不知事实可赦，不知法律不赦”（Ignorantia facti non juris excusat）这一相对应的原则。提出上述原则的理由主要有以下几点：其一，“不知法为有害”，“人人要知法”，这些法律格言是自罗马法时代就流传至今的。其二，法律是他律性规范，受其适用的人不必知道该规范的内容。其三，国民均应该知法。其四，如果以不知法作为免责的理由，即等于公认有害的行为为无罪，国家自动放弃其生存权。因此，忽略“不知法”的错误，是出自国家生存的需要，是以国家运用刑罚的目的及必要性为其依据的。正是基于上述这些

理由，历来的通说和现代诸多国家的刑事立法例按照“不知法律不赦”这一原则及其派生原则，把错误分成了两大不同的种类：事实上的错误和法律上的错误（晚近，也有划分为构成要件的错误和禁止的错误），并认为事实错误可以阻却故意和责任，法律错误则不能阻却故意，不影响刑事责任的承担。例如，1968 年修订的《意大利刑法典》第 47 条规定：“罪之构成事实错误者，免除其刑事责任”，第 5 条则规定：“不得因不知法律而免除刑事责任”。又如，1940 年《巴西刑法典》第 17 条规定：“行为人的犯罪是由于对构成犯罪真实的误解，或者是由于对当时发生的事实所产生的误会，而他的行为是完全正当的，在这种情况下可以免除刑罚。”第 10 条则规定：“对法律的无知和错误的理解不能免除刑罚。”

然而，对于“不知法律不赦”这一传统的罗马法原则及其解释，以及对于事实错误和法律错误的这种区分，学说上亦存在着一种与通说完全相反的见解。其代表人物是德国刑法学者宾丁（Kaxl Binding，1841－1920）和日本刑法学者泷川幸辰（1891－1962）等人。他们认为，按照罗马法原则，把错误区分为事实的错误和法律的错误并没有什么实际的意义和价值。因为“不知法为有害”、“不知法律不赦”这样的原则并不是刑法上的原则，而只是在罗马私法极其有限的范围内所确认和适用的原则。当代法国著名比较法学家勒内·达维德（Rene David）亦指出，“在罗马既不曾有宪法，也不曾有行政法，虽然刑法发展起来了，那常常是在规定个人间关系（罪犯与受害人，或者他们的家属）的范围内，因此，它不完全属于‘公法’的领域。”① 在这样一个事实基础上，把“不知法律不赦”奉为现代刑法的一条原则，在宾丁看来，是由于继承了中世纪的罗马法，特别是由于德国刑法学者对此原则适用范围的误解而引起的。泷川在这一点上进一步指出：“所谓私法的极其狭小的范围，是指权利者在不知道有这种权利的场合，就会失去自己的利益。例如，失去了遗赠机会的人，就不能借口有法的错误而要求恢复这一权利。权利上的朦胧者当然会失去权利保护。但是，权利者因为错误就失去权

① ［法］勒内·达维德著：《当代主要法律体系》，上海译文出版社 1984 年版，第 74 页。

利，这又是违反公平的观念的。因此，上述原则就成为对引起争议的、权利行使的错误的原因进行区别的根据。即：在由于法的不知（例如，规定遗赠的法）的场合，虽然会失去从受赠者那里索回财产的权利，但是，在由于事实的不知（例如，继承财产的内容）的场合，就能够索回财产。由于作了这种区分，法的公平就得到了保护。这样一来，法律错误和事实错误的区分，就只不过是关于私法上权利错误的原因的分类。把这种区分纳入刑法之中是不可能的，在刑法上不可能有可以成为区别错误原因的标准的'犯罪人的权利'。因此，'不知法律不赦'这一原则在刑法上没有往何立足之处，这是这一原则的历史的本来意义。"①

这里且不说宾丁和泷川的解释是否正确公允，仅就坚持"不知法律不赦"这一原则者所主张的前述四项理由来看，即有学者提出了诘难。如，日本刑法学者福田平先生指出，前述四个理由中的第一个是引用法律格言，而"单靠法律格言是不能作为学说基础的。第二个理由是考虑到作为评价规范的法律规范的性质，却忽视了作为意思决定规范的性质。第三个理由是一种拟制说。第四个理由是片面地强调国家的权威，轻视个人的价值。按照该说的观点，对于行为者来说，即使可能没有违法性意识，仍要追究作为故意犯的刑事责任，实际上这是否定负任主义的根本原则"②，而从现代世界许多国家的刑事审判实践和刑事立法例所显示的发展趋势看，"不知法律不赦"这一古老的曾长期被认为无可置疑的罗马法原则，亦正受到现实法律关系的严重冲击。在西方一些国家，出现了某些客观上不可避免的不知法的情况：法律多如牛毛且不断更新，有关当局有时又没有采取必要的方式传播和解释这些法律，有时甚至还向人们提供了不确切的或者过时的法律信息。例如，意大利一家酒吧的老板听信了市政府官员的错误的口头解释，在酒吧内安装了电子游戏机却未进行新的登记，被有关部门指控犯有无照经营罪。此外，任何一个国家对于初来乍到的外国游客来说，在尚未了解该国法律的情况

① ［日］《泷川幸辰刑法著作集》，世界思想社 1981 年版，第 2 卷第 655 页。

② ［日］木村龟二主编：《刑法学词典》，上海翻译出版公司 1991 年版，第 255 页。

下，也难免产生对该国法律的认识错误。对于上述情形，如果按照“不知法律不赦”原则一律治罪，连法官都觉得为难。鉴于此，率先实行改革的是1975年修改的《联邦德国刑法典》，该法第17条规定：“行为人于行为之际，欠缺为违法行为之认识，且此认识错误系不可避免者，其行为无责任。如系可避免者，得依第49条第1项减轻其刑。”也就是说，联邦德国刑法将法律的错误分为可以避免的与不可避免的两种。对前一种，不免除刑事责任，但可予减轻处罚，对后一种，则完全免除行为人的刑事责任。这被认为是现代刑法在有关错误问题上改革的一个新趋向。作类似修改的还有1975年《奥地利刑法典》第9条、1882年修改的《葡萄牙刑法典》第17条和1984年修改的《巴西刑法典》第21条等。特别值得指出的是，1960年修订的《意大利刑法典》第5条虽然规定：“不得因不知法律而免除刑事责任。”但1988年3月18日，意大利宪法法院作出的正式判决，已赋予该条文以新的含义：“对刑事法律的无知不构成免罪的理由，但是，当这种无知是不可避免的除外”。①

综上可见，“不知法律不赦”这一传统的罗马法原则在法律发展史上虽曾长期处于支配地位，但随着时间的推移、社会的变迁、发展和进步，它已开始发生动摇。而与之密切相关的作为对立面而表现出来的错误中的正当化与免责问题应运而生。它不仅在越来越多的国家的刑事立法例中得到不同形式或不同程度的反映，而且在刑法理论和审判实践中的地位与作用亦日益突出，从而成为当今世界许多国家刑法学界普遍关注的重要问题之一。

二、外国刑法学关于错误中的正当化与免责问题概览

首先，就英美刑法来看，众所周知，要确定某人的行为构成犯罪，通常要求行为人主观上要有犯意（mens rea）或称犯罪意图（晚近，某些严格责任的犯罪自然不包括在内）。“没有犯罪意图的帮助行为不能构成犯罪”（Et actus non falit reum uisi sit rea）这句著名的法谚自17世纪英国当时最著名的法官、法学家科克（Edward Coke，1552－1634）最先

① 参见《中国法制报》1988年6月22日第4版，《若干西方国家修改刑法》。

使用圣·奥古斯丁说过的一个短语（“Ream lingham non fatit nisi mens rea”）而予以强调时起，迄今已成为英美刑法中一条基本原则。[①] 然而，错误否定的恰恰是犯意而不是行为。当行为人的认识发生错误时，可否阻却行为的违法性，免除行为人的罪责呢？根据凯蒂（EdwinR·Keedy）的研究，在这个问题上，英国法沿袭了古罗马法的原则，即主张法的不知不得抗辩，事实的不知得以抗辩。凯蒂引用了黑尔（Hale，1609－1676）的一段论述来说明这一原则在英国法中的意义。黑尔认为，“在英国，法的不知对于有辨别力，达到一定年龄且处于正常精神状态者，不得提出抗辩。其原因在于，上述这些人是当然应该知悉法律的，并且也是被推定为知悉法律，其不知是不得进行辩解的。然而在某种场合，事实的不知却得以进行辩解。因为这种不知往往使其行为本来在道德上成为非自愿的行为。”[②] 现代英国到法学者克罗斯（Cross）教授和琼斯（Jones）教授亦指出：“犯罪意图实质上意味着对结果的预见和犯罪意识，而不是意味着被告必须知道其行为的违法性。对法律的无知和错误认识通常不能作为辩护理由。”之所以如此，“仅仅由于这样一个事实与大多数人的正义感相一致：这个事实就是，许多犯罪在道德上也是错误的；即使不是这样，对形法规定的大致了解，是普通社会成员，至少是直接有关的阶层（如受交通法规影响的驾驶汽车的人们）的普通成员都具有。”“按照这个规则，即使一个外国人证明他错误地认为自己的行为是合法的，在英国也不能免除其刑事责任。”[③]

不过，正像任何一个原则总难免有它的例外情形存在一样，“不知法律不能免除刑事责任”的原则，在英国，亦有它的例外。例如，英国“《1946 年法律文书法》第 3 条规定，如果能够证明在被指控的犯罪的实施期间，文书局还没有发行这种法律文件，这就是被指控犯有该罪的人

---

① ［英］J. W. 塞西尔特纳著：《肯尼刑法原理》，华夏出版社 1989 年版，第 13 页。

② ［日］佐藤昌彦著：《牧野刑法学之研究》，良书普及会 1981 年版，第 17 页。

③ ［英］鲁珀特·克罗斯、菲利普·琼斯著：《英国刑法导论》（理查德·卡德修订），中国人民大学出版社 1991 年版，第 48～49 页、第 62 页。

的一个辩护理由，除非能够证明在所提出的犯罪实施期间，已经通过适当方式把该文件的大意通知了公众和与之直接有关的人，或者通知了被告人本人。”① 克罗斯和琼斯之所以在肯定“对法律的无知和错误认识通常不能作为辩护理由”这一原则之后，又承认上述不知法律的情形可以成为一个辩护理由，其实还是与被指控的犯罪之犯罪意图究竟具备与否直接相关。这一点，他们在关于误解的一般性论述中亦有明确的说明，即“被告一方对事实或者对法律的某种误解，如果能使被告人不具有起诉方所必须予以证明的犯罪意图、主观放任或犯罪意识，则可成为一种抗辩理由。”② 显然，这种解释已不同于以往英国许多学者所坚持的“法律错误即使是不可避免的，也不得成为犯罪的免罪理由”③ 的立场，它表明传统原则的某种松动，同时，也昭示着英国刑法在错误中的正当化与免责问题上的一种发展趋向。

与英国刑法上错误理论的研究、发展进程大体相似，当今美国刑法学界关于错误的通行理论是：事实方面的认识错误或者法律方面的认识错误，如果能够否定构成某种犯罪所要求的犯罪心理（如目的、明知、轻率、过失等），可以作为免罪辩护的理由。④ 这一原则在美国法学会拟制的、对整个美国刑事法律的修订和法典化有重大影响的《模范刑法典》（Model Penal Code）中有明确的体现。而“不知法律不得抗辩”这句过去常被引用的法谚不仅在实际执行中已有了许多限制和例外，而且在理论界也受到一些学者的诘难。其中，《哥伦比亚法律评论》杂志编辑布鲁斯·格雷斯所写的“对以不懂法律作为辩护理由的分析”一文，可以说是具有一定代表性的。该文分析指出：“拒绝准许以对刑法的误解作为一种辩护理由是由于普通法上的一项有力的推论，即每个人都了

① ［英］鲁珀特·克罗斯、菲利普·琼斯著：《英国刑法导论》（理查德·卡德修订），中国人民大学出版社1991年版，第48～49页、第62页。

② ［英］鲁珀特·克罗斯、菲利普·琼斯著：《英国刑法导论》（理查德·卡德修订），中国人民大学出版社1991年版，第48～49页、第62页。

③ ［英］J. W. 塞西尔特纳著：《肯尼刑法原理》，华夏出版社1989年版，第13页、第65页。

④ 储槐植编著：《美国刑法》，北京大学出版社1987年版，第13页。

解刑法。在过去，这个推论可能是对的，理由很简单，规定犯罪的普通法与社会上的道德观有密切的联系，二者几乎是一致的。……然而，在当今时代，这个推论大部分是虚构的。”“随着管理体制的扩大，越来越多的规章制度是用刑罚（包括监禁刑）强制执行的。……当刑法以一些奇特的方式适用于原来被认为是正常的行为时，这个原则就不再是恰当的了。”格雷斯在理论上作了上述说明之后，结合美国最高法院于20世纪80年代中期审理的“利帕罗塔诉美国”一案进行了具体分析。[①] 最后，在法律错误应该要求什么样的辩护理由的问题上，格雷斯指出：“关于准许有限的以误解法律作为辩护理由的决定，要求在主观检验和客观检验之间进行选择。根据主观检验标准，政府必须证明被告人真正知道他被指控违反了法律；而根据客观的检验标准，政府必须证明被告人知道或应该知道有关的法律。”[②] 这些见解较之于英国刑法学者对待错误中的正当化与免责问题的态度和处理原则来看，似乎又向前迈进了一步，使之更为具体化。它是建设性的，同时也是富有启发性的。

以上所述，是英美刑法学界关于错误中的正当化与免责问题的研究概况。下面，我们考察一下德国、日本刑法学界关于该问题的研究进展和成果。

在德国，早期刑法学及战前的判例一直沿袭罗马法的传统，将错误区分为事实的错误（Tatsachenirrttum）和法律的错误（Rechtsirrtum）。且一般观念上认为，事实错误涉及构成犯罪的事实时，当然阻却故意。而法律的错误，则又分为刑罚法规的错误和非刑罚法规的错误。刑罚法规的错误，原则上不阻却故意，依“不知法律不能免除刑事责任”的规则来处理，非刑罚法规的错误，则多被作为事实错误看待，阻却犯罪的故意。但是，由于事实错误和法律错误（包括刑罚法规和非刑罚法规的错误）之间的界限，有时不甚明确。有些错误，如对阻却违法性前提事实

---

① “利帕罗塔诉美国”一案由利帕罗塔违反了食品券条例而引起。对该案美国最高法院裁定中要求，政府必须证明利帕罗塔知道自己违反了条例，否则不能定罪。

② ［美］布鲁斯·格雷斯：《对以不懂法律作为辩护理由的分析》，载《哥伦比亚法律评论》1986年11月号。

产生的错误（假想防卫之类），或者对窃盗罪中“他人财物”这种规范性构成要件要素所产生的错误等，究竟是属于事实错误还是法律错误，长期聚讼纷纭，莫衷一是，不便于区分和处理。因此，这种传统的分类逐渐为学说和判例所扬弃，自第二次世界大战后，被目的行为论的创始人威尔策尔（Velzel）所提出的构成要件的错误（Tatbestansirrtum）和禁止的错误（Verbotsirrtum）这一新的分类所取代。新的分类成为通说。该分类后来在日本和大陆法系的其他国家，亦被许多学者所接受和采用。

对于错误的这种新的分类，威尔策尔解释说，所谓构成要件的错误，是关于构成要件的客观要素——不论是记述性要素，还是规范性要素——的错误。所谓禁止的错误，是关于行为违法性的错误。① 将这种错误的分类置于德日刑法学关于犯罪是该当构成要件、违法、有责的传统的犯罪论体系之中予以考察，即不难看出，所谓构成要件的错误，只是在构成要件该当性的范围加以研究和解决的问题，它与违法性意识无关。所谓禁止的错误，则是在有责性的范围加以研究和解决的问题，它与违法性意识问题紧密联系，息息相关。其中，故意的成立是否必须具有违法性意识，历来是理论界争论的焦点，且由于学者们对此问题所持的立场不同，已陆续形成了不同的学说。因此，了解德、日刑法学界关于错误中的正当化与免责问题的研究状况，实际上只需在禁止错误（日本通说仍称法律的错误或违法性错误）的范围予以考察即可，不必涉及构成要件的错误。

从禁止错误的范围和内容上看，德、日两国学者一般认为它包括完全不知行为是不受法律许可的情形和误认为行为是法律许可的情形。具体来说，又可分为三种：（1）不了解法律业经公布因而不知有禁止规范存在；（2）虽然了解有禁止规范存在，但误以为该规范已经失效，或者因误解法律而认为该规范不适用于其行为；（3）不存在违法性阻却事由，误认为存在而实施了一定的行为，前两种情形在德国亦称直接的禁止错误（Direkter Verbotsirrtum），后一种情形亦称间接的禁止错误（Indirekter Verbotsirrtum）。之所以称“间接”，是因为在后一种情形中，行

---

① ［日］团藤重光主编：《注解刑法》（2）之Ⅱ，有斐阁1981年版，第332页。

为人并非直接误认其行为为法律所允许，而是误认为其行为因有违法性阻却事由存在故而被允许。可见，禁止错误不论表现为上述哪一种形式，都具有这样的特征：行为人虽然认识了符合构成要件的客观事实，但却误认其行为为法律所允许。也就是说，禁止的错误是以违法性意识的欠缺为主要特征的。

对于欠缺违法性意识的禁止错误与责任的关系，德、日刑法理论界是如何看待和评价的呢?

概括说来，主要有故意说、违法性意识不必要说和责任说。故意说中又有严格故意说与限制故意说之分。违法性意识不必要说中也有全面不必要说（仍称“不必要说”）和自然犯与法定犯区别说之别。下面，分别作一简要介绍。

1. 严格故意说。该说主要从道义责任论的角度，强调故意的成立必须具有违法性意识。行为人是否意识到其行为违法，被认为是非难的依据存在与否、故意罪责能否成立的关键。依此说，行为人欠缺违法性意识，则应阻却故意；倘若违法性意识的欠缺是由于过失所致，而刑法上又有处罚该过失行为的规定，一般则认为应论之以过失责任。该说最初是由德国著名刑法学家费尔巴哈和宾丁等人提出来的，在战前德意志帝国被视为通说。在日本，该说亦得到小野清一郎、泷川幸辰等学者的支持。

2. 限制故意说。该说认为严格故意说主张故意内容须包括违法性意识，理论上固无不当，但如果基于此而要求凡属故意犯罪皆须有明确的违法性意识，实际上则不可能，且对犯罪人不免有宽纵之嫌，易滋流弊。因此，主张对严格故意说稍加限制，提出故意的成立并不一定要有违法性意识，但至少须有违法性意识的可能性。也就是说，如果行为人于行为之际缺乏违法性意识，但其有违法性意识的可能性时，仍成立故意责任，如果连违法性意识的可能性都不具有，则无谴责的可能性，亦无责任可言。显然，这是为了弥补严格故意说的缺陷并从人格责任论中寻找依据的产物。德国的弗朗克（Frank）、麦伊（Mayer）等学者，日本的团藤重光、井上正治等学者即持此说。

3. 违法性意识不必要说。该说认为，欠缺违法性意识的错误不能阻却故意和责任。故意的成立只要有构成要件客观事实的认识即为已足，不要求有违法性意识或其意识的可能性。这种见解由来已久，它以“人人要知法”、“不知法为害”的拟制说为立论的根据，是“不知法律不赦”这一古老的罗马法原则的翻版。这种学说在当今德国刑法学界已无市场。在日本也不盛行。但据说日本的判例仍然维持自大审院以来的这种立场。不过，也有判例明确表示，在例外的情况下，不具备违法性意识而有相当理由的场合，其行为是不可罚的。①

4. 自然犯与法定犯区别说。该说主张故意的成立在自然犯（亦称刑事犯）场合，不要求违法性意识，而在法定犯（亦称行政犯）场合，则必须具有违法性意识。这样一来，欠缺违法性意识的错误，对自然犯，即不阻却故意和罪责；对法定犯，则阻却故意和罪责。这种学说是从社会责任论的角度把故意理解为反社会性的表现而提出来的。在该说看来，自然犯，其行为本身就是反社会性的，因而只要有构成要件事实的认识，就被认为有反社会性的表现；法定犯，其行为本身并不属于反社会性的，但从国家行政上或政策上的目的来看，又是法律所不能允许的。因此，法定犯的成立，仅仅认识符合构成要件事实还不够，还必须认识该事实为法律所禁止，是违法的。在此认识基础上实施的行为，才被认为是具有反社会性表现的故意。否则，即阻却故意和罪责。最早明确提出此说的是日本的牧野英一和八木胖等学者。

5. 责任说。该说把违法性意识及其意识的可能性理解为与故意相区别的独立的责任要素，而把故意则理解为单纯的构成要件的故意，即符合构成要件的外部事实的认识。这样一来，违法性意识及其意识可能性的有无，就与故意的成立与否无关。从而，行为人虽然认识了事实，但如果欠缺违法性意识及其意识的可能性，尽管具备故意，责任亦被阻却，犯罪不能成立。如果缺乏违法性意识，但具有违法性意识的可能性，其责任不能完全阻却，犯罪仍然成立，只是较之于具有违法性意识的情形而言，责任相对要轻，处罚时可考虑减轻处罚。德国的威尔策尔首倡此说，日本的木村龟二、福田平、西原春夫等学者亦力主此说。

对以上诸说略加比较，不难看出，“违法性意识不必要说”与“严

---

① ［日］福田平、大塚仁编：《日本刑法总论讲义》，辽宁人民出版社1986年版，第24页。

格故意说”是根本对立的。这两种学说在结论上似乎都过于绝对化。因而以后从这两种对立的学说中又各自产生出折中的见解，即从“违法性意识不必要说”中派生出“自然犯与法定犯区别说”；从“严格故意说”中派生出“限制故意说”。战后，首先在西方，随着目的行为论的展开与普及，又产生了与故意说（指限制故意说）相对立的“责任说”。前者，将违法性意识及其意识的可能性视为故意的内容；后者，则将违法性意识及其意识可能性视为独立于故意之外的责任要素。而从实际结论上看，正像日本有些学者所指出的那样，责任说与限制故意说是一致的。①

从德、日两国现行的刑事立法例来看，《联邦德国刑法典》第27条规定：“行为人于行为之际，欠缺为违法行为之认识，且此认识错误系不可避免者，其行为无责任。如系可避免者，得依第39条第1项减轻其刑。”显然，该规定是采取责任说的立场。《日本刑法》第28条第3项则规定：“不得以不知法律而认为没有犯罪的故意，但根据情节可以减轻其刑。”围绕这一规定，上述诸说从各自的立场出发都可作出意义不同的解释，究竟何者更符合立法本意，目前尚无定论。

三、中国刑法学关于错误中的正当化与免责问题研究

错误中的正当化与免责，是现代刑法有关错误理论中的一个重要问题。但是，作为一种客观的社会现象，与现代刑法中的错误问题（包括错误中的正当化与免责问题）真有类似性质的情形，在中国古代，应该说是早已有之。事实上，在中国历史上各个不同时期的有关文献中，或多或少都可以找到一些有关的规定和处理原则。因此，从全面了解、考察中国刑法学关于错误中的正当化与免责问题研究的角度，先对中国古代、近代刑法或某些制度中有关该问题的规定和处理原则作一简要的回顾。

从现有的史料看，中国古代最早对错误及其责任问题作出有关规定的，可见于《周礼》。《周礼·秋官·司刺》中有所谓“三宥”之法。

① ［日］木村龟二主编：《刑法学词典》，上海翻译出版公司1991年版，第255～256页。

"三宥"，就是对犯罪人规定的可以实行宽大处理（包括减、免处罚）的三种情况。即"一宥曰不识，再宥曰过失，三宥曰遗忘。"其中一宥之"不识"，即担当于现代刑法所说的错误的情形。至于"不识"是属于"事实错误"还是"法律错误"，注释《周礼》的汉代著名经学家郑司农和郑玄二人看法不同。郑司农认为，"不识，谓愚民无所识则有之"。孙诒让进一步解释说，愚民无所识即指"愚民不识法而误犯"。也即相当于现代刑法上的法律错误。郑玄则认为，"识，审也"，"不识"即"不审"。亦即不认识、无认识的意思。且举例说，某人本应找甲报仇，但却将"乙诚以为甲而杀之"，即为不识。这就不属于法律错误了，而是相当于现代刑法上事实错误中的对象错误或行为目标的错误。两种解释究竟何者正确，还有待进一步考证。不过，现代学者多倾向于郑司农的解释，认为"不识，即因不知法律而犯罪。"① 也有学者取折中的见解，认为"不识就是行为人在行为时对自己成为犯罪的行为、危害的对象或结果，全然不了解或了解不够。"这里对于"对象或结果"的"不了解"，属于事实错误，而"对自己成为犯罪的行为"，"全然不了解"，显然即属于法律错误的范畴。可见，对于因不知法律而犯罪的人从宽处理的精神，早在西周（至迟在战国）时，即已有了萌芽。

春秋战国时代，公布过以《法经》为代表的一批成文法，但大多早已失传。这些成文法对错误及其责任如何规定，现已无证可考。不过，据《晏子春秋》中记载的两则涉及错误与责任的事例来看，还是颇为典型、颇有意义的。《晏子春秋》载："景公有所爱槐，令吏谨守之。植木悬之。下令曰：犯槐者，刑；伤槐者，死。有不闻令，醉而犯之者。公闻之……使吏拘之，且加罪焉。""晏子曰：刑杀不辜，谓之贼，"是"国之大殃"。又，"景公射鸟，野人骇之。公怒，令吏诛之。晏子曰：野人不知也。臣闻偿无功，谓之乱；罪不知，谓之虐。两者，先王之禁也。以飞鸟犯先王之禁，不可。……公曰：善。"可见，依晏子见解，在特定情况下，行为人如果不知律令，纵有违禁行为，也不能当做犯罪来处罚。晏子所持的这种特殊情况下"不知者不罪"的主张，即使在今

① 参见《法学词典》（增订版），上海辞书出版社1984年版，第25～26页。

天看来，也还是有其合理性、有一定积极意义的。

经过秦汉至唐代，情况开始有了变化。唐代的法典趋于严整化，唐及后世封建立法和司法均已明确采取“不知法称不赦”的原则。例如，《唐律·诈伪律》规定：“率诈教诱人使犯法（疏议：鄙里之人，不闲法式，不知有罪）与犯法者同坐。”据此规定，行为人虽受到诈教，不知其行为为违法而犯法时，仍要加以处罚。此外，自唐往后的中国封建制刑法还规定“官必知法。”①“官吏不知法”即为违法，要受处罚。这就至少在法律上排除了官吏犯罪以“不知法律”为借口要求减免罪责的可能性。

当然，封建统治者也明白，要想在最大限度内发挥刑法的惩治与防范功能，避免“不知法而误犯”的情形发生，就必须使法律一经公布即迅速为众人所知晓。为此，中国封建社会的某些统治者在法律的宣教方面做过一些努力，也积累了一定的经验。明太祖朱元璋即可算是其中较突出的一位。早在洪武元年（1367 年）大明令完成时，朱元璋唯恐“小民不能周知”，便命于郡县颁行律令直解，他认为这样做，“吾民可以寡过矣”。洪武五年二月，又鉴于“田野之民，不知禁令，往往误犯刑宪”，特“命有司于内外府州县及乡之里社皆立申明亭，凡境内之人民有犯者，书其过，名榜亭上，使人有所惩戒。”② 洪武三十年《大明律诰》制成，朱元璋要求“户户有此一本”，“臣民熟视为戒”。③ 所有这些举措，就本质上而言，自然是为了有效地维护、强化其封建统治。但从另一个角度看，它似乎与长期积淀于人们内心深处那种具有一定合理性的“不知者不罪”的法律文化传统观念亦不无联系。也就是说，封建统治者之所以要极力宣教其法律，除了想以此充分发挥法律的惩治、威慑、预防功能，以利于其统治外，或多或少地亦须考虑到“不知者不罪”这种传统的法律文化观念在人们心目中的影响。

清末，《大清新刑律》受日本刑法的一定影响，在法律错误及其责任问题上规定：“不知法令，不得谓非故意；但因其情节，得减一等或

① 参见《大明律·公式·讲读律令》、《大清律·公式·讲读律令》等。

② 参见《明史·刑法一》。

③ 参见《大诰·颁往大诰》。

二等。"[①] 对此规定，我国刑法学者蔡枢衡先生曾评价道："较之三代，虽有逊色，较之秦汉、明、清，显属大跃进。"何以说此规定是"一大跃进"呢？蔡先生未予解释，但联系其对当时日本刑法有关规定的评价看，似乎是由于《大清新刑律》的上述明文，在中国，自秦汉以来的历代刑法中再一次"表明了不恕不知法律的原则出现了对立面的萌芽"的缘故。[②] 其实，这一"对立面"（即与"不知法律不赦"相对的不知法律在一定条件下可以减轻罪责的规定）的出现，不过是或迟或早的事。在某种意义上也可以说，它是中国古代刑法关于错误中的正当化与免责问题的"肯定（宽宥）——否定（不赦）否定之否定（减轻）"这一发展过程的显现。此后，在旧中国北洋政府的《暂行新刑律》和国民政府颁行的 1928 年刑法及 1935 年刑法中，都有类似的规定。

以上是对中国古代、近代刑法涉及错误中的正当化与免责问题的规定及处理原则所作的简介。下面，我们谈谈新中国刑法学关于错误中的正当化与免责问题的研究现状。

首先，我们介绍一下新中国刑法学关于错误的概念和分类，这是了解错误中的正当化与免责问题之前必须弄清的一个问题。

关于错误的概念，我国刑法学界的认识，总的来看是比较一致的。即一般都认为，刑法上的错误是指行为人对自己的行为在法律上的意义或是否影响到犯罪成立的事实的不正确认识。[③] 根据这一概念，在错误的分类上，我国学者大多主张将错误分为法律上的错误和事实上的错误两类。前者，是指行为人对自己的行为在法律上是否构成犯罪或者应当受到怎样处罚的不正确认识。后者，是指行为人对自己的行为是否影响犯罪成立的事实情况的不正确认识。持这种分类主张的学者还指出：法律上的错误与事实上的错误不同。法律上的错误，是指行为人对自己行为的事实情况具有正确的认识，只是对这种行为在法律上的评价认识不正确。它包括：行为人的行为在法律上不构成犯罪，而行为人误认为是

① 参见《大清新刑律》第 13 条第 2 款。

② 蔡枢衡著：《中国刑法史》，广西人民出版社 1984 年版，第 194 页。

③ 高铭暄主编：高等学校文科教材《中国刑法学》，中国人民大学出版社 1989 年版，第 139 页。

犯罪；行为人的行为构成了犯罪，而行为人误认为不是犯罪；以及行为人对其行为应当成立的罪名或应处刑罚的轻重有所误解三种情形。事实上的错误，是指行为人对自己行为的事实情况没有正确的认识。它包括：对客体的认识错误；对对象的认识错误；对行为的认识错误；对因果关系的认识错误四种情形。

与上述关于错误的分类的主张不同，我国也有学者认为，将刑法上错误分为事实错误和法律错误，这是一种传统的分类方法。“现在这种传统的分类方法在有些国家已逐渐扬弃，而普遍地把错误分为犯罪构成要件的错误和禁止的错误（或违法性错误）。……如果把事实上的认识错误改为犯罪构成事实上的认识错误，似乎更能正确反映它的内容和范围。”① 对于这种意见我们认为，如果从避免某些场合中“事实”与“法律”的界限可能混淆（例如，对财物所有权归属的认识错误），或者为了使法律错误的含义更为明确，不致引起误解，并给予违法性认识问题以适当的位置，从而更有利于研究的角度看，还是有一定道理的。不过，必须指出，即使按照第一种分类的主张，从具体内容上看，所谓事实错误，实际也是指的犯罪构成事实上的认识错误，而不是指犯罪构成以外的其他什么事实错误；法律错误，主要也是指的行为人对自己的行为在法律上是否构成犯罪的认识错误（即违法性错误）。因此，关于错误的两种不同分类，在我们看来，主要还是个表述习惯上的不同，并无实质性的差别。

明确了我国刑法学关于错误的概念和分类后，即不难看出，所谓错误中的正当化与免责问题，在我国，主要是法律错误（即违法性错误）范畴内需要研究和解决的问题。它以违法性认识是否属于故意的内容，行为人欠缺违法性认识的场合能否排除故意和行为的违法性、免除其刑事责任，以及在什么样的条件下才可以免除刑事责任等，为其研究的主要内容。显然，这里面违法性认识是否属于故意的认识内容，是必须首先回答的问题，其他问题都是围绕着对这一问题的不同回答而展开的。

关于违法性认识是否属于故意的认识内容，在我国刑法学界目前主

① 何秉松主编：大专法学试用教材《刑法教程》，法律出版社1987年版，第91页。

要有三种见解：

一是否定说。该说根据我国刑法第11条关于“明知自己的行为会发生危害社会的结果，并且希望或者放任这种结果发生，因而构成犯罪的，是故意犯罪”。这一规定，认为所谓犯罪的故意，只要求行为人对自己行为的社会危害性有认识，而不要求他认识自己行为的违法性。无论行为人是否认识到自己的行为违反法律，都不影响故意犯罪的成立。①基于这种理解，当行为人对其行为在法律上是否构成犯罪发生认识上的错误，误认有罪为无罪时，持该说的学者主张，“应当依法追究行为人的刑事责任。”并强调这是“由于我国刑法采取‘不得因不知法律而不负刑事责任’的立场”。②

二是肯定说。该说认为，确定行为人对犯罪的社会危害性有无认识，刑法上有两个标准：（1）必须认识到犯罪的事实情况；（2）必须认识到自己行为的社会危害性和违法性。达到了这两个标准才算有认识，才可能具有罪过。换言之，该说主张，违法性认识是故意的认识内容中不可或缺的要素之一。基此立场，该说进一步指出，决不能认为我国刑法采取了“不得因不知法律而免除刑事责任”的原则。根据我国刑法主客观相统一的原则，如果某人不知道、而且显然没有可能认识到自己的行为是违法的，因而也不可能认识到它的社会危害性时，应该认为是无认识，那就意味着这种行为欠缺意识因素，就不能认为他有罪过，也就不能认为他构成犯罪。③

三是折中说。该说认为，在我国，一般不宜把违法性认识作为故意的必要因素，只要行为人知道自己的行为会造成某种危害社会的结果就够了。因为，我国社会主义法律与社会主义的政治、道德观念，是有其一致性的。许许多多危害社会的行为，在政治上、道德上要受到否定的

---

① 何秉松主编：大专法学试用教材《刑法教程》，法律出版社1987年版，第85页。

② 何秉松主编：大专法学试用教材《刑法教程》，法律出版社1987年版，第92页。

③ 朱华荣：《略论刑法中的罪过》，载甘雨沛主编：《刑法学专论》，北京大学出版社1989年版，第59~66页。

评价，自然也会受到法律的禁止。这对一般理智正常的人，都是会知道的。但是，在这个问题上也不排除有例外的情况。例如，某种行为历来是不受法律禁止的，但在某个时候，国家出于某种需要，制定法规，宣布禁止再实施这种行为，如果该法规尚未传达到的地方，人们不知已明令禁止而仍旧实施该种行为，就很难说他是故意违法。在这种情况下，行为人也缺乏对行为社会危害性的认识，因而不可能构成故意犯罪。①

以上三说，见解虽有分歧，但在故意的内容必须包括行为的社会危害性认识这一点上是相同的，没有争议的。至于故意的内容是否必须包括行为违法性的认识，在我们看来，对此问题简单的否定或者肯定的回答，似乎都不足以令人信服。这里涉及到应该如何看待行为的社会危害性认识与违法性认识的关系的问题。这个问题解决了，认识统一了，分歧也就容易消除了。

那么，社会危害性认识与违法性认识是什么样的关系呢？

总的来说，社会危害性认识与违法性认识是一种辩证统一的关系。其中，社会危害性认识是犯罪故意认识因素中的实质内容；违法性认识则是社会危害性认识的一种法律表现形式。由于形式与内容相互联系、相互依存、不可分割，行为的社会危害性与违法性互为表里。因此，当行为人认识到自己行为的违法性时，必然同时认识到行为的社会危害性；反之，当行为人认识到行为的社会危害性时，通常情况下，亦自然会认识到这种行为是为法律所禁止的，即认识到行为的违法性。又由于行为的社会危害性是第一性的，是违法性的实质；违法性是第二性的，是由社会危害性所决定的，是社会危害性的法律表现，因此，法律谴责犯罪故意的实质性根据，并不在于行为人的违法性认识，而是在于行为人的社会危害性认识，在于社会危害性认识中所隐含的反社会心理。正是从这个角度上来说，我们认为，认定犯罪故意，特别需要注意分析判断的是，行为人主观上是否具有社会危害性认识。即应该以社会危害性认识为核心，而不能本末倒置，以违法性认识取代之。我们不赞成脱离实质内容片面地追求讨论形式的形式主义。也正是基于这一立场，我们

① 王作富著：《中国刑法研究》，中国人民大学出版社 1988 年版，第160 ~ 161 页。

认为，当行为人明知自己的行为会发生危害社会的结果，认识到其行为的社会危害性时，即不需要再把违法性认识专门列入故意的内容。在这种情况下，即使行为人没有明确的违法性认识，也应成立犯罪故意。否则，就会被人借口不知法律而逃避其应负的刑事责任。我国刑法第11条之所以规定故意的认识因素是“明知自己的行为会发生危害社会的结果”，而没有提出明知行为违法性的条件，其原因也正在于此。从我国刑事审判实践的情况看。一般也是这样掌握、这样做的。

例如，饶某的儿子长期在外打架赌博，为非作歹，饶一气之下把儿子杀了。他误认为自己的行为是法律所允许的，是为民除害，实际上其行为已构成了故意杀人罪。在这种情况下，行为人主观上违法性认识的欠缺，对于故意犯罪的成立，并无实质性影响。

然而，这样说来，违法性认识对于认定犯罪故意是否可有可无，毫无意义呢？我们的回答是否定的。事实上，由于违法性认识与社会危害性认识之间的辩证统一关系所决定，在某些情况下，违法性认识的有无对于社会危害性认识的确定是具有重要意义的。

因为，在一定社会中，每个公民由于自身的知识、经验、职业和所处的社会地位不同，不可能全面认识哪些行为是无害或有益于社会的，哪些行为是危害社会的。即使是司法工作人员，抑或是法律专家，对于某些行为性质的看法（例如，对于安乐死），也还是见仁见智，莫衷一是。况且，行为的社会危害性本身亦是一个历史的范畴，不是一成不变的，它随着社会的发展、社会条件的变化而变化。有些行为对社会究竟有害与否，往往是由国家权衡利弊，通过法律的形式告诫公民。在这种情况下，公民对其行为社会危害性的认识，就常常取决于违法性认识。如果行为人没有认识到其行为是法律所禁止的，通常便很难认识到其行为的社会危害性。这类犯罪在各国刑法理论中（例如，在日本），有的称之为法定犯或行政犯，它不同于那些千百年来人所共知的，为社会观念所公认的犯罪现象，如杀人、放火、强奸、盗窃、抢劫等自然犯。而法定犯的违法性认识，在我们看来，实际就是社会危害性认识的一个重要标志。在法定犯的许多场合，没有违法性认识，亦即表明没有社会危害性认识。例如，个人长途贩运，在我国，过去很长一段时间是被作为投机倒把的违法犯罪行为看待的。但自80年代国家实行改革、开放、搞活的政策以来，商品经济不断发展，长途贩运国家允许自由买卖的货物，起到了调剂产销、互通有无的作用，对商品流通非但无害，反而有益。故长途贩运行为被国家现行的政策和法律所允许。然而，有些商品如烟草，可否贩运，一度不甚明确，实践中各地具体掌握也不尽统一。后来，国务院于1983年9月23日发布的《烟草专卖条例》以及全国人大常委会于1991年6月29日通过的《烟草专卖法》规定，除持有烟草专卖品经营许可证和准运证的单位或个人外，其他任何人不得经营、运输烟草专卖品。在这种情况下，行为人对其无证贩运烟草专卖品行为违法性认识的有无，实际也就决定和反映着其行为社会危害性认识的有无。有的个体运输者于上述法律、法规颁行之初，确因不知法律的禁止性规定，误以为烟草和其他许多商品一样可以自由贩运而实施了无证贩运的行为，就很难说他是故意违法，从而不好定投机倒把罪。又如，狩猎是法律所允许的，但对珍贵、濒危的野生动物，国家于1988年11月8日颁布的《野生动物保护法》是严格加以保护的，禁止猎捕。新疆某地质勘察队的个别队员由于常年工作在旷野山区，未能及时了解国家法律的有关规定，猎杀了国家禁猎的珍贵动物，这种情况下也不好说行为人就具有非法狩猎的故意。因为行为人由于工作环境和特点所限，确实不知道其行为是违法的。而这里违法性认识的欠缺恰恰表明其社会危害性认识的欠缺，故不能令行为人承担非法狩猎的罪责。

综上所述，行为的违法性认识是否属于故意的内容，不可一概而论，不能简单化、绝对化，要作具体分析。根据我国刑法关于故意犯罪的规定，违法性认识本身虽不是故意的认识要素，但在某些情况下，当违法性认识的有无实际决定和反映着社会危害性认识的有无时，它即是认定社会危害性认识的一种不可或缺的方式，是对社会危害性认识的具体说明。正是从这个角度考虑，并同时对上述否定说、肯定说和折中说加以比较，我们认为折中说合理成分居多，因而我们更倾向于折中说。我们主张，通常情况下就大多数故意犯罪而言，无须把违法性认识作为故意内容的必要因素，只要行为人明知自己的行为会发生危害社会的结果，认识到其行为的社会危害性即为已足。但在某些情况下（主要是在法定犯、行政犯的场合），如果行为人因不知法律的禁止性规定即可能影响到对其行为社会危害性的认识时，认定行为人是否具有犯罪故意，则必须注意分析、判断其主观上是否具有违法性认识。这与坚持社会危害性认识是犯罪故意的必要因素的观点在本质上是完全一致的。

那么，接下来需要研究的问题是，当行为人于行为之际欠缺违法性认识时，能否不加区别的一律排除故意和行为违法性，免除其刑事责任呢？我们的回答是否定的。对于行为人因认识上的错误而欠缺违法性认识时可否免责的向题，在我们看来，亦应区分不同情况，予以区别对待。

如果行为人违法性认识的欠缺，在当时的特定条件下，具有某种正当的理由，属于不可避免的情形。例如，某种行为过去不被视为犯罪，现在被视为犯罪；或者过去法律上没有明文禁止而新近的法律、法规宣布禁止的，行为人因客观环境、地理状况、风俗习惯、文化水平以及交通和传播媒介等条件的限制，确实不知法律的禁止性规定，而实施了该行为的，即应当排除行为的违法性；免除其刑事责任。因为，在这种情况下，行为人主观上根本就不具有罪过。前述二例，即属此类。

如果行为人违法性认识的欠缺，在当时的条件下，并无正当理由，也即是可以避免的，则不能免除行为人的刑事责任。例如，某村文化站购置的一台彩色电视机被盗，该村村长与民兵连长商量后，便带领几个民兵挨家挨户搜查，并声称："我是村干部，村里的电视机被偷了，我有权搜查"，而一些被搜查的农户为了表明自家的清白，也主动让其翻箱倒柜。对于这种非法搜查的行为，就不能因行为人主观上欠缺违法性认识，误以为其行为"合法"而否定其故意犯罪的成立。因为，公民住宅不受侵犯是我国宪法赋予公民的一项基本权利，我国刑法第144条也明确规定"非法搜查他人身体、住宅"是一种犯罪行为。凡是有正常理智的公民，经过国家这些年来法制宣传教育，一般都是知道这一点的。作为一村之长，更应当知法、守法。村长自以为其行为"合法"，恰恰表明他缺乏法制观念，没有把国家的法律放在心上，这种违法性认识的欠缺本是完全可以避免，也应该避免的。因此，不能免除其非法搜查罪的刑事责任。又如，新中国成立后，婚姻自由，是我国婚姻法早已确认的一项基本原则。有的人因受封建传统观念的影响，认为父母之命，媒妁之言是建立婚姻关系的天经地义的事情，从而对子女的婚姻进行包办，当子女不从时，就采用捆绑、毒打甚至抢婚等暴力行为逼其就范。这些行为在我国刑法上被规定为暴力干涉婚姻自由罪。尽管有的行为人声称不知道这一点，但并不因此就不构成犯罪。当然，考虑到促使行为人实施上述行为的动机，同时，亦考虑到目前整个社会的法律意识、权利意识的现状，以及家庭与社会的稳定，对上述犯罪行为的防范与惩治，主要还是靠加强思想教育和法制教育。因此，在判处刑罚时，亦可根据具体情节，适当从轻或者减轻处罚。

这里需要补充说明一点，尽管从我国现行刑法来看，尚无对欠缺违法性认识的犯罪予以从轻、减轻处罚的明文规定。但在刑法起草过程中，对此还是有所考虑的。1957 年 6 月 28 日刑法草案第 22 稿就曾有一条关于不知法律而犯罪，根据情节可以从轻或减轻处罚的规定。1963 年 10 月 9 日刑法草案第 33 稿虽然删去了此条，但刑法理论界和司法实践中，一般都还是认为“如果查明行为人因确实不知法律而犯了某种罪，有情有可原的一面，人民法院可以酌情从宽处理。”① 此外，根据刑法第 59 条第 2 款规定，“犯罪分子虽然不具有本法规定的减轻处罚情节，如果根据案件的具体情况，判处法定刑的最低刑还是过重的，经人民法院审判委员会决定，也可以在法定刑以下判处刑罚。”这一规定对于违法性认识的错误情形，同样也是适用的。

四、结论

在当今世界经济发展迅速，社会变动加快的时代背景下，新的法律、法规不断涌现，人们的生活习惯、道德观念和价值观念受到迅猛的冲击，很难在有限的时间内了解那么多的法律。特别是某些经济、行政性法规或专业性条例，它们同千百年来逐渐形成的道德规范联系较少，因而不容易凭社会习惯和生活常识来判断某种行为是否违反法律，由此产生的违法性认识错误日益突出，错误中的正当化与免责问题也应运而生。在这样的客观条件下，如果仍坚守自古罗马以来盛行的“不知法律不赦”的传统原则，势必于情不合、于理不通，且不现实。有鉴于此，我们认为，对于违法性认识错误及其责任问题，有区分不同情况，予以区别对待的必要：

---

① 高铭暄著：《中华人民共和国刑法的孕育和诞生》，法律出版社 1981 年版，第 43 页。

1. 对于一些人所共知、社会观念所公认的严重的故意犯罪，如杀人、放火、强奸盗窃、诈骗、抢劫等，决不能因行为人“不知法律”、欠缺违法性认识而免除或减轻其刑事责任。因为在这种情况下，行为人违法性认识的欠缺，即使不是一个借口，也并不妨碍其对行为本质（社会危害性）的认识。事实上，千百年来，人们在共同的社会生活、实践和经验中形成的道德规范，对于上述行为的评价与法律评价是基本一致的。因而，对于这一类犯罪行为违法性认识的有无，无须作过多的纠缠。

2. 对于过去不被视为犯罪，现在被视为犯罪；或者原来法律上没有明文禁止，而新近的法律宣布禁止的行为，行为人不知法律、欠缺违法性认识时是否影响其刑事责任，须作具体分析。因为在这种情况下，违法性认识的有无，通常影响到对行为本质（社会危害性）的认识。换言之，对行为本质的认识，在这种场合，往往是通过或借助违法性认识才能达到的。基于此，我们认为：

（1）如果行为人的违法性认识错误，在当时的条件下，并无任何正当理由，属于可以避免的情形，则并不缺乏非法的依据，因而不得免除行为人的刑事责任。但根据情节，可以从轻或者减轻处罚。

（2）如果行为人的违法性认识错误，在当时的条件下，具有某种正当的理由，即在很大程度上属于不可避免的情形时，则应否定犯罪故意成立的可能，排除行为人的故意罪责。

（发表于《当代法学》1994 年第 1 期）

论刑法中的因果关系错误

刘明祥

一、因果关系错误的概念和范围

因果关系错误包括哪些情形，或者说它的范围有多大，在我国刑法理论上，颇有争议。一种观点认为，因果关系错误是指行为人对自己的行为与结果之间的因果关系发展进程有不正确认识，也就是行为人的行为已经引起了预期的危害结果的发生，但其因果关系发展的实际进程与行为人预想的不同；或者是其最初的行为虽然未造成预期的危害结果，但他误认为已造成，因而实施了另一行为，实际上是另一行为导致了预期的危害结果发生。① 另一种观点认为，因果关系错误，除了包含对因果关系的发展进程的认识错误之外，还包括对危害结果的认识错误，如行为人认为自己的行为已经发生预期的危害结果，而实际上该结果并未发生；行为人认为自己的行为只会产生某种危害结果，实际上却产生了超过预期结果的结果。② 还有一种观点认为，因果关系错误不仅仅只限于对因果关系的发展进程和对危害结果的认识错误，还应该包括行为错误（或打击错误）。③ 此外，有的论者还认为，行为人本无犯罪意图的某些过失犯罪④以及对象错误（或目标错误），也属于因果关系错误的范畴⑤。

---

① 参见何秉松主编:《刑法教程》法律出版社 1987 年版，第 39 页。

② 参见高铭暄主编:《刑法学》，法律出版社 1982 年版，第 161 页。

③ 参见梁世伟编著:《刑法学教程》，南京大学出版社 1987 年版，第 86 ~ 88 页。

④ 参见樊凤林主编:《犯罪构成论》，法律出版社 1987 年版，第 127 页。

⑤ 参见李光灿主编:《中华人民共和国刑法论》（上册），吉林人民出版社 1987 年版，第 207 页。

在我们看来，过失犯罪不存在因果关系错误问题。因为刑法上的因果关系不是一般意义上的因果关系，而是指行为人所实施的危害行为与危害结果之间的因果关系。因果关系错误是以行为人对自己的危害行为与危害结果之间的因果关系有明确认识或预见为前提条件的，如果行为人本无犯罪意图，根本不认为自己的行为会造成危害结果，当然，也就不存在主观认识的因果关系与实际发生的因果关系不一致，即因果关系错误的问题。

其次，对打击错误和对象错误应作为事实错误的独立种类加以研究，不宜将其纳入因果关系错误的范畴。从广义上讲，打击错误的实质是危害行为发生了偏差，如本来是对甲实施伤害行为，结果却误伤了乙。这无非是因果关系的发展方向与行为人主观上所预见的不一致，当然，可以说是一种因果关系错误。但是，考虑到这种错误是发生在不同对象之间，有其一定的特殊性，把它抽取出来作为一种与因果关系错误相并列的独认的事实错误来研究，找出其基本规律，并确定相应的处理原则，似乎更合理一些。至于对象错误，则与因果关系错误有实质上的差别。对象错误的实质是行为人弄错了具体侵害对象（如误把甲当做乙杀害），但是行为人所实施的危害行为与危害结果之间的因果关系，则可能与其主观上所预见的完全一致。例如，某人以杀甲为目的，误把乙当作甲推入水井之中淹死。虽然行为人在侵害的具体对象上发生了错误，但他对把人推入水井之中的行为会引起人被淹死的结果发生这一因果关系的预见，与现实情况完全一致，并不存在因果关系错误的问题。当然在对象错误的情况下，还可能同时出现因果关系错误的现象（如误把甲当做乙推入水井之中，意图将其淹死，但事实上井中无水，结果甲被摔死），这属于对象错误与因果关系错误相交叉（竞合）的情形，应该另当别论。

再次，关于危害结果的错误；从广义上讲，也属于因果关系错误的范畴。但是，应该看到，我们研究因果关系错误的日的，主要是要弄清在存在因果关系错误的情况下，行为人对现实发生的结果，是否应承担犯罪既遂的责任。而在危害结果错误的情况下，要么是行为人预期的结果没有发生，要么是发生了超过其预期结果的重结果。前者显然是属于未遂犯所要研究的问题，后者则属结果加重犯的范畴。因此，把二者排除在因果关系错误的研究范围之外，更便于我们集中精力研究和解决那些典型的因果关系错误问题。

综上所述，我们认为，因果关系错误是指行为人预期的危害结果已经发生，但其因果关系的发展进程与行为人所预见的不相一致。因果关系错误的主要特征是：（1）主观上行为人具有犯罪意图；（2）客观上行为人所预期的危害结果已经发生；（3）现实发生的因果关系的发展进程与行为人所预见或认识的不相一致。

二、关于因果关系的学说与评析

因果关系错误是否影响故意的成立以及何种情形下影响故意的成立？在资产阶级刑法理论上争论颇为激烈，概括起来，主要有四说：第一说认为，故意的成立以认识行为之结果为必要，至于行为与结果之间的因果经过并不是成立故意所必须认识的内容。当行为人认识的因果经过与实际发生的不相一致时，应研究其结果之发生，是否在相当因果关系范围内，以判断行为人应否对现实发生的具体结果负故意责任，也就是说，因果关系错误是因果关系论所要研究的问题，而不属于错误论的范畴。① 第二说认为，作为故意要件的对“结果的认识”，因必须包含“结果如何成立”这一点，所以，当行为人认识的因果关系过程与具体发生的因果关系过程不一致时，对现实发生的结果阻却故意，仅仅只存在犯罪未遂的问题。② 第三说认为，因果关系错误如果属重要错误，就对实际发生的结果阻却故意，仅仅只成立故意罪的未遂犯；如果是不重要的错误，则对实际发生的结果应负故意犯的既遂责任。③ 第四说认为，判断因果关系错误是否阻却故意，应以构成要件为标准，只要行为人认识或预见的因果关系与实际发生的因果关系在构成要件上被认为是相一致的，即使对具体因果经过有认识错误，也不阻却故意的成立，应追究

① 参见内藤谦著：《刑法讲义（总论）》（下），有斐阁1991年版，第951页。

② 参见洪福增著：《刑法理论之基础》，台湾刑事法杂志社1977年版，第154～155页。

③ 参见团藤重光主编：《注释刑法》，有斐阁1969年版，第339页。

行为人故意犯罪既遂的责任；如果二者在构成要件上不相一致，则阻却故意的成立，仅仅只构成故意罪的未遂犯。①

以上四说中，第一说认为因果关系错误不是错误论的问题，而属因果关系论的范畴，其理论根据是行为与结果之间的因果关系并不是成立故意所必须认识的内容。但是，从犯罪构成理论而言，凡是结果犯，行为人不仅要对结果有认识，更须认识行为与结果之间的因果关系，也就是对自己的行为与结果的发生有何种联系，以及由于自己的行为会发生什么样的结果，都必须认识。以故杀人罪为例，行为人除了要认识某人死亡的结果之外，尤其要认识到该人的死亡是由于自己的行为所引起的，才谈得上有杀人的故意。再说，因果关系与因果关系错误是二个不同范畴的问题。前者属于犯罪客观方面所要研究的问题，后者则是犯罪主观方面，即故意论所包含的内容。一般来说，在弄清了行为人的行为与危害结果之间具有因果关系之后，还只是为行为人负刑事责任提供了客观基础，至于行为人对该结果是负故意责任、过失责任还是不负刑事责任，则是主观方面所要进一步研究的问题。

与第一说不同的是，第二、三、四说都认为因果关系错误属于错误论的范畴，这是应予肯定的。但是，第二说主张行为人预见的因果关系与实际发生的因果关系只有具体地相一致，才能要行为人对现实发生的结果负故意责任，这显然是脱离实际的。因为在现实生活中，要求行为人对未来将要发生的犯罪的因果经过作出非常具体而又准确的预见，几乎是不可能的。现实发生的因果经过与行为人事先所预见的因果经过往往总会有某些差别。并且，在因果关系错误的许多场合，尽管危害结果不是按行为人所预见的因果经过发生的，但从犯罪构成上讲，这种结果不仅是由行为人的行为直接引起的，而且是其主观上所预见或追求的，如果不要行为人对这一结果承担故意责任，不仅不符合犯罪构成理论，而且与情理不相容。第三说主张根据因果关系错误是否在刑法上具有重要性来判断对现实发生的结果是否阻却故意，至于何种错误才具有重要性，持此说的论者中，又有主观说与客观说之分。主观说者以行为人的动机作为判断因果关系错误是否重要的标准，主张行为人如果已经预见

① 参见团藤重光主编:《注释刑法》，有斐阁1969年版，第339页。

现实所发生的因果关系，就会中止其行为，那就表明错误是重要的。反之，如果仍不会中止其行为，则属非重要的错误。[①] 但是，此说把与法规范无关系的所谓“动机”作为判断因果关系错误是否重要的标准，不仅无法律根据，而且，错误问题并非溯及于行为时之动机所能解决的，而应该从行为人认识的事实与现实所发生的事实的关系上寻找答案。客观说者认为，因果关系之错误是否重要，应从法律评价的立场在客观上予以判断。[②] 此说把判断认识与事实不一致之重要性的程度，交由法官自由裁量，而实际上又并无明确的判断标准，这无疑会给实际适用带来困难。第四说主张，因果关系错误是否阻却故意，应以构成要件作为标准。这一点是可取的。但是，该说论者认为，判断行为人认识或预见的因果关系，与实际发生的因果关系是否在构成要件上符合，应看两者是否具有“相当性”，如果具有“相当性”，那就认为在构成要件上是相符合的，从而不阻却故意。[③] 至于何种情形具有“相当性”，该说论者并未作出明确回答，这同样会出现在事件中难以掌握和适用的弊端。

三、因果关系错误的种类及处理原则

因果关系错误的表现形式多种多样，概括起来可以分为两类：一是行为人的行为已经引起预期的危害结果发生，但是，其间的因果关系的发展进程，与行为人所预见的有所不同。例如，行为人本想将被害人推到井里淹死，实际上因井里无水，被害人被摔死。二是行为人以为自己当初的行为造成了预期的危害结果，进而实施第二个行为，实际上是由第二个行为导致了危害结果的发生。例如，甲意图杀害乙，用棍棒将乙击昏后，以为乙已死亡，为了湮灭罪证，又将乙投入河中，以致乙被淹死。

---

① 参见［日］福田平、大塚仁著：《刑法总论》（新版），青林书院新社 1978 年版，第 168 页。

② 参见［日］福田平、大塚仁著：《刑法总论》（新版），青林书院新社 1978 年版，第 168 页。

③ 参见［日］内藤谦著：《刑法讲义（总论）》（下），有斐阁 1991 年版，第 948 ~ 949 页。

此外，在我国一些刑法论著中，通常把行为人误认由其他原因造成的结果是自己行为所造成的情形，也作为因果关系错误的一种类型。例如，某甲投毒杀乙，某乙吃过搅有毒药的饭菜后果真死了，甲以为乙是被其毒死的，但后来经验尸证实，某乙是在毒药生效前突发心脏病而死。① 我们认为，在这种情况下，行为人的危害行为与危害结果之间没有因果关系。既然如此，也就不存在因果关系错误的问题。因为因果关系错误是以行为人的行为已经引起危害结果发生为前提的，也就是说，只有在行为与结果之间存在因果关系的条件下，才会发生实际的因果关系发展进程与行为人主观上所预见的不相一致的问题。

一般来说，第一种类型的因果关系错误，在刑法上并无重要意义。因为在实际案件中，行为对因果关系发展的具体经过产生错误认识，可以说是司空见惯。如果肯定这种错误对实际发生的结果阻却故意，那显然会轻纵罪犯。再说，行为人对因果关系的预见，虽然是结果犯成立故意必须具备的内容，但这种预见只能是对大致的因果经过的预见，而不能要求其对因果关系发展的具体经过有明确预见。

第二种类型的因果关系错误可以说是因果关系错误的一种特殊表现形式，在资产阶级刑法理论上，通常被称为“事前故意”或韦伯的概括故意。之所以称为韦伯的概括故意，是因为通常所说的概括故意，属不确定故意的一种，它是指行为人对于结果的发生，仅有概括的认识，而不是确知对哪一具体对象会造成危害结果。例如，向人群开枪，究竟何人中弹并不确定。但 19 世纪德国学者韦伯（V. Weber），把因果关系错误的第二种类型也称为概括的故意；这显然与一般意义上的概括故意有所差别。正因为如此，学者们就采用了“韦伯的概括故意”的概念，以示与一般的概括故意相区别。

对第二种类型的因果关系错误如何处理？在中外刑法理论上颇有争议，大致有以下几种主张：（1）主张把意图实现结果而实施的第一个行为和误认结果已经发生而实施的第二个行为分别解释为两个行为，即第一个行为属于故意犯罪未遂、第二个行为是过失犯罪。但持此主张者对这两个行为的看法又不一致，有的认为二者属于想象竞合；另有人则认

① 参见《中国刑法词典》，学林出版社 1989 年版，第 229 页。

为二者分别构成独立的犯罪，应实行数罪并罚。① （2）认为两个行为是紧密联系在一起的，实际上后一行为是前一故意行为的继续，由于已经产生了预期的结果，所以；应当以故意犯罪既遂论处。② （3）主张采取折中的办法，分列情况作不同处理，即如果行为人实施第二个动作时，认识到预期的结果有可能尚未发生，那就具有间接故意，应把它视为前一行为的一部分，仅仅作为一罪的既遂犯处理；但如果当时确实误认结果已经发生，那就应作为故意罪的未遂犯和过失罪二罪而予以合并处罚。③ （4）认为对行为人先后实施的两个行为应作具体分析，如果行为人事先就预定在实施完第一个行为之后，接着还要实施第二个行为（如把人杀死之后将尸体予以掩埋），那就应作为一罪的既遂罪看待；如果是在实施完第一行为之后，才想到实施第二行为的，则构成故意罪的未遂犯和过失罪二罪，并应合并处罚。④

以上第一种主张认为，行为人先后实施的行为是在刑法上具有独立意义的两个犯罪行为，其中有的论者却又认为，二者属想象竞合，这显然不能自圆其说。因为想象竞合是一行为触犯数罪名的情形，既然有两个行为，也就不可能是想象竞合。至于对二者实行数罪并罚的主张，虽然不存在这样的矛盾，但把行为人出于一个犯罪故意而实施的具有紧密内在联系的行为，分别开来作为二个独立的犯罪行为，实行数罪并罚，也未必恰当。第三种主张按照行为人实施第二行为时，对预期的结果尚未发生是否有认识，分别作不同处理，而不是一概都实行数罪并罚，这似乎比第一种主张进了一步。但是，如果行为人实施第二行为时认识到犯罪结果有可能尚未发生，那也就不存在因果关系错误的问题，当然应将其排除在外。所以，第三种主张与第一种主张中持数罪并罚论者的观点基本上是一致的，其不足之处也大致相同。第四种主张以行为人是否

---

① 参见何秉松主编:《刑法教程》，法律出版社 1987 年版，第 93 ~ 94 页。

② 参见高铭暄主编:《中国刑法学》，中国人民大学出版社 1989 年版，第 143 页。

③ 参见［日］木村龟二主编:《刑法学词典》，顾肖荣等译，上海翻译出版公司 1991 年版，第 265 页。

④ 参见［日］《法学研究》第 58 卷第 11 号，第 79 页。

预定在实施第一行为后接着实施第二行为为标准，把事先已预定者作为一罪的既遂犯处理，对事先未预定者，则按故意罪的未遂犯与过失罪二罪并罚，这实际上是由行为人事先有无预定来确定第二行为是一个独立的犯罪行为，还是第一行为的组成部分。但是，从刑法理论上讲，某种行为是否为独立的犯罪行为、应该以犯罪构成为标准，而不是以行为人在实施行为前预定与否为标准。事实上，行为人在实施杀人行为之前预定要在杀人之后将尸体掩埋，与行为实行完毕之后才想到要掩埋尸体，并无多大差别。在掩埋之时，同样会出现行为人误认为被害人已被杀死，但实际上还活着的情形，因此，没有理由对二者实行区别对待。

在我们看来，第二种主张比其他三种主张更合理一些的理由是：第一，在通常情况下，行为人先后实施的两个行为是有内在联系的，就拿司法实践中常见的杀人案件来说，行为人实施杀人行为之后，为了湮灭罪证，往往要对尸体进行处理（如掩埋、隐藏、投入水中等），如果处理尸体的行为本身不构成单独的犯罪（如放火罪、爆炸罪），那它就是杀人行为的有机组成部分，不能当做独立的犯罪行为看待。事实上，在有些犯罪案件中也很难把两者区别开来。例如，甲对乙胸部连刺几刀后，以为乙已经死亡，接着肢解“尸体”，予以隐藏，实际上，乙是在被肢解的过程中死亡的。在此之中，就很难说哪几刀是杀人行为，哪几刀是处理尸体的行为。如果把前几刀认为是杀人未遂，后几刀视为过失杀人，则显然是荒唐可笑的。第二，如果把两个行为割裂开来，后一行为也并非在所有情况下都构成过失犯罪。例如，行为人误认为被害人已被杀死，为湮灭罪证，将“尸体”投入水井中，实际上是由这后一行为直接引起了死亡结果发生。如果根据案件情况，行为人不可能预见到被害人尚未死亡，那就不存在过失杀人的问题，就只能以故意杀人未遂论处。但这显然与法理不相符。第三，从主观上看，行为人有犯罪的直接故意，并且，实际发生的结果正是行为人所希望或追求的，只是行为人主观上所预见的因果经过与实际发生的因果经过有所不同，如行为人预见的是将被害人用绳索勒死的，但实际上是其后来投入水中淹死的。这种对具体因果经过的认识错误，不影响故意的成立。所以，行为人对实际发生的结果一般应承担故意犯罪既遂的责任。

但是，也有一种例外情况，这就是行为人误认为自己已经完成了某一犯罪，为了湮灭罪迹或出于其他目的，又实施了另一行为，而此种行为单独而论，可以构成独立的犯罪。例如，甲对乙胸部连刺数刀后，误认为乙已经死亡，为了“毁尸”灭迹，又放火烧乙的房屋，结果乙被烧死，另外还烧毁了乙及邻居的数间房屋。这后一个行为不同于前述一般的毁尸灭迹行为。单独而论，一般的毁尸灭迹行为（如将尸体沉入井中，丢进硫酸中腐蚀等）并不是犯罪行为，而用危害公共安全的放火等方法毁尸灭迹，则可单独构成放火等罪。所以应另当别论。就上述案件而言，行为人的前一行为属于故意杀人未遂，后一行为构成放火罪，对二者应实行数罪并罚。

（发表于《法学评论》1994年第4期）

危险性的判断与不能犯未遂犯

顾肖荣

不能犯又称作“犯罪不能”，是一种与犯罪未遂密切相关的情况。未遂是“着手实行犯罪”又“未得逞”的情况，根据是否着手实行可以与预备相区别；根据结果是否发生可以与既遂相区别。

但是在没有发生结果时未遂是否都是可罚的呢？一方面，人们主张当“自己的意思”是不发生结果的原因时就应构成“中止犯”，应按特别减轻的规则处理；另一方面，人们还主张应当把本来不具有结果发生的现实可能性，即没有实现构成要件内容的“危险性”的行为从可罚未遂的范围中除去，这种情况被称为不能犯。在中国和日本的现行刑法中，对不能犯均未作明文规定，但在刑法论著、教科书中均有论述，司法实务也多有承认。现就不能犯的概念、归类和名称，不能犯的学说，实务中的见解等问题作些比较研究，在此基础上提出本文的观点，以求教于各位同行及读者。

一、不能犯的概念、归类、名称

中国的某些刑法著作称，不能未遂，“是指行为人已经着手实行刑法分则规定的具体犯罪构成要件的行为，致使其行为不可能完成犯罪，因而难以达到犯罪的既遂状态”。它必须具备以下几个特征：（1）行为人已经开始实行某一具体犯罪的实行行为；（2）犯罪行为的性质在客观上无法达到既遂状态；（3）不能完成犯罪的原因，是由于行为人主观上的认识错误。① 也有论著称，不能犯未遂是未遂犯的一种，对不能犯须追究刑事责任，因此，需要研究的问题是“不能犯负刑事责任的根

① 马克昌主编：《犯罪通论》，武汉大学出版社1991年版，第431页。

据”。[1]

反观近年来的日本论著，大多把未遂犯和不能犯分别以观，有的还明确认定，“对不能犯，不可作为未遂犯进行处罚。”“所谓不能犯，是指行为者自以为已经着手犯罪的实行，但因不可能发生结果，而使犯罪没有得逞的情况。”[2] 与此相关，这些论著追求的是：“不处罚不能犯的根据及不能犯的范围。”[3] 从上述比较可以看出，在不能犯的概念、性质等问题上，学说有着明显的差别。

笔者认为，西原先生不能犯概念中的“自以为”三个字十分重要，它突出了不能犯是由于行为人主观上的认识错误而使犯罪不可能得逞的特征。西原先生所下的定义是比较妥当的。其特征有三：（1）行为人自以为已经着手实行某一具体的犯罪行为；（2）犯罪没有得逞，无法达到既遂状态；（3）不能完成犯罪的原因，是行为不能发生犯罪结果，无危险性。

就广义而言，从犯罪结果没有发生来看，将不能犯归入未遂并无不可。如同中止犯也称为中止未遂一样，不能犯亦可称为不能未遂。但从严格的狭义上讲，普通未遂以可罚为原则；不能未遂以不可罚为原则，二者还是严格区别的。笔者认为，不能犯应与中止犯、普通未遂犯并列，成为犯罪“未得逞”的种类之一。从原则上来讲，不能犯是不可罚的，那些可罚的“不能犯”应归入未遂犯的范畴。当然，从性质上讲，一些立法例还是认为，除迷信犯等情况外，不能犯原则上构成犯罪，但不可罚。例如，旧中国刑法第26条规定：“未遂犯之处罚，得按既遂犯之刑减轻之，但其行为不能发生犯罪之结果又无危险者，减轻或免除其刑。”美国《模范刑法典》认为，犯罪不能原则上不能作为免罪辩护的理由，但在特殊情况下可以免罪，不罚或减轻。这里的特殊情况是指，“如果一个未遂行为是如此地根本不可能导致完成犯罪以致该行为和行

---

① 赵秉志著：《犯罪未遂的理论与实践》，中国人民大学出版社1987年版，第173页。

② ［日］西原春夫著：《刑法总论》，成文堂1987年版，第295页。

③ ［日］木村龟二主编：《刑法学词典》，顾肖荣、郑树周等译，上海翻译出版公司1991年版，第314页。

为人都没有呈现意图实施的罪的那种社会危险程度，法院有权减轻刑罚等级，或者在非常情况下也可以驳回控告。”这里的非常情况是指用念咒语的方法来打开保险箱等。《模范刑法典》的观念，从20世纪60年代以来已被美国大约半数的州所接受。

在讨论未遂犯不能犯问题时，中日刑法论著中有一些用语含义是有所不同的。这里，主要有两个词的含义需要分清。

一是“客体不能犯”。在中国刑法论著中，客体是指受刑法保护的社会关系，相近于日本刑法著作中的法益。在中国刑法论著中，相近于日本“客体不能犯”的，是“对象不能犯”。例如，误认尸体为活人而开枪射击；误认被害人在房间内而投掷炸弹，但实际上被害人已外出；实施盗窃时被窃的裤袋或手提包内根本没有钱等。由于在中国刑法论著中，犯罪客体是一种被保护的社会关系，所以，尽管它看不见摸不着，却仍然是任何犯罪所必备的要件，在不能犯的情况下也不能例外；不能犯只是不能给对象造成损害，但对客体仍有威胁性的侵害，否则便无由构成犯罪。因而将上述各种情况称为“对象不能犯”似乎更妥当。

二是“手段不能犯”、“方法不能犯”。在中国一些刑法论著中，往往将“手段不能犯”、“方法不能犯”称作“工具不能犯”，大体是指以下一些情况：误将砂糖等无毒物当做氰化钾等剧毒药去毒杀人；误用不足量的毒药去毒杀人；误用空枪、臭弹去杀人等。这些情况并非行为人所选择的手段、方法不能完成犯罪（枪杀、毒杀这些方法和手段在通常情况下是足以致命的），而是在实施这些方法、手段时所选择的工具（毒药、枪支、弹药）的性质，使犯罪不能完成。因此，似乎将这类情况称做“工具不能犯”较为妥当。

二、不能犯的学说（1）——追究不能犯刑事责任的根据

中国一些学者把犯罪未遂分为能犯未遂和不能犯未遂这两种类型。他们认为，不能犯是未遂犯的一种，应当研究追究不能犯刑事责任的根据。①

① 赵秉志著：《犯罪未遂的理论与实践》，中国人民大学出版社1987年版，第172页。

中国学者赵秉志对不能犯可罚的理由作了如下概括：

1. 在对象不能犯的场合，因行为人同样侵犯了犯罪客体，所以应追究刑事责任。例如，误以为被害人在床上而开枪射击，但实际上被害人却在屋外，这是对象不能犯的杀人未遂；如果被害人就在屋内，因被害人躲闪而未能击中，这是对象能犯的杀人未遂。在这两种场合下，行为人在主观上和客观行为上都是指向犯罪对象的，都是要通过对犯罪对象的损害来给客体造成实际损害，却都由于意志以外的原因而未得逞，因而犯罪对象和犯罪客体都没有遭到实际结果性损害，而是受到危险性的侵害。这两种情况相比没有什么质的不同，不能仅仅因为犯罪对象在空间位置上的略微不同，就否认了前种情况下犯罪对象和犯罪直接客体的存在。[①] 赵又举例，在误以牲畜为人而实施枪杀的场合，牲畜当然不是杀人罪的犯罪对象而是行为人所误认的目标，这种场合犯罪对象（即某个有生命的自然人）和犯罪客体（即该人的生命权）都是客观存在的……而且对象和客体都因犯罪行为遭到了危险性、威胁性的侵害。

2. 在工具不能犯（即日本的方法、手段不能犯）的场合，对象和客体仍然是存在的。例如，行为人误用射程500米的猎枪向1000米以外的某人射击。应承认射程以外的该人即是犯罪对象，其生命权即为犯罪客体。将这种情况与对象不能犯未遂的情况相比，应当说二者都是因为犯罪对象处于犯罪行为作用力范围之外而导致未遂的。

3. 罪过和犯罪行为的统一构成行为人负刑事责任的根据，不能犯未遂也具备刑事责任这种完整的主客观根据。在工具不能犯的场合，行为人主观上具备明显的犯罪故意并外化为行动，只是由于所选用的犯罪工具性质不当，使犯罪不能完成。在对象不能犯的场合，行为人的主观犯罪故意和客观犯罪行为更是明显地结合在一起。所以，对不能犯追究刑事责任是有充分根据的。

4. 误将自己的财物当做他人之物而盗窃之，误将自己的妻子当做过路妇女而强奸之，这类行为因构成要件欠缺，通常不认为是犯罪。但赵认为，由于在此类场合下，行为人主观上有犯罪故意，客观上也实施

---

① 赵秉志著：《犯罪未遂的理论与实践》，中国人民大学出版社1987年版，第172页。

了犯罪行为，因此，应构成犯罪，应负不能犯未遂的刑事责任。①

上述见解实际上与日本刑法论著不能犯学说中的主观说相近，主观说认为，只要行为人有犯罪决意并表现于行动，就是可罚的。因此说过于严厉，现在实际上已经很少采用了。

三、不能犯的学说（2）——不能犯不可罚的根据

中国刑法学者甘雨沛等明确主张，不能犯不同于未遂犯，不能犯是不可罚的。他指出，“不能犯不是未遂犯的一种，而是实施行为的一种未遂的特殊形态，是从未遂分离出来的一种不罚形态。”② 未遂犯之所以可罚，其根据在于具有发生危害结果的现实可能性。如果行为不具备发生危害结果的现实可能性时，则缺乏可罚的根据。不能犯之所以能从未遂犯中分离出来，成为不可罚的一种特殊形态，其原因也在于此。

1. 危险性的概念。未遂犯与不能犯的区别要点，在于对危险性概念如何理解以及如何判断危险性。如果行为人的实施行为具有发生危害结果的现实可能性时，为未遂；反之为不能犯。然而，如何判断危险性，却存在一些争议：从判断的时间看，是应当根据行为人的事前判断，还是应根据事后发生的事实进行判断？是从自然科学的、物理的属性出发，还是从社会上一般人的立场出发来判断危险性？是将行为一般化、类型化、抽象化来判断，还是应针对具体情况进行具体判断？如果根据后者，是否应当考虑行为人的特殊判断能力和认识能力？

危险性在刑法上大致有以下几种含义：一是指行为人本身的危险性，即人身危险性。二是指行为人所实施的行为在客观上发生某种危害结果的可能性。如果有这种可能性，即构成未遂犯，反之为不能犯。三是指所发生的危害结果的危险性。即行为人的行为已实施完毕，其行为结果本身危险性的大小，它往往与该行为所造成损失的大小成正比，所以又称为实害性。上述第一种情况表述为人身危险性；第二种情况可表述为侵害性；第三种情况可表述为实害性。

---

① 赵秉志著：《犯罪未遂的理论与实践》，中国人民大学出版社1987年版，第172页。

② 甘雨沛著：《外国刑法学》，北京大学出版社1984年版，第249页。

2. 区分未遂犯与不能犯的标准。关于这一点，各种学说的争论是很激烈的。首先有主观说和客观说之分。在主观说中又有纯主观说和抽象危险说之分；而在客观说中，又有绝对不能说、相对不能说和具体危险说的区别。也有人认为，抽象危险说和具体危险说可归入折中说，不过，前者偏向接近于主观说，后者接近于客观说。

（1）纯主观说。该说从行为人性格的危险性即人身危险性来寻求处罚未遂的根据。既然行为人的犯罪意思已经明确表现在外部了，由于这种意图对法律秩序有危险，所以可不问这些外部行为是否真有危险，都要作为未遂处罚。该说原则上否定了不能犯，但认为迷信犯由于性格上的怯懦而使用了超自然的方法，对其没有处罚之必要，应作为不能犯。

（2）抽象危险说。该说又称为主观的客观说，它认为，应结合客观分析来判断行为人的主观危险性。也就是说，该说把行为人对法律秩序的危险作为中心，其基本思想与纯主观说相同，但它又主张要从一般的见解出发进行客观判断，这是从一般推论个别的方法。例如，行为人认为用硫磺能实施毒杀，而未达成杀人罪。按纯主观说，行为人的主观认识是有发生危害结果可能的，行为人主观上有杀人故意，客观上也实施了以硫磺毒人的行为，应认定构成杀人未遂。但按客观说，就应以一般人的认识水平来判断这一可能性。缺乏科学知识的个别人和具备科学知识的一般人，其认识标准是不同的，前者认为有发生危害结果的可能性；后者则认为无此种可能性。实际上，客观分析应以具有科学知识的一般人的认识水平为标准，因此，行为人自认为硫磺能毒死人而以硫磺毒杀人的行为，就应构成不能犯，不构成未遂犯。该说把行为人的犯罪意思作为出发点，在这种犯罪意思的指导下，行为人实施了一定的行为，它以行为人事先认识的情况为基础，对这种行为，要从一般人的见解出发来判断有无发生结果的危险性。如有危险性，为未遂犯；反之为不能犯。

该说认为，迷信犯尽管是行为人的主观意图和计划，但在客观上一般人的见解中没有危险，所以是不能犯。但在行为人的意思和计划被认为对法律秩序有抽象危险时，就不是不能犯，而是可罚的未遂了，如误以为已经装弹而打了空枪，误以为是毒药而投入了砂糖等。

此外，如何理解判断上述危险性的主体——一般的人呢？对此，学说上也有不同的见解。是将此解释为社会上普通的一般人，还是解释为科学上的一般人，也有争议。通常认为，应将科学见解和社会常识结合起来考察。例如，用硫黄是不能杀人的，是不能犯，在科学上和社会常识上是一致的。当科学判断和常识判断不一致时，就会产生不同的结论。

（3）定型说（形式的客观说）。该说认为，对"危险性"的判断要考虑"定型"问题，即考虑行为符合构成要件问题。构成要件上的行为，至少可解释为具有发生构成要件结果的一般危险。在实质犯的场合，一般没有发生结果危险的行为，即不能完成犯罪的行为，就不具有实行行为的意义，就不能构成未遂犯而只是不能犯。例如，将自己之物误认为他人之物而盗窃之，这种行为在构成要件的符合上就有欠缺，因为刑法规定盗窃的对象必须是"他人的财物"（日本、旧中国刑法均有此规定）。

（4）绝对不能说和相对不能说。它是从行为侵害法益的危险性来寻求处罚未遂犯的根据。该说属客观说，它以发生结果的抽象性的客观危险为基础。它认为，当对象和工具（即日本的客体和手段）绝对没有抽象的客观危险时，为"绝对不能"的不能犯；相对没有危险是"相对不能"，是可罚的未遂犯。例如，在对象不能犯的场合，以杀人为目的的行为人，把尸体当做活人开枪射杀，这一具体行为绝对不会达到杀人目的，为对象的绝对不能，是可罚的不能犯；但如果行为人向活人开枪，因被害人身穿防弹衣而未被射杀，就是对象的相对不能，是可罚的未遂犯。在工具不能犯的场合，行为人误将砂糖作为毒药而实施毒杀，是绝对不能，为不能犯；但如果行为人以不足量的毒药实施毒杀而未达杀人目的的，就是手段的相对不能，应以未遂论处。但相对还是绝对，其区别标准往往也很不确定，用不同的标准，就会有不同的结果。例如，以投毒行为人为标准，投下不足量的毒药不能达到毒杀人的目的，这是偶然的意外，应视作相对不能，构成未遂犯；但如果将"投下不足量的毒药"这件事的本身作为标准，从科学的角度出发，那么，在此情况下无论如何不会发生杀人结果，因而也可视作绝对不能。可见，根据事物抽象化程度的不同，绝对相对的标准也不一致。所以，往往只能将社会常识和科学知识结合起来作标准，并把行为当时或事前情况一并考虑，从而确定绝对不能和相对不能。

（5）具体危险说。该说着眼于具体行为的客观危险性，以“具体危险”的有无来划定未遂犯和不能犯的界限。所谓具体危险，在这里，是指行为当时的情况应是判断的基础，它排除事后所判明的情况。根据具体危险说，即使是对象绝对不能的案件，也有可能被判定为未遂。例如，行为人将尸体误认为是活人而射杀之，当一般人根据行为当时的情况也会判断该尸体为活人时，就应以未遂犯论；但当一般人可判断为死亡者时，则应以不能犯论。该说以行为人在行为当时对具体事实的认识为基础，但从一般人认识的立场出发来进行有无危险性的判断。再如，在手段绝对不能的场合，如在以空枪杀人时，如果该枪是从正在执行勤务的警察手中夺取的，在通常认为（一般人认为）是装填着子弹的情况下，同样应认定为未遂犯；反之，如果该枪是从备用仓库中盗出，在一般人认为是不会装填着子弹的情况下，应认定为不能犯。

四、实务中的见解

日本大审院和最高裁判所的判例，有采绝对不能、相对不能说来区分不能犯和未遂犯的；也有采具体危险说的。从肯定不能犯的案例看，有胎儿已经死亡时，就不能作为堕胎罪的对象，这是对象不能犯的适例；就方法不能而言（工具不能），用硫磺杀人是绝对不能的适例。再如，用长久埋在地下的失效雷管和导火线制成的劣质炸弹；由于制造麻醉剂的主要原料是伪劣品，因而就不能制造真正的麻醉剂等。

旧中国的判例有采具体危险说的，也有采抽象危险说和折中说的。采具体危险说的判例认为，“不能犯系指该项行为有发生实害之危险者而言，如果实际上本不能发生损害，即无任何危险可言，自不成立犯罪。本案上诉人侵入某甲家，虽意在将其杀害，但某甲既早已外出，绝无被害之危险，按以上说明，究难令负杀人未遂罪责。”① 该例就行为时存在的客观情况为依据而作出判断，客观上某甲并无被杀害的危险，即在行为当时，行为人闯入某甲家后所产生的认识与一般人在这种情况下产生的认识是一致的：无发生危险的可能，故认定其为不能犯。

---

① 韩忠谟著：《刑法原理》，台湾大学法学院1981年5月版，第249页。

采抽象危险说和主观说的判例认为："犯罪之故意，只须对于犯罪事实有所认识，而仍实施为已足，不以犯人主观之认识，与客观事实不生矛盾为必要，上诉人率人向被害人屋内开枪射击，虽因被害人事先走避，未遭杀害，然上诉人既认其尚在屋内而开枪，不能谓无杀人事实之认识，及发生死亡结果之希望，而其犯罪结果之不能发生，是由于被害人事先走避之意外障碍，上诉人对此应负故意杀人未遂之责，自属毫无疑义。"① 这些理由大多是从主观说的角度出发的。

新中国成立后，特别是自1979年刑法颁行以后，中国的审判实务也是承认不能犯的，但迄今为止最高法院尚未颁布这方面的判例，只是在下级审的案例中有所见。由于缺乏统一标准，实际上也采用各种不同的学说，宽严不一。由于对某一情况究竟是认定为不能犯还是未遂犯，关系到对被告人是否适用刑罚的利益关系，故应特别慎重，应参考借鉴各国的理论和实务，总结出符合中国实际情况的理论和办法来。

五、本文的见解：

根据中国的情况，不能犯的学说大致可确认为以下几条：

第一，对不能犯主要应探讨其不可罚的根据。这种根据也可从中国目前有关犯罪概念的学说中求得。

日本刑法理论一般从违法性、有责性、构成要件该当性这三方面来探求犯罪行为可罚的根据。而中国传统的刑法理论大多从社会危害性、违法性、应受刑罚处罚性这三方面来探求犯罪行为可罚的根据。两者有着许多不同。

中国刑法理论强调："行为具有一定的社会危害性，是犯罪最基本的、最具有决定意义的特征。"不处罚不能犯的根据也应从这方面来考虑。中国刑法中的社会危害性，是指"对国家和人民造成或可能造成一定的危害"。② 由于不能犯内行为不可能对国家和人民造成危害，带来实际损害，所以不可罚，这从不能犯的名称中就已得到体现。所谓"不

① 陈朴生著：《刑法总论》，正中书局1979年版，第141页。

② 高铭暄等著：《中国刑法学》，中国人民大学出版社1989年版，第67页。

能”，即不可能造成危害之谓也。可见，从中国刑法理论中也可找到不能犯不可罚的根据。

第二，应以折中说，即主客观相结合的学说为标准来区分不能犯和未遂犯。纯主观说着眼于行为人行为当时的主观认识，着重于事先判断；纯客观说着眼于行为结果，着重于事后判断，两者均有偏颇之处。故折中说比较妥当，但折中说中又有具体危险说和抽象危险说的区别，前者偏向于客观说；后者偏向于主观说，两者的区别和联系究竟是什么呢?

1. 两者的着眼点不同。抽象危险说接近于主观说，它着眼于行为人行为当时所认识到的主观情况，因此，当一般人按照行为人在行为当时认识的“主观状况”，感到有发生结果的抽象危险时，为未遂犯；否则为不能犯。例如，以误将砂糖当做毒药而毒杀他人为例，行为人的“主观情况”，是意图“投下毒药”，并将砂糖误作毒药，从这一角度出发，不得不说有抽象危险，一般人着眼于行为人的这种主观认识，从同一角度出发观察问题，也会感到有抽象危险。因此，该案自应认定为未遂犯，不是不能犯。

反之，具体危险说着眼于行为本身的危险性，把规范化的客观危害作为是否违法的界限。如果一般人按照行为当时的客观情况，没有感到发生结果的具体危险时，为不能犯，否则为未遂犯。这里的客观情况，以行为当时一般人可能认识的情况以及一般人虽然不能认识但行为人能特别认识的情况来决定。同样以误将砂糖当做毒药而毒杀他人一案为例，由于是将砂糖投入他人食物中，从行为当时的客观情况判断，无论如何不会发生致死人命的结果，不会使一般人感到有具体危险，因而是不能犯。可见，从不同的着眼点出发，二者的结论完全不同。

2. 对行为人认识的要求有所不同。根据抽象危险说，在构成未遂犯的场合，一般人的认识与行为人的认识在方向上一致；但在构成不能犯的场合，两者的方向就不一致了。这时，行为人的主观认识本身并无任何抽象危险，以行为人误认为只要投入大量砂糖就可致死人命而投入大量砂糖为例，行为人的这种主观意图和行为不仅违反科学，也违反一般人的常识，它本身就没有任何危险，一般人也不会感到有任何危险，应构成不能犯。可见，这种行为人本身的危险性和主观恶性都很小，换句话说，依该说构成不能犯的余地很小，对行为人要求很严。

但根据具体危险说，在构成不能犯的场合，行为人的认识与一般人的认识在方向上往往不一致。此时，行为人认识的本身可具有一定的危险性，但只要一般人根据行为当时的情况判断，不存在具体危险时，就仍可作为不能犯处理。前面所举的误以砂糖为毒药而毒杀他人一案就是适例（此案根据抽象危险说通常应构成未遂犯）。可见，根据具体危险说，对行为人主观认识的要求相对较宽，即使行为人主观认识有一定的危险性，也可构成不能犯。依据具体危险说，行为人构成不能犯的余地较大，对行为人主观的认识的要求相对较宽一些。

3. 对一般人认识的要求也有所不同。在抽象危险说的场合，一般人的认识往往服从于行为人的认识。例如，一般人的判断往往是根据行为人的主观意图和计划来作出的；但在具体危险说的场合，一般人的认识并不服从于行为人的认识，即一般人的判断只是根据行为当时的客观情况，如果行为人的计划内容不具备现实性时，就不会成为一般人作出判断的根据。

4. 两说都要从一般人的认识（客观）来判断，考虑行为人的认识（主观），即都要从一般人的立场出发进行有无危险性的判断，这是它们的共同点。

本文采以具体危险说为基础的折中说，即以一般人按照行为当时的客观情况没有感到有发生结果的具体危险时，为不能犯，否则为未遂犯。这里的所谓客观情况，应根据行为当时一般人可能认识的情况以及一般人虽然不能认识但行为人能特别认识的情况来决定。具体地说：(1) 如果行为人和社会上一般人对行为当时的情况均判定有具体危险，二者认识方向一致时，即应构成未遂犯；(2) 如果行为人和社会上一般人对行为当时的情况均判断为无具体危险，二者在相反方向上认识一致时，即应构成不能犯；(3) 当行为人的认识和社会上的一般人的认识在方向上不一致，即行为人认为有危险而一般人认为无危险时，就应分成两种情况：（甲）在对象不能犯的场合，究竟应定为不能犯还是未遂犯要作具体分析；（乙）在工具不能犯的场合，原则上可作为不能犯。

具体分析如下：

1. 在对象不能犯的场合:

(1) 误认尸体或牲畜为活人而开枪射杀之。根据当时的情况，如果一般人也认为此尸体或牲畜形同活人，对其射击有具体危险时，行为人即应构成杀人未遂犯；但如果一般人根据当时的情况，明显知晓或可以辨认出对象物为尸体或牲畜，并无具体危险时，即可认定为不能犯。

(2) 扒窃犯罪中被扒窃的衣袋、提包内无钱物。通常认为，一般穿着正常的成年人的衣袋、提包内会有钱物，因而，这种扒窃行为应有具体危险，应构成盗窃未遂。

(3) 误认为被害人在床上而开枪射击，因被害人走避而未得逞。一般人通常认为这种情况有具体危险，应构成未遂犯。

2. 在工具不能犯的场合:

(1) 误把砂糖等无毒物当做砒霜等毒药去毒杀人。这种情况通常对侵害对象不会产生任何具体危险，应构成不能犯；但当行为人所用的糖瓶是从毒品柜中取出，而这瓶子又是极偶然地混在毒品中，一般人认为有具体危险时，才构成未遂犯。

(2) 误用空枪、坏枪或臭弹去射杀人。如果这种空枪是从正在值勤的民警手中夺取的，一般人认为有具体危险时，应构成未遂犯；但如果是从纪念馆的陈列柜中盗出，一般人被认为不可能装有子弹时为不能犯。

(3) 误用不足量的毒药去毒杀人。例如，用不足量的老鼠药去毒杀人，由于这种药的性质有可能毒死人，一般人会认为有具体危险，应当构成未遂犯。

(4) 误认硫磺为致死毒药而去毒杀人。由于一般人通常认为硫磺不是致死毒物，不可能毒死人，没有具体危险，因而是不能犯。

3. 构成要件欠缺（事实欠缺)。所谓构成要件欠缺（事实欠缺)，是指构成条件的要素中，虽然欠缺犯罪的主体、客体、手段、行为状况等要素，可行为人却误信这些仍存在而实施了行为。例如，非公务员误信自己是公务员而收受了贿赂，这是主体事实欠缺的适例；误认自己之物为他人之物而盗窃之，误认男子为妇女而强暴之等，是客体（对象）事实欠缺的适例。

对事实欠缺，究应如何认定，学说及实务上也是有争议的。旧中国刑法界认为："事实之欠缺及迷信犯，不包括在本条（刑法第26条）未遂犯之内。"①

日本刑法学界对此则有不同主张，有人认为，主体事实欠缺是不可罚的，"其不可罚的理由，不仅在于不能认定有发生结果的危险性，而且对非身份犯也存在违反规范的问题，由于在这种规范上有错误，当然就不值得处罚了。因此，欠缺事实在这一限度内有点类似于幻觉犯。"②但对客体（对象）事实欠缺，就不能一概解释成是不可罚的了。有些是不可罚的，如误将自己之物当做他人之物而窃之；另一些则是可罚的，应当作未遂犯，"如扒窃过路人口袋中的钱包，只因被害人偶尔没带钱包而未得逞，此时，因行为人意志以外的障碍而使已经着手实行的行为没有产生预想的结果，对此，应以未遂犯处断。"③

我们认为，对这类情况的认定，涉及"事实欠缺"的范围大小问题。所谓事实欠缺，必须是该构成要件部分之事实，绝对不存在，如有存在之可能性，就不是事实欠缺。例如，被害人临时外出不在屋内，行为人误信其在屋内而对之开枪射击，这种情况因被害人有可能在屋内就不是事实欠缺。再如前述因过路人没带钱包而扒窃未能得逞的，也不是事实欠缺。笔者认为，对事实欠缺应严格限制在行为对象、主体等不符合构成要件所规定的内容这一点上，例如，误将自己之物当做他人之物而窃之，由于刑法明文规定盗窃罪必须以盗窃"他人的财物"为要件，所以不可罚。本文对事实欠缺采狭义立场，这样就可避免与对象不能犯的情况相混淆。

4．迷信犯和幻觉犯如以念咒语为方法企图打开保险箱，窃取钱物等，它们在各国刑法理论和实务中，都是不可罚的。这一点与不能犯相同；但迷信犯和不能犯有以下区别：（1）迷信犯主观上的犯意无危险

---

① 陈朴生、洪福增：《刑法总则》，五南图书出版公司1982年版，第759页。

② ［日］木村龟二主编：《刑法学词典》，顾肖荣、郑树周等译，上海翻译出版公司1991年版，第320页。

③ ［日］八木国之著：《判例刑法》，法学书院1975年版，第74页。

性，不能犯则大多有之；（2）对迷信犯不能说其着手实行了犯罪构成要件的行为，而对不能犯则可以这样说；（3）迷信犯不构成犯罪，而不能犯原则上构成犯罪，只是不加以处罚而已。

[发表于《法学研究》1994年第2期（总第91期）]

论共同实行犯的事实错误

刘明祥

共同实行犯的事实错误，是指行为人在与他人共同故意实行犯罪的过程中，对本人或者他人行为的事实情况的主观认识与客观事实不符。此种错误是否影响以及在何种情形下影响行为人本人或者他人的主观罪过和刑事责任，是刑法理论上应予研究的重要问题。笔者从以下两方面对此作些论述。

一、同一构成要件内的错误

所谓同一构成要件内的错误，是指共同实行犯意图实行的犯罪与实际发生的犯罪，在行为的事实方面虽然不完全一致，但其构成要件相同。这种错误主要有以下几种表现形式：

1. 对象错误，即共同实行犯中的一人或几人弄错了具体侵害对象，但不同对象体现的社会关系相同。例如，甲乙共谋杀丙，二人误把丁当做丙杀害了。这是几个共同实行犯都发生了认识错误的实例。还有的是其中一个共同实行犯发生了认识错误。如甲乙共谋伤害丙，二人正在殴打丙时，丁出面劝架，乙误把丁当做丙予以伤害。按照处理对象错误的一般原则，无论是哪一种形式的对象错误，只要实际侵害对象与意欲侵害对象所体现的社会关系（即客体）相同，所有共同实行犯都应对实际发生的结果承担故意犯罪的责任，而不管实行犯本人是否存在对象上的认识错误以及危害结果是否由其所直接造成。这是因为每个共同实行犯在共同犯罪故意支配之下的行为，都是共同犯罪行为的有机组成部分，不能同整体行为割裂开来。因此，共犯个人在实行共同犯罪行为的过程中，由于弄错侵害对象而造成未预期的危害结果的，其他共犯人也应对这一结果承担刑事责任。

应该注意的是，在共同实行犯罪的过程中，共犯中的某一个人超出共同故意的范围实施犯罪行为时，因弄错目标而对其他对象造成危害的，应由该共犯人对这一结果承担刑事责任。例如，甲乙共谋杀害丙，二人到丙家将丙捅了二刀之后，因丙逃脱而未达犯罪目的。乙为报复泄愤。又把站在旁边的一邻居家的小孩当做丙的弟弟丁捅了一刀，致其死亡。在此案中，乙虽然存在对象上的认识错误，但这是乙在实施超出共同犯罪故意范围的行为时发生的，因此，甲不应对这一结果承担刑事责任，而只能由乙一人承担。

2. 打击错误，即共同实行犯中的一人或几人，在对预定对象实施侵害行为时，由于失误而导致对另一未预料的对象造成侵害，但两种对象所体现的社会关系相同。例如，甲乙共谋杀丙，在作案过程中，甲对丙捅了一刀，刺伤其手臂，丙在逃跑时，乙对丙开枪射击，未打中丙，却打死了未预料到的丁。对这种打击错误应如何处理？在资产阶级刑法理论上存在着具体符合说（具体的法定符合说）与法定符合说（抽象的法定符合说）的对立。前者认为，在上述打击错误的场合，各共犯人对预定侵害对象构成故意罪的未遂犯，对实际侵害对象成立过失罪，两者属于想象竞合关系。后者认为，在上述打击错误的场合，各共犯人对实际发生的结果构成故意罪的既遂犯。我们赞成具体符合说的主张。因为，在上述打击错误的情况下，一般存在两个想象的犯罪构成。对预定侵害对象而言，行为人不仅有犯罪故意，而且实行了犯罪行为，只是由于行为偏差，才使犯罪未得逞，这显然是犯罪未遂；对实际侵害对象而言，行为人并未预见到会对其造成侵害，主观上不存在犯罪故意一般只有犯罪过失（也有属于意外事件的情形），所以，通常构成过失罪。又由于行为人只实行了一个行为，而触犯了数个罪名，所以，不是实质上的数罪，不能实行数罪并罚，而只能从一重处断。

3. 因果关系错误，即共同实行犯所预期的危害结果已经发生，但因果关系的发展进程，与其中一个或几个共犯人所预见的不相一致。例如，甲乙共谋杀丙，二人将丙装在麻袋内从桥上丢入河中，以为丙是被淹死的，但实际上丙是砸在桥墩上丧命的。又如，甲乙共谋杀丙，将其打昏后，误认为已经死亡，又将其沉入水井中，意图毁尸灭迹，而实际上丙是在水中淹死的。对这类因果关系错误，尽管有些资产阶级刑法学者认为，应按故意罪的未遂犯和过失犯二罪合并处罚（或者按其中一个重罪处罚），但通说认为，因果关系错误不阻却故意，各共犯人都应对实际发生的结果承担故意犯罪既遂的责任。笔者赞成通说的主张。

二、不同构成要件间的错误

不同构成要件间的错误，是指共同实行犯意图实行的犯罪与实际发生的犯罪，在犯罪构成要件上不相同。例如，甲乙共谋毁坏丙的财物，二人在共同实行犯罪时，因行为失误致丙死亡。此即不同构成要件间共同实行犯错误的适例。这种错误情况复杂，有几个问题值得研究。

（一）关于实行犯之间意思联络不一致的问题

实行犯之间意思联络不一致包括两种情形：一是一方误解了另一方的犯罪意图。例如，甲乙共同对丙的人身实行侵害，甲想杀死丙，以为乙也有此意图，而实际上乙只想伤害丙。二是在实行犯罪的过程中，某一个或几个共犯人改变了犯意，实行了共同犯罪故意范围之外的行为。这又包括实行过限（或正犯过剩）与实行减少（或正犯减少）两种情形。例如，甲乙共谋伤害丙，在实行过程中，乙产生杀意，杀死了丙。又如，甲乙共谋抢劫财物，甲在门外望风，乙到室内作案，因室内无人，实际实行的是盗窃行为。前例属于实行过限，后例则为实行减少。

关于实行犯之间意思联络不一致是否属于共犯的错误，以及应如何处理的问题，在资产阶级刑法理论上有较大争议，主要存在以下几种学说的对立：

1. 具体符合说。此说认为。如行为人之间的意思联络不一致，那就缺乏共同犯罪的主观要件，共同正犯就不能成立。故对各共犯人应分别按其所构成的犯罪处理。如甲乙共谋伤丙，在共同实行犯罪的过程中，乙生杀意将丙杀死。据此对甲应定伤害罪，对乙则应定杀人罪。①

2. 构成要件符合说。此说认为，在行为人的意思联络不一致的场合，原则上应阻却共同正犯的故意。但是，如果这种不一致在构成要件上有部分重合，则在重合限度内肯定共同正犯的故意成立。此说以犯罪共同说中的所谓“部分的犯罪共同说”作为理论根据。按照此说，当出现共同正犯过剩（即实行过限）的情形时，在构成要件重合的轻罪的限

① 参见［日］高义博著：《刑法中错误论的新展开》，成文堂1991年版，第81～82页。

度内，共同正犯成立。以甲乙二人共谋伤丙而后来乙生杀意杀死了丙的案件为例，甲乙在伤害罪的范围内构成共同正犯。例如，甲乙共谋抢劫，甲在门外望风，乙入室后采用秘密窃取的手段取得了财物。在此例之中，甲乙构成盗窃罪的共同正犯。① 日本法院的判例大多采此说。②

3. 罪质符合说。此说认为，在行为人意思联络不一致的情况下，如果彼此所认识的犯罪有一部分在罪质上相同，那么，其罪质相同部分的共同正犯成立。因此，在共同正犯过剩的场合，行为人在罪质相重合的轻罪限度内成立共同正犯；在共同正犯减少的场合，则对实际发生的轻罪成立共同正犯。这同前述构成要件符合说的结论相似。但罪质符合说并不要求行为人所认识的犯罪在构成要件上相同，而只要罪质相同即可成立共同正犯，其所确定的共同正犯的成立范围，显然更为广泛，如盗窃与诈骗、盗窃与侵占等犯罪之间都被认为罪质相同，因而均可成立共同正犯。③

4. 合一的评价说。此说主张，在共同正犯过剩的场合，要对行为人的意思联络加以抽象化，认定重罪的共同正犯成立，按轻罪的法定刑处罚。以前述甲乙共谋伤丙，后乙生杀意杀死丙的案件为例，甲乙都构成杀人罪的共同正犯，但是对甲要在伤害罪（或伤害致死罪）的法定刑范围内处罚。在共同正犯减少的情况下，则对实际发生的轻罪成立共同正犯。以前述甲乙共谋强盗而乙实际实行盗窃的案件为例，甲乙都构成盗窃罪的共同正犯。但是，如果甲乙丙三人共谋杀人，而丙在实行过程中实施了放火行为，则甲乙丙构成放火罪的共同正犯，只不过对甲乙要在杀人罪的法定刑范围内处刑。④

---

① 参见［日］高义博著：《刑法中错误论的新展开》，成文堂1991年版，第82～83页。

② 团藤重光主编：《注释刑法（总则）》（3），有斐阁1969年版，第741～742页。

③ 参见［日］高义博著：《刑法中错误论的新展开》，成文堂1991年版，第84页。

④ 参见［日］高义博著：《刑法中错误论的新展开》，成文堂1991年版，第84～85页。

此外，近年来，日本刑法学界对行为人之间意思联络不一致的情形，提出了否定适用错误论的观点。如下村康正教授站在共同意志主体说立场上，认为须将共犯的错误与共犯的过剩相区别，共犯的错误是以各共犯人主观上有共同犯罪故意为成立条件的。例如，共谋盗窃的共犯者中一人犯了强盗罪，在此场合，盗窃罪的共谋共同正犯成立，强盗者构成强盗罪。①

在德国，通说认为，共同正犯者之间意思联络不一致的场合，共同正犯者只对故意范围内的行为负责，对过剩部分，除了实行过剩行为的人之外其他共犯者不负责任。这实际上就意味着，对这种情形不适用错误理论。②

以上几种学说中，具体符合说、构成要件符合说、罪质符合说及合一的评价说，都是从广义上理解共犯错误，因而认为实行犯之间意思联络不一致属于共犯错误的范畴。与此相反，从狭义上把握共犯错误的论者，则认为实行犯之间意思联络不一致，不属共犯错误的范畴。的确，从狭义而言，在上述场合，尽管各实行犯在一起实行了犯罪，但由于他们之间缺乏共同的意思联络，共同犯罪不能成立，共犯错误也无从谈起。但是，从广义上讲，上述情形之中，又确有事实错误发生。例如，在双方误解了对方犯罪意图的情况下，彼此都对对方行为的事实情况存在误解；在实行过限的场合，没有实行过限行为的人当时并不知有过限行为发生；在实行减少的情况下，其他实行犯事先也并未预见到会有实行减少的事情出现。并且，这类错误都发生在二人以上共同实行犯罪的过程中，与单独犯的错误有不同之处，把它纳入共犯错误之中来研究，似乎更合理一些。因此，具体符合说、构成要件符合说、罪质符合说及合一评价说，主张适用错误理论来处理实行犯之间意思联络不一致的问题，并非不当。问题是这几种学说所提出的具体处理办法，都有不科学合理之处。例如，按合一的评价说，甲乙丙三人共谋杀人，而丙在实行

---

① 参见［日］高义博著：《刑法中错误论的新展开》，成文堂1991年版，第85～86页。

② 参见［日］高义博著：《刑法中错误论的新展开》，成文堂1991年版，第86页。

过程中实施了放火行为，则三人都构成放火罪的共同正犯，只不过对甲乙要在杀人罪的法定刑范围内处刑。那么，甲乙本来无放火的共同故意，何以成立放火罪的共同正犯？既然是放火罪的共同正犯，为什么要按杀人罪的法定刑处刑？作这种“合一评价”的根据又是什么？显然，持“合一评价说”的论者不可能作出合理的解释。再如，罪质符合说认为，各人所认识的犯罪并非只有在构成要件上相同，才能肯定共同故意的成立，而只要在罪质上相同即可。实际上就是把行为人之间本来存在着的犯不同罪的故意，解释为共同犯罪故意，无疑是抹杀了共同故意的质的规定性，随意扩大了共同犯罪的范围。此外，构成要件符合说认为，当出现共同正犯过剩的情形时，在构成要件重合的轻罪的限度内，共同正犯成立。但在这种场合，部分正犯所实行之罪与共谋之罪在构成要件上本不相同，却肯定共同正犯成立，这同样有扩大共同正犯范围之嫌。同时，判断二者在构成要件上是否重合，亦无一个客观标准，势必给司法实践带来困难。

事实上，在上述实行犯之间意思联络不一致的绝大多数场合，由于部分实行犯对另一部分实行犯的主观犯意及行为的事实情况缺乏认识，所以，对现实发生的危害结果，原则上应阻却共同犯罪故意的成立。首先，就一方误解了另一方的犯罪意图的情形而论。各实行犯虽然互相配合实行了犯罪，但主观上的意思联络不一致，各自存在不同的而非共同的犯罪故意，所以，不能构成共同实行犯，只能按各自所实行的犯罪分别定罪量刑。例如，甲乙二人与丙有积怨，某日二人与丙相遇，甲以伤害丙的意思抓住丙的手臂，乙以杀害丙的意思掏出匕首对丙胸部连刺两刀致丙死亡。对甲只能按故意伤害罪定罪量刑，而对乙则要按故意杀人罪定罪处罚。应注意的是，如果在实行犯罪的过程中，一方明知对方的犯罪意图，仍与其共同实行犯罪，那么，双方就有相一致的意思联络，就具备了共同故意的要件。因此，对双方都应按共同实行犯处罚。以上述案件为例，甲最初虽然只有伤害丙的意思，但如后来发现乙掏出匕首刺丙的要害部位，明知其要置丙于死地，还继续抓住丙的手臂，让乙连刺数刀，致丙死亡。在这种情况下，应认为甲乙具有杀人的共同故意，是故意杀人罪的共同实行犯，应按此罪定罪处罚。

其次，对“实行过限”的情形来说。各实行犯对预谋的犯罪存在共同故意，构成共同犯罪，而对过限部分（或过剩部分），由于没有实行过限行为的人在事先并无认识，不存在共同故意，所以，对过限部分不能构成共同实行犯，只能由实施过限行为的个人负故意犯罪的责任。例如，甲乙丙共谋伤害丁，三人共同实行的过程中，丙生杀意。在甲乙二人已停止侵害的情况下，丙又掏出尖刀对丁的胸部连刺数刀，致其死亡。在此案中，甲乙构成故意伤害罪的共同实行犯，丙则构成故意杀人罪。由于是对同一对象同时实施侵害，杀人行为吸收了伤害行为，所以，对丙不另定伤害罪，而只按故意杀人罪定罪处罚。如果行为人所实施的过限行为与预谋行为不存在吸收关系，如在实行预谋的盗窃罪之外，又强奸了妇女，则对行为人除了按盗窃罪的共同实行犯定罪量刑之外，还应另定强奸罪，与盗窃罪合并处罚。

再次，对“实行减少”的情形而言。各共犯人共谋实行较重的罪，但到现场作案时，情况发生变化，实际实行的是较轻的罪。例如，甲乙二人共谋入室抢劫，甲在门外望风，乙入室以后因室内无人，实际实行的是盗窃。对这种情形，资产阶级刑法学者大多认为，应按实际实行的轻罪的共同正犯处罚。[①] 我们认为，这样处理比较切合实际，也合情合理。因为行为人意图犯的重罪与实际犯的轻罪之间存在包容关系，其重罪的故意内容中包含有轻罪的认识因素。以上述案件为例，抢劫与盗窃在取得他人财物这一点上是相同的，抢劫的故意中包含有盗窃罪的取得他人财物的认识内容。并且，行为人之所以没有实行重罪（抢劫），是由于现场情况与其主观上预见的不相同，行为人只需要采用轻罪（盗窃）的犯罪手段，就可以达到犯罪目的，所以，对行为人按实际实行的轻罪（盗窃）的共同实行犯处理较为妥当。

（二）关于“双重错误”的问题

所谓“双重错误”，是指实行犯之间不仅意思联络不一致，而且由于分担实行者的错误，导致实际发生的事实与其所预见的事实在构成要件上不符。[②] 例如，甲乙共谋伤害丙，乙在与甲共同实行犯罪的过程中，

---

① 参见王觐著：《中华刑法论》，中华书局1933年版，第712页。

② 参见［日］高义博著：《刑法中错误论的新展开》，成文堂1991年版，第116页。

又产生了杀害丙的意图，在对丙开枪射击时，未打中丙，但毁坏了其贵重财物。在这种场合，由于行为人主观上的意思联络不一致，所以，应否定共同实行犯成立。与前述情形不同的是，在前述情形中，只存在实行犯之间意思联络不一致现象，而在实行犯罪的过程中，并未发生任何错误。但是，这里的“双重错误”不仅存在实行犯之间意思联络不一致的现象，而且在实行犯罪的过程中，发生了横跨不同构成要件的事实错误。不过，这种错误不是发生在实行共同犯罪行为的过程中，而是发生在实行超出共同犯罪故意范围的行为过程中，所以只可能对发生错误的个人的刑事责任产生影响。拿上述案例来说，甲只有伤害罪的故意，只能构成伤害罪；乙在犯罪过程中产生了杀人的故意。在实施杀人行为时又出现了打击错误。按照处理打击错误的一般原则，乙构成故意杀人未遂罪。

（三）关于实行犯之间意思联络一致，但在共同实行犯罪过程中出现错误的问题

实行犯之间意思联络一致，但在共同实行犯罪的过程中，由于认识错误或者行为差误，导致实际发生的事实与预见事实在犯罪构成上不相符合。这是发生在不同构成要件间的最典型的共同犯罪错误，也是我们这里所要重点研究和解决的问题。该错误包括以下几种类型：

1. 实际发生的犯罪比预谋实行的犯罪重。例如，甲乙丙共谋毁坏丁的贵重财物，三人在共同实行的过程中，由于甲的错误而引起了未预期的丁死亡结果的发生。在这种场合，各实行犯共谋实行一定的犯罪，主观上有共同犯罪故意，客观上又共同实行了所预期的犯罪行为，只是由于某个实行犯（或者所有实行犯）主观上的错误才导致预期的危害结果没有发生，而发生了比预期结果更严重的结果。对预期的犯罪而言，是由于各共犯人意志以外的原因而未得逞，属于犯罪未遂；对现实发生的结果，各共犯人都未预见，因此，不存在犯罪故意。在主观上存在过失且刑法有处罚过失犯罪规定的情况下，构成过失犯罪，并与所预期的犯罪构成想象数罪。拿上述案例来说，甲乙丙都构成故意毁坏财物罪的未遂犯，如果对丁死亡结果的发生都有过失，则还构成过失杀人罪，二罪属于数罪，按从一重处断的原则，应以过失杀人罪定罪量刑。

应该指出，我国刑法中的共同犯罪以二人以上共同故意犯罪为限，

不包括二人以上共同实施的过失犯罪。因此，在处理上述类型错误的案件时，要注意分别考察每个共同犯罪人对实际发生的危害结果是否有过失。如果某个共犯人没有犯罪过失，就不能因为其他共犯人有犯罪过失，而把他也作为"共同过失犯"来看待。同时，也不能只追究造成危害结果者一人的过失责任，而不追究其他共犯人的过失责任。例如，甲乙丙三人共谋杀死丁所有的一条价格昂贵的良种狗，一天晚上三人带了一支猎枪来到狗舍附近，按照甲乙指定的目标，丙开枪射击，结果误将一名捉迷藏的小孩打死。在此例中，丙的行为直接引起了小孩死亡结果的发生，并且主观上有过失，构成过失杀人罪无疑。但是甲乙指错了目标，主观上也有犯罪过失，也构成过失杀人罪。不能认为是丙一人的行为引起了小孩死亡结果的发生，而只对其一人定过失杀人罪。另外，还可能出现这样一种情形：对现实发生的危害结果各共犯人都未预见，而且从案件的具体情况来看，也不可能预见。例如，甲乙于某日深夜到禁猎区偷猎珍稀动物，二人见密林处有一黑影晃动，以为是珍稀动物，便开枪射击，结果误将另一偷猎者打死。如果根据当时的情况，甲乙不可能预见到射杀的对象是人，那就属于意外事件，应该负犯罪未遂的刑事责任。

2. 实际发生的犯罪比预谋实行的犯罪轻。例如，甲乙丙三人共谋杀害丁，傍晚，三人带一支猎枪，一起到丁家门外，按照甲乙指示的目标，丙开枪射击，结果未打中丁，却误中一易燃物，引发了一场火灾。在这种场合，基于同样的理由，各共同实行犯都对所预谋的犯罪构成未遂犯；对实际发生的危害结果，在行为人主观上有过失，而刑法又有处罚过失犯的规定的情况下，成立过失犯，与其预谋实施的犯罪构成想象数罪，应从一重处断。在上述案例中，甲乙丙都构成故意杀人（未遂）罪，如果对火灾后果的发生都有过失则另成立失火罪，二罪属想象数罪，应按其中的重罪——故意杀人（未遂）罪定罪量刑。值得注意的是，如果所有共犯人对现实发生的危害结果，连过失也没有，或刑法无处罚该种过失行为的规定，则对他们都只能按其所预谋之罪的未遂犯处罚。如果其中某个共犯人无过失，同样只对其按所预谋之罪的未遂犯处罚。

还应当指出，如果实际发生的犯罪事实与共犯人主观上所预谋实行的犯罪事实，在构成要件上存在部分交叉或重合关系，各共犯人对实际发生的轻的犯罪事实，则可能构成故意犯罪。例如，甲乙都是现役军人，出于泄愤报复的动机，共谋毁坏放在野外帐篷内的武器装备，但在晚上作案时，误把另一存放一般生活用品的帐篷，当做存放有武器装备的帐篷纵火烧毁，造成了上万元的直接经济损失。此案中，共犯人意图破坏武器装备，由于对象错误而未达犯罪目的，无疑构成破坏武器装备罪的未遂犯。但是，这种对象错误对实际发生的结果，并不阻却故意。因为武器装备也是有价值的财物，行为人破坏武器装备的故意内容中，包含有毁坏财物的认识内容，所以，对实际发生的毁坏财物的犯罪事实，存在犯罪故意，而不能认为是过失。不过，由于破坏武器装备罪比故意毁坏财物罪的法定刑重得多，按处理想象数罪的原则，一般还是只能以破坏武器装备罪的未遂犯定罪处刑。

3. 实际发生的犯罪是预谋犯罪的结果加重犯。例如，甲乙共谋抢劫丙的财物，二人对丙采用暴力时，丙予以反抗，乙顺手抄起一根木棒对其背部打去，因木棒上的铁钉刺中丙的心脏而致其死亡。此案是由于乙对自己所采用工具的实际性能发生错误认识（不知木棒上有铁钉），而过失地引起加重结果发生的，无疑应该对其按抢劫罪的结果加重犯（抢劫致人死亡）处罚。但是，对甲是否也应该这样处罚？关于这一问题，资产阶级刑法学者有不同意见，“有谓此项结果，系从共同责任之下之实行行为所发生，当然应由共犯全体负责……有谓龃龉部分，绝对不发生共犯关系，当然不能令其他共犯负此结果加重之责。”① 日本法院的判例持肯定态度。② 我们认为，对结果加重犯，只要其实施基本犯的行为，就存在引起加重结果发生的危险性；只要加重结果是由共同犯罪的行为所引起的（不管是否由共犯人本人行为直接引起），各共犯人都应对加重结果承担责任，即应按结果加重犯处罚。

（发表于《法商研究》1994 年第 5 期）

---

① 参见王觐著：《中华刑法论》，中华印书局 1933 年版，第 711 ~ 712 页。

② ［日］团藤重光主编：《注释刑法（总则）》(3)，有斐阁 1969 年版，第 742 ~ 743 页。

论英美刑法中关于法律认识错误的处理原则

张明楷

一、历史沿革

关于法律认识错误，英美刑法一贯坚持“不知法律也不能免责”（Ignorantia juris non excusat）的原则，换言之，“在作为主观的犯罪成立要件的犯意中，不要求认识到自己行为的违法性。”①

“不知法律也不能免责”的原则，起源于一概不允许认识错误的诺曼底时期的绝对责任。关于事实认识错误，在13世纪的布莱克顿的教科书中，已承认其为抗辩理由；与此相对，关于法律认识错误，判例却一贯给予处罚。其最古老的判例是1613年的Vaux案。该案判旨认为，即使不知英国法律，但由于认识到被起诉的事实，不知法律也不成其为抗辩理由。

由于事实认识错误影响犯罪成立，而法律认识错误不影响犯罪成立，故英美刑法中存在如何区分二者的问题。而且，在英美，“关于法令的认识错误”不成立抗辩理由这一原则，一般仅限于关于刑法的认识错误；如果是关于私法的认识错误，则不管它叫法律的认识错误还是叫事实的认识错误，均成立抗辩理由。② 后者的典型案例是，误认为他人的财物是自己的财物而毁损时，被认定为无罪。

在英美刑法中，不知法律（ignorance）与法律认识错误（mistake）是在相同意义上使用的概念。但从判例上看，法律认识错误包括两种类型：一是不知法令的存在；二是法律解释的错误。

---

① Cross & Jones, Introduction To Criminal Law, para, 6. 72 (11th ed. R. Card 1988).

② J. C. Smith & B. Hogan, Criminal Law, 1028 (6th ed. 1988).

不知法令的存在时，又包括两种情况：其一是行为人长时期生活在外地或海上因而不知某法令的施行。例如，英国 1880 年的 Buruns v. Nowell 案，船长在航海期间，不知国家于 1872 年施行《诱拐禁止法》，违反该法运载南洋诸岛当地居民。又如，美国 1812 年的 The Ann 号案，被告不知美国 1808 年的《船舶出港禁止法》，将船舶从纽约里波斯驶向牙买加。上述两个案件均被认定有罪。其二是外国人不知自己的行为在所在国是犯罪。最著名的是 1852 年的 R. v. Barronet and Allqin 案。法国不处罚决斗行为，法国人不知决斗在英国构成谋杀罪，而实施了决斗的帮助行为，被英国法院认定为有罪。

法律解释的错误，是指虽然知道存在某种法律，但由于误解法律而认为自己的行为不构成犯罪。例如，英国 1840 年的 R. v. Price 案，被告人知道法律规定了申报出生户口的义务，但误认为自己属于英国国教会成员因而没有必要申报，也被法院认定为有罪。

不知法律或法律认识错误也不能免责的原则，具有各种理由或根据。英美刑法判例主要反映出三个理由：第一，这一原则是维护公共政策的必要。公共政策的原则之一是，负有遵守法律义务的人不得主张不知道法律。第二，这一原则是维护公共利益的必要。为了维护公共利益，任何人都必须遵守法律。否则，社会福利与国家安全就得不到保障。因此，不允许以不知法律为理由逃避法律责任。第三，这一原则是刑法得以有效实施的保证。司法机关往往很难查明行为人是否不知法律，如果被告人主张不知法律就免责，刑法就难以有效地实施。英美刑法理论也从三个方面说明上述原则的根据：第一，具有责任能力的人，即应当知道法律。布莱克斯顿说："具有辨认能力的任何人，不仅应当知道法律，而且必须知道法律，并推定其知道法律，因此，法律认识错误在刑事法上不成立任何抗辩理由。这是罗马法的格言，也是我国法律的格言。"① 第二，如果法律认识错误是免责事由，则被告人常常主张法律认识错误，事实上又难以证明，因此根本不可能裁判。② 第三，法秩序具有客观性，法律是具有客观含义的规范，刑法所表现的是通过长期

① Blackstone, Commentaries on The Laws of England, 27 (1765).

② J. Austin, Lectures on Jurisprundence, 497 (4th ed, 1879).

历史经验和多数人社会舆论形成的客观伦理。当法律与个人的信念相对立时，法律处于优先地位，故法律认识错误不是免责理由。①

“不知法律也不能免责”的原则虽然具有上述根据，也几乎是不可动摇的原则，但进入20世纪后，也出现了一些变化，特别是在美国，出现了承认这一原则有例外的判例，尤其还出现了因相信法律家的意见而误解法律时认定为不可罚的判例集。其中最重要的是因信赖州最高法院的判决而实施的行为不可罚的State v. O’neil案。

美国艾奥瓦州最高法院于1902年和1906年两次判决认为，将贩卖、购入麻醉饮料的行为规定为犯罪的法律，违反了合众国宪法。O’neil案的被告人信赖上述判决，于1908年实施了贩卖、购入麻醉饮料的行为。但在1909年，艾奥瓦州最高法院变更了以前的判决，认为将上述行为规定为犯罪的法律符合合众国宪法。于是，地方法院其后对上述被告人作出了有罪判决。但该有罪判决被艾奥瓦州最高法院撤销，理由是，信赖自己所属州的最高法院判决而实施的行为，应作为“不知法律也不能免责”原则的例外而免除责任。

后来又出现了信赖地方法院判决而实施的行为不构成犯罪的判例(Wilson v. Goodin, 1942)。这样，在美国，在某种法律以前被法院判定违宪后来又判定合宪时，信赖违宪判决而实施的行为，就被认定为“不知法律也不能免责”原则的例外而不可罚。

另一方面，美国1911年的State v. White案还确定，信赖具有某种权限的行政官员的意见，误认为某种犯罪行为被允许而实施该行为时，也不可罚。案情是，被告人实际上没有选举权，但事先基于选举人登记官员的决定，误认为自己具有选举资格，于是作为选举人登记。原审法院判决被告人有罪，但密苏里州最高法院撤销了原审判决。理由如下：虽然认为任何人都知道法律，但事实上，连受到最严格训练的法官有时也难以知道什么是正确的法律。在本案中，被告人是根据具有选举资格审查权的行政官员的决定实施的行为，如果认定被告人有罪则过于苛刻，因为行政官员自身犯了错误，对被告人提出了不适当的意见。

由上可见，在美国判例中，明显存在承认“不知法律也不能免责”

---

① J. Hall, General Principles of Criminal Law, 380 (2d ed, 1947).

原则的例外的倾向。但英国判例还没有如此明显的变化。不过，近年来的英国刑法学说中，也有一种观点认为，对信赖专业人员的意见所实施的行为一概不免责，是不适当的。①

那么，为什么进入20世纪后，美国承认“不知法律也不能免责”原则的例外呢？对此，日本刑法学者福田平的回答是，“由于行政机关非常发展，在实际惯例上，行政机关的裁决在许多场合具有最终的决定力，因此，行政机关成了在各自的部门里具有权限的机关，故应允许个人信赖行政机关的解释。信赖具有权限的行政机关的意见的人，与其说具有违反法律的意图，不如说具有遵守法律的意思，因此不能因为行政机关意见的错误而将行为人认定为犯罪人。”而且，“由于社会经济的发展，商业生活复杂化，对于包含了现代商业生活最复杂局面的法规，信赖其专业人员的意见所实施的行为，没有理由追究行为人的责任。”② 社会的复杂化等原因，使得法官对法律的见解发生变化，使行政官与法官对法律的见解不同的情况增多。与此同时，对因信赖其中一方而实施的行为不能予以责任非难的情况也增加，美国法院判例的变化正反映了这一点。

但值得注意的是，不管是在英国，还是在美国，“不知法律也不能免责”仍然是处理法律认识错误案件的基本原则。

二、美国的现状

美国模范刑法典第202条第（9）项规定：“关于行为构成犯罪或规定犯罪成立要件之法律的存在、意义以及适用的认识、轻率及过失，并非犯罪成立要件，但规定犯罪的法律或本法有特别规定时，不在此限。”据此，对法律的认识错误原则上不影响犯罪的成立，或者说基本上肯定了“不知法律也不能免责”的原则。

但该法典第204条第（1）项又肯定了上述原则的例外。该项规定：“关于事实或法律的不知或错误，在下列所定场合，即可作为抗辩：（a）

① Ashworth, Excusable Mistake of Law, (1974) Crim. L. R. 652.

② 福田平：《关于法律错误序说的考察》，载《神户法学杂志》1952年第2卷第1号，第40页。

其不知或错误在否定证明犯罪基础要件所必需之目的、认识、确信、轻率或过失时；（b）由其不知或错误所证明之心理状态，经法律规定可作抗辩时。”可见，在上述情况下，法律认识错误与事实认识错误同样可作抗辩理由。不仅如此，第 204 条第（3）项还承认没有上述规定也例外可作抗辩的情况。第（3）项规定：“确信其行为在法律上不构成犯罪时，如有下列所定情形，可作为对基于其行为所生之罪的追诉的抗辩：（a）行为人不知规定犯罪之制定法或其他成文法规的存在，且在实行被追诉的行为时，其法令尚未公布或处于其他不能知悉法令存在的状态时；（b）基于相当理由，信赖包括Ⅰ制定法及其他成文法规、Ⅱ法院的裁定、意见或判决、Ⅲ行政命令或许可、Ⅳ就规定该罪之法律的解释、适用或执行在法律上负有责任的公务员或公共机关正式解释等公开法律见解而实施行为，其后该法律见解变得无效或错误时。”第 204 条第（4）项还规定：“第三项之抗辩，被告人应以优越的证据予以证明。”由此可见，上述第（3）项的规定，实际上是前述美国法院判例的条文化。

由于模范刑法典的影响不可低估，事实上也影响了美国一些州的刑法，下面对模范刑法典的前述规定作些分析。

模范刑法典第 204 条第（3）项（a）规定的是被告人不知法律存在的情况。法条虽然包含了“法令未公布”而致行为人不知法令存在的情况，但由于法律以被公布为前提，故重要的是要讨论“其他不能知悉法令的状态”的含义。从有关判例可以得知，“其他不能知悉法令的状态”仅限于有合理根据而不知法律。如果连没有合理根据的法律认识错误也作为抗辩理由，就会造成许多不良后果。

模范刑法典第 204 条（3）项（b）规定的是，行为人信赖有关机关的法解释而实施行为，但该解释后来被认定为错误解释的情况。在这种情况下，行为人主观上也存在法律认识错误，但这种错误只有基于相当理由才能免责。下面就模范刑法典第 204 条（3）项（b）的有关规定作些分析。

“信赖制定法”所指的情况是，行为人确信某制定法合宪而实施行为，但行为后该制定法被认定违宪，因而其行为构成犯罪，在这种情况下，确信制定法合宪可作抗辩。

“信赖判决”是指信赖行为时的判例而实施行为，但法院后来变更判决使该行为有罪。在这种情况下，信赖判决可作抗辩。前述 State v. O' neil 案是因信赖自己所属州的最高法院判决而免责的判例，事实上也存在因信赖地方法院的判决而免责的判例。如 Whiteman 案，行为人将没有牙科医师执照的人雇请到自己的诊所，被认定为违反州法律并被剥夺牙科医师资格。行为人提出上诉，理由是自己信赖法院认定该州法律违宪的判决才实施上述行为。佛罗里达州最高法院判决指出，仅仅轻视某法律违宪才不能成立抗辩，但信赖法院判决而实施行为时则应免责。

“信赖行政命令”成立抗辩的先例，是前述 White 案。此外还存在信赖公务员的法律解释意见也成立抗辩的情况。如 Wheedy 案，被告人是广播局的工作人员，因擅自对他人通话录音被起诉。被告人提出，根据公共事业委员会的通知，以为这种行为是合法的，该抗辩成立，原审有罪判决被撤销。问题是，在信赖公务员的意见时，该公务员对该问题享有何种程度的权限。模范刑法典的起草者认为，信赖下级公务员或行政官厅雇佣的非公务员的意见时不能免责，[①] 但实践中有不少判决承认这种情况是抗辩理由（如 1948 年的 Olshefshi 案，1907 年的 Simmons 案）。不过，在类似案件中，不仅要考虑发表意见的公务员的地位、权限，还要考虑免责与不免责对社会、公民有利与否。

需要进一步讨论的是，行为人信赖律师这样的私人性质的法律家的意见而实施的行为应如何处理？在美国，只有新泽西州的制定法规定，信赖律师的错误意见因而造成法律认识错误时可能成立抗辩，其他州一般不承认这是抗辩理由。信赖律师的意见之所以不成立抗辩，主要是基于两个方面的理由：第一，如果承认这种抗辩，则使法律认识错误的抗辩过于宽泛。第二，如果由于律师的不知或错误而允许违反刑法，则律师的价值高于法律，在多数案件中，被告人会寻求律师的意见。不过，在美国，也有两个判例例外地承认信赖律师意见成立抗辩，这便是 1907 年的 Williamson 案与 1949 年的 Long 案。前者是关于取得公用土地申请的法律解释错误；后者是关于离婚的有效性的认识错误。两案被告人都是因为诚实地信赖律师的意见而实施了行为。原审法院均认定有罪，但

---

① 福田平：《关于法律错误序说的考察》，载《神户法学杂志》1952 年第 2 卷第 1 号，第 40 页。

上级法院撤销了原审的有罪判决。[①]

不管行为人信赖何种公共机关的意见，要免责还要求行为人的误信具有相当理由，轻信下级公务员或律师的意见而招致的法律认识错误一般不得免责。要求法律认识错误基于相当理由，旨在要求违法性意识的可能性，即一般人可能意识到违法性时，不承认抗辩理由。

综上所述，普通法一直承认的“不知法律也不能免责”的原则，仍然是美国处理法律认识错误的基本原则，只是在进入20世纪后，才逐步承认这一原则的例外。所谓“例外”，也只限于基于相当理由完全不知法律存在的场合以及信赖有关权威者意见的场合；而且，法律认识错误能否成为抗辩理由，还取决于法院具体的、实质的认定；另外，模范刑法典公布后，许多州的制定法也只规定了事实认识错误，许多州的制定法对法律认识错误作了相当严格的规定。

三、英国的现状

与美国例外承认法律认识错误可能免责相对，英国的立法与司法机关现在还严格遵守“不知法律也不能免责”的原则，不承认不知法律或误解法律是抗辩理由。

在英国，因法律认识错误而欠缺违法性意识的情况可分为两类：一是信赖公共机关的意见而对自己的行为进行错误的法律评价；二是对法规符合性欠缺认识。在英国，不知法规存在而实施的行为，不可能免责。

关于第一种类型的法律认识错误，英国现在还不承认其为抗辩理由。

关于第二种类型的法律认识错误，即没有周密认识行政刑罚法规因而没有认识到自己的行为符合该法规的，英国也不承认其成立抗辩。

但是，美国模范刑法典的例外规定，给英国的刑法学说产生了很大的影响。20世纪70年代，Ashworth首先接受美国模范刑法典的规定，指出：“在英国，虽然不知或误解法律不成立抗辩，但该原则实际上已经被部分修正。”他列举了以下几点[②]：第一，根据“不知法律也不能免

① 参见福田平：《关于法律错误序说的考察》，载《神户法学杂志》1952年第2卷第1号，第31~33页。

② Ashworth，Excusable Mistake of Law，(1974) Crim. L. R. 652.

责”的原则，如果是对私法的认识错误就成立抗辩，如果是对刑法的认识错误则不成立抗辩，但有的场合，即使是对刑法的认识错误也可能成为抗辩，即有些场合要求行为人认识到制定法规定的犯罪成立条件，没有这种认识就不成立犯罪。第二，更明显的例外是，1968 年的盗窃罪法（Theft Act）与 1971 年的毁弃罪法（Criminal Damage Act）承认法律认识错误成立抗辩。盗窃罪法第 21 条第（1）项规定的是恐吓罪（Blackmail），作为成立条件的“要求”必须是不当的（unwarranted）。据此，既然被告人确信“其胁迫是实现要求的正当手段”，即使不合理也不能认定为不当的。① 即关于正当性的认识错误，在盗窃罪法制定以前不成立抗辩，但盗窃罪法制定之后成立抗辩。1971 年的毁弃罪法第 5 条第（2）项规定，如果被告人认为其损坏行为被法律允许，则不成立犯罪。可见，在恐吓罪与毁弃罪方面，“不知法律也不能免责”的原则已被修正。第三，Ashworth 还说明了今后应该承认为抗辩的领域，这便是正当化事由的认识错误与信赖行政当局和法院判决所产生的认识错误。

最近，Williams 对传统的“不知法律也不能免责”的原则进行了严厉批评。英国 1989 年刑事法草案第 21 条不承认法律认识错误可作抗辩。Williams 指出，与美国的模范刑法典相比，英国的刑事法草案陷入了“悲惨”状态，这样下去，判例将来就没有扩大抗辩范围的余地。他提出，对于信赖政府机关的意见所实施的行为，法院应承认为抗辩理由。②

Matthews 则从责任主义的观点主张法律认识错误可能成立抗辩。他说，“不知法律也不能免责”原则的理由，是“所有的人都知道法律”或维护公共政策的必要，这在以往或许是成立的，但在重视责任主义、法律又相当复杂的现代，上述理由并不成立。认定犯罪最重要的要求是对行为人具有非难可能性（blameworthiness），对法律认识错误应从刑事责任的整体上进行考察。③

---

① E. Griew, The Theft Acts 1968 & 1978, para. 13－19（6th ed. 1990）.

② Williams, The Draft Code and Reliance uponOfficial Statement, 9 Legal Studies 183, 177－180（1989）.

③ Matthews, Ignorance of the Law is no excuse? 3 Legal Studies 174, 185－192.

A. T. H. Smith 也指出，刑法学说上不一定要维持，而应修正审判实践上严格遵守的“不知法律也不能免责”的原则。他还对有关制定法事实上承认法律认识错误可作抗辩的条款进行了分析。①

尽管英国刑法理论对“不知法律也不能免责”原则提出了批评和修正，但英国 1985 年的刑事法草案以及修改后的 1989 年刑事法草案，对法律认识错误仍然采取了与以往一样严格的态度，并没有像美国的模范刑法典那样对上述原则作例外规定。

1985 年刑事法草案第 25 条规定：“（1）关于事实与法律的不知或错误，可能阻却犯罪的主观要件（fault element）。（2）在第（1）项中，有关刑法事项的不知或错误，如果没有特别规定，不成立抗辩。（3）‘有关刑法’是指有关（a）犯罪或抗辩的存在与定义，（b）犯罪的防止与追诉或逮捕犯罪人的所有法律规则。”上述第（2）项规定依然维持了法律认识错误不成立抗辩的原则。虽然条文表明，法律有特别规定时成立抗辩，但英国刑法在这方面的特别规定极为罕见。而第（1）项的含义是，如果对一定事实的认识是犯罪成立条件，不知或误解该事实时，阻却犯罪主观要件；只是在此范围内，法律认识错误有成立抗辩的可能性，即法律认识错误导致不符合犯罪主观要件时，才可能成立抗辩。

1989 年的刑事法草案同样维持了“不知法律也不能免责”的原则。该草案第 21 条规定：“对有关法律事项的错误或不知，除下列情形外，不影响责任：（a）法律规定免责时；（b）否定犯罪的主观要件时。”与 1985 年刑事法草案相比，该条没有规定事实认识错误，但关于法律认识错误的处理规定没有什么变化。

在上述两个刑事法草案的起草过程中，英国的起草者们也讨论过像美国模范刑法典那样，对“不知法律也不能免责”的原则作例外规定，特别是提出将信赖判例与公共机关意见而实施的行为作为抗辩理由。但讨论结果是不能承认上述情况为抗辩理由。②

---

① A. T. H. Smith, Error and Mistake of Law in Anglo—American Criminal Law, 14 Anglo—American Law Rev. 3 - 13 (1985).

② The Law Commission, Criminal Law, A Crimininal Code for England and Wales, vol. 2, para. 9. 6.

四、分析与评价

综上所述，普通法一贯坚持的“不知法律也不能免责”的原则，进入20世纪后，在同属普通法系的美国与英国，其维持程度却不同：美国在坚持上述原则的同时，承认其例外情形；英国则严格维持上述原则，几乎不承认有任何例外。为什么会出现这种差异呢？笔者认为主要有以下原因：

第一，美国国土辽阔，各州的文化规范存在相当大的差异，各州又有自己的法律。在这种国情之下，难以一律要求国民知法，故有必要承认上述原则的例外。而英国则不同，国土并不辽阔，人口也并不众多，各地之间的差异不是很大，故没有必要承认上述原则的例外。

第二，美国联邦最高法院具有法律的违宪审查权，州最高法院对本州法律也有违宪审查权。当法院宣布某法律违宪时，公民便认为可以实施该法律规定的“违法行为”。但法院又可能变更以往的判决，认为该法律合宪。在这种情况下，如果不承认上述原则的例外，就会引起公众的不满情绪，且造成公民无所适从。而英国法院不享有违宪审查权，不存在上述问题，故没有必要承认上述原则的例外。

第三，美国各级政府的行政权力相当大，行政机关的裁决往往具有最终的决定力。在这种情况下，信赖行政机关的意见或裁决而实施的行为，难以被认定为犯罪。因此也需要承认上述原则的例外。相比之下，英国各级政府的权力相对小一些，行政机关的裁决不一定具有最终的决定力。故在这方面也不承认上述原则的例外。

在我国，关于法律认识错误能否免责，或者说故意的成立是否以认识到违法性为前提，还存在争论。第一种观点认为，“法律上认识的错误，也可以说是对构成犯罪与否毫无影响。法院不是根据行为人是否认为自己的行为构成犯罪来决定其是否犯罪，而是根据每一刑事案件的具体事实，按照刑法的规定衡量是否构成犯罪来决定。”① 可见，这种观点旨在严格维护“不知法律也不能免责”的原则。第二种观点认为，“要

---

① 李光灿主编：《中华人民共和国刑法论》（上册），吉林人民出版社1984年版，第205页。

成立犯罪的故意，行为人不仅应认识行为的社会危害性，同时也应该包括认识行为的违法性。”[①] 看来，这种观点完全否定了“不知法律也不能免责”的原则。第三种观点认为，“认识行为的违法性一般说来并不是犯罪故意的内容。……但是在这个问题上，也不能绝对化，不能排除个别例外的情况。如果原来并非法律所禁止的行为，一旦用特别法规定为犯罪，在这个法律实施的初期，行为人不知道有这种法律，从而没有认识自己行为的违法性，是可能发生的。根据行为人的具体情况，如果行为人确实不知道有这种法律，而认为自己的行为是合法的，那就不应认为具有犯罪故意。”[②] 显然，这种观点在坚持“不知法律也不能免责”原则的同时，也肯定了特定的例外情形。

限于篇幅与论题范围，笔者不逐一评价上述观点，只发表以下简短看法：大陆法系国家及我国的多数刑法学者，在讨论违法性的认识问题上，都混淆了实质的违法性（即社会危害性）与形式的违法性（行为与法律规范相抵触），因此，不可能正确解决法律认识错误问题。在我看来，故意的成立均以认识到实质的违法性为前提；形式的违法性原则上不是故意的认识内容，但因为不能认识到形式的违法性进而不能认识实质的违法性时，则不成立故意。[③] 前述英美刑法一贯坚持的“不知法律也不能免责”的原则，实际上是故意的成立不要求认识到形式的违法性的原则。因此，笔者认为，美国的做法是值得我们借鉴的。

（发表于《法学家》1996年第3期）

① 赵秉志主编：《刑法新探索》，群众出版社1993年版，第258页。

② 高铭暄主编：《中国刑法学》，中国人民大学出版社1989年版，第127页。

③ 参见张明楷著：《犯罪论原理》，武汉大学出版社1991年版，第259～260页，第204～205页。

论刑法中的认识错误

阮齐林

一、错误的概念和分类

刑法中的认识错误，是指行为人对自己实施的犯罪构成事实或者对自己行为的社会危害性质，主观认识与客观实际不一致。所谓犯罪构成事实，是指刑法分则以罪状形式所表述的客观事实；所谓行为的社会危害性质，是指行为对社会利益的损害，其标志或认识途径是不被法律秩序所允许。也即社会、法律意义上的负价值。

对刑法中的错误可以作广义和狭义的理解。广义的理解，不仅包括认识与实际的部分不一致，也包括对实际发生的事情完全无认识的情况。根据广义的理解，错误论应是故意论和过失论派生的特殊问题，即发生错误在何种情况下排除故意，在何种情况下排除过失。狭义的理解，仅指认识与实际部分不一致的情况。根据狭义的理解，错误论在体系上应仅是故意论派生的特殊问题，故意（本体）论阐述认识与实际在一致情况下（无错误）故意的成立问题，错误论说明认识与实际不一致的情况下，对故意的成立产生何种影响的问题。

对错误不宜作广义的理解而应作狭义的理解。错误论在体系上应作为故意论派生的特殊问题，其主旨在于解决发生错误是否排除在因错误对实际发生的事实成立故意，或者对该事实具有社会危害性发生认识错误，是否排除承担故意罪责。因为一切过失都可以归结为认识错误，所以错误对过失而言是一般性问题而非特殊性问题。既然错误乃是过失问题中应有之义，自然不必于过失论之后再另予特别讨论。倘若对错误作广义理解，难以界定过失论与错误论的范围，难以明确错误论的主旨，亦难以避免体系上的重复。我国绝大多数论著都将错误论置于故意论和过失论之后，这种体系上的定位表明了对错误都有意无意地作了广义的理解。① 其结果不可避免地导致了错误种类（范围），尤其是事实错误种类的膨胀，导致错误论主旨的含混不清。

关于错误论的立法依据。在国外，刑法学中的错误论往往是以本国的刑事立法为根据的。例如，日本刑法第38条（关于故意、过失条款）规定："（2）对于本应从重处罚的罪行，如果犯人在犯罪时不知情的，不得从重处罚。（3）不得因不知法律而认为没有犯罪故意。但根据情节可以减轻处罚"。德国1979年新刑法第16条规定："（关于事实情况的错误）（1）行为人在行为时，对于犯罪的法定构成事实所属情况欠缺认识的，不成立故意行为，但对过失行为的可罚性不产生影响。（2）行为人在行为时误认为有可成立较轻法规所定犯罪构成事实之情况的、只按较轻法规处罚其故意行为。"第17条规定："（违法性的错误）行为人在行为时，欠缺为违法行为的认识，且此认识错误是不可避免的，其行为无责任。如系可避免的，得依第49条第1项减轻其刑"。其他的如法国、意大利、挪威、波兰等国均有类似的规定，刑事立法关于错误的规定，是刑法学错误论的重要根据，对错误的概念、分类、效果及其在理论体系中的位置具有重要的影响。

关于错误的分类。传统的理论把错误划分为事实认识错误和法律认识错误两类。所谓事实错误一般指行为人所认识到的犯罪事实与实际情况不一致，包括对犯罪构成事实的认识错误和违法性阻却事由的事实认识错误，后者在我国被称为"行为性质"的错误，如"假想的防卫"。所谓法律错误，一般指对法律的不知或误解。在西方，犯罪论多采用"构成要件符合性—违法性—有责性"的三要件体系。传统的见解认为，违法是客观的；责任是主观的，把故意仅仅作为责任的形式和内容，因此无论是事实错误还是法律错误，都仅属于责任论中的问题。事实错误可以免责，而法律错误不得免责。新的见解认为，故意并非仅为责任要素，也是违法性要素进而是构成要件要素，从而把故意区分为构成要件故意、责任故意乃至违法性故意。构成要件的故意，简称故意，以对构

---

① 例如，"行为人的认识错误问题，是犯罪构成主观方面的一个特殊而重要的问题"。引自马克昌主编：《刑法通论》，武汉大学出版社1991年版，第347页。

成要件事实的认识为中心。责任故意，以违法性意识为中心。① 在新见解流行后，简单地把事实错误和法律错误随着故意的区分在体系上分离开来，即事实错误作为故意论的特殊问题，法律错误作为责任（故意）论的特殊问题，并未彻底解决问题。因为新的精细区分，使错误的传统分类显得粗糙，以致事实错误与法律错误界限不明确的矛盾更加突出。这首先表现在违法阻却事由的事实错误的性质，究竟是事实错误还是法律错误？更进一步的问题是，它究竟阻却故意还是阻却责任？其次，还表现为规范要素认识错误的性质问题。对于如“淫秽物品”、“他人财物”之类含有较多社会意义的规范要素的认识，不单是有无的事实认识，还包括对事物的社会法律意义的判断。当行为人贩卖的是淫秽书刊而自认为不是淫秽书刊的场合；究竟属于事实错误还是法律错误？确有难解之处。鉴于上述种种原因，西方学者对错误的分类作了一些调整，把错误分为构成要件事实错误和违法性错误（亦称禁止性错误），前者特指对构成要件性事实的认识错误、属于故意论的反面问题，其主旨是解决这种错误是否阻却故意；后者指对行为是否为法规范所禁止的不知或误解，属于（故意）责任的反面问题，其主旨在于解决是否阻却（故意）责任。② 至于违法性阻却事由的错误，被划入违法性错误之中。③ 亦有学者主张，它应是一个独立的错误种类。④

新分类与旧分类的相同点是：构成要件性错误在性质上仍是事实错误；违法性错误在性质上仍是法律错误。二者的不同之处主要是由体系上的差异派生出来的。以构成要件事实认识、容忍为中心内容的故意，

---

① 参见日本裁判所书记官研修所编：《刑法概说》，成文堂 1990 年版，第 15 页。［日］大塚仁著：《犯罪论的基本问题》，冯军译，中国政法大学出版社 1993 年版，第 108 页。

② 关于错误的分类及其与体系的关联，参见［日］大塚仁著：《犯罪论的基本问题》，冯军译，中国政法大学出版社 1993 年版，第 194 页。

③ 关于违法阻却事由的归类，参见［日］福田平、大塚仁著：《日本刑法总论讲义》，李乔、文石等译，辽宁人民出版社 1986 年版，第 126 页；林山田著：《刑法通论》，三民书局 1986 年版，第 180 页。

④ 大塚仁称其为“关于违法性的事实的错误”。参见［日］大塚仁著：《犯罪论的基本问题》，冯军译，中国政法大学出版社 1993 年版，第 225 页。

其反面问题的错误只能是构成要件性事实错误；难以容纳违法性阻却事由的事实错误，以违法性意识为中心内容的（故意）责任，其反面问题的错误称为违法性错误或禁止性错误自然更为确切，它表明这种错误的中心并非是对法律具体规定的不知或误解，而是对自己的行为是否一般性地被法规范所禁止（不允许、否定）的不知或误解。如果将新分类与体系的新见解联系起来看，就会发现新分类与旧分类的差别并非仅是称呼的略有不同，它是整个犯罪理论新进展的一个组成部分。德国 1979 年新刑法关于错误的规定就是受新分类影响的立法例下同时，这一立法例又是对新分类十分有力的支持。

我国的刑法学说首先应考虑立足于我国的刑事立法、司法及理论体系划分并界定错误的种类。我国的刑法学说对错误一直采用传统的分类和解释，最近亦有学者采用新的分类与解释。① 但是不论采用新分类还是旧分类或者提出其他的分类，都应当提出法律和理论根据，使我国刑法学中的错误论与我国立法相联系，与我国的理论体系协调一致。

我国刑法规定了故意的一般概念但没有规定错误问题。就现有的刑法规定而言，错误论虽然不似日、德等国那样有直接的法律根据，但有间接的法律根据。这个法律根据就是刑法第 11 条规定的故意犯罪概念。由于错误属于故意的反面问题，所以通过刑法上的故意概念可以解释错误论的一些基本问题。我国刑法第 11 条规定："明知自己的行为会发生危害社会的结果，并且希望或者放任这种结果发生，因而构成犯罪的，是故意犯罪。"我国学说一般从认识因素与意志因素两方面解释犯罪故意心态。关于认识因素，一般认为两项内容是必要的：其一是对犯罪构成事实的认识；其二是对行为社会危害性的认识。由此逻辑地引申出相反的命题，即行为人在犯罪构成事实上或者在行为的社会危害性质上发生认识错误，是否影响成立犯罪故意，这就是错误论的命题。由此还可以逻辑地引申出两种错误的类型；其一是犯罪构成事实的认识错误，其二是行为社会危害性质的认识错误。前者是一种事实性认识错误；后者是一种行为的社会、法律意义的认识错误。在刑事立法中，分则以罪状

---

① 参见何秉松主编：《刑法教科书》，中国法制出版社 1995 年版，第 226 页。

形式表述的各种事实都具有社会危害性，事实与价值（性质）是高度统一不可分离的、当行为人对犯罪构成事实有认识，一般足以推定对行为的社会危害性质有认识。但是不能排除社会实际生活中出现违反这种推定情况的可能性。只要承认故意犯罪必须对事实和性质两项内容均有认识，那么作为其反面问题的错误，划分出犯罪构成事实错误与社会危害性错误就是有法律依据和实际意义的。

将我国刑法上的错误种类，分别称为犯罪构成事实的错误和社会危害性的错误，实质上是抛弃事实错误和法律错误的传统分类，采纳犯罪构成事实错误和违法性错误（禁止性错误）的新分类。作出这样的选择，除有上述刑法第11条的根据之外，还有以下的理由：

首先，使划分出的错误种类与犯罪故意要素的对应关系更为具体、明确。成立犯罪故意以有犯罪构成事实认识和社会危害性认识为不可或缺之要素，与此相对应的，就是犯罪构成事实和社会危害性两种认识错误。把错误的种类与故意的认识要素具体“挂钩”，是在体系上确定错误论的位置、主旨以及进行富有实效讨论的基础。

其次，有助于对错误论尤其是法律错误论进行富有实效的讨论。我国的理论一贯主张犯罪故意需要认识社会危害性，但不必要认识“违法性”。对故意的成立与否而言，研究这种意义的违法性显然缺乏针对性，以致我国的法律主旨不明、实益不大，回避了需要解决的问题。因此确立一个与故意认识要素挂钩的社会危害性认识错误，取代空洞的法律认识错误，是使有关错误问题的讨论更具实效性的重要步骤。

最后，有利于“排除行为社会危害性事实的认识错误”的归类。这种错误的性质徘徊于事实与法律错误之间。如果将事实错误明确为犯罪构成性事实错误，将法律错误明确为社会危害性错误，那么就比较容易确定这种错误的归宿。

本文采纳了构成要件事实错误、违法性错误的新分类、却对后者改称“社会危害性错误”，其中的重要原因之分是中外刑法理论对违法性一词理解不同。在西方学说中，“违法性”是三大犯罪构成要件之一，对其含意虽有形式违法性论与实质违法性论之争，但趋于调和，公认违法性是形式与实质的统一。从它的地位、作用看，构成要件符合性侧重解决形式违法，违法性则侧重解决实质违法，即行为是否侵害法益为整体法秩序所不容。[①] 法定或非法定的违法性阻却事由之违法性，即在此意义上使用，否则非法定（或超法规）的违法性阻却事由便不可能被承认。作为故意责任要素之一的违法性意识之违法性也在这一意义上使用。从内容及在理论体系中的地位、作用看，西方学说中的“违法性”与我国学说中的“社会危害性”意思最为接近。

我国刑法及其学说广泛使用的是社会危害性一词而不是违法性一词，这表现出我国刑法和学说重视揭示犯罪实质的倾向。在我国刑法理论中由于广泛地使用社会危害性的概念，使违法性一词既无地位又不规范，除了在表示犯罪基本特征时使用并有较确切的含义外，基本上看不到它的踪影。从客观方面的危害行为、危害结果到主观方面的明知自己的行为会发生危害社会的结果乃至正当防卫等排除社会危害的行为等，都采取实质性的社会危害性概念，而不使用违法性概念。偶尔涉及违法性，往往侧重的是其形式意义、与西方学说中的违法性概念相去甚远。中外理论对违法性的不同理解，在我国理论上引起了不少的歧义和误解。为了全面地揭示违法性错误应有的实质内容，明确它与犯罪故意的关系，在我国刑法理论上，以社会危害性错误取代违法性错误的表述是必要的。

应当指出的是，西方学说采用新分类，与故意被分为构成要件故意和责任故意的体系见解有很大的关系。我国的学说历来主张统一地把握犯罪故意（故意与故意罪责的统一），因此在我国的理论上采取何种分类与体系上的见解无关。

综上所述，我国刑法上的认识错误应是指行为人对自己实施的犯罪构成事实或者对自己行为的社会危害性质，主观认识与客观实际不一致。它是由刑法上的故意所引申出的反面问题，其主旨在于解决发生认识错误是否影响犯罪故意的成立。刑法上的错误可以划分为犯罪构成事实的认识错误和行为社会危害性质的认识错误；关于排除社会危害性行

---

① 关于违法性的概念及实质与形式违法性之事论，参见［日］木村亀二著：《刑法总论》，有斐阁 1973 年版，第 236 页。洪福增：《刑法理论之基础》，台湾刑事法杂志社 1977 年版，第 235 页；陈朴生：《刑法专题研究》，“国立政法大学”法律学系法学丛书（19），1988 年版，第 38 页。

为的事实错误，可归入行为社会危害性质认识错误之中。

二、犯罪构成事实的认识错误

犯罪构成事实的认识错误，指在故意犯罪过程中，行为人实际造成了与其预想不一致的犯罪构成事实。它是由故意的必要认识内容之一（即对犯罪构成事实有认识）所派生出的错误类型、其主旨在于解决行为人对与其预想不一致的事实能否成立犯罪故意。其要点如下：

第一，这类错误是在故意犯罪过程中发生的。如果行为人本无犯意，而实际造成了非预想性危害结果的，属过失论的一般问题。因为在这种场合，不涉及是否成立犯罪故意。这是对错误作狭义理解所应得出的结论。

第二，这里所说的“犯罪构成事实”，与故意论作为故意认识内容之一的犯罪构成事实是同一的概念。关于成立排除社会危害性行为的事实错误，不属犯罪构成事实错误。我国学界历来将这种错误纳入“事实错误”之中。根据这种错误的事实性质，把它归入“事实错误”未尝不可。但在作了犯罪构成事实错误的限定之后，就不宜再把它包括进去了。

第三，这类错误论的主旨在于：确定对因错误而实际发生的非预想的犯罪构成事实是否成立故意。明确这一主旨，对划分错误论与故意（本体）论的范围，简明而有实效地讨论犯罪构成事实错误，具有重要的意义。考察故意犯罪过程中的错误不难发现，相对于行为人的主观认识有两个事实。其一是行为人预想实现的犯罪事实；其二是因错误而实际发生的事实。对于预想实现的犯罪事实，由于行为人本来就有犯罪故意，所以不论发生错误与否，也不论得逞与否，都应认定具有犯罪故意。假如因错误而实际发生的事实不是犯罪构成事实，如为杀人而杀死了一条价值不高的狗、因为杀死一条普通的狗不具有刑法上的重要性，不必考虑对因错误而发生的事实追究刑事责任，自然不必研究行为人对杀死狗一事是何种心态。所以这样的错误并无作为错误问题特别加以讨论的必要，直接按行为人原犯意定罪处罚即可。因错误致死狗而未致死人的，是单纯的犯罪未遂问题。只有当行为人预想实现一个犯罪构成事实并且因错误实际发生了一个非预想的犯罪构成事实，才有作为错误问题研究的必要。因为认定行为人在故意犯罪过程中对非预想的犯罪构成事实的心态，有一定的特殊性，不能为故意论的一般内容所包括。

为了明确错误论的主旨，维护错误论作为故意论特别问题的地位，简化错误的种类并对错误问题进行切实而有成效的讨论，① 有必要将下列情况从错误论中排除出去：

1. 在故意犯罪过程中，行为人虽有认识错误，但并未因错误而实际造成非预想的犯罪构成事实。较典型的如：因错误而发生的手段不能犯和对象不能犯。前者如误将白糖当砒霜而用于投毒杀人的；后者如将男人误认为女人而强奸的，撬开保险柜而其中空无一物的等。在这些事例中，行为人虽有认识错误，但只因认识错误而未实现预想的犯罪，并未因错误而实际造成非预想的犯罪构成事实。属典型的故意犯罪未遂问题，不必作为错误论问题讨论。其实这类因错误而发生之“不能犯”，值得特别讨论的地方不在主观方面而在客观方面。对“不能犯”应否追究刑事责任，取决于其行为在客观上是否具有造成危害结果的可能性。如具有现实的可能性，就追究未遂罪责；如不具有现实可能性（如迷信犯），则不宜追究刑事责任。至于主观方面的犯意总是存在，没有什么可争议的。

2. 在故意犯罪过程中虽然因错误而发生了非预想的事实，但该事实不属犯罪构成事实。例如行为人为了杀人却因错误而误杀了一条狗或一头猪的。由于非预想的事实不具有刑法上的重要性，不存在要行为人对这个事实负刑事责任的问题，所以也不必作为错误论的事例予以讨论。需要说明的是，在外国刑法中杀死一条普通的家犬一般认为是器物毁坏罪的构成事实，而在我国则一般不认为是毁坏财物罪的构成事实。

3. 主要应由故意本体论解决的某些犯罪构成事实认识错误的事例。我国的有些论著还将下述事例作为错误论问题：不知是赃物而代人运输、保管、销售的；不知是现役军人的配偶而与之结婚或同居的（对象自身性质的错误）；不知自己患有严重性病而卖淫嫖娼的（主体认识的

① 有的学者指出：“这种错误（指事实错误——引者注）种类繁多，相当复杂。”见张明楷著：《犯罪论原理》，武汉大学出版社 1991 年版，第 305 页。其实，造成“种类繁多，相当复杂”的原因，很大程度上在于对错误论的主旨不明，缺乏一个界定事实错误种类的基准。

错误)；不知是禁渔区、禁渔期而捕捞水产品的（特定时空条件的错误)。[①] 这类“错误”的事例似应通过对犯罪故意要件的正面阐述加以说明。故意的认识因素，主要是对犯罪构成事实存在（有无）的认识，但对某些含有社会、法律意义的事实（或因素)，还包括对其社会、法律意义的认识，如赃物、严重性病、淫秽物品等因素，各种犯罪的犯罪故意在其认识内容和程度上都有特定的要求、行为人的认识符合特定要求的，成立该非的故意、行为人因“误解”而致认识不符合特定要求的，不成立该罪的故意。此时的“误解”与没有具体犯罪故意的认识是一回事，并无特别的意义。有特定的认识才能成立故意，无特定的认识不能成立故意，此乃故意成立的一般性问题。倘若这类“错误”的事例也纳入错误论中，势必会扩大错误论的范围和种类，造成错误论与故意论的重叠交叉，掩盖掉错误论的主旨和特殊性。

综上所述，并非所有的事实性错误都属于犯罪构成事实错误论的范围。狭义的犯罪构成事实错误应具有三个特征：（1）在故意犯罪过程中发生的；（2）主观认识与客观实际不一致；（3）与主观认识不一致的客观实际是一个犯罪构成事实或者具有刑法上重要性的事实。无犯意而因错误导致危害结果的，属过失论范畴；虽有犯意并发生认识错误，但未实际发生任何非预想性危害结果的，属故意犯罪形态论的范畴。犯罪构成事实错误论的主旨是解决行为人对非预想性犯罪构成事实是否也成立犯罪故意的问题，换言之，行为人本有犯意，因错误而致发生原犯意预想以外的犯罪构成事实时，该错误是否妨碍把非预想的事实归责于行为人的故意犯罪行为。行为人预想之内的犯罪事实是否实现不是错误论的焦点。但是预想的犯罪事实如果已经出现，对非预想的犯罪事实的罪责

---

① 参见何秉松主编：《刑法教科书》，中国法制出版社 1995 年版，第 229 页。此外，日本学者大塚仁把这类情况称为“规范性构成要件要素的错误”，并认为对“淫秽性”之类规范要素本身属性的误认，应属于事实错误，对规范要素本身的属性有认识但误以为不违法的，属于法律错误。参见［日］大塚仁著：《犯罪论的基本问题》，冯军译，中国政法大学出版社 1993 年版，第 212 页。我国学者刘明祥亦持类似的见解，参见《论事实错误与法律错误的区别》，载《法学评论》1995 年第 4 期。

应单独评价。

三、犯罪构成事实认识错误的种类

按照上述对犯罪构成事实认识错误的狭义理解和把握，犯罪构成事实认识错误只有以下三种情况：

1. 对象辨认错误，即在故意犯罪过程中，行为人由于对侵害对象发生辨认上的错误，以致侵害了非预想的犯罪性对象。例如，甲意图杀乙，却误把丙当做乙而将丙射杀。

2. 对象打击错误，即在故意犯罪过程中，行为人由于行为（方式、方法）出现差误而侵害了非预想的犯罪性对象。例如，甲意图杀乙并瞄准乙射击，却命中了乙身旁的丙。

有的论著认为，对象打击错误只是行为上的差误，故不属于事实认识错误的范围。[①] 这种观点是值得商榷的。第一，行为差误并非与认识错误无关，在因行为差误而致打击错误的场合，行为人只是对预想侵害的对象辨认有误，这并不排斥行为人对自己能力的估量（如枪法）、对使用方法、工具的认识（如枪支、炸弹的性能）以及对侵害对象周围环境的认识发生错误。因对象辨认错误而误中非预想的对象，固然是事实认识错误，因其他方面的认识错误（能力、方法、工具、环境等）而误中非预想的对象，并非是与认识无关的纯客观性的行为差误。第二，事实错误论之中的错误，其焦点不在于行为人对预想性犯罪事实的心理态度（因为这种犯意是客观存在而毫无争议的），而在于行为人对非预想性犯罪事实的心理态度。换言之，错误论之所谓主观认识与客观实际不一致，重点在于行为人的主观预（设）想与实际发生的（非预想的）犯罪事实不一致。而错误论的主旨就是要解决这“不一致”的情形是否妨碍对非预想性犯罪事实成立故意。无论是对象辨认错误还是对象打击错误都有这种意义上的主观认识与客观实际的不一致，都要解决这不一致的情形是否妨碍故意成立的问题。二者在错误论上的共同点，使得不承认行为差误是事实认识错误的论著，也不得不在认识错误之后还是要对

---

① 参见何秉松主编：《刑法教科书》，中国法制出版社 1995 年版，第 233 页；张明楷著：《犯罪论原理》，武汉大学出版社 1991 年版，第 306 页。

行为差误作出介绍和评论。既然把行为差误当做事实认识错误的一种情况并无大的理论障碍，同时又有着共同性的问题需要解决，那么何必要把它排斥在外呢？主张简明而富有实效地解决事实错误论问题，一方面应把没有特殊性的“错误”排除在外，另一方面应把所有值得特别研究的错误问题包容在内。

3. 因果关系的认识错误，即在实施故意犯罪过程中，行为人实现了预想的危害结果，但导致该危害结果的因果进程与行为人预想的不一致。例如，甲掐乙的脖子致昏迷，然后抛尸井中，致乙溺死。甲以为乙是被掐死的，而实际上乙是被抛入井中溺水死的。

四、犯罪构成事实认识错误的罪责认定

认定这类错误的罪责，是依法对行为人主观认识与客观实际不一致的心理事实作出的评价、在发生错误的场合，行为人预想实现某事实，却实际发生了非预想的事实，在心理事实的层面上出现了主观认识与客观实标的不一致。认定错误的罪责就是依法（犯罪构成）对这主客观不一致的心理事实作出评价，评价的焦点是：非预想性犯罪事实与行为人预想实现的犯罪事实在法定犯罪构成的意义上是否具有一致性，如果具有一致性，那么，主客观在心理事实层面上不一致的情况，不妨碍行为人对非预想性事实承担故意罪责；反之，则阻碍承担故意罪责。

我国已有判例表示出这样的立场。吉林省高级人民法院关于“吴振江欲杀其叔而误杀其父案”的判决具有代表性。该案的基本事实是：被告人吴振江欲杀其叔，在其叔与其父交谈之际，举起木棒朝其叔头部打击，被其叔躲过，致木棒击中回头正欲制止吴振江行凶的其父的头部，造成其父死亡。这是一起典型的打击错误的实例。对此，吉林省高级法院认为：“被告人既有杀人的故意，又有杀人的行为和将人杀死的后果，虽未达到其犯罪目的，但不影响故意杀人罪的成立”。此判例的评析人指出：“我们认为，行为符合犯罪构成是行为人承担刑事责任的唯一根据，解决行为误差的刑事责任问题……只能以主观要件与客观要件相统一的犯罪构成为标准……对于故意杀人罪来说，法律并不以特定的对象和特定的结果为构成要件，被告人无论是杀死其叔还是杀死其父，其法律性质是相同的，都是故意非法地剥夺他人生命的行为，对此应以故意

杀人罪既遂论处。"[①]

法院的意见和判例评析人的见解，都明确表达了这样的观点，对打击错误应以犯罪构成为标准认定行为人对误击对象应承担的罪责。日本的判例也表示出类似的观点，并被称之为"法定符合说"。所谓法定符合说是指，犯罪故意的认定（或事实错误是否阻却故意的认定），不以行为人的认识与实际发生的事实在具体细节上一致为标准，而应当以符合法定的构成要件为标准。行为人（预想）认识到的犯罪事实与现实发生的事实在法定范围内一致，就能够认定对该现实发生的事实成立犯罪故意，不需要在心理事实上的具体的一致。[②] 日本学者也普遍认为法定符合说运用于事实错误大体是妥当的。[③]

根据犯罪构成事实错误在法定犯罪构成上的意义，即法律性质，可以把它们划分为同一犯罪构成范围内的事实错误和非同一犯罪构成范围的事实错误。

（一）同一犯罪构成范围内的事实错误

所谓同一犯罪构成范围内的事实错误（以下简称同一性质的错误），是指行为人预想实现的犯罪事实与实际发生的非预想的犯罪事实，都属同一犯罪构成性质的事实。换言之，二者在行为人的心目中虽然是不一致的，但在认定犯罪构成的性质上是一致的，如果属于同一性质的错误，原则上不妨碍认定行为人对非预想的犯罪事实负故意罪责。

关于同一性质的对象错误，如甲意图杀害乙，因为误认丙为乙而杀死了丙；或者甲意图杀害乙并朝乙瞄准射击，却偏偏命中了乙身旁的丙。前例属对象辨认错误，后例属对象打击错误。在上述两例中，由于行为人有杀人的意思（杀乙），并且认识到杀人的事实（杀丙），符合杀人罪犯罪构成的非法剥夺他人生命的特征，至于实际被杀害的是乙还是丙，只是具体事实方面的枝节性差异，不妨碍认定行为人对实际被杀害

---

① 《人民法院案例选》，人民法院出版社 1993 年版（总第 5 辑），第 21 页。

② ［日］星野英一等编：《判例六法》，有斐阁 1991 年版，第 1092 页（故意之七）。

③ ［日］前田雅英：《具体性事实的错误》，载《法学教室》1992 年第 7 期（总第 142 期），第 37 页。

的人具有非法剥夺他人生命的意思。

在对象辨认错误的场合，虽然一般不会在预想和非预想侵害对象上同时都发生损害结果，但是在对象打击错误的场合，则可能在预想和非预想侵害对象上同时发生损害结果，因此，需要分别结果发生的不同情况，明确定罪处罚问题：

1. 行为人仅对误击对象造成实际损害而未对预想侵害对象造成任何实际损害。如行为人意图射杀甲却误中了乙，在甲身上没造成任何实际的损伤。在这种场合，如果行为人对乙的死亡存在间接故意，应认定行为人对甲成立故意杀人罪未遂和对乙成立故意杀人罪既遂。因为行为人对甲、乙均有杀人的故意。如果行为人对乙没有间接故意，则认定行为人只对乙成立一个故意杀人罪的既遂。因为行为人只有一个故意杀人的意思。前者是处断上的一罪（想象竞合犯），后者是单纯的一罪。区分这两种情况并非毫无意义，因为在现实生活中发生的打击错误，确有对误击对象有间接故意的情况。如朝两个挨得很近的人射击，也有对误击对象不存在间接故意心态的情况，如吴振江欲杀其叔误击其父案。对这两种情况作出不同的评价，即前者评价为想象竞合犯，后者评价为单纯的一罪，能够恰如其分地说明二者的社会危害性程度。

2. 对意图侵害对象和非意图侵害对象造成了同样的危害结果、如行为人意图杀害甲，一枪却击毙了甲、乙二人或者击伤了甲、乙二人。对这样的情况日本判例认为行为人对甲、乙均应成立故意杀人罪。反映这一立场的判例之一是：行分人意图杀害其叔母 A，朝 A 刺十余刀，同时没有预期地刺伤了 A 怀抱的幼儿 B，致 A、B 死亡。日本大审院判决行为人对 A、B 均成立杀人罪。判例之二是：行为人为了劫取警察 A 佩带的手枪，用自己改装的建筑用射钉枪对 A 背部射击，钉子贯穿 A 的左侧胸部又恰巧命中了前方约 30 米处的行人 B，致 A、B 均负重伤，但未能夺取手枪。日本最高裁判所判决行为人对 A、B 均成立强盗杀人罪未遂。判决站在法定符合说的立场上指出，既然在杀人的意思之下实施了杀害行为，那么与结果发生在犯人没有认识的人身上时，也应说对该结果有杀人的故意。有的学者虽然赞成法定符合说，但对判决结果有异议。他们认为，在行为人对误击对象有未必故意的场合，因为对 A、B 均有故意，判定对 A、B 均成立故意罪是合理的。但是在行为人对误击对象B没有未必故意的场合，因为行为人只有一个杀人（杀A）的故意，却认定对A、B均成立故意杀人罪是不合理的（日本的理论和实践认为上述两判例中的行为人对误击对象B没有未必故意）。他们认为，上述两判例中的行为人已经实现了预期的犯罪，就不属于错误论范围的问题。因为错误论是故意论的例外，它解决的问题是：行为人没有使意图侵害的对象发生预想的结果，却在另一非预想的对象上发生了结果，那么能否把这非预想对象上发生的结果归责于行为人的故意行为？所以，当行为人预想的犯罪结果被实现就不存在错误的问题了。又造成非预想性危害结果的，属于一个完整无缺的故意犯罪所产生的过剩结果，对此只需研究行为人对过剩结果有无过失。基于这样的见解，他们认为就上述两个判例而言，第一例的行为人对A应成立杀人罪；对B有过失就成立过失致死罪；第二例的行为对A成立强盗杀人罪（未遂）；对B成立过失致伤罪。因两例中的行为人均属一行为数结果，应按想象竞合犯处断。①

学者的见解是有道理的。在意图侵害对象和非预想侵害对象都遭到同样损害的场合，由于行为人原犯罪故意已实现或在一定程度上实现了，也就是说已有特定的危害结果要归责于原故意行为了，那么就不应当冉考虑把非预想结果归责于原故意行为。而应分别考虑：如果行为人对误击对象上发生的非预想结果有间接故意的，对预定侵害对象和非预定侵害对象均成立故意罪，如果行为人对非预想结果没有间接故意，那么对预想侵害对象成立故意罪，对非预想侵害对象成立过失罪。虽然最终都要以想象竞合犯按一罪处断，但在犯罪成立阶段，有必要明确是对两个危害结果均承担故意罪责，还是对其中的一个结果承担故意罪责，而对另一个结果承担过失罪责。

3. 对非预想侵害对象造成了构成要件的结果，而对预想侵害的对象只造成了一定程度的损害，尚未造成构成要件性结果的。例如，行为人意图射杀甲而同时误中了乙，致甲负伤而致乙死亡。对于这样的情况，行为人如果对乙的死亡存在间接故意，那么对甲应成立杀人罪（未

① 关于日本的这两个判例及学者评论，参见［日］大塚仁著：《犯罪论的基本问题》，冯军译，中国政法大学出版社1993年版，第204页。

遂)；对乙应成立杀人罪（既遂），按想象竞合犯处断。如果行为人对致乙死亡不存在间接故意，那么首先应当明确：行为人以一个杀人的故意（杀甲）并实施了一个杀人行为，且造成了一个人的死亡结果（乙死亡），按照法定（构成要件）符合说，对乙的死亡应成立故意杀人罪（既遂）。其次，由于已经把杀死了一个人（乙）的结果归责于原故意行为了，那么就不宜再让行为人对致甲负伤的结果负故意罪责。换言之，应让行为人对致甲伤害的结果负过失责任，即成立一个杀人罪既遂（对乙）和一个过失重伤罪（对甲），按想象竞合犯处断。如果对甲的伤害未达重伤程度的，应作为量刑情节考虑。

关于同一性质的因果关系错误。刑法中规定的一些犯罪要求实际发生特定的结果为既遂（结果犯），因此成立结果犯的既遂，不仅需要行为与结果存在因果关系，还需要行为人对这一因果关系有认识。结果犯的因果关系首先是经犯罪构成法定化的因果关系，它是以社会生活中一种现象经常动起另一种现象的经验为基础的。因此，有无因果关系的认识，应根据这种社会生活上的一般经验加以判断。行为人的预想与实际的因果关系进程不一致，没有超出犯罪构成所确定的一般经验范围的，属于同一性质的因果关系错误，不阻却负故意既遂罪责。

一般认为，同一犯罪构成性质的因果关系的认识错误主要有两种类型：

1. 行为人既定的犯罪行为实现了既定的危害结果，但因果进程与行为人预想的不一致。例如，行为人用刀将甲砍落到湍急的河流中，致甲溺死。行为人预定用刀砍杀甲，而实际上致甲溺死。由于刀砍人落水致死是常见之事，行为人明显能认识到其间的因果关系。至于具体细节上的不一致，不妨碍故意罪既遂的成立。

2. 行为人实施的既定的行为没有实现预想的结果，但误以为已实现了预想结果，进而实施了第二个行为，才产生了预想的结果。关于这种类型，人们常举之例是：行为人意图杀甲，卡甲的脖子直至认为甲已死亡，实际甲未被卡死。然后为匿尸而抛“尸”井内，致甲溺死。有些国家刑法中规定有遗弃尸体罪，在司法习惯上认为杀人后弃尸的行为不属事后不可罚的行为。因此杀人、弃尸在法律评价上是两个行为，应各自独立构成犯罪（牵连犯）。在这些国家的学说中，自然将这样的例子作为一种因果关系错误的类型。我国刑法未将遗弃尸体规定为罪，对杀人后的弃尸行为不必单独评价，自然也不必单列为一种因果关系错误的类型，其实可以把它视为第一种类型。

在国外的学说中，因果关系的错误是否阻却故意的问题主要集中在第二种类型上。“如果观察行为人实际的犯罪意思，可以看到有杀人的意思和遗弃尸体的意思。因而，如果根据具体符合说，可以把犯罪区分为两个，成立杀人罪未遂和过失致死罪。”① 但是根据法定符合说，从整体上把握行为人的一系列行为，可以看出相当的因果关系，而却成立故意杀人罪既遂。

在我国的学说中已直截了当地把杀人和弃尸视为一行为，那么无论是卡脖子致死还是抛井中致死不过是同一杀人行为过程中的细节，在这样的细节上发生认识错误，不妨碍将死亡结果归责于行为人的故意杀人行为。

结果加重犯的因果关系的错误问题，不属错误论的范围。因为法律对加重结果不限定于故意心态。无论有无故意，都是在结果加重的法定刑范围内处罚。

（二）非同一犯罪构成范围的事实认识错误

这种错误是指在故意犯罪过程中，行为人意图实现的犯罪事实与因错误而实际发生的犯罪事实属于不同性质的犯罪构成范围。由于因错误而发生的犯罪事实已超出了原犯意意图实现的犯罪构成的范围，因此原则上妨碍把因错误而发生的犯罪事实归责到原故意犯罪行为上去，即阻却对因错误而发生的事实成立故意罪。例如，行为人有杀人的意思，却因认识或打击错误而杀死了珍稀野生动物的；或者相反，意图猎杀珍稀野生动物因辨认或打击错误而杀死了人的。杀人与杀野生动物，属于不同犯罪构成的事实，不能将致死野生动物的结果归责于故意杀人的行为，也不能将致人死亡的结果归责于故意猎杀野生动物的行为。对于原意图实现的犯罪因错误而未实现的，成立故意罪（未遂）；对于因错误而实际发生的危害事实，如有过失并且应负刑事责任的，成立过失犯

---

① 参见［日］大塚仁著：《犯罪论的基本问题》，冯军译，中国政法大学出版社1993年版，第207页。

罪，按想象竞合犯处断。

值得注意的是，对于不同犯罪构成间的事实错误，遇两犯罪构成间在性质上有某种程度重合情况的，应在重合的限度内，认定具有犯罪故意。例如，意图窃取财物而误窃枪支的，二者虽属不同的犯罪构成事实，但在财物的限度内二者是重合的，因此行为人应在窃取财物的限度内成立故意犯罪，即应成立盗窃罪（既遂）。对误窃枪支的事实，不承担故意罪责。

五、行为社会危害性的认识错误

行为性质的认识错误，是指行为人对自己的行为是否具有社会危害性主观认识与客观实际不一致。这种错误类型的法律依据是我国刑法第11条对犯罪故意认识因素的要求，即成立犯罪故意需要对行为的社会危害性有认识。其主旨是要解决行为人对自己行为社会危害性的误解，是否妨碍行为人承担故意罪责。

所谓社会危害性认识是对行为的社会、法律意义否定性评价的认识（对负价值的认识），它与违法性认识实际上是一致的。行为规范（价值）是由国家、社会主导的，其中最主要的是由国家以法律形式宣布的。因此行为的社会、法律意义上的负价值，既是法律所禁止的，也是对社会利益、秩序有危害的，二者是统一不可分割的。社会危害性认识与违法性认识本是同一的，那么社会危害性认识错误与违法性认识错误也应是同一的。之所以称社会危害性错误而不称违法性错误，如前所述，一是因为“社会危害性”在我国刑事立法上有较明确的依据，二是因为“违法性”一词在我国理论中常取其形式意义，容易引起误解。

这里所称的社会危害性认识错误与我国刑法理论中一般理解的“法律上的错误”是有些差别的，至少在考虑问题的侧重点上有所差别。在西方国家的理论乃至立法中，由称“法律上的错误”转称“违法性错误”或“禁止性错误”，不是一个名称的简单转换，而是对“法律错误”的把握向实质化、具体化的转换。法律上的错误可作广义和狭义的理解。广义的法律错误，指一切不知或误解法律规定的情况，包括不知或误解法律具体规定的情况，如不知或误解违反了行政法还是刑法，或者虽知是犯罪但不知处罚如何等情况，甚至还包括所谓“假想的犯罪”。

狭义的理解则特指违法性错误或禁止性错误，即不知或误解了自己的行为是为法律所一般性禁止或不允许的。① 过去，在“不知法律不免责”格言的支配下，对法律错误的把握是相当粗放的。随着现代社会中经济、行政的禁令罚则日益增多，对不知法律的具体情况一律不加区别的、绝对的不免责显得过于苛刻，可能会惩罚无辜。由此导致了法律错误议论中心的形成，即法律错误可不可免责？在何种情况下免责？与此相对应，在理论体系上，故意被分别把握为构成要件故意和责任故意，而责任故意的中心内容是违法性意识。这个“违法性”与作为犯罪成立一般要件之一的“违法性”是同一的，其实质意义是对整体社会法秩序或共同生活秩序的违反或破坏（实质的违法性论）。在责任论中违法性意识是否责任（故意）的必要要素成为争议的焦点，由此形成了（违法性意识）不要说、必要说和折中说（自然犯不要、行政犯必要），法律错误的议论中心与责任要素的议论中心在违法性意识上联结到一起。必要说认为，违法性意识是责任要素，因法律错误而欠缺违法性意识的阻却责任。折中说认为，有违法性意识的可能性是责任要素，因法律错误而欠缺违法性意识可能性的，阻却责任。在这种意义上，违法性意识的理解日趋实质化和具体化。例如：“对犯罪事实实际认识且也具有做坏事这样的违法意识，当然可能非难，作为一般人如当然认为是坏事且认识犯罪事实，也可能非难。”② 在这里违法意识竟至被理解为有做坏事的认识。在这样的背景下，对法律错误作广义的形式的理解，几乎成为无关痛痒的泛泛之论，所以发生了由称“法律错误”向称“违法性错误”、“禁止性错误”的转变。即法律错误的中心实际是关于不知或误解行为是否为法秩序所禁止或允许的情况，它是与作为责任要素的违法性意识直接关联的那部分法律错误。至于一般意义上的对法律具体规定的不知或误解，无形中作为常识，被置于法律错误的议题之外。基于同样的道理，这里所称的社会危害性认识错误就是要侧重于同作为故意认识要素

① 参见日本裁判所书记官研修所编：《刑法概说》，成文堂 1990 年版，第 56 页。

② ［日］前田雅英：《故意论的新展开》，载《法学教室》1992 年第 5 期，第 54 页。

的社会危害性认识直接关联的那种认识错误，而不是与故意成立无关的广义的法律错误。

在我国的刑法理论中，对法律上的错误一般作广义的、形式的理解。由于囿于不知法律不免责的见解（同时，这与对违法性的习惯上的形式理解不无关系），我国刑法理论上关于法律错误的中心仍然主要围绕着具体刑法规定的不知和误解进行议论。我国的一些论著提到社会危害性的认识是故意的必要因素，但同时又指出成立犯罪故意要求有社会危害性认识但不要求有刑事违法性认识，明显地把二者分割开来。这种见解在我国理论上是很普遍的。其结果，不仅使刑事违法性应有的意思遭到了严重的误解，而且割断了法律错误与故意论联结的最有价值的纽带——社会危害性认识，使法律错误论像断线的风筝一般无所依附，成为可有可无的空泛之论。这大约也是我国刑法理论中关于法律错误的理论备受冷落的重要原因之一吧。

不能赞成把刑事违法性认识和社会危害性认识、（一般）违法性认识区别开来的观点。① 我国关于犯罪一般概念的理论一贯认为刑事违法性、社会危害性和一般违法性三者是不一致、有区别的，这种见解虽然能够成立，但是据此推论三种认识在错误论中应予严格区别的观点却是不必要、不切实际的。

社会危害性认识归根结底是说明犯罪人反社会、反规范的思想意识问题。既然承认它是成立故意所必要的认识因素，那么围绕着故意成立与否，就应研究与它最为相称的认识与错误问题，这个问题应当是包括（一般）违法性的认识与错误在内的对违反整体法秩序的认识与错误，而不限于刑事违法性的认识与错误。因为前者显然能包容后者，至少使后者成为低一个层次的问题。社会主义社会法律秩序是一个整体，当我

---

① 关于形事违法性认识与非刑事违法性认识区别的观点，参见高铭暄主编：《刑法学原理》（第2卷），中国人民大学出版社1993年版，第120页。此外，最近在我国亦有学者反对这种区别的观点，指出：“把违法性认识解释为关于违反法律规范或法律秩序的意识较合适，即不能把它限定在认识行为违反刑法的范围”，并作出了精辟的阐述。参见刘明祥：《刑法中违法性认识的内容及其判断》，载《法商研究》1995年第3期。

们确定罪与非罪的时候，确实需要十分谨慎地在这个整体中区别刑事违法与一般违法，但是当我们确定是否成立犯罪故意的时候，即在考虑行为人有无反社会、反规范的意识的时候，应当考虑的是行为人对社会主义社会整体法律秩序有无冲突对立的意识，即有无一般违法性认识。单独考虑对整体法秩序的二部分（刑事法）是否持冲突、对立的意识是不全面的，也是不必要的。在理论上提出一个极端狭窄的“刑事违法性认识”的概念，并且把法律错误严格限制在这个范围内，使法律错误的领域内，只讨论欠缺一种极高程度的违法认识如何不影响故意的成立，却不讨论欠缺成立故意所必要的那种违法认识如何影响故意的成立，这种现象令人费解。产生这种现象的原因，一方面大约是囿于法律错误不免责的结论，另一方面是受刑事违法性与一般违法性严格区别观念的约束。其实，在违法性认识上，应当谈论的是对社会整体法秩序的违法性认识问题。此时把刑事违法性与一般违法性作为整体法秩序把握是妥当的。起码可以说，在法律错误的领域内，这种意义的违法性认识错误是更为深入、更有实际意义的问题。

行为的社会危害性认识与违法性认识是不可分离的。社会危害性无非是对行为社会意义的否定评价，而这种评价不是凭空进行的，必须以一定的行为准则（规范）为依据。这个依据就是国家以一定的形式所确立的行为准则，即法律规范。行为人是否认识到自己行为的社会危害性或者说是否认识到自己行为是“坏”的、“恶”的、“有害”的，总是要参照法律规范来判断，① 即从是否为法律所允许的角度来判断。因此违法性认识与社会危害性认识是不可分割的。那种认为故意以有社会危害性认识为必要而不以有违法性认识为必要的观点，或者认为没有社会危害性认识不成立故意，而没有违法性认识不妨碍成立故意的观点，都有意无意地把二者分离开来，这是不恰当的。倘若深究什么是社会危害

① 关于违法性认识与社会危害性认识的关系，亦有相反的观点，即通过社会危害性认识来认识违法性。参见马克昌主编：《刑法通论》，武汉大学出版社1991年版，第312页。从认识的角度讲，这种观点颠倒了违法性认识与危害性认识的关系。在法制社会中，法律应是评判（行为）是非的唯一标准，对实质的认识必须凭借一定的（法律）形式。

性认识，可以回答认识到“有害”，倘若进一步追问，凭什么认识到有害？恐怕不能诉诸行为人或法官的感觉，也不能诉诸道德规范，而只能诉诸法律规范，即通过是否为法所允许的途径来认识。社会危害性虽然是事物的实质，但在司法领域中，对实质的认识一旦脱离法律形式的认识，就会无从入手也会无所依据，使严谨的法律问题变得捉摸不定。正是在这个意义上讲，称“违法性认识”、“违法性认识错误”或许更为直接明了。严格意义上的违法性认识错误即禁止性错误与本文所称社会危害性认识错误是等价的、不可分离的。

六、社会危害性认识错误的种类

这类认识错误可以分为以下两类：

1. 因对法规的不知或误解，而误以为自己的行为不具有社会危害性。它包括以下两种情况：（1）因不知有关法规的存在而以为自己的行为不是被法律所禁止的；（2）虽知道有关法规，但以为自己的行为不属于该法规所禁止的情况。前者是法律的不知，后者是法律的误解，都可能导致欠缺社会危害性认识。

这里所说的被法律所禁止或不被法律所允许之“法律”，是包括刑事法在内的法律整体，即我国社会主义社会的整体法秩序，不单指刑事法。行为人对自己的行为是违反刑事法还是违反一般法的不知或误解，属于对具体法律规定的不知或误解，对有无社会危害性认识不产生影响。例如，重婚既是为刑法所禁止的，也是为婚姻法所不允许的，行为人重婚，只要认识到重婚一般意义上被法所禁止就认为有社会危害性认识，换言之只要认识到我国法律不许一夫多妻或一妻多夫就属于知道自己的行为是被法律所禁止的。无须特别考虑行为人对重婚被刑法所禁止一事有无认识。同样的道理，行为人只要知道侵犯著作权是侵权行为（民事违法），即使他对新颁布的《关于惩治著作权的犯罪的决定》一无所知，也属于知道自己的行为是法所不允许的。因为这两点就足以说明行为人的反社会、反规范的意识。在这种场合，还应特别考虑行为人是否知悉新颁布的刑事法令、是否知道侵犯著作权要负刑事责任。在我国的行政、经济法中，由于大量使用行政、经济的制裁手段（如治安管理处罚、工商行政管理处罚、海关处罚、违反税法的处罚等），有的还相当严厉，这导致我国刑事违法行为都已具有极为明显的社会危害性，孤立地谈论刑事违法性的认识或错误，未免脱离实际。

2. 排除行为社会危害性事实的认识错误，即客观上并不存在成立排除社会危害性的事实，行为人误以为存在，而采取了自认为是没有社会危害性的正当行为。其典型的例子是“假想的防卫”和“假想的避险”。

关于这种错误的性质，外国学者展开了激烈的争论，当把错误划分为事实错误与法律错误时，争论焦点就是它应属于事实错误还是法律错误，当把错误划分为犯罪构成事实错误与违法性错误（禁止性错误）时，又争论它属于犯罪构成事实错误还是违法性错误。这种错误确有其特殊性。一方面，它是事实性错误，另一方面，它又是关于违法性的错误而非构成要件性的错误。在坚持法律错误不免责的背景下，考虑这种错误的事实性质和可以免除故意罪责的结论，一般将它归入事实错误之中。在违法性错误可以免除故意罪责的背景下，考虑到已把事实错误限定为构成要件事实错误和违法错误不绝对不免责，一般把它划入违法性错误之中。因为一方面，犯罪构成事实错误已难以包容这种违法性的事实错误，另一方面，把它划入违法性错误也不至于得出不当的结论。从体系上讲，犯罪构成事实错误是构成要件符合性的问题而关于违法性阻却事由的错误是违法性的问题。如果承认构成要件符合性和违法性之间质的差别，就不宜把这两种错误放到一起。

在我国，一直将这种错误归入事实错误之中。即使主张采用犯罪构成事实错误和违法性错误划分方式的学者，仍然将其划入犯罪构成事实错误之中。①

本文主张把错误划分为犯罪构成事实的错误和行为社会危害性认识错误。因此也主张相应地把排除行为社会危害性事实的认识错误划入社会危害性认识错误之中。我国学者称这种错误为“行为性质的错误性”，可见十分看重它对行为社会危害性缺乏认识。将其归入社会危害性错误

① 何秉松主编：《刑法教科书》，中国法制出版社1995年版，第230页。也有学者认为，这种错误虽然是行为性质的认识错误，但导致其行为性质认识错误的前提是事实错误，因此仍应属于事实错误。这不失为有力的说法。参见刘明祥：《论事实错误与法律错误的区别》，载《法学评论》1995年第4期。

之中，符合其主要特征，此外，在刑事立法和理论体系上均把正当防卫、紧急避险等排除社会危害性行为当作犯罪构成论的反面问题，因此把这种错误与犯罪构成事实认识错误分别把握，在体系上也是妥当的。

七、对社会危害性认识错误的评价

成立故意需要行为人对社会危害性有认识，因此，没有社会危害性的认识理应能够排除故意罪责。但是作为故意成立反面问题的社会危害性认识错误是否能评价为欠缺故意所需要的社会危害性认识、排除故意罪责，则不能不考虑以下两个前提：

第一，对犯罪构成事实有认识足以推定对社会危害性有认识。刑法分则以罪状形式规定的犯罪事实均具有较高的社会危害性，尤其是我国刑法，已把大量的治安、行政、经济违法行为排除在外，使我国刑法中规定的犯罪均具有更高的社会危害程度。从认识的角度讲，具有极明显的社会危害性。行为人客观上实施构成要件的行为，主观上对该行为事实有认识，很难想象对自己行为的性质会缺乏认识。我国的刑法理论历来主张统一地把握法定构成事实及其危害性。

西方刑法理论虽然把法定构成事实与违法性（其实质是社会危害性问题）分别把握，但认为构成要件有推定违法的功能，两种理论异曲同工，都可说明行为人有犯罪构成事实的认识，足以推定对社会危害性有认识。社会危害性认识的标志或途径是对违法性的认识，即对行为是被法律所禁止的认识。

第二，公民应当知法、守法。从发挥刑法的规范公民行为、维护社会秩序的作用考虑，完全有理由要求公民应当知道什么样的行为是法律所禁止或不允许的。因此当行为人实施了构成要件的行为并且有事实认识时，一般不必考虑行为人对社会危害性有无认识，也不接受对社会危害性有认识错误的辩解。

根据上述两个前提，认定犯罪故意，一般只需认定行为人对犯罪构成事实有认识，不必证明、认定行为人对社会危害性有认识，也不接受欠缺社会危害性认识的辩解。换言之，社会危害性认识错误在审判实践中对故意的成立一般不发生影响。由于我国现行刑事法所规定的犯罪具有较高程度或极为明显的社会危害性，得出这样的结论更具现实意义。

另一方面，在观念上却不能不承认推定并不等于完全真实；“知法义务”也不等于公民都有完全知法的能力，依据“推定”和“知法义务”得出的社会危害性认识错误一般不影响故意的结论，也不能否定成立故意以有社会危害性认识为必要。因此在行为人对社会危害性发生认识错误并且有充分的理由足以推翻这种“推定”和“知法义务”的场合，即行为人能充分证明这种“推定”在他所处的具体情况下是不真实的，“知法义务”在他所处的具体情况下是不合理的，他确实没有认识到行为的社会危害性，就应当排除成立故意罪责。如果行为人不能推翻这两个前提，则不能排除成立故意罪责。

主张违法性错误可以免责的学者，一般以自然犯和法定犯的划分为基础谈论违法性错误的评价问题。他们认为对于自然犯和法定犯同样都需要提出足以推翻这种推定的证据，才能否定有违法性意识。对于自然犯来说，由于犯罪事实的认识与违法性意识之间有当然的联系，在诉讼中要推翻这种推定是极其困难的；对于法定犯来说，相对要容易一些。①在违法性错误评价问题上区别，自然犯与法定犯的观念无疑具有理论和实践意义。这种区别的观念已引起我国学者的注意，并有人撰文对法定犯违法性错误的判断问题进行了论述。②

把“法律错误不免责”的原则推向事实化、绝对化是不恰当的。这个原则其实也是建立在“推定”和“知法义务”基础上的。如果仅仅停留在这一层面上把握这一原则无疑是正确的，但把这一原则推向绝对，排斥任何情况下免责的可能性，就等于把“推定”当做了真实，把“知法义务”变成了事实上人人都有能力及事实上知法。

把这一原则绝对化在理论上说不通。日本有学者指出：站在责任主义的立场上，应当以有违法性意识可能性为追究故意罪责的必要条件，

① 参见［日］大塚仁著：《犯罪论的基本问题》，冯军译，中国政法大学出版社1993年版，第221页。

② 参见刘明祥：《论事实错误与法律错误的区别》，载《法学评论》1995年第4期。本文未从区分自然犯、法定犯的角度论述社会危害性认识错误的评价问题，主要有两个原因，其一，自然犯、法定犯的划分在我国刑法理论中尚未被普遍接受。其二，自然犯、法定犯的界限不易确定。

即使事实上欠缺违法性意识也无免责的余地，未免过于强调国家的权威而使责任主义不能贯彻到底。[①] 我国学者根据刑法第 11 条的规定，普遍认为有社会危害性认识为成立犯罪故意的必要因素。如果将其贯彻到底就不能完全排斥违法性认识错误有免除故意罪责的余地。可能有人会认为，危害性认识错误有免除故意罪责的余地而违法性认识错误无免除故意罪责的余地。我认为危害性认识与违法性认识是同一事物不同的表述，二者不可分离。前者离开了后者便失去了具体把握的途径，成为名存实亡的问题，后者如果脱离前者，便会成为空洞的问题。

把这一原则绝对化在实践中也是行不通的。日本的判例为了维护刑法中法律错误不免责的规定，一贯坚持不免除故意罪责的立场。但是在法网日益严密的时代，对于法定犯的法律错误问题不能不加以考虑。有时为了追求判决的合理性，不得不将某些属于违法性错误的情况认定为事实错误，以避免对确实缺乏违法性意识的行为人追究刑事责任。这种"暗渡陈仓"的办法，使有的学者不禁感叹：（对公共浴池无许可证营业案）我原以为是法律错误而最高裁判所却认定为事实错误。这个判决表明，故意有无的判断是决定事实错误与法律错误区别的内在的东西，进而，故意有无的判断与无许可营业罪的违法性认识的可能性的判断不无关系。[②] 有的学者则率直地指出，这是判例既要维护刑事立法又要追求合理性所采用的变通办法。[③] 德国 1967 年新刑法则确认：违法性错误如果是不可避免的，无罪责；如果是可能避免的，减轻处罚。在立法上正式承认违法性错误有免责的余地。1994 年 3 月 1 日起生效的新《法国刑法典》第 122－3 条规定："能证明自己系由于其无力避免的对法律的某种误解，认为可以合法完成其行为的人，不负刑事责任。"对于这一规

---

① 参见［日］大塚仁著：《犯罪论的基本问题》，冯军译，中国政法大学出版社 1993 年版，第 220 页；［日］福田平、大塚仁著：《日本刑法总论讲义》，李乔、文石等译，辽宁人民出版社 1986 年版，第 124 页。

② ［日］前田雅英著：《故意论的新展开》，载《法学教室》1992 年第 5 期，第 54 页。

③ 参见［日］大塚仁著：《犯罪论的基本问题》，冯军译，中国政法大学出版社 1993 年版，第 227 页。

定，该刑法典的原编者特加注解作了以下说明："对法律的某种误解，是一项全新的规定，它动摇了法国法律一个根深蒂固的传统，抛弃了以下格言：'任何人都不被认为不知法律'……判例认为：违法行为人不知其行为违法当罚'不能成为辩护理由'，援用'不知道法律对犯罪意图并无影响'……这种僵化的做法反映了刑事司法观念中某种过时的特点。"① 法国的最新刑事立法也正式承认了违法性错误有免责的余地。我国刑法对法律错误问题未作明确规定，而对犯罪故意则规定以有社会危害性认识为必要，因此可以根据故意的规定来肯定社会危害性认识错误（或违法性认识错误）有免除故意罪责的余地。

需要说明的是：法律错误不免责或者其对立的命题法律错误可免责之"免责"的含义，既包括免除故意罪责也包括免除过失罪责。由于本文主张对错误论作狭义理解，即把错误论仅当做故意论的反面回题，所以在此只论及社会危害性认识错误是否可以排除故意罪责的问题。至于它是否也可以排除过失罪责的问题，以本文对错误论体系的见解，应属于过失论的范畴，故在此不予讨论。②

（发表于《法学研究》1996年第18卷第1期）

---

① 罗结珍译：《法国刑法典》，中国人民公安大学出版社1995年版，第9页注。

② 关于过失犯罪的违法性认识及其判断问题，刘明祥在《刑法中违法性认识的内容及其判断》一文中已作了较详细的论述。

论刑法中“行为性质错误”

杜 澎

一、行为性质错误的界说与定位

刑法中的错误是指行为人主观认识与客观事实不相一致的情况。行为人的认识与实际不符，如何认定其罪过形式，是否应将错误的问题置于犯罪主观要件中加以研究，从而确定在何种情况下错误会影响行为人的刑事责任，这是本文讨论的重点。行为性质错误作为错误的一种表现形式自然也不例外。

目前，我国学界关于行为性质错误概念的界说主要有四种：一是指行为人把自己的危害社会行为误解为无社会危害性的正当行为。① 二是指行为人对其行为具有社会危害性与否存在错误理解。② 三是指行为人由于对某种客观事实产生误解，而导致其对自己所实施的行为是否具有危害社会的性质的主观认识与客观实际不符。③ 四是指行为人对自己行为的实际性质发生错误认识。④ 第一说对行为性质错误的界定较为严格，即误将危害社会行为当做正当行为的认识错误。第二说较第一说的外延略宽，除第一说所指的情形外，还包括行为人误认为是危害社会行为而实际上是正当行为的情形，第三说与第二说所要表达的意思是相同的，但强调行为人对其行为是否具有社会危害性质的误解，是基于对某种客观事实的误解而产生。第四说则过于笼统，对行为实际性质的误认，既

---

① 高铭暄主编：《刑法学原理》第二卷，中国人民大学出版社 1993 年版，第 135 页。

② 陈兴良主编：《刑法全书》，中国人民公安大学出版社 1997 年版，第 88 页。

③ 刘明祥著：《刑法中错误论》，中国检察出版社 1996 年版，第 95 页。

④ 何秉松著：《犯罪构成系统论》，中国法制出版社 1995 年版，第 216 页。

可反映为对某一行为是否具有社会危害性质的误认，也可反映为对其行为法律评价的误解。由此可见，关于行为性质错误的界定，学界的意见并不完全一致，但大体上阐明了行为性质错误的特征。

为了便于下文论证，扼要介述一下西方学者论及的违法性阻却事由的错误。所谓违法性阻却事由错误是行为人对违法性阻却事由发生误解的情形。这种违法性阻却事由是指符合构成要件行为之违法性例外地被排除的情况。这种错误于日本刑法理论上被分为两类：一是对违法性阻却事由的要件发生误解。例如，行为人误解刑法关于正当防卫的规定，以为对不是正在进行的不法侵害，也允许实行正当防卫；二是对作为违法性阻却事由之基础前提事实产生误认。如本来不存在不法侵害，但行为人误以为存在，并对之实行防卫。关于前一种类型错误之性质，日本学者的意见是一致的，都认为是法律错误。但关于后一种类型错误之性质，学者们的见解很不一致，因而成为研究的重点课题。在通常情况下，违法性阻却事由的错误是指这后一种类的错误。① 以违法性阻却事由之基础的前提事实是否存在为标准，错误还可以分为两种形式：一是积极错误，即作为违法阻却事由之基础的前提事实本来不存在，但行为人误以为存在，如假想防卫。二是消极错误，即作为违法性阻却事由之基础的前提事实本来存在，但行为人误以为不存在，如偶然防卫。

综上所述，对行为性质错误的界说，西方学者的界定更为明确一些，聚讼的焦点主要围绕在违法性阻却事由基础前提事实错误的理论认识与归类问题上，且对此问题方枘圆凿，分执己说。相形之下，我国学界对行为性质错误的界说，缺乏完整的认识，传统的归入事实错误说似乎已成定论，仅有个别学者在吸收日本刑法理论的基础上，先将行为性质错误限定于一个狭义的范围内，从而排除了行为人对法律的错误认识，而对客观事实并不存在误认的情形。再于此基础上将行为性质错误分为两类：一是行为性质的积极错误，即某种行为本来是具有社会危害性的行为，但行为人由于对某种客观事实的误解，自认为自己实施此种行为是正当的；二是行为性质的消极错误，即某种行为本来是对社会有

---

① ［日］木村龟二主编：《刑法学词典》，顾肖荣等译，上海翻译出版公司1991年版，第271页。

益的，但由于行为人不了解事情的真相，而当作犯罪行为实施。通常所指的行为性质错误，一般是行为性质的积极错误。[①] 其中行为性质的积极错误与西方学者争论的违法性阻却事由基础前提事实错误是相同的。笔者认为，讨论此问题不应仅限于狭义的行为性质错误，而应把行为性质错误置于整个刑法错误论中去衡量，进而推究刑事责任的确立问题。

我国现行之通说将行为性质错误界定为一种事实错误，并归入事实错误的范畴。究其缘由，即传统刑法理论认为事实错误可以阻却故意。这种思想最初提出于民法领域，后为刑法所接受。行为性质错误中之行为人主观上没有危害社会的意图，即没有认识到其行为及结果的社会危害性。所以，排除故意心理，符合犯罪过失的特征的，承担过失的罪责，否则，不负刑事责任。[②] 这种论点与日本现行之通说相似，即在行为人由于错误而以为存在违法性阻却事由事实的场合，同构成要件的事实错误一样，也应该认为是事实的错误阻却故意的成立，如果行为人的误认是由于其过失所引起的，在刑法有处罚过失犯的规定的前提下，构成过失犯。[③] 以假想防卫为例。它属于刑法中典型的事实认识错误，是行为人对自己行为的实际性质发生错误认识而产生的行为性质错误。[④] 由此推断，行为性质错误也可以阻却故意，而且在处罚此种错误时，一般是应用事实错误的处罚原则，所以，把行为性质错误纳入事实错误之内毋庸置疑。

如前所述，刑法意义上之行为性质，无论从司法实务，还是从行为人哪个角度去认识，盖指行为是否构成犯罪的特质。行为性质错误所反映的行为性质内容是指行为是否构成犯罪的特质。而行为性质错误的成因则主要源于两个方面：一是行为人对某种客观事实产生误解；二是对行为在法律上的评价产生误解。这两种情形导致行为人的主观认识与客观实际不相吻合，从而发生法律上的后果——刑事责任。然而，这种刑

---

① 刘明祥著：《刑法中错误论》，中国检察出版社 1996 年版，第 101 页。

② 高铭暄主编：《刑法学原理》第二卷，中国人民大学出版社 1993 年版，第 135 页。

③ 刘明祥著：《错误论》，法律出版社、日本成文堂 1996 年版，第 196 页。

④ 陈兴良著：《正当防卫论》，中国人民大学出版社 1987 年版，第 192 页。

事责任的承担又迥异于一般犯罪的刑事责任，因为，在构成要件上其缺乏普通刑事犯罪的主观要件，即故意与过失。没有故意或过失的犯罪刑法中是不存在的，很显然行为人在客观上造成一定的危害结果，这种结果的危害是不言而喻的，故有必要以主客观相统一的方法探究行为人主观上是否具有“违法性的认识”，导致违法性认识的动因是故意抑或过失，还是无过错，这是研究行为性质错误应思考的问题，也是关系到行为性质错误的准确界定以及归类的根源性问题。

由于刑法典对错误问题尚未明定，自然导致理论界纷争不断。大陆法系国家刑法对错误问题之规定大都以法条的形式予以明确。如德国刑法规定，事实的认识错误：行为人行为时对法定构成要件缺乏认识，不认为是故意犯罪，但得依过失犯罪处罚之；行为人行为时误认为具有较轻法定构成要件，对其故意犯罪仅能依较轻法规处罚。禁止规范错误：行为人行为时未认识其违法性，如该错误认识不可避免，则对其行为不负责任。[①] 其他如奥地利刑法第 7 条、第 8 条，日本刑法第 38 条、法国刑法第 122－3 条，等等。关于刑法中错误问题，始终是我国刑事立法的空白。在刑法典制定过程中，曾于第 22 稿第 17 条规定：“对于不知法律而犯罪的，不能免除刑事责任；但是根据情节，可以从轻或者减轻处罚。”[②] 但在第 33 稿中却删掉了该条内容，1979 年刑法对事实错误和法律错误均未以法条的形式明文规定。一些学者曾在起草刑法修改理论案时建议对事实错误加以规定，但未能被 1997 年刑法所采纳。长期以来刑法理论界对刑法中错误问题尚无较为激烈的争鸣，只是就一般性的问题有所述及，偶有一些新的论点，亦难与通说相颉颃。本文所及行为性质错误，在传统的对错误的分类之下，即分为事实错误和法律错误，则必须说是属于事实错误的范畴。如以误想防卫为例，行为人误认为有急迫的不法侵害而实施防卫行为，这种误解是对存在急迫不法侵害这一事实本身的误解，因而属于事实错误。与此相反，如行为人误信即使没有急迫的不法侵害也允许进行正当防卫时，这种错误则是关于规范本身的误

---

① 《德国刑法典》第 16 条、第 17 条。

② 赵秉志主编：《新刑法全书》，中国人民公安大学出版社 1997 年版，第 1449 页。

解，应属法律错误。笔者认为，之所以从不同角度分析会产生异质的结论。其原因在于：一是法律规定的空白致使理论和实践中缺乏原始的立论凭借。二是传统之通说据主导地位而造成理论研究上的误区。三是导致行为性质错误的“成因”是行为的“违法性”还是“事实”，侧重点不同，必然在结论上大相径庭。

二、行为性质错误成因之分析

从已述的几种关于行为性质错误的界说中，我们可以归纳出两种不同的成因：一是对行为社会危害是否存在的误解；二是对某种客观事实产生误解。

前述第一种观点把行为性质错误的成因归结为“对行为是否具有社会危害性的误解”，这种解释是基于刑法第 13 条规定的犯罪的概念，犯罪行为具有三个基本特征，即社会危害性、刑事违法性和刑罚惩罚性，决定社会危害性大小的因素主要是客体、客观要件和主观要件。那么，行为人对其行为是否具有社会危害性的误解应存在两种情况：一是行为人误认其行为具有社会危害性，而实际上却没有；二是行为人误认其行为是正当的，而实际上是具有社会危害性的行为。前者不构成犯罪，故于此不论；后者则是我们研究的重点。行为人将违法行为误认为正当行为的成因，是否属于单纯的对其行为在社会危害性的误解，应置于刑法犯罪理论中综合考察。从刑法的角度加以审视，行为人将自己的危害社会行为误解为无社会危害性的正当行为，但在犯罪构成要件上并不完整，只具备了客体、主体与客观方面三个构成要件，而缺少犯罪的主观要件。可见，犯罪构成要件的残缺，带给我们的疑问是，行为人的行为是否属犯罪行为，其主观方面应如何认定。

把社会危害性作为行为性质错误成因的论点，强调行为人主观上没有危害社会的意图，即没有认识到其行为及结果的社会危害性，所以，肯定排除故意心理，符合犯罪过失的特征的，承担过失的罪责，否则，不负刑事责任，而且，行为性质错误与法律错误有相似之处，都是行为人对自己的行为性质发生误解，只不过一个是对事实本身的误解，一个是对法律评价的误解。行为性质错误的行为人对法律没有误解，只是对某种事实存在不正确的认识，所以，属于事实错误的一种。但是，从另一个角度看，行为人误认为防卫的情况存在，而且明确认识到法律允许公民实施正当防卫行为，所以，只是单纯地对防卫事实存在一种误认，这种解释是牵强的。因为，防卫行为本身如在刑法没有规定不予非难的情况下，也是一种超越规范的行为。正是因为这种行为在某种意义上排除了其他危害行为的社会危害性，才被刑事规范接纳和许可，并对实行防卫者不予非难，但超过限度的防卫仍是有责的。假想防卫除行为人对防卫的事实判断有误以外，还应包括行为人对法律允许实行防卫规定主观评价的误解，这种评价的误解亦关系到行为人的责任问题，如对此评价产生的误解，则不属于事实错误，而应以法律错误论。

就假想防卫而论，行为人主观上是否存有故意，客观上虽然不存在相当于正当防卫的事态，行为人主观上误信其存在，这种情况并不阻却行为的违法性。因而有必要于责任论中去研究行为人的主观故意是否存在。这种行为性质错误西方国家常称为关于违法性的事实错误。由于错误没有表象关于违法性的事实是否阻却责任故意，从消极的观点被看做责任故意的要件。责任故意产生于行为人的违法意识，作为责任故意的要件是否需要行为人认识其行为的违法性。笔者认为，尽管行为人意识到行为的违法性，却仍然实施了这种行为，从中就可以明确地看出其积极违反刑法规范的人格态度。假想防卫中虽然不存在违法性，却仍然实施了其行为，从中就可以明确地看出其积极违反刑法规范的人格态度。假想防卫虽然不存在违法性阻却事由的事实，但为行为人误信为存在而实施了行为，这时就存在关于违法性的事实错误。基于此，因为缺乏关于违法性事实表象，即行为人认识、预见到自己进行的行为具备违法性奠定基础的事实，所以，不能认为有责任故意。由于行为性质错误阻却责任故意，因而不能成立故意犯罪，如果行为人存在过失，则能够成立过失犯罪。

把“客观事实”作为行为性质错误的论点，强调行为人在对某种客观事实产生误解的前提下，导致行为人主观上对其行为是否具有社会危害性的错误认识。有的学者以为，区别事实错误和法律错误，关键是要看行为人是错误地认识了事实，还是对事实本身有正确的认识，只是对该种事实在法律上的意义作了错误评价，就性质错误而言，行为人是由于对某种客观事实产生了误解，才导致其对自己所实施行为的性质产生了错误认识，其实质是行为人错误地认识了事实，而不是对事实在法律上的意义作了错误评价。因此，行为性质错误是事实错误而非法律错误。再者，行为性质错误与构成要件的事实错误虽然有所不同，但都是有关事实本身的错误，而后者是关于犯罪事实的错误，所以，没有必要把行为性质作为独立于事实错误之外的另一种错误。对行为性质错误，也同样应该按处理事实错误的一般原则来处理，也就是对行为人所未认识的事实，原则上是故意，在其主观上存在过失，而刑法又有处罚过失犯规定的条件下，按过失犯处罚。

综上所述，笔者认为，以“社会危害性”为行为性质错误对象的论点，虽然包容了行为性质错误的所有形式，但缺乏理论上关于行为性质错误违法性的深入分析，而且偏重于行为人对事实的误认，从而忽略了行为性质错误中行为人对法律评价的误解的另一面，所以是不全面的；以“客观事实”为行为性质错误对象的论点，则仅取行为性质错误中行为人对客观事实产生错误认识一个方面作论述，研究的是一种狭义的行为性质错误。

三、行为性质错误的主观因素

犯罪的主观方面作为犯罪构成要件之一，是构成犯罪不可缺少的部分，它直接关系到行为人的刑事责任。日本学者认为：行为人一方面具有构成要件的故意和积极的“侵害法益”的意思；另一方面又误信这种侵害是为了“保全法益”，可以说是“侵害法益”的意思与“保全法益”的意思并存……行为人的主观意思对行为的违法性存在与否起重要作用，在违法性阻却事由的错误的场合，由于行为人具有“保全法益”的意思，因而阻却故意“不法”与过失“不法”的存在。① 在研究行为性质错误时，除了对客观要素的认识以外，对其主观要件有必要作进一步的推究，因为这关系到行为人行为的社会危害性及刑事责任的有无与大小。

首先，在行为性质错误中，行为人主观上不具有“故意”的罪过形

---

① 刘明祥著：《错误论》，法律出版社、日本成文堂1996年版，第194页。

式。行为人的认识错误是以主观和客观相矛盾为特征，客观要素表象于外表上容易认识其存在，而主观要素则较为抽象难以认识和判断。如假想防卫和假想避险，由于行为人实施的防卫和避险行为客观上必然形成一定的危害结果，且该结果具有刑法意义上的社会危害性，也就是说，这种行为存有一种应受处罚的可能性。究竟是否应罚，则应对行为人的主观心理态度作出具体的判断，此乃研究行为性质错误的先导问题。由于行为人主观上缺乏对正当防卫或紧急避险前提条件的正确认识，是出于正当的动机，却产生了具有社会危害性的侵害他人的社会效果，尽管其行为是故意行为，但这种故意只具有心理学上的意义，而不具备刑法上的意义。因为，犯罪故意是以行为人明知自己的行为会发生危害社会的后果为前提，所以行为性质错误是阻却行为人主观故意的前提事由，不可能构成犯罪故意。有的学者认为，如果假想防卫人不确定判断的认识错误，即只是认为有正在进行不法侵害的可能，而贸然采取自以为正当防卫的行为，换言之，行为人明知其行为有发生危害结果的可能性，而放任这种结果的发生，则应当对其所造成的危害结果负间接故意的责任。[①] 笔者认为，这种观点亦欠妥当，因为，行为人系因误认而实施了防卫行为，已构成客观上的违法，只是由于主观上缺乏认识，故其主观上不存在故意。如果主观上是一种不确定的判断，则难以确定行为人主观上是否对行为的性质产生了错误认识，也就不涉及行为性质错误的问题。

其次，行为性质错误行为人主观上是否具有“过失”的罪过形式。很多学者认为，在大多数情况下，行为人主观上存有过失。因为，行为人的主观认识错误只要稍加注意，就可以弄清不法侵害是否确实存在，从而避免错误及危害结果的发生，只是由于行为人未加注意，才使本来可以避免的危害结果实际发生，所以，其主观上存在犯罪的过失。因此，误认的实质是对事态的错误认识，是属于主观性的责任问题，而与违法无关，但阻却故意，可负过失责任，阻却行为认识错误中之过失主要是指那种把实际上是侵害他人合法人身权利的行为误认为是有益于社会的情况，实践中的“假想防卫” 即属此种情形。行为人应当认识并且

① 王者香：《析假想防卫》，载《法学》1984 年第 8 期。

能够认识却由于疏忽大意或过于自信而未认识，自应成立过失。① 但需要注意的是，刑法第 15 条第 2 款规定："过失犯罪，法律有规定的才负刑事责任"。依此规定，行为性质错误由于过失而造成危害结果的，只有刑法分则明文规定处罚此种过失行为时，才能追究行为人的刑事责任，否则，即使由过失造成一定的危害结果，行为人也不应承担刑事责任。

最后，行为性质错误中行为人主观上无罪过的情形。在某些情况下，行为人对不法侵害存在的错误认识不可避免，主观上没有罪过，危害结果是由于不能预见的原因所引起，此为意外事件，故不负刑事责任。有的学者认为，这种意外事件发生而使行为人对事实认识上发生错误所采取的防卫行为，不属于假想防卫，应视为正当防卫。② 该论点与少数日本学者主张的"正当防卫说"基本相同，即以普通人的认识水平为标准，如果阻却违法事由前提的事实错误不能避免，就应与正当防卫同样对待。③ 此观点为我国和日本大多数学者所反对，因为，行为人对客观事物发生错误认识的不可避免性并不能否定其防卫的假想性。而且，从行为的性质和法律后果来说，正当防卫是有利于社会的行为，因此不负刑事责任，而意外事件尽管也不负刑事责任，但在客观上仍是有害于社会的行为，只是主观上没有罪过而不承担罪责而已。④

综上所述，笔者认为，行为性质错误中的行为人主观上不具有故意的罪过形式，其故意正是由于行为人主观上的认识错误而被阻却。如属于行为人应注意而未注意导致的认识错误，那就应负过失的责任。如其危害结果是由不能预见的原因所引起，则为意外事件，行为人不负刑事责任。

四、行为性质错误的归类问题

在我国刑法理论上，关于行为性质错误的归属问题，长期以来没有

① 胡鹰著：《过失犯罪研究》，中国政法大学出版社 1995 年版，第 115 页。
② 刘晓红：《意外事件和假想防卫》，载《法学》1985 年第 2 期。
③ 刘明祥著：《刑法中错误论》，中国检察出版社 1996 年版，第 97 页。
④ 陈兴良著：《正当防卫论》，中国人民大学出版社 1987 年版，第 195 页。

大的争议。传统观点认为行为性质错误应属于事实错误的范畴，此观点始终处于通说的地位，但也有一些学者认为，行为性质错误应属于法律错误的范畴，该观点认为行为性质错误之“性质”本身就包含着一种法律评价。例如，没有不法侵害而误以为有，它并不是判定某种事实是否存在，而是对事实的法律性质加以判断，而且作出这样的判断需要根据对法律的理解来进行。它是指把实际上并非不法侵害的行为误认为不法侵害，可见原先就存在某种行为，只是行为人以其性质的判断发生了错误，并非根本就不存在这种行为而误以为存在，不能认为行为性质错误可以阻却故意，就将其归入事实错误之中。还有个别学者在借鉴其他国家刑法理论的基础上提出，行为性质错误既不是法律错误，也非事实错误，而是一种独立的错误形式。我国刑法理论对行为性质错误的归类问题，缺乏深入的研究和争论。其他国家对此问题则有各种不同的学说(兹不赘述)。

笔者认同目前的通说，行为性质错误的行为人并无法律上的误解，只是对某种客观事实存在不正确的认识，从而导致行为人对自己行为的性质发生误解，所以属于事实错误的一种，此说与日本刑法理论上的事实错误说相埒，基于传统的错误分类方法，即分为事实错误与法律错误，只要是关于事实认识的错误，无论是构成要件的事实，还是违法性阻却事由的事实，都应归入事实错误的范畴，而且都阻却故意的成立。

（发表于《法学评论》2000 年第 3 期）

对象错误条件下犯罪既遂的认定问题研究

——对一例故意杀人案的定性分析

倪培兴

一、非认识因素导致的对象错误、案例及定性意见

我国刑法理论所研究的刑法上的错误一般仅限于认识错误，“是指行为人的主观认识和客观现实之间的矛盾，即主观认识对客观现实的不正确反映”①，或“行为人对自己的行为在法律上的意义或者对有关客观事实存在不正确的理解”。②

但是，在危害结果是犯罪对象的转化形式且发生了法定危害结果的对象错误案件中所谓“错误”首先是一个客观的事实，即行为人本意的犯罪对象与犯罪行为的实际承受者不相符合或存在矛盾。简言之，即行为的结果背离行为人的特定愿望或意图。而导致这种主客观矛盾的原因并不限于行为人主观认识的错误，在现实中，导致这种主客观矛盾的原因往往是行为人意志以外的客观事实。以下案例就属于这种情况：

吴某之妻徐某与本单位同事黄某从 1994 年开始有不正当两性关系。被吴某发现后徐、黄二人保证今后不再往来。2000 年 10 月 15 日凌晨 3 时许，吴从徐口中得知，徐、黄近期又有往来，十分恼怒，当即逼徐一起到黄某家中“讲清楚”，徐只得顺从，吴遂携带自制匕首一把，与徐一起于凌晨 4 时许至黄某寓所。刚进门，徐即提醒黄：“吴身上带有刀。”尔后，黄坐在床上，吴、徐斜对着站在床边，相距约三四十厘米，吴要徐、黄二人将事情说清楚，黄否认近期与徐又有往来，徐则沉默不语。吴见状打了徐一巴掌，并拔出随身携带的匕首，（对着黄）说：“戳

① 马克昌主编：《犯罪通论》，武汉大学出版社 2000 年版，第 371 页。

② 苏惠渔主编：《刑法学》，中国政法大学出版社 1999 年版，第 252 页。

死你”，便持匕首向黄刺去，徐迅速上前阻挡被吴刺中胸部，吴见徐捂住胸口，流血不止，慌忙将徐送医院抢救。当日凌晨4时40分徐经抢救无效死亡。

在上述案例中，发生吴某的主观意图与行为结果不相符合的原因并非吴某的主观认识，而是徐某舍生阻挡这个吴某意志以外的原因。这种错误显然不是认识错误，而是非认识原因导致的客观事实上的对象错误。在意大利刑法上，这种情况被称为“对象偏离”，[①] 但在我国刑法理论中，这种对象错误是被纳入“因果关系的认识错误”的范畴来加以研究的。[②] 那么，对本案应当如何定性？司法实践中主要有以下三种不同的意见：第一种意见认为：故意杀人罪的未遂和既遂取决于行为有无发生他人死亡的危害结果，而不是取决于犯罪人的意图或愿望是否达成。吴某主观上具有杀人故意，客观上实施了足以致人死亡的不法行为，并直接造成了他人死亡的危害结果，故吴某的行为已构成（直接）故意杀人罪既遂。第二种意见认为：吴具有杀死黄的故意，并实施了刺杀黄的行为，但因徐的阻挡未造成黄死亡的危害结果，系杀人未遂。对徐某的死亡，吴并不持希望或放任的心态，因而构成过失致人死亡罪。吴实施一个犯罪行为，同时触犯了故意杀人罪和过先致人死亡罪两个罪名，属于想象竞合犯，应择一重罪——故意杀人罪（未遂）定罪处罚。[③] 第三种意见认为：吴明知徐袒护黄，其持匕首捅黄时徐会上前阻挡而发生致徐死亡的危害结果，为了达到杀害黄的目的，吴对此危害结果的发生采取了放任的态度，故吴的行为构成（间接）故意杀人罪。[④]

笔者认为，认识因素导致的对象错误和非认识因素导致的“对象偏离”，都属于行为人本意的犯罪对象与犯罪行为的实际承受者不相符合

① ［意］杜里奥·帕多瓦尼著：《意大利刑法学原理》，陈忠林译，法律出版社1998年版，第248页。

② 参见马克昌主编：《犯罪通论》，武汉大学出版社2000年版，第381页。

③ 据悉，本案一审判决已采纳了该意见。

④ 上述三种意见（尤其是第一、第二种意见）基本上反映了我国刑法学界在此类案件的定性问题上的主要见解。参见马克昌主编：《犯罪通论》，武汉大学出版社2000年版，第382页。

的事实错误，两者的法律性质是相同的。在诸如此类的案件应当如何定性的问题上，国外学者主要有以下几种学说：

1. 具体符合说。该学说认为，行为人所认识的与客观上发生的结果必须具体地完全一致，行为人才能负既遂的刑事责任。根据此说，某甲意图杀害乙，结果误杀了丙。由于某甲的本意是杀死某乙，因此只有事实上杀死的确实是某乙，才能认为是具体地、完全地符合，甲才能负杀人既遂的刑事责任。某甲事实上杀死的是某丙，因而不是具体的符合。对于某乙来说，某甲构成杀人未遂；对于某丙来说，某甲构成过失杀人，应根据想象竞合犯的原理，按杀人未遂定罪判刑。

2. 抽象符合说。该学说认为，认识事实与发生事实在种类上没有必要是相同的，只要有犯罪意图，又有构成犯罪的事实，就可以成立犯罪的既遂。

3. 法定符合说。该学说认为，行为人主观上认识的事实与客观发生的事实虽然不完全一致，但在法律上的性质一致时，便应以行为人主观上的认识为根据，定为故意杀人既遂。根据此说，某甲意图杀害乙，结果杀死丙。虽然实际发生的结果与行为人的主观认识不一致，但是在法律上，无论是杀死某乙还是杀死某丙，性质是相同的，因此，对某甲应以故意杀人既遂论处。①

显然，上述第一种意见可以对应于“法定符合说”，第二种意见则可对应于“具体符合说”。笔者认为，“法定符合说”可以与我国犯罪构成理论相兼容，因而第一种意见法律依据和法理根据更为充分。②

① 马克昌主编：《犯罪通论》，武汉大学出版社 2000 年版，第 376 ~ 377 页。

② 对于某甲意图杀害乙，结果误杀了丙这种对象错误，我国学者多采“法定符合说”［参见苏惠渔主编：《刑法学（修订本）》，中国政法大学出版社 1999 年版，第 254 页］，或者认为“值得我们借鉴”（马克昌主编：《犯罪通论》，武汉大学出版社 2000 年版，第 377 ~ 378 页）。但是，有关法理上的论证并不充分。

二、犯罪既遂的认定与犯罪客体

以特定的个人为犯罪对象是故意杀人罪区别于危害公共安全罪的一个质的特征。但是，犯罪对象具有个别性和特殊性，并不意味着故意杀人罪之犯罪客体——人的生命权——也具有个别性和特殊性。根据历史唯物主义的原理，法律上所谓的“权利”乃是一定社会成员的物质和精神的生活利益及其利益关系等实质的社会关系上的一种社会关系——法的关系，是实质的社会关系的法律形式。① 马克思说过：“私有财产的真正基础，即占有，是一个事实，一个不可解释的事实，而不是权利。只是社会赋予实际占有以法律的规定，实际占有才具有合法占有的性质，才具有私有财产的性质。”② “可以设想有一个孤独的野人占有东西，但是在这种情况下，占有并不是法的关系。”③ 同理，人的生命本身只是一个生物学上的事实，只有在社会中，当人的生命被奉为不可侵犯的权利或“人权”时，当尊重这种权利被规定或约定为社会成员间相互关系的基本行为准则或行为规范时，甲以剥夺乙的生命为实现自己目的的手段

---

① 笔者这里所谓“实质的社会关系”仅仅指作为法或法的关系这种意志社会关系的确认和维护的对象存在的社会关系。这种所谓“实质的社会关系”笔者在《犯罪与犯罪客体论》一文（载陈兴良主编：《刑事法评论》第8卷，中国政法大学出版社2001年版）中曾暂称为“本体的社会关系”。如果仅就意识与存在的关系而言，那么一切社会关系包括法的关系就都具有“本体”的或“存在”的意义。马克思曾写道：“人的本质并不是单个人所固有的抽象物。在其现实性上，它是一切社会关系的总和。”（《马克思恩格斯选集》第1卷，人民出版社1972年版，第18页）因此有学者把唯物史观的本体论称作“关系本体论”。参见潘德荣：《本体与方法》，载［美］成中英主编：《本体与诠释》，三联书店2000年版，第134页。社会关系这个“存在”的复杂性就在于，在这个“存在”的体系中仍然存在着“物质社会关系”和“思想社会关系”这种类似意识与存在的辩证关系。而法或法的关系并没有自身独立的实质意义，它不过是一切“物质的”或“思想的”实质社会关系上的社会关系而已。因此，用“实质的社会关系”代替“本体的社会关系”也许更恰当些。

② 《马克思恩格斯选集》第1卷，人民出版社1972年版，第382页。

③ 《马克思恩格斯选集》第2卷，人民出版社1972年版，第104页。

或解决利益冲突的方式的行为才被宣布为违法和犯罪。不消说，人的生命总是特定个人自己的生命，然而，作为一种法的关系的人的（生命）“权利”却是一种社会的行为规范。由于人既是人身权利的主体又是其权利的客体，所以在法理上，即使是自杀和自伤自残的行为也是违法的。因此，作为一种罪行，杀人行为并不只是特定个人之间的一场利益冲突，而是个人与社会或与社会的法秩序之间的严重冲突。正是在这个意义上，依照我国刑法和刑法理论，本案被告人吴某的犯罪对象是黄某，但是其犯罪客体却是刑法保障的而被吴某的犯罪行为所侵害的人的生存利益及其相互关系上的最基本的法的关系——人的生命权。①

我们知道，普遍性总是寓于特殊性之中，作为犯罪对象的人也总是

---

① 在犯罪客体问题上，我国刑法学界存在着重大分歧，且不说犯罪构成中无须有犯罪客体要件的观点，在承认犯罪客体是我国犯罪构成的构成要件的学者中，有主张犯罪客体应当是刑法保护的“社会利益”的［参见何秉松：《刑法典修订以来若干重要理论问题新探索（下）》，载《政法论坛》2000 年第 4 期］，有主张犯罪客体应当是刑法保护的“法益”的（参见张明楷著：《法益初论》，中国政法大学出版社 2000 年版），有主张犯罪客体应当是刑法保护的“权利”的（参见冯亚东著：《理性主义与刑法模式》，中国政法大学出版社 1999 年版，第 181 页），还有学者主张犯罪客体应当包括作为刑法所保护的社会关系的物质承担者的犯罪对象（参见李洁：《论犯罪客体与犯罪对象的统一——兼论犯罪客体与行为客体的分立》，载《刑事法评论》，中国政法大学出版社 1997 年第 1 卷），等等。笔者基本持通说。根据历史唯物主义的主客体关系观，说犯罪客体不是物，而是刑法所保护的而为犯罪行为所侵害的社会关系，这显然是无可非议的。但是，广义的、未加规定的社会关系毕竟并不仅仅是一个行为规范意义上的法学范畴。虽然，“刑法所保护的”这一限制词已经界定了：作为犯罪客体的社会关系只能是取得法的关系形式的社会关系。因为，“法”乃是一个自为的体系，作为法的一个构成部分的罚则所保护的只是它自己，其功能仅在于防止和矫正人们的越轨行为。而在整个法的体系中，刑法正是处于这一全体法的“罚则”或制裁规范的地位，因此，刑法的保护客体（也即犯罪客体）只能是前刑罚规范的一切行为法规范。可是，“传统犯罪客体理论”却并没有对作为犯罪客体要件的社会关系作法的关系的限制性界定。笔者认为，历史唯物主义绝非还原论的唯物主义，法的关系与生产关系等经济、政治的社会关系存在着辩证统一关系，并不意味着法的关系可以还原为经济、政治等实质的社会关系，把

张三或李四等具体的、特定的个人，然而，作为犯罪客体的“人的生命权”却只是普遍的或一般人的权利，张三之为张三与李四并不等价，然而张三与李四之为“人”的人权却并无二致。因此，某甲的杀人行为尽管是以特定的个人（乙或丙）为对象的，但是，只要乙或丙是“人”，且这个“人”的生命权处于刑法的保护之中，甲就不能不意识到自己的行为并不仅仅是他与乙或丙私人之间的一场冲突，而是实施了一个公然违犯在任何社会都是最基本的行为规范的人的生命权的、因而必将受到国家司法机关刑事追究的行为，而在这种违法故意支配下实施的不法行为本身就具有所谓“社会”危害性或“社会”危险性，在特定的条件下，其危害结果具有不确定性或不以行为人的意志为转移的客观性。因

（上接注①）作为犯罪客体的社会关系解说为经济、政治等实质的社会关系乃至还原为“社会利益”，就必然使犯罪客体范畴的内容实质化、泛化而丧失法的规范性。我并不否定“法益”或“社会利益”也是刑法的保护客体这一事实及其在定罪量刑中的不可或缺的重要意义，因而在某种确定的理论意义上谓之“犯罪的利益客体”也未尝不可。但在我国，这种“利益客体”乃是以危害社会的结果、犯罪情节等规范形式进入刑法的犯罪规定的，而在我国犯罪构成的理论体系中，犯罪客体和危害结果是两个不同的概念，危害结果属于犯罪构成中犯罪客观方面的范畴。众所周知，我国犯罪构成理论不是对应于大陆法系犯罪论中的“构成要件”理论，而是对应于其构成要件该当、违法性和有资性三大条件组成的犯罪成立理论。从比较研究的角度看，犯罪客体在我国犯罪构成体系中的地位和功能，大体相当于德、日等大陆法系犯罪成立条件理论中的违法性条件。从理论来源上看，犯罪客体的概念也与大陆法系刑法理论的违法性概念具有渊源关系（参见肖中华著:《犯罪构成及其关系论》，中国人民大学出版社2000年版，第35页），只不过苏联刑法学对违法的本质按照马克思主义的观点作了社会关系侵害的解说。忽视我国犯罪构成的这一体系性特征而简单地将犯罪客体“还原”为“法益”或“社会利益”，这实际上偷换乃至取消了作为我国犯罪构成理论基石的犯罪客体的概念。而缺损犯罪客体要件的“犯罪构成”必将丧失对行为进行规范评价的功能。有关这一观点，请详见拙作:《犯罪与犯罪客体论》，载陈兴良主编:《刑事法评论》第8卷，中国政法大学出版社2001年版。

为，有特定的犯罪对象并不意味着行为人在作案时必然能够使其物质的行为准确地施加到该对象上，因此，在“行为客体”的意义上，[①] 犯罪对象具有客观上的可置换性。根据我国刑法规定，已经着手实行犯罪，由于犯罪分子意志以外的原因而未得逞的，是犯罪未遂。虽然，在区分犯罪未遂和犯罪既遂的界线或标准问题上，刑法学界可谓众说纷纭。不过“在以法定的危害结果的发生作为犯罪既遂标志的犯罪中，应当以法定的危害结果实际上是否已经发生，来区分犯罪的未遂和既遂。”[②] 这一点应当是没有疑义的。但是，这种危害结果必须是符合刑法规定的危害结果，即这种危害结果的性质必须与行为的犯罪客体的性质相一致。

而本案所涉及的关键性问题在于，当危害结果为犯罪对象的转化形态，并发生了对象错误或对象偏差的情况下，构成犯罪既遂必须以在客观被置换的对象与行为人的意志所设定的犯罪对象的性质必须具有法定的同一性，抑或必须与行为人的具体的主观意图相一致申言之，这种危害结果的性质只需与犯罪的“主观要件”的性质相一致，抑或必须与犯罪的“主观方面”完全符合？作为我国刑事责任归责原则的主客观一致原则是指犯罪的主客观“要件”相一致，抑或必须是犯罪的主客观“方面”的诸因素完全一致？

三、犯罪主观要件与犯罪主观方面

我国大多数刑法论著并没有对犯罪“构成要件”与犯罪的“方面”作严格的界分。例如，犯罪的主观要件与犯罪的主观方面常常是当做同义词被混用的。肖中华同志指出：“对‘要件’与‘方面’不加以区分的做法，使得‘要件’和要件之间的联系及区别亦无法廓清，相关的犯

① 狭义的“对象”概念具有主观意志属性，只有行为人的主观意志所设定或指向的具体的人或物才是行为的对象，错误的“对象”并非本义的对象，而只是客观行为的实际承受者。而“行为客体”的概念尚未被我国刑法学界普遍接受，通说的犯罪对象取包括客观行为的实际承受者在内的广义的对象概念。参见高铭暄、马克昌主编：《刑法学》（上编），中国法制出版社 1999 年版，第 119 页。

② 马克昌主编：《犯罪通论》，武汉大学出版社 2000 年版，第 446 页。

罪论体系（包括犯罪构成体系在内）的内部矛盾更在所难免。”他认为：“犯罪构成要件是对行为成立犯罪所必需的各个方面事实特征的抽象、提炼的实体，而犯罪构成要件寓居的方面则是这些事实特征所寓居或存在的‘空间’，两者不可混为一谈。”① 笔者想补充指出的是，我国学者多数认为，正如刑法是法律，刑法学是理论一样，犯罪构成也首先是法律，作为法律的犯罪构成与作为理论的犯罪构成在内容上并不完全一致。作为理论的犯罪和犯罪构成学说只是一种犯罪认识论和解释论，它包含了许多对于确定行为有无法定犯罪构成具有认识意义的主客观因素。因此，我国犯罪构成理论所谓的“构成要件”是指特定行为成立犯罪所必备的法定条件，这与大陆法系犯罪成立理论中的“构成要件”的概念是有根本区别的。这也意味着，“方面”与“要件”的区别还并不仅仅在于“方面”是“要件”的“居所”，而且还在于寓居在“方面”中的因素并不都是犯罪构成要件的要素。② 可以说，犯罪的“方面”是理论的，而“要件”是法定的或符合刑法规定的。犯罪主观方面中的许多因素仅仅对于认定“要件”的存在与否具有意义，它们本身不是犯罪构成要件要素，而是认定犯罪构成要件存在与否的认识要素，有时也作为认定“情节”轻重的依据。

笔者认为，一切犯罪的犯罪构成所必备的主观要件是所谓“罪过”，而“罪过”在本质上或规范性上乃是行为人违背其内心的理性法则——道德和法的律令——的意识和意志，而人们内心的这种理性法则不过是社会的实在法秩序的意识形式。因此“罪过乃是主观化的犯罪客体，而犯罪客体则是通过犯罪行为而外化或客体化了的主观罪过。”③ 在罪过的认识内容问题上，刑法学界存在着罪过的认识内容是社会危害性认识和罪过的认识内容是违法性认识之争。笔者认为，危害性认识和违法性认

① 肖中华：《犯罪构成要件及相关范畴辨析》，载《法学研究》2001 年第 2 期，第 34 页。

② 肖中华认为，“要素”是“要件”的组合元素。参见肖中华：《犯罪构成要件及相关范畴辨析》，载《法学研究》2001 年第 2 期，第 38 页。

③ 倪培兴：《犯罪与犯罪客体论》，陈兴良主编：《刑事法评论》第 8 卷，中国政法大学出版社 2001 年版。

识实际上不过是同一个事实的不同表述而已。在一般大众的观念上，有害性与违法性并不像在理论上一样是有严格区分的，人们通常都接受并且社会也不断向人们灌输这样的观念：法律所禁止或不被允许的，就是对社会有害的。因此，实质性的问题在于：1. 人们总是从某种既定的思想框架出发来认识和评价自己的行为和外部世界。那么，人们又是依据什么来判断自己的行为是“有害的”或“有益的”呢？我们认为，刑法学的罪过理论是建立在这一假设的基础之上的：人的意识并不是空白的，而是有是非善恶的价值判断规则的内容的，人们是依据存在其内心的理性法则（道德和法的意识）来对自己或他人的行为作价值判断的，并且，一切有理智的正常人都是有判断是非善恶的能力的。历史唯物主义的观点只不过认为，人们的道德和法的意识如同思维的逻辑和语言的语法一样，并不是先天的、与生俱来的，而是个人在社会化的过程中或社会生活的实践中形成和习得的罢了。据此，行为人所欲实施的行为被其内心的道德和法的律令所否定却仍然一意孤行的意识和意志就是犯罪故意或“罪过”。2. 被行为人意识到有害的行为在客观上是否违法？如果该行为在客观上违法，则行为人的危害性意识即违法性意识；如果行为人自以为自己的行为有社会危害性，但客观上不违法，则该危害性认识属于“假想有罪”的法律认识错误，因而行为人并无罪过；如果行为人自以为自己的行为无社会危害性，但该行为具备构成违法的客观事实要素，则行为人的认识属于“假想无罪”的法律认识错误。我国多数学者认为，行为人缺乏违法性认识或者危害性认识就不能认为有罪过。值得指出的是，认定行为人是否确实存在着这种认识错误或确实没有意识到自己的行为违法，依据的不仅仅是行为人的口供或辩解，而必须有主客观方面充足的理由排除行为人有获得相关法的意识的可能性。盗版商们可能会辩解说，他误以为自己的盗版行为是有益于社会的，但是显然不能据此就认为他没有违法性意识或存在着法律上的认识错误。

我们知道，人的有意识行为都是在某种内在需要或外部刺激的作用下合目的地实施的为了违法而违法的行为如同为了自杀而自杀的行为一样是不可思议的。因此，驱使行为人采取违法或犯罪的行为方式谋取、表达或维护其利益的动机、意图、目的等主观因素虽非一切犯罪所必备的主观要件的要素，而是属于犯罪的"附随情状"范畴，① 但是脱离这些"附随情状"，行为有无罪过或犯罪主观要件的问题就无法判断。例如，某甲将某乙杀死，如果司法者找不到某甲为什么要杀害某乙的客观原因和主观动机，某甲是否有杀人的罪过就无法认定。为了确定一个已经导致了符合刑法规定的危害结果的行为是不是一个在违法故意支配下实施的有责的行为，即是不是一个应当追究刑事责任的行为，司法者就必须找出这种违法故意得以产生的动因或根据，以便从事实上和逻辑上证明这种违法故意的存在。就本案而言，吴某有杀死黄的动机、意图或意志，并实施了刺杀黄的行为，因此有证据证明吴主观上有侵犯人的生命权之罪过或违法故意。不消说，故意杀人罪并非故意杀害某乙或某丙罪，刑法把甲针对乙实施的暴行只视为针对"人"的行为，只要行为人具有杀人的罪过，实施了在该罪过支配下的不法行为因而有犯罪客体，所违之法法益或所犯之权权益被侵害（"人"的死亡），即构成故意杀人罪（既遂）。至于甲针对乙的杀人行为"意外"地落到了丙身上而致丙死亡，并不妨碍其故意杀人罪既遂的成立。如果甲以乙为杀害对象的行为构成故意杀人罪既遂须以乙的死亡为要件，那就意味着，在甲实施针对乙的、足以致人死亡的行为时，在场的丙或丁必须避而远之，因为，按照"具体符合说"，如果甲无意杀害丙或丁，则甲故意杀害乙的行为即使已经致使丙或丁死亡，对该危害结果甲充其量只负"过失致人死亡罪"的刑事责任。然而根据我国刑法规定，当犯罪分子已经着手实施故意杀人的不法行为时，任何公民都有权对该不法行为加以制止或进行防卫，对因遭受不法侵害而处于危险状态的法益加以保护，如果该不法行为致使法益保护者死亡而构成故意杀人罪的既遂，须以行为人有杀害该法益保护者的意图为主观要件，那显然是有悖于刑法保护社会法律秩序、保护人权的立法宗旨的。

四、行为人对错误对象持何心态与对象错误案件的定性无关

在规范罪过论的意义上，即在明知不可为而故意为之的意义上，故

---

① 参见陈兴良著：《刑法哲学》，中国政法大学出版社1992版，第247页。

意犯罪的罪过（违法故意）无所谓“直接”或“间接”之分。习惯上所谓的“间接故意”，不过是指行为人对自己故意违反A法（侵犯人身权利）的行为会发生的A法法益被危害的结果（人身伤亡）不是持“希望”的心态，而是持“放任”的心态罢了。[①] 就故意杀人罪而言，划分直接故意和间接故意这两种故意形式的根据，只能是行为人对作为其犯罪对象的特定个人的死亡这一危害结果所持的不同心态，对该特定个人的死亡持希望心态的，是直接故意；持放任心态的，是间接故意。而在许多非蓄谋的杀人案件中，“希望的故意”和“放任的故意”并不总是泾渭分明的，因此，典型的“间接故意”杀人通常采取的是所谓“不纯正不作为”的行为方式。例如，行为人交通肇事致人重伤后，为了逃避肇事责任，故意将丧失自救能力的被撞者从事故现场转移至极少有可能

① 本文仍沿用“直接故意”和“间接故意”的用语。但是笔者认为，将希望的故意和放任的故意称为直接故意和间接故意是不适当的。根据《辞海》的词义解释，所谓“间接”是指“隔开、不连接”。间接关系是A、B两个事物发生关系或联系的一种形式，这种形式可以表述为：A以X为中介作用于B。于是，“间接故意”一说在逻辑上存在的问题就在于，如果行为人明知自己直接作用客体X的行为会发生危害客体B的结果，并且放任这种结果发生的故意是间接故意，那就必须设定行为人直接作用客体X的行为是一个犯罪行为。因为，刑法上所谓“故意”仅指犯罪故意，假设直接作用客体X的行为非罪，则行为人只有一个犯罪故意——危害客体B的故意，因而也就无所谓“间接故意”。“借刀杀人”或雇佣杀手杀人是一种间接杀人行为，但是行为人的杀人故意谈不上“间接故意”：如果行为人直接作用于客体X的行为是一个犯罪行为，那么，行为人明知自己犯X罪的行为会发生危害客体B的结果，并且放任这种结果发生，则行为人同时存在两个犯罪故意，触犯两个罪名，在这种情况下，该行为就构成想象的竞合犯；如果行为人直接作用客体X的行为是一个可能发生危害客体B的违法行为，但是依照刑法规定，没有发生危害客体B的结果，该违法行为不构成犯罪，那么，当行为人实施了该违法行为，并且发生了刑法规定的危害结果，由于该违法行为只是一个可能发生危害客体B的违法行为，则行为人对发生该危害结果充其量只存在“可能故意”。根据疑罪从无的原则，那就只能推定行为人对发生危害客体B的结果持过失心态。我认为，“间接故意”是一个超规范的，易于与轻信过失或有认识过失相混淆的，因而是一个可能导致司法擅断的概念。因此，笔者建议，直接以“放任的故意”取代“间接故意”。

获得救助机会的偏僻场所然后逃逸的，便构成所谓间接故意杀人。根据本案案情吴某主观意志上的侵害对象只是黄某，徐某压根就不是吴某的犯罪对象，就吴的认识可能性而言，徐的舍生阻挡充其量只是一种可能发生的事实。虽然，关于吴对发生徐死亡的结果持放任心态的推理似乎是合乎逻辑的，然而却仅仅是一种推理，而且是一种牵强附会的推理。根据刑法第14条之规定，吴的杀人故意是直接故意还是间接故意，仅仅取决于其对明知自己持匕首捅黄的行为会发生黄死亡的危害结果是持希望的心态还是放任的心态，而与吴是否预见其所实施的不法行为可能受到来自何方、何种形式的制止或防卫的认识无关。在对象错误的情况下，若要追问行为人对错误的对象受到侵害的结果持何种心态，那么，唯一合理的回答是纯属意外。显然，关于本案的第三种意见和第二种意见一样，不是把吴杀黄的杀人故意理解为犯罪故意或违法故意，而是把杀人故意仅仅狭隘地理解为由犯罪人的主观意志界定的对象故意——杀黄的故意或杀徐的故意。因而这两种意见必然在这一点上殊途同归：如果吴没有希望或放任徐死亡的故意，则徐的死亡或者是过失致死，或者是意外事件。这样一来，定罪活动的焦点就会转移到“吴是否明知或应当预见到徐会舍生阻挡?”诸如此类的既无法加以证明，也与本案的定性毫不相干的问题上去。

五、实施一个犯罪行为不可能同时触犯故意杀人罪和过失致人死亡罪

想象的竞合犯或想象的数罪是一种特殊的犯罪形态，其基本特征是：行为人实施一个犯罪行为，触犯数个罪名或符合数罪名的数个犯罪构成，从而使实质上的一罪形成外观上的数罪，并引起数罪名对该行为“争相符合”。① 由于行为人只实施一个犯罪行为，构成想象竞合犯所触犯的两个罪名就只能是行为要件相同或可以兼容而客体要件不同的两罪名。例如盗窃、诈骗、抢夺罪的犯罪客体相同，但客观（行为）要件互

---

① “从词义上说，竞者，争也。合者，符合。该当也，竞合就是争相符合。”陈兴良主编：《刑法各论的一般理论》，内蒙古大学出版社1992年版，第384页。

不兼容，所以实施一个盗窃行为显然不可能同时触犯诈骗罪或抢夺罪，只有“盗窃”正在使用中的电线电缆的行为同时破坏了电力设备，才可能同时触犯盗窃罪和破坏电力设备罪这两个客体不同的罪名。那么，行为人只实施一个行为，是否有可能同时触犯主观要件分别为故意和过失的两个罪名呢？例如，行为人实施一个行为，是否有可能同时触犯故意杀人罪和过失致人死亡罪这两个罪名呢？

如前所述，作为一个应用刑法学范畴，作为犯罪构成必备要件之一的犯罪客体应当被具体地界定为刑法所保障的而被犯罪行为所侵害的一切法或法的关系。而法或法的关系乃是一种意志社会关系，是一种规范有意识行为的社会关系，因而只有有意识的或曰“故意的”行为才可能违法。由此，笔者得到以下两个结论：1. 犯罪客体乃是被犯罪行为所故意或直接违反的法规范，按照这一犯罪客体概念，交通肇事罪之犯罪客体不是被侵害的人身或财产上的法的关系，而是交通运输管理上的社会关系或法的关系，即交通运输管理法规。2. 主观罪过与犯罪客体具有辩证统一性，过失和故意这两种罪过形式的差异乃是犯罪客体差异的主观形式，罪过形式不同，反映了犯罪客体的不同。故意犯罪（包括“间接故意”犯罪）具有这样的违法构成：行为故意违反 A 法——A 法法益被侵害。而过失犯罪的违法构成则为：行为故意违反 X 法——过失违反 A 法——结果严重侵害 A 法法益。① 所谓“X 法”，是指在基本法或母法（“A 法”）的基础上衍生而成的法规范总和，包括国家制定的和其他社会组织、公民之间依法制定和订立的规章制度、合同契约等各种社会行为准则，遵守这些准则就是为了预防或避免和减少对人身、财产等基本法益造成危害。虽然，故意违反“X 法”（交通运输管理法规）的单个行为并不必然导致“A 法”法益遭受重大损失（人身伤亡或财产损失），但是，对“X 法”持轻蔑的、漠视或忽略的心态必然大大提升“A 法”法益遭受重大损失的发生率，因此，尽管行为人并无希望或放任“A 法”法益遭受重大损失的故意，只要导致危害结果的行为违反“X 法”，则该行为就仍然具有可非难、可谴责性，我们也因此可以说行为人对发

① 关于犯罪故意和过失的规范性质和结构，笔者已另文作了较详细的探讨，将发表于近期的《人民检察》。

生危害结果持“过失”的心态。[①] 由于一切过失犯罪都不是因故意违反“X法”而受到刑事追究，而是因过失致使“A法”法益实害而受到刑事追究，查明行为有无违反“X法”只是为了确定行为人有无违反“A法”之过失。据此，故意杀人罪与过失致人死亡罪的犯罪客体虽然有质的差别，其客观要件也具有可兼容性，但是行为人只实施一个犯罪行为却不可能同时触犯故意杀人罪与过失致人死亡罪两项罪名。依据在于，从犯罪构成的原理上讲，一切过失犯罪都只能以故意违反“X法”为违法性要件或客体要件，而作为过失犯罪客体要件的被故意违反的“法”排斥一切作为故意犯罪客体要件的“A法”，否则就会陷入逻辑上的自相矛盾。如果某甲实施一个故意伤害某乙身体的行为，只是该行为又不以某甲的意志为转移地发生了乙死亡的结果，则该行为只能构成结果加重犯，而不是构成想象竞合犯。因为，行为人虽然并不希望或放任他人死亡结果的发生，但是其故意伤害的行为本身已经构成犯罪，并且，故意伤害罪和故意杀人罪的直接客体虽然不同，但是其犯罪对象或危害结果的承担者在种类上是相同的，即都是人。当然，司法实践中也有实施一个犯罪行为引起分别为故意犯罪与过失犯罪的两罪名“竞合”的特例，但是，该犯罪行为必须满足这一条件：该故意犯罪行为所指向的对象或所欲侵害的法益与客观上发生的危害结果在性质上是完全不同的两类事物。例如，只有当行为人实施一个故意毁坏财物的行为同时导致了他人死亡的危害结果时，该行为才可能视为同时触犯故意毁坏财物罪和

① 英国学者哈特写道：“在普通英语乃至法律英语中，当某人因过失而导致危害时，如果我们要说这个人已经过失地实施了行为，我们将不会因此而仅仅描述他行为时的心理结构。‘他因过失而打碎了一只茶托’和‘他因疏忽而打碎了一只茶托’并不是同一种类的表述。‘疏忽’一词的意义只在于告诉我们行为人的心理状态，但是，如果我们说‘他因过失而打碎了它’，那么，我们就不仅把这一行为染上了受非难或指责的色彩，而且加进了某种非常特别的因素，即我们必须满足这样的事实，即行为人没有遵守任何有理智的正常人本来可以遵守的行为准则，而这一准则就是要求行为人采取预防措施，以免造成危害。无论从法律还是非法律的意义上讲，‘过失’这个词总是和没有做应当做的事情发生着本质的联系。”转引自陈兴良著：《刑法哲学》，中国政法大学出版社1992年版，第35页。

过失致人死亡罪，并以想象竞合犯处断。

一般而言，一个在客观上造成他人死亡的危害结果的行为之所以被认定为意外事件，就在于该危害结果并非因行为违法所致；而一个致使他人死亡的行为之所以被认定为过失致人死亡罪，就在于行为人没有直接违反人的生命权利这一基本法规范——“A法”的故意，但却故意违反了其他应当并且也是可以遵守的行为准则——“X法”，因而该行为仍然具有可非难、可谴责性。在本案中，吴并非因行为违反“X法”而致徐死亡，而是因故意违反“A法”而致徐死亡，吴实施的一个违法行为只触犯了一个罪名——故意杀人罪。因此，吴的行为构成“想象竞合犯”一说缺乏事实依据和法理依据。假设吴的行为只是致徐重伤或轻伤，吴的行为也仍然不构成想象竞合犯，致徐重伤或轻伤只是故意杀人罪（未遂）的一个量刑情节。因为，“抽象符合说”不符合我国犯罪构成理论的基本原理和主客观一致的刑事责任归责原则。

（发表于《中国刑事法杂志》2001年第4期）

不能犯问题研究

黄卿堆

一、概述

对不能犯的研究理应成为刑法学关注的重点问题。但是，“对问题的回答是各不相同的，其原因在于未遂犯的处罚根据是否在行为人的意志中体现出来，或者在对受到构成要件保护的行为客体的危害中体现出来”。[①] 也就是说，刑法对不能犯的处理，取决于以何种理由认为未遂是应受处罚的，对不能未遂的处罚一直是个争论不休的话题。正因为不能犯与未遂犯有着千丝万缕的联系，故廓清未遂犯理论的相关问题是不能犯理论研究的前提。

未遂犯有广、狭二义之说。广义说之典型为《德国刑法典》第43条的规定：“凡已着手于犯重罪或轻罪行为的实行，因而表现其有犯罪的决心，但未完成所欲犯的重罪或轻罪者，应依犯罪未遂处罚。”其未遂概念中包含障碍未遂、中止未遂和不能未遂三部分。狭义说之规定以《法国刑法典》为典型：“《新刑法典》第121－5条规定‘已着手实行犯罪，仅仅由于罪犯意志以外的情事而终止或未能既遂，即构成犯罪未遂。’”[②] 其未遂仅指障碍未遂或称普通未遂。我国大陆刑法（以下简称大陆刑法）对未遂犯的立法模式采“狭义说”之观点，现行《刑法》第23条规定：“已经着手实行犯罪，由于犯罪分子意志以外的原因而未得逞的，是犯罪未遂。”立法上没有关于不能犯的相关规定，理论上把不能犯等同于不能未遂或不能犯未遂，与能犯未遂并列为未遂犯的分类

---

① ［德］汉斯·海因里希·耶赛克、托马斯·魏根特著：《德国刑法教科书》，徐久生译，中国法制出版社2001年版，第611页。

② ［法］卡斯东·斯特法尼等著：《法国刑法总论精义》，罗结珍译，中国政法大学出版社1998年版，第232页。

之一。

本文拟以未遂犯理论为基础，对我国刑法中不能犯理论之缺陷及其完善提出自己的见解和主张，恳请学界同仁批评指正。

二、大陆刑法中不能犯问题之现状

大陆刑法学者一般以行为的性质在客观上能否构成犯罪既遂为标准，把未遂犯划分为能犯未遂和不能犯未遂。“所谓不能犯未遂（又称不能犯），是指因犯罪人对有关犯罪事实认识错误而使犯罪行为不可能达到既遂的情况。”① 可以看出，大陆刑法理论把不能犯等同于不能未遂或不能犯未遂，而这里的不能犯所指的是一种没有实际可能达到既遂的行为，之所以达不到既遂标准，乃是由于行为人的认识错误所致。

在不能犯的分类上，大陆刑法一般把不能犯分为工具（手段、方法）不能犯和对象（客体）不能犯两种。前者是指行为人由于认识错误而使用了按其客观性质不能实现行为人犯罪意图、不能构成既遂的工具，以致犯罪未遂；而后者是指由于行为人的认识错误，使得其行为所指向的犯罪对象在行为时不在犯罪行为的有效作用范围内，或者具有某种属性，而使得犯罪不能既遂，只能未遂。

在不能犯的处罚根据问题上，大陆刑法理论一般从主客观相统一的原则出发，认为不能犯行为人主观上具备明显的犯罪故意，客观上由于行为人的认识错误才使得其行为缺乏完成犯罪和达到既遂的性质，但是这种行为是与行为人的犯罪意识与意志密切联系在一起并受其支配的，故完备修正的犯罪构成要件，具有严重的社会危害性，应受刑罚处罚。一句话，大陆刑法理论认为所有的不能犯都是未遂，都应受刑罚处罚。

笔者认为，大陆刑法中不能犯理论之现状至少存在以下几个问题：

第一，立法对不能犯问题没有予以应有的重视。不能犯在我国刑法中的地位可以说是个“纯理论”问题，由于立法上没有相关规定，故法学研究及司法实践均缺乏“规范”基点，是否入罪，是否可罚以及如何处罚等极难把握，其标准更是学说林立。说到底，不能犯也能关系人之

---

① 高铭暄主编：《刑法学原理》，中国人民大学出版社1995年版，第327页。

生死，不应只是纯学术问题，法律学者对其态度犹如其决定行为人的生死存亡一样。对其立法势在必行。

第二，理论上对不能犯的判断持的是一种“主观说”的标准。大陆刑法学界认为，不能犯是未遂犯的一种。在未遂犯的处罚根据上，历来有主观说、客观说和折中说之争。主观说认为，未遂犯的处罚根据在于显示出犯罪人性格危险性的，与法相敌对的犯罪意思，其不足在于过度强调社会伦理价值和社会防卫，必然导致犯罪意思是未遂犯犯罪根据的结论。客观说认为，未遂犯的处罚根据在于发生构成要件结果的客观危险性或者法益侵害的客观危险性；即使存在犯罪意思，但如果没有发生结果的客观危险性，则不能作为未遂犯予以处罚。折中说认为，未遂犯的处罚根据首先是实现犯罪的现实危险性，其次必须考虑行为人的主观内容。大陆刑法中不遂犯直接包括不能犯的做法明显持的是主观说的观点，无论是工具不能犯还是对象不能犯，都没有表明其“危害行为”在到“未遂”程度的具体标准，也就是说，在不能犯的场合，行为即使客观上并没有侵犯某一社会关系，但只要行为人主观上有恶性，就可以认定为未遂罪。这不仅与哲学上的质量互变规律相违背，而且对一向坚持主客观相统一原则的我国大陆刑法来说，也是不相协调的，“刑法史的研究已经表明，主观主义必须在客观主义的基础上才能求得发展”。① 即使在极其强调“犯罪意图”的普通法系刑法中，“未遂罪的有关罪行不能是任何不可能达成的罪行”。②“任何意图针对某人或借某特定手段犯罪，但由于选错了受害人或选错了手段，以致犯罪成为不可能，便不构成未遂罪”。③“刑法的目的不是为了纠正国民与国家相敌对的心情，从而养成善良的国民意识，而只是保护法益或市民的具体生活利益；过度的保护思想必然与警察国家思想相联结，进而干涉国民的自由；因此，对法益的侵犯可能性或客观危险性，是未遂犯的处罚根据”。④

---

① 李海东主编：《日本刑事法学者·上》，法律出版社、日本成文堂联合出版，第3页。

② 《香港刑事罪行（修订）条例》(1996)。

③ 罗德立主编：《香港刑法纲要》，北京大学出版社1994年版，第40页。

④ 张明楷著：《刑法的基本立场》，中国法制出版社2000年版，第46页。

第三，对不能犯不加区分而一概视之为未遂犯，是一种过分强调社会利益而压抑个人利益，只讲社会保护而忽视人权保障的刑法功能观。在个人利益与社会利益相一致的前提下，刑法无论是惩治侵害个人利益的犯罪，还是侵害社会利益的犯罪，都是有益于社会的，具有同样的社会价值。“在刑法意义上，国家为了保护社会，就有必要设置刑罚，刑罚权就有存在的理由”。[①] 但是，个人利益与社会利益的关系是极其复杂的，经常面临着一种优先选择或取舍的困难，特别是在行为是否构成犯罪以及是否对之启动刑罚权的问题上，更是如此。众所周知，刑罚权从本质上看是一种“强权”——和平时期国家强权最集中的体现，放大犯罪圈固然有利于打击犯罪，但随之而来的是国家刑罚权的膨胀，其结果必然是侵犯公民权利，这是因为，“客观上完全没有侵犯法益危险性的行为也可能成为犯罪行为，故司法机关完全可以针对任何行为展开调查，看行为人是否因为认识错误而未能造成侵害结果。这是相当危险的”。[②] 所以，在一个法治社会，国家权力应该受到公民权利的制约，保障人权应当是国家权力存在的根据，体现在不能犯理论上，就是对所有的不能犯都发动刑罚是否具有合理性的问题。

三、外国刑法之不能犯理论

从当今世界刑事立法的趋势来看，大部分国家都对不能犯予以明文规定，理论研究上也形成了内容相当庞杂的学说体系。大陆法系国家坚持成文法传统，德国、意大利、日本、法国、罗马尼亚、奥地利、瑞士、西班牙、荷兰、比利时、巴西等国都于立法上作了明文规定。即使是在坚持判例法传统的英美法系国家，也形成了内容相当丰富的理论和实践。“英国的刑法理论和实践坚持认为不能犯也应处罚；这里，首要的问题是证明问题。实践中对不能犯未遂定义的解释是相当严格的……在内容丰富的美国司法实践中，在区分犯罪预备和犯罪未遂时同样采取客

① 陈兴良著：《刑法的价值构造》，中国人民大学出版社1998年版，第266页。

② 张明楷著：《刑法的基本立场》，中国法制出版社2000年版，第246页。

观标准，不能犯未遂在‘合法不可能’和‘明显不可能’情况下不受处罚”。①

那么，如何判断某种不能发生犯罪结果的行为是不是未遂？该问题从19世纪以来一直是刑法学界的热点和难点，现在国外刑法研究已形成了极为庞杂的理论和实践。纵观各国之立法例，主要有如下几种：

第一，规定不能犯不为罪，如日本、意大利、奥地利等国。《意大利刑法典》第49条第2款规定：“当因行为不适当或者行为的对象不存在而不可能发生损害结果或者危险结果者，也排除可罚性。”②《日本刑法改正草案》第25条也规定：“行为依其性质不能发生结果者，不以未遂犯论处。”③ 其刑法侧重于客观行为及其结果，以行为的客观危险性、定型性及构成要件的符合性作为理论基础，认为不可能造成实际危害的不能犯行为，只是主体人身危险性的象征，“不可能犯的客观方面没有任何危险的内容，只是行为人主观危险性的评价对象，因此，它只对是否适用保安处分有意义”。④

第二，规定不能犯与普通未遂同等处罚，如罗马尼亚、新加坡等。《罗马尼亚刑法典》第20条第2款规定：“由于力所不及，所用手段不力或犯罪实施终了而犯罪分子所追求的标的不在其所预料的地点，以至犯罪不能得逞的，都是未遂。”⑤ 这些国家侧重于行为人本身的危险性，着眼于行为人的主观认识，意欲及危险性的表露。不能犯的行为虽然没有实现结果，但它所表露的行为人的犯罪故意和人身危险性与普通未遂无异，其不可能达到既遂的原因同样是出于行为人的意志之外的，自然应与普通未遂作同样的处理。

第三，规定不能犯是未遂，但可以减、免刑罚，如德、韩等国，以

---

① ［德］汉斯·海因里希·耶赛克、托马斯·魏根特著：《德国刑法教科书》，徐久生译，中国法制出版社2001年版，第633页。

② 黄风译：《意大利刑法典》，中国政法大学出版社1998年版，第20页。

③ 张明楷译：《日本刑法典》，法律出版社1998年版，第103页。

④ ［意］杜里奥·帕多瓦尼著：《意大利刑法学原理》，陈忠林译，法律出版社1998年版，第315页。

⑤ 转引自陈兴良著：《刑法适用总论》，法律出版社1999年版，第431页。

及我国的台湾地区。《德国刑法典》第23条第3款规定："如果行为人出于重大的无知，对根据行为应该实施其上的对象或者所使用的手段的性质，力图根本不可能达于完成发生了错误认识，那么，法院可以免除刑罚或者根据其酌量轻处刑罚。"①"（刑法）第23条第3款对不能犯的应受处罚性的限制，虽然在上述情况（指既无具体的危险性亦无抽象的危险性，笔者注）下原则上否定处罚需要，将不会导致完全不处罚，而是予以免除处罚，或者根据第49条第2款的规定可以减轻处罚；但是，免除处罚应当作为一个原则"。② 这些国家的刑法一方面认为不能犯的行为人具有主观恶性，因而应认定为有罪，另一方面又考虑到其行为的客观危险性很小，故对不能犯之刑罚予以减免。

四、我国刑法中不能犯存在的问题及其完善

上述各国刑法关于不能犯的立法规定各具特色，有其合理成分，又有值得推敲的地方，这反映了不同的刑法文化及其价值观，但其给我们提供了一种考虑问题的思路。

笔者认为，我国刑法应该把不能犯上升到立法高度，理由如下。第一，不能犯问题本身的重要性使然。从各国的规定来看，不能犯可以说是关系到行为人生杀予夺的重大问题，是否入罪，是否可罚以及如何处罚等足以令人却步，其标准更是学说林立。这种情况导致了在法无明文规定时，对其的理解和研究是多元和不统一的，其实践也是容易分歧甚至使人误入歧途的。说到底，不能犯也能关系人之生死，不应只是纯学术问题，法律学者对其态度犹如其决定行为人的生死存亡一样。对其立法势在必行。第二，不能犯问题本身的难度使然。"不能犯"从其自身含义而言，应既有"不能构成犯罪"之义，又有"不能完成犯罪"之义。在大陆刑法理论及司法实践中，对不能犯的判断与普通犯罪殊无二样，首先应对其"刑事违法性"进行判断，但是由于刑法对未遂犯作了一般的处罚规定，因此不能犯是否构成犯罪单纯从刑事违法性上考察不

① 冯军译：《德国刑法典》，中国政法大学出版社2000年版，第12页。

② ［德］汉斯·海因里希·耶赛克、托马斯·魏根特著：《德国刑法教科书》，徐久生译，中国法制出版社2001年版，第638页。

易得出结论，而必须把考察的重点放在“不能犯行为”之社会危害性上。也就是说，得考察不能犯行为是否对刑法保护的社会关系造成现实威胁，即具有危险性。如果行为不能造成犯罪结果的发生，其本身又无危险性者，则此行为应作无罪处理。依此，刑法中应当有不能犯的明文规定，以免出入人罪。

所以，笔者认为，应对刑法第23条增加规定：“行为依其性质不能发生犯罪之结果，但有危险者，以犯罪未遂论。”作为第2款。这种解决问题的方法与大陆法系刑法中的“实质的违法性”判断有异曲同工之作用，由于对违法性的实质到底是什么存在着“法益侵害说”与“规范违反说”之争，相应地，“结果无价值”抑或“行为无价值”也就成了判断违法性的工具，从目前形势来看，“法益侵害说”是通说，其持“结果无价值”之立场，认为违法性的实质在于对法益的侵害及威胁。刑法的目的在于保护法益，故只有当行为对法益造成了侵害或威胁时，才能认定具有违法性。“结果无价值”理应成为判断违法性的依据，即不能根据行为本身的属性而是从行为人的行为所造成的侵害或威胁法益的结果来判断违法性。这是因为，“为了保障个人的权利、自由不受国家权力的侵犯，必须尽可能客观地判断违法性的有无、而根据行为是否侵害或威胁了法益进行判断，则是最妥当的，如果重视行为本身以及行为人的主观内容，则会推进法的伦理化，容易侵犯个人的权利和自由”。①

问题主要在于如何判断不能未遂。大陆刑法理论仅能将能否既遂作为区分能犯未遂和不能犯未遂之标准，而没有具体考虑行为是否具有危险性，这使得不能未遂与普通未遂难以区分，因为根据大陆刑法理论，“凡行为人已着手于实行犯罪构成要件的行为而未达既遂者，皆属未遂。依此，无论行为就其本身来说是否有可能达到既遂，只要尚未实际达于既遂，依照上述对不能犯的定义，一切未遂都是不能犯未遂，因为一切未遂都是因为某种原因而停止下来所形成的状态。因此，以行为能否达于既遂为标准，仅仅是区分既遂和普通未遂（即大陆刑法中的未遂）的

① 张明楷著：《未遂犯论》，法律出版社、日本成文堂联合出版，第45页。

界限，而不能作为普通未遂和不能未遂的界限。”① 特别是在“不能犯”的具体区分上更显得力不从心。

笔者认为，这个问题的解决有赖于“危险性”这个概念的引入，“未发生结果的场合并非都是可罚的未遂犯，要成立未遂犯，除了结果未发生这一消极的条件外，还必须有‘发生了具体的危险’这一积极条件”。② 因此，我们主张重新对不能犯进行如下划分：

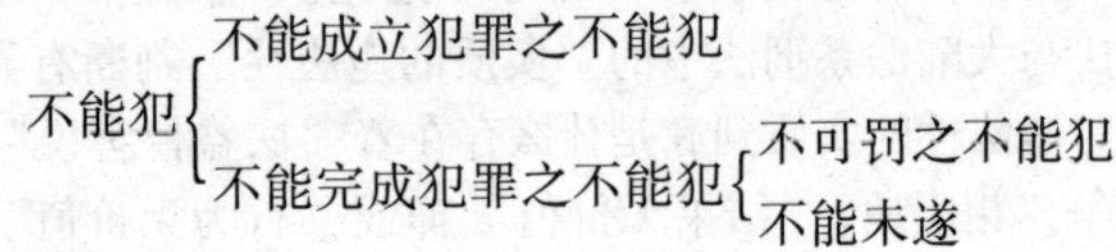

“未遂犯属于危险犯”，未遂犯是与既遂犯相对应的概念，危险犯是与实害犯相对应的概念。实害犯在发生实害结果时成立既遂犯，在没有发生实害结果时成立未遂犯；但没有发生实害结果的未遂行为，也必须具有发生实害结果的危险性的行为。“不能成立犯罪之不能犯”即不是犯罪，指的是行为人自以为已经着手实行犯罪，但其行为意志由于违反自然规律而导致行为不具有实现犯罪的危险性的情况。如迷信犯，或以为砂糖具有杀人作用而使仇人饮用糖水等。这类作为从形式上看虽有实行的着手，但该行为无危险性，故不值得作为未遂处理。不可罚之不能犯指的是行为人以实现犯罪的意思实施了行为，但其行为性质上属于完全不可能使结果发生的行为，故其只是单纯形式上符合构成要件，而没有发生构成要件结果的现实危险性。这是一类可能构成未遂，但是基于刑事政策的需要而认为不值得刑罚的情况，与“不能成立犯罪之不能犯”相比，其行为人主观认识有一定的科学依据，而不像不能成立犯罪之不能犯的行为人那样，认为“诅咒”能把人害死，糖水能把人“甜死”等愚昧想法。而不能未遂指的是由于行为人的主观认识错误其行为客观上不能发生犯罪之结果，但具有发生犯罪结果的危险性的情况。

“不能成立犯罪之不能犯”与其他二者差别较为明显，其判断主要

① 赵秉志主编：《海峡两岸刑法总论比较研究》，中国人民大学出版社，第68～69页。

② 张明楷著：《未遂犯论》，法律出版社、日本成文堂联合出版，第48页。

在于不能发生犯罪结果又无危险性的行为的实施是否由于该行为人基于违背自然规律的认识使然。但是，在区分不可罚之不能犯与不能未遂上则存在一定的难度。针对大陆刑法研究的现状，笔者认为，应分两步走。第一，从行为性质看该行为能否发生犯罪结果。也就是说，在所有的贯彻了行为人的犯罪意图，但没有发生犯罪结果的行为中区分，以排除能犯未遂的情况。第二，不能发生犯罪结果的行为是否具有危险性，即该行为是属于不可罚之不能犯，还是不能未遂。理论界对危险性的理解，可谓众说纷纭，大致有客观说、主观说和折中说之分，其中每种学说中又各有不同的具体主张。

（一）客观说

1. 纯粹客观说。其将行为人的意思决定行为完全置于一般人的认识水平之下，根据一般人的认识水平，如果行为在客观上绝对不可能发生任何危害结果，则构成不能犯；反之，如果行为有可能发生危害结果，即行为对危害结果的发生属相对的不能，则即使危害结果并未发生，也构成未遂犯。

2. 具体危险说。此说主张行为的实施是否具有发生危害结果的危险性不应仅从客观事实进行判断，而应该“以行为当时行为人特别认识到的事实以及一般人可能认识到的事实为基础，从客观的见地，作为事后预测，判断有无发生结果的危险”。①

（二）主观说

1. 纯粹主观说。主体只要作为人以实施犯罪的意思实施了行为，无论其行为是否具有危险性，是否齐备构成要件，一律构成未遂犯，不存在进一步区分未遂犯与不能犯的余地和意义，但迷信犯除外。

2. 抽象危险说。该说以行为人的犯罪意思为基础，以一般人的认识作为判断行为是否具有危险性的标准，详言之，如果根据行为人的个人认识实施犯罪行为，且一般人认为行为一旦实施则必然发生行为人预期的危害结果时，构成未遂犯；反之，若行为人根据自己的认识实施犯罪行为，但一般人认为其行为根本不具备发生预期危害结果的危险时，则

① 张明楷著：《未遂犯论》，法律出版社、日本成文堂联合出版，第234页。

构成不能犯。

（三）折中说

1. 客观的主观说。此说以行为人主观上是否有犯罪意图以及客观行为是否有发生危害结果的危险性为基础，以一般人的认识水平为标准判断行为危险性的有无。凡行为依此标准有危险性的，是未遂；反之，则为不能犯。

2. 主观的客观说。此说以行为人本人事前的意思决定和事前对事实的认识为基础，以一般人的认识水平为标准来判断行为危险性的有无。

我国大陆刑法对未遂犯的规定采取的是“概括主义”模式，这样，“刑法总则有关犯罪未遂的规定，实际上具有‘成倍增加’刑法分则中犯罪规定的作用”。[①] 由于有了犯罪未遂的规定，每一个罪刑条款实际上都增加了一个与之相应的未遂形式，这样当然有利于保护法益。但是，在强调法益保护的同时，也应主张刑法的谦抑性和国民自由的保障。“刑法的任务到底是保护法益的，如果行为没有侵害或威胁法益，就不能作为犯罪处罚；而且为了保障国民的自由，必须实现刑法的谦抑性，凡是采取其他措施就足以保护法益时，不得适用刑法进行保护”。[②] 这是客观的未遂论之根基，也应成为我们确定不能犯能否构成犯罪之标准的观念指导。

笔者坚持，在区分不可罚不能犯与不能未遂时应坚持“具体危险说”，即从行为当时行为人特别认识到的事实以及一般人可能认识到的事实为基准，从客观的见地，作为事后预测，判断有无发生结果的危险。也就是说，以行为当时的一般人认识的事实及行为人特殊认识的事实为基础，从一般人的立场判断有无结果发生的危险。如有危险，则为不能未遂；如无危险，则为不可罚之不能犯。

五、结论

不能犯问题由于在我国刑事立法中没有明确规定，给司法实践带来

---

① ［意］杜里奥·帕多瓦尼著：《意大利刑法学原理》，陈忠林译，法律出版社1998年版，第297页。

② 张明楷著：《未遂犯论》，法律出版社、日本成文堂联合出版，第38页。

了很大的麻烦，侵犯人权的现象时有发生，故笔者于此提出关于完善不能犯理论及其立法的浅薄观点，希望学界同仁批评指正。第一，不能犯由于其自身的复杂性，应把它上升到立法意义上，借以“规范”理论研究和实践活动。刑法中应当有不能犯的明文规定，以免出入人罪，笔者认为，应对刑法第23条增加规定：“行为依其性质不能发生犯罪之结果，但有危险者，以犯罪未遂论。”作为第2款。第二，应确定科学标准对其进行合理划分：在所有的不能发生犯罪结果的行为中，首先依行为人主观认识错误的原因是否在于其认识内容违反自然规律，把该行为划分为“不能成立犯罪的不能犯”和“不能完成犯罪的不能犯”；其次，以“具体危险说”为标准在所有“不能完成犯罪的不能犯”中判断其不能发生犯罪结果的行为有无危险性，借以区分“不可罚之不能犯”和“不能未遂”。

（发表于《政法论丛》2002年第4期）

不能未遂犯论争:“客观危险说”批判

郑军男

一、我国不能未遂犯论与德日的不能犯论①

在我国传统理论中并不存在“不可罚的不能犯”概念,只存在不能犯未遂或不能未遂犯的概念。不能未遂犯在我国刑法理论中仅作为未遂犯的一种类型而存在,并且具有可罚性。如传统理论认为,以行为的实行能否达到犯罪既遂为标准,可将犯罪未遂划分为能犯未遂和不能犯未遂。能犯未遂是指,犯罪行为有实际可能达到既遂,但由于行为人意志以外的原因未能达到既遂的情况;不能未遂犯则是指,因犯罪人对有关犯罪事实认识错误而使犯罪行为不可能达到既遂的情况。其中,又把不能犯未遂划分为工具不能犯未遂或手段不能犯未遂和对象不能犯未遂。②而且,传统理论认为,不能犯未遂既然是可罚的未遂犯的一种类型,其当然应该具备负刑事责任的完整的主客观根据。例如,在工具不能犯未遂的情况下,行为人主观上具有明显的犯罪故意并且已外化为客观行为,这种外化为客观的行为虽然因行为人的认识错误不具有完成犯罪和达到既遂状态的实在可能性,但这种行为是与行为人的犯罪意思和意志密切联系在一起并受其支配的。因此,根据主客观相统一的原则,这种行为具备犯罪构成的主客观要件,具有严重的社会危害性。在对象不能犯未遂的情况下,行为人的行为虽然没有直接作用于犯罪对象,从而给犯罪客体造成现实的损害结果,但在行为人主观犯罪故意支配下的客观

---

① 在德日刑法理论中,不能未遂犯即是不能犯,不具有可罚性,从而与可罚的未遂犯相区别。在本文中将对不能未遂犯与不能犯作严格区别,不能未遂犯作为未遂类型之一种,具有可罚性;不能犯仅指不可罚的不能犯。

② 参见高铭暄主编:《刑法学原理》(第二卷),中国人民大学出版社 1993 年版,第 327 页。

犯罪行为却给客观存在的犯罪客体造成了现实的危险或威胁。因此，不能犯未遂与能犯未遂一样，都同时具备主观罪过和客观犯罪行为这两个犯罪构成中最基本的因素。“二者的齐备和统一，决定了不能犯未遂也具有相当程度的社会危害性。这种主客观要件的统一及其所决定的行为的社会危害性，就是不能犯未遂构成犯罪及追究行为人刑事责任的科学根据”。①

“不可罚的不能犯”理论主要存在于以德日为主的大陆法系刑法理论中，其最早由德国学者费尔巴哈提出。费尔巴哈基于“权利侵害说”的立场认为未遂犯自身并不包含对权利的直接侵害，其只不过是现实的权利侵害的盖然的原因（Wahr Scheinliche Ursache），即未遂的基础在于现实的权利侵害的危险性。② 而这种“危险性”在费尔巴哈看来就是产生犯罪既遂的“可能性”。在谈到既遂与未遂的关系时，费尔巴哈指出：未遂自身所包含的完成犯罪既遂的可能性越大，刑罚就越重。——既遂的可能性决定着未遂的可罚性程度，行为越接近于犯罪的现实的完成，既遂的可能性就越大。于是，未遂越接近既遂，在未遂与既遂之间存在的、为现实的导致违法结果产生所必要的中介行为（Zwischenhandlung）的可罚性程度就越高。③ 显而易见，在费尔巴哈的客观未遂论中“侵害权利的危险性”与“犯罪既遂的可能性”实属同一概念。而且，这种“可能性”的判断在费尔巴哈看来只能运用“客观的自然法则”来进行，这也是费尔巴哈自然主义刑法理论的必然归结。因此，依据自然的因果法则行为绝对不可能完成犯罪既遂时，将作为不能犯排除在可罚的未遂犯的范围之外。这样，按照费尔巴哈的客观未遂论，不能犯不仅独立于未遂犯之外，而且两者的区别实质上也是“不罚”与“可罚”的区别。

如果说，德国早期旧客观主义刑法理论因20世纪30年代“人格不

---

① 参见高铭暄主编：《刑法学原理》（第二卷），中国人民大学出版社1993年版，第330页。

② ［日］宗冈嗣郎著：《客观未遂论的基本构造》，日本成文堂出版社1990年版，第53页。

③ ［日］宗冈嗣郎著：《客观未遂论的基本构造》，日本成文堂出版社1990年版，第54页。

法论”的形成与发展而逐渐衰退，以致主观主义在危险理论中占通说地位的话，几乎完全秉承德国刑法学的日本刑法理论却恰恰相反，严格遵循以保护法益为核心的新客观主义刑法理论。新客观主义刑法理论重视行为外部的、客观的事实，认为“行为本身”才具有现实的意义。因此，即使实施在外观上看似“实行着手”的行为，只要其行为在性质上不具有“发生结果”的危险，就应理解为是不能犯。换言之，在未遂犯的情况下，因具有结果发生（法益侵害）的危险性，[①] 所以具有违法性，从而可罚；不能犯因最初就不存在该种危险性，所以不能认为具有违法性，其不可罚。[②] 就“危险”而言，日本客观主义刑法理论反对以抽象的、假定的危险作为处罚行为的根据，主张可罚的危险必须是具体的、客观的和实在的。[③] 尤其是，在如何判断“可罚的未遂犯”与“不可罚的不能犯”之区别标准——“危险”上，占日本刑法理论统治地位的“客观危险说”更是把客观主义刑法理论发挥的淋漓尽致。“客观危险说”认为作为未遂犯处罚根据的结果发生（法益侵害）的危险性仅仅是客观事实，因此应该在包括事后查明的事实在内的全部客观事实的基础上，根据科学的因果法则进行危险性有无的判断。[④] 这样，根据科学的因果法则行为自身从其物理性质来看不可能产生构成要件结果时，行为便缺乏作为未遂犯处罚的根据，而应认定为不可罚的不能犯。

---

① 在日本客观主义刑法理论中，持形式客观说的论者认为未遂犯的处罚根据在于产生构成要件结果的现实可能性，其代表者有：大塚仁、福田平、大谷实等；而持实质客观说的论者认为未遂犯的处罚根据在于法益侵害的具体的危险性，其代表者有：佐伯千仞、平野龙一、前田雅英等。参见［日］大谷实著：《刑法讲义总论》（第四版），日本成文堂出版社 1996 年版，第 373 页。

② ［日］川端博著：《刑法总论》（第二版），日本成文堂出版社 1997 年版，第 345 页。

③ 参见李海东：《社会危害性与危险性：中、德、日刑法学的一个比较》，陈兴良主编：《刑事法评论》（第四卷），中国政法大学出版社 1999 年版，第 5 页。

④ 参见李海东：《社会危害性与危险性：中、德、日刑法学的一个比较》，陈兴良主编：《刑事法评论》（第四卷），中国政法大学出版社 1999 年版，第 31 页。

说起来，这种关于危险理论的“客观危险说”在我国学者中也不乏其主张者。例如，张明楷教授就认为，为了贯彻客观的未遂论，只有当行为人主观上具有罪过，其客观上实施的行为具有侵害法益的危险时，才能认定为犯罪未遂；行为主观上具有犯意，其客观行为没有侵害合法权益的任何危险时，就应认定为不可罚的不能犯。至于客观行为是否具有侵害法益的危险，则应以行为时存在的所有客观事实为基础，站在行为时的立场，根据客观的因果法则进行判断。① 根据这种客观危险说，在我国以未遂处理并肯定其可罚性的，误把保健用品当做毒药毒害他人或误把尸体当做活人实施杀害行为事例中，就会因“行为人所实施的‘行为’本身根本不具有侵害法益的任何危险性才导致未发生犯罪既遂时的犯罪结果”,② 而否定其未遂犯的成立，应认定为不可罚的不能犯。张明楷教授也正是基于这种客观的危险说对我国不能未遂犯理论进行的批判，并认为我国不能未遂犯理论实际上采取的是抽象的危险说，不仅没有坚持主客观相统一的原则导致主观归罪，而且还有扩大刑法处罚范围之嫌疑。③ 通过综上的简介中我们不难看出，把不能未遂犯理解为可罚的未遂犯之一种类型也好，还是把不能犯解释为不可罚的不能犯从而排除在可罚的未遂的范围也好，问题的关键就在于如何理解未遂犯中的“危险性”概念。

二、未遂犯的本质与“危险性”概念

就目前的各国刑事立法来看，无一不把犯罪未遂作为一项基本制度而规定下来，现代刑法理论也较为普遍地认为犯罪未遂具有可罚性。然而，围绕未遂犯的本质、未遂犯的处罚根据，在刑法理论上却未形成统一的局面，主观未遂论与客观未遂论一直争论不休。

今日的主观主义刑法论者在未遂论方面继承了德国普通法时代主观

---

① 张明楷著:《刑法的基本立场》，中国法制出版社 2002 年版，第 247 页。

② 张明楷著:《刑法的基本立场》，中国法制出版社 2002 年版，第 243 页。

③ 参见张明楷著：《刑法的基本立场》，中国法制出版社 2002 年版，第 243 页以下。

未遂论的代表者亨格（Henke）、鲁登（Luden）等的理论，① 同样在行为人意思的危险性、行为人反复实施犯罪行为的危险性中探求未遂犯的处罚根据。现代的主观未遂论认为，即使没有产生结果，但在一定的行为中能够表明犯罪意思的话，就可以明确犯罪的存在。既然发现了犯罪意思，因为在其犯罪意思中征表了行为人反社会性格的危险性，所以针对敌对法的意思，为了保护法秩序，尤其针对行为人反社会性格的危险性为了防卫社会，而进行处罚。② 然而，主观的未遂论者也并非主张只处罚犯罪意思的危险性，而是在其意思表现于一定的客观行为时，才开始进行处罚。因此，客观的行为在主观的未遂论中只不过具有征表行为人意思危险性的意义。像这样，主观的未遂论即使将“客观的行为”作为问题，其也不是客观的行为自身对刑法所保护的法益的现实的危险，而仅仅是被主观化了的抽象的危险。这种在行为人的意思危险性中探求未遂犯的处罚根据的主观未遂论也是主观主义刑法理论的当然性要求。

---

① 德国学者亨格在批判费尔巴哈在客观未遂论中所主张的“市民的可罚性”的客观构成时，提出了“可罚性的最高基准在于情感的反法性”这一基本思想，并在这一思想指导下在行为人的主观意思中探求可罚性的根据。因此，亨格认为未遂犯的本质亦不外乎是行为人的意图本身具有“反法性”的内容，这时，外部的行为仅仅是违反法的意思的认定资料。未遂犯的处罚并不要求现实实施的行为与所意图的结果之间存在（潜在的）因果关系。参见［日］宗冈嗣郎著：《客观未遂论的基本构造》，日本成文堂出版社 1990 年版，第 59 页。鲁登则积极倡导亨格的理论同样对费尔巴哈严格区分可罚的未遂与不可罚的不能犯的客观未遂论进行了批判。其指出：所有的未遂犯只能存在于行为的目的非适合性上，因此，要彻底贯彻客观未遂论的话，必将全盘否定可罚未遂的概念。在客观上无危险这点上，既然“不能”的手段不能犯与“不充分”的手段未遂犯没有不同，那么区别两者就没有任何意义。———行为人即使选择了对目的结果的非适合性行为，因为其行为已表现出行为人欲使用目的适合的手段的意图，所以也是危险的行为，应当给予处罚。从而否定不能犯的不可罚性。［日］宗冈嗣郎著：《客观未遂论的基本构造》，日本成文堂出版社 1990 年版，第 60 页。

② ［日］野村稔著：《刑法总论》，日本成文堂出版社 1990 年版，第 319 页。

众所周知，主观主义刑法论者从教育刑论或社会防卫论的刑罚观出发，强调刑罚的社会防卫目的在于教育犯罪人，使其作为善良的社会人复归社会，排除对社会的危害。① 这样，主观主义刑法论者把研究犯罪的着眼点放在了实施犯罪行为背后的行为人的反社会性格。并指出：作为刑罚对象的犯罪行为，其真正意义在于表现了犯人的危险性（temibilita：Pericolosita）及社会危险性（etatdangereux：Gemeingefahrlichkeit）——现代科学水平表明，只有通过外部的、客观的行为才能够认识内心的、主观的事实。因此，行为人内部的、心理的事实即犯罪人的危险性征表于外部的行为时，才能对之科以刑罚。犯罪行为只具有认识行为人危险性的手段意义。② 从而否定犯罪行为本身的客观的、现实的意义。

就当前的客观未遂论来看，其主要从费尔巴哈的客观未遂论中继承了强调行为的客观面与现实面的立场，认为如果说既遂犯的违法性本质在于法益侵害的话，那么未遂犯的违法性本质就在于指向法益侵害的“危险”。而该“危险”就是行为所具有的侵害法益的“客观的危险”或“产生构成要件结果的客观的危险”。③ 这样，现代客观未遂论就把行为的现实的、客观的危险作为了处罚未遂犯的根据。然而，就如何理解作为未遂犯处罚根据的“客观的危险”，在客观未遂论内部又出现了见解上的分歧。④ 其争论的焦点在于这种危险是“行为自身的危险（属性）”还是“作为结果的危险（状态）”。换言之，刑罚的根据是“行为属性”还是“结果状态”，违法性的本质是行为的无价值还是结果的无价值。目前，在日本理论界占通说地位的行为无价值论虽然在原则上亦承认未遂犯的处罚根据在于“实现犯罪构成要件的现实的危险”或“法

---

① ［日］大塚仁著：《刑法概说（总论）》，日本有斐阁出版社 1975 年版，第 41 页。

② ［日］大塚仁著：《刑法概说（总论）》，日本有斐阁出版社 1975 年版，第 40 页。

③ ［日］中山研一著：《口述刑法总论》，日本成文堂出版社 1983 年版，第 342 页。

④ 详见张明楷著：《刑法的基本立场》，中国法制出版社 2002 年版，第 199 页。

益侵害的客观的危险”，但却主张不能脱离行为人的主观来论及未遂中的危险，不能忽视犯人的犯罪计划即主观内容来判断危险。[①] 这样，行为无价值论在危险判断构造上就未能拒绝“犯意的实现”这一命题。持该种观点的学者主要有德国学者威尔滋尔、日本学者大塚仁、福田平等。持结果无价值论的学者从刑法规范是裁判规范这一基本立场出发，认为违法性的判断是对客观事实的一种客观评价。因此，判断行为有无发生结果的危险时，就只能以客观存在的事实为基础，而无须考虑行为人的主观内容。作为未遂犯处罚根据的“危险”只能是“作为结果的危险”，是行为侵害法益的具体的危险。例如，日本学者曾根威彦教授就认为，“处罚未遂犯之根据的危险作为具体的刑罚权发动的前提，只能是对该当保护客体的个别具体的现实危险。这里所说的危险是作为行为的结果而产生的危险，是结果的要素。”[②] 无疑，按照结果无价值论者的理解未遂犯是具体的危险犯。这种从行为的客观面和现实面把握危险概念的客观未遂论当然也是客观主义刑法理论的当然性归结。客观主义刑法理论以自由意志的抽象“理性人”为前提，以自由意志的外部的、现实的行为及其后果为着眼点确定犯罪行为，[③] 并强调科刑的基础是犯人的现实的行为。[④] 因此，只有行为现实的侵害或威胁刑法所保护的法益时，才能被作为犯罪来处罚。正如日本学者平野龙一教授所指出的那样：法是为了保护个人生活利益而存在的，因此，只有当发生了对法益的“侵害”或“威胁”时，法才可能进行干涉。而干涉的目的是为了不再发生这样的侵害或威胁。因此，对法益的侵害或威胁这种客观的要素

---

① ［日］中山研一著：《刑法总论》，日本成文堂出版社 1982 年版，第 402 页。

② ［日］曾根威彦著：《刑法中的实行、危险、错误》，日本成文堂出版社 1991 年版，第 128 页。

③ 甘雨沛、何鹏著：《外国刑法学》，北京大学出版社 1984 年版，第 19 页。

④ ［日］大塚仁著：《刑法概说（总论）》，日本有斐阁出版社 1975 年版，第 40 页。

是违法性的实质。①

我国传统理论认为某行为之所以构成犯罪并应当受到刑罚处罚，首先是因为该行为具备了我国刑法第 13 条犯罪概念所揭示的犯罪的本质特征——社会危害性。在未遂犯的情况下，行为人虽然没有完成犯罪或没有直接侵害社会关系造成实际的危害，但行为人主观上具备或曾经具备严重危害我国刑法所保护的重要社会主义社会关系的犯罪故意，客观上实施了严重威胁社会关系的实行行为，使社会关系处于危险之中，因此，主客观因素的综合具备相当程度的社会危害性，从而为我国刑法所明令处罚。② 从这一角度讲，我国传统刑法理论也认为未遂犯负刑事责任的实质根据在于行为给社会关系造成的直接威胁，即行为对社会关系"危险性"。

从以上关于未遂犯本质的探讨中再来看不能犯或不能未遂犯的命运的话，显而易见，主观未遂论并未把不能犯抛弃在可罚的未遂范围之外，因为客观的行为在主观未遂论那里只具有征表行为人主观内容意义。行为在客观上虽然不具有产生构成要件结果的现实危险性，但只要行为人反社会性格的危险性通过行为已表现于外部，便产生动用刑罚处罚的根据。然而，不能犯在客观未遂论那里并未保住自己的领地，客观未遂论对作为未遂之本质的危险性的客观理解，尤其是"客观危险说"在行为的物理的可能性基础上解释"危险性"导致不可能现实侵害法益的或不可能产生构成要件结果的不能犯被驱逐出可罚的未遂犯范围之外。我国传统刑法理论中的不能未遂犯似乎在极力保持一种综合性立场。即试图同时从主观面和客观面两个角度去综合探求不能未遂犯的归属，其结果是充分肯定不能未遂犯的可罚性。当然这种思路的结果就是作为处罚不能未遂犯之根据的"危险性"也具有主观面与客观面的双重身份。

---

① 李海东主编：《日本刑事法学者（上）》，法律出版社、日本成文堂出版社联合出版 1995 年版，第 276 页。

② 参见高铭暄主编：《刑法学原理》（第二卷），中国人民大学出版社 1993 年版，第 284 页；马克昌主编：《犯罪通论》，武汉大学出版社 2000 年版，第 20 页。

可见，对未遂犯中“危险性”的不同理解将决定着不能犯或不能未遂犯的归属。

三、我国不能未遂犯论及其“客观危险说”批判

如前所述，我国传统理论历来把不能未遂犯作为未遂犯之一种类型，肯定其可罚性。传统理论认为，既然在未遂犯这一上位概念之下可以根据行为的实行能否达到犯罪既遂为标准，将犯罪未遂划分为能犯未遂和不能犯未遂，那么这种划分必须是行为已经进入着手实行阶段以后的划分，否则便丧失构成该种未遂犯的前提条件。换言之，“着手实行”是能犯未遂与不能犯未遂的共同要件。在传统理论看来，能犯未遂与不能犯未遂的区别就在于进入实行阶段以后的行为未完成犯罪或未实现既遂的原因不同。能犯未遂是指犯罪行为有实际可能达到既遂，但由于行为人意志以外的原因未能达到既遂的情况；不能未遂犯则是指因犯罪人对有关犯罪事实认识错误而使犯罪行为不可能达到既遂的情况。也就是说，传统理论一方面把未遂犯中实行行为的危险性作为不能未遂犯的处罚根据的同时，另一方面又在未遂犯内部以行为是否具有完成犯罪的现实可能性作为了区分能犯未遂与不能犯未遂的标准。从这一点来看，至少可以说明在我国不能未遂犯理论中实行行为的“危险性”与完成犯罪的“现实可能性”是两个具有不同内涵的概念。即可以这样认为对于未遂犯来说，“危险性”决定着其性质即能否成立犯罪，而“现实可能性”则只对量刑起一定作用。而这恰恰是“客观危险说”批判我国不能未遂犯理论的原因之所在。

因为，在“客观危险说”看来“危险性”的判断构造与“因果性”的判断构造在本质上没有不同，即在犯罪论上采取了“危险性”与“因果性”一元论的构造。“客观危险说”为彻底贯彻“客观的违法论”主张违法性的判断应是对客观事实的一种客观评价。因此，为保证危险判断自身的客观性，“客观危险说”不仅拒绝对作为判断对象的客观事实进行一定程度的抽象，而且力图借助自然科学的手段来为可罚的危险性提供一个具体的、科学的标准。在判断行为有无危险时，则应当在事后查明的事实在内的全部客观事实的基础上，根据“科学的因果法则”来判明。事实上，“客观危险说”把科学法则的可能性与法的危险性作等

同理解。这样，只要根据“科学的因果法则”判明行为具有产生结果的“实在可能性”时，就可以认定行为的“危险性”的存在。因此，“客观危险说”认为行为不具有产生结果的“实在可能性”的不能未遂犯中并不存在作为未遂犯处罚的根据——“危险性”，此为其一。

其二，“客观危险说”在把“危险性”与“因果性”作等同理解的结果，必然在不可罚的不能犯概念中排斥“着手实行”的内容。换言之，在不能犯概念中不能同时涵盖“着手实行”与“行为不具有产生结果的实在可能性”这两个内容。因为，从因果关系论的角度来看，“行为具有产生结果的实在可能性”是实行行为自身的必然属性。在以法定的危害结果之发生作为犯罪既遂的结果犯也好，还是在以法定的危险状态之出现作为犯罪既遂的危险犯也罢，法定的危害结果或危险状态的发生与行为人实施的危害行为即实行行为之间必须具有刑法上的因果关系。这时，我们才可以说存在刑法上的危害行为与危害结果。然而，在未发生危害结果以前，作为原因的危害行为一定包含着引起危害结果发生的根据和内容，即危害行为中具有引起危害结果发生的实在可能性，这是刑法上的因果关系存在的必要前提。在未遂犯的情况下，既然要求以行为人已开始着手实施构成要件行为即“着手实行”作为未遂犯成立的前提，未遂犯的实行行为中自然具有发生结果的“实在可能性”。因此，在“客观危险说”看来，“不能犯论”与“着手实行论”是一个问题的两个方面。一旦认定行为已进入实行阶段开始实施构成要件行为，就不存在成立不能犯的余地。按照“客观危险说”的逻辑推理，我国不能未遂犯概念中同时具有“着手实行”与“不具有产生结果的实在可能性”这两个内容而带来的矛盾是显而易见的。

那么，应如何解释我国不能未遂犯理论中所涉及的“危险性”与“现实可能性”这两个概念呢？

如前所述，我国传统理论之所以认为不能未遂犯可罚的根据在于其具备犯罪的最本质特征——“危险性”（社会危害性）。因此，“危险性”作为刑罚裁判权的行使根据，其判断构造与“因果性”的判断构造虽然非常类似，但两者的区别也是明显的。行为“危险性”的存在与否既然决定刑罚裁判权的行使，“危险性”判断就应是规范判断或价值判断。规范判断并非关注个别的、具体的、所有的客观事实，其要求对客观事实进行某种程度的抽象化。这种在危险判断过程中的抽象化操作，所得出的“危险性”是侵害法益的一般的、抽象的危险性。因此，危险性概念在刑法中所具有的重要机能之一就是：行为如果不存在侵害法益的一般的、抽象的危险性，该行为就不具有实行行为性，从而可以否定未遂犯的成立。而“现实可能性”这种“因果性”的判断构造是一种根据科学的因果法则所进行的事实判断，其尊重客观事实以客观事实作为判断对象，否定对事实进行某种程度的抽象。因此，“因果性”判断更加注重行为的物理性质。这样，由于“危险性”与“因果性”两者的判断构造不同，行为人在行为时即使存在侵害法益的一般的、抽象的危险性，也会有不存在产生结果的“现实可能性”的情况。“客观危险说”的不合理之处就在于混淆规范判断与事实判断，以“现实可能性”这种事实判断来替代“危险性”这种规范判断，从而导致在物理实害的含义上理解法益侵害。

另一方面，由于刑法规范调整的是人们的社会生活秩序而非科学规范，因此刑法规范中的“危险”并不意味着物理的、科学的危险性即现实可能性，而是以行为的具体状况为基础根据一般人的立场所判断的类型性的危险性。[①] 刑法首先作为行为规范以命令、禁止的形式调整人们的行为以维护现存的社会秩序。这种以一般人作为调整对象的刑法规范必须以一般人的规范意思作为基础，否则“通过罪刑法定来为一般人提供行动的指南的理念就会成为一句空话”。[②] 在这种意义上，对刑法规范的理解首先必须以社会通常观念即一般人的理解为标准来判断。不能未遂犯中的“危险性”判断亦应如此。这里需要注意的是，不能未遂犯中的“危险性”虽然并不意味着物理的、科学的危险性，但因这种“危险性”是作为一般人抱有危惧感的社会心理的危险性，所以应以物理的、科学的危险性为基础，以社会通常的一般人为基准进行判断。这样，通常人的科学常识的不断变化将带来未遂犯与不能犯之界限的变化。“客

① ［日］大谷实著：《刑法讲义总论》（第四版补订版），日本成文堂出版社 1996 年版，第 386 页。

② 参见黎宏：《从一案例看未遂犯和不能犯的区别》，载《中国刑事法杂志》2001 年第 3 期，第 105 页。

观危险说”以“科学的因果法则”作为判断“危险性”的标准，将“危险性”理解为物理的、科学的危险性这点上，显然有忽视刑法的行为规范机能的嫌疑。

综上所述，刑法中的“危险性”概念并不同于“现实可能性”概念，这也就是我国传统理论一方面肯定不能未遂犯的可罚性原因在于“危险性”的同时，认为不能未遂犯不具有产生结果的“现实可能性”的原因。

四、小结——我国不能未遂犯本体论

我国不能未遂犯并不同于大陆法系刑法理论中所探讨的不可罚的不能犯。在不能犯的情况下，行为人虽然具有犯罪意思，实施了形式上看似着手实行的行为，但因行为在性质上不具有产生结果即实现构成要件的可能性的情况。因构成要件的可能性意味着“危险性”，所以不能犯因不具有危险性而不可罚，而不能未遂犯与不能犯的区别就在于有无危险性。与行为不仅在事实上不具有产生结果的现实可能性而且在性质上也不具有危险性从而不可罚的不能犯不同，在不能未遂犯的情况下，行为虽然在事实上不具有产生结果的现实可能性，但因具有危险性而以未遂犯加以处罚。因此，不能未遂犯是指行为人因手段错误或对象错误致使行为不可能产生结果但具有危险性的情况。其构成特征如下：

（1）行为人已着手实施构成要件行为。不能未遂犯要求行为人已开始实施构成要件的行为即“着手实行”为成立要件，这不仅是不能未遂犯成立的前提条件，也是保证不能未遂犯具有可罚性的前提。因此，“着手实行”在形式上虽然成为犯罪预备与犯罪未遂的区别标准，但实质上可以看做是不能未遂犯与不能犯相区别的标准。另一方面，在“着手实行”这点上，其又与可能未遂犯（能犯未遂）相同。换言之，“着手实行”是能犯未遂与不能犯未遂的共同要件。因此，能犯未遂与不能犯未遂只能在行为已经进入实行阶段以后进行划分。

（2）不具有产生结果的现实可能性。在不能未遂犯的情况下，行为人因手段错误或对象错误致使行为不具有产生结果的现实可能性。不能未遂犯不具有产生结果的现实可能性这点上，虽然与不能犯具有共同点，却与可能未遂犯（能犯未遂）相区别，可能未遂犯与不能未遂犯的区别点就在于：行为进入实行阶段以后有无产生结果的实在可能性。这里需要强调的是，“不具有产生结果的现实可能性”是事实的、自然科学的概念，从而与规范的、价值评价的“危险性”概念相区别。

（3）行为具有作为未遂犯处罚的根据——“危险性”。这不仅是不能未遂犯能够成为犯罪行为的本质特征，也是与不能犯加以区别的标准。因此，不能未遂犯的核心问题就在于如何认定“危险性”。[①]

（发表于《法制与社会发展》2002 年第 6 期）

① 关于如何判断“危险性”的理论争论，参见张明楷著：《刑法的基本立场》，中国法制出版社 2002 年版，第 236 页；李海东：《社会危害性与危险性：中、德、日刑法学的一个比较》，载陈兴良主编：《刑事法评论》（第四卷），中国政法大学出版社 1999 年版，第 22 页。

不能犯的判断方法：危险概念的理性探析

张德友

对不能犯性质在认识上的分歧，必然导致在判断方法即判断公式上有所不同。这里所说的判断公式是对不可罚的不能犯的判断标准，即可罚的未遂犯与不可罚的不能犯的区分标准，所以就与通常所说的能犯未遂与不能犯未遂的区分标准存在着本质上的区别。对不能犯的肯定过程既为对危险的排除过程，相反，对不能犯的排除过程也是对危险的肯定过程。不能犯与否的核心问题是行为的性质，因此，笔者围绕行为的性质，设定了不能犯判断的“质量、有无、是否、真假”八字法，作为不能犯判断的公式。

一、手段不能犯的判断——质量法

在手段不能犯的认定上，科学而简明的判断方法就是看行为即作为行为人主观意思的载体的手段的质的内容与量的程度。如果行为人所采取的手段具有达到危害结果发生的质，而只是因为量的不足，因而不可能实现犯罪既遂的，即为未遂犯；如果行为人所采取的手段根本就不具有达到危害结果产生的质，因而不可能实现犯罪既遂的，则为不能犯。

所谓质，是一事物区别于他事物的一种内在的特殊规定性。世界上的事物形形色色、千差万别，均有各自的质。某一事物丧失了自己固有的质，就无法与别的事物相区别，就不再是该事物，而成为另一事物。犯罪故意需要通过行为来实现，行为都是通过一定的方法，具体落实到一定的手段表现出来的，因而行为的手段是否具备实现犯罪故意所必需的质，就成为犯罪能否达到既遂的首要问题。不具备必要的质，产生严重社会危害性就没有可能，具备了必要的质，产生社会危害性就存在可能。因为事物的质是通过属性表现出来的，是通过它内部的特殊矛盾规定的。“这种特殊的矛盾，就构成一事物区别于他事物的特殊的本质。”①具备特殊矛盾所规定并由行为手段的属性表现于外的质，决定了行为人的行为能够达到犯罪既遂，至少具有达到犯罪既遂的可能性。例如，行为人以杀人故意，两次将硫磺粉末混入被害人的食品中使之食用，未能造成死亡结果。日本大审院的判决认为硫磺不能致人死亡，故将该行为认定为杀人罪的不能犯。② 对于这一结论，采取客观的危险说的学者因为主张以科学的因果法则为基准判断危险性，而根据科学的因果法则硫磺不能致人死亡，于是认为上述判例采取了客观的危险说；而采取具体的危险说的学者由于主张以一般人的认识为基准判断危险性，并说硫磺不能致人死亡是普通常识，即一般人不认为硫磺具有致人死亡的危险性，于是认为上述判决采取了以一般人认识为基准的具体的危险说。之所以对同一个案例的同一个结论，能够得到不同学说一致的论证支持，原因就在于，虽然两种学说分别从不同的角度去求证，但最后是歧路同归，均统一到“不能致人死亡”这一硫磺的属性，即质的规定性上来了。故此，未能具备相应的质的手段，就不能成为刑法中犯罪构成要件的行为，否则，就否认了事物具有内在的属性，于是世间的事物就没有任何的区别了。手段符合相应的质，才能使行为与危害结果之间产生必然的联系，行为才能成为构成要件的行为。哲学上认为，原因是产生某种现象的现象，是造成某种结果的条件。结果是被某种现象所引起的现象，是原因发展的必然结局。因果联系体现了客观世界先后相继、彼此制约的事物或现象的相互关系。行为人的行为是产生社会危害性的原因，社会危害性是行为人行为的结果。犯罪构成要件所要求的行为，恰恰是能够产生社会危害性的行为，既然不能犯的行为不具有这样的产生社会危害性的性质，就当然不是构成要件的行为。我国刑法学界在给不能犯下定义时，也承认不能犯未遂是指“……由于其行为的性质，致使其行为不可能完成犯罪……”，③“……误用空枪、坏枪或臭弹去射杀人，

---

① 《毛泽东选集》第1卷，第283~284页。

② 日本《大审院刑事判决录》第23辑，第999页。转引自张明楷著：《未遂犯论》，法律出版社、日本成文堂1997年联合出版，第293页。

③ 马克昌主编：《犯罪通论》，武汉大学出版社1999年版，第456页。

误用根本不能致死的小剂量毒药去毒杀人，等等。这些情况……是因投毒手段、方法所用的'毒药'以及枪杀手段、方法所用的枪支、弹药等犯罪工具的性质，使得犯罪不能完成、既遂不能达到。"①这些都揭示了行为的性质与完成犯罪之间的必然联系。只是在确定不能犯的性质时，却偏离了不能犯行为的性质。主张不能犯具有可罚性的学者往往强调这样一个逻辑：不能犯虽然不可能完成犯罪，但具有产生实害的危险，这种危险也是社会危害性，因而不能犯的行为也是具有社会危害性的行为，于是不能犯是符合构成要件的行为，具有可罚性。这是一个错误的推理。因为可能性是指客观事物内部孕育着的一种运动变化的趋势，它是现存事物中的潜在因素，在一定条件下可以转化为现实。这种趋势在于事物存在着运动变化的固有的质，如果不存在这种规定趋势的质，就不可能向着这样的方向转化。不可能完成犯罪的行为就不具备犯罪的质，也当然就不具有向犯罪转化的趋势，因而不具有可能性，于是危险也就无从谈起了。刑法上的危险，是具有产生社会危害的现实可能性，这种现实是现时存在的具有必然性的客观事物，而不是任何臆想的可能。"现实的属性仅仅属于那同时是必然的东西。"②因此，危险只存在于在质的基础上的量的积累，而不是杞人忧天或者任何的猜测。只有存在着向刑法所假设的结果发展的质，才能说具有产生危害结果的可能性即危险性，不能犯手段行为是不具有这样的质的行为的，因而不能属于危险的行为，也当然不是符合构成要件的行为。

所谓量，是指事物存在的规模和发展的程度，是可以用多少、大小、高低、长短、轻重、快慢等数量来表示的规定性。行为如果具备了产生社会危害性的质，而只表现为量的不足时，就不能构成不能犯，而是未遂犯。例如，被告人的侄女因梅毒遗传没有鼻子，被告人为其办理人身保险，同时想杀害该女以便取得保险金。于是，被告人与另外三人共谋，打算向该女的静脉注射空气。被告人用注射器向该女的静脉注射了约30CC到40CC的空气，因为没有达到致死量，而没有造成死亡结

---

① 赵秉志著：《犯罪未遂的理论与实践》，中国人民大学出版社1987年版，第174页。

② 《马克思恩格斯选集》第4卷，第211页。

果。鉴定人 F 的鉴定结论认为，向静脉注射 70CC 以下的空气不可能致人死亡；鉴定人 G 的鉴定结论指出，即使向静脉注射 300CC 左右的空气，也不一定致人死亡。两个鉴定结论虽然相差较大，但有一个相同结论，即“如果针对患有疾病的人，即使注射的空气没有达到致死量，也有致人死亡的可能性。”原审裁判所（前桥地方裁判所）1960 年 7 月 13 日的判决根据该相同结论指出：“即使像本案这样注射的空气没有达到致死量，但鉴于被注射者的身体条件以及其他情况，显然不能说绝对没有发生死亡结果的危险。”于是，认定被告人的行为成立杀人未遂。① 此后，辩护人以被告人的行为属于不能犯为由，上告到最高裁判所，最高裁判所 1963 年 3 月 23 日的判决驳回上告，指出：“向人体的静脉注射空气的行为，不管注射量有多少，都是足以致人死亡的极为危险的行为，应该说这是社会通念。这样来看的话，被告人实施了社会通念上一般认为足以致人死亡的、向静脉内注射空气的行为，……尽管从医学的、科学的角度来看，上述行为不可能致人死亡，但不能因此直接认为被告人的行为是不能犯。不仅如此，即使是向静脉注射不足致死量的空气，但根据被注射人的健康状况，也可能造成死亡结果，根据前述 F 的鉴定书及鉴定人 G 的鉴定，这一点也可以得到承认。因此，不能将被告人的行为与‘丑时参拜’这样的迷信犯等同看待，不能采纳本案行为是不能犯的观点。”② 上述原审判决主要以科学鉴定结论为基准得出了本案行为不是不能犯的结论；而最高裁判所的判决既以社会通念为基准否认了本案行为属于不能犯，而且也考虑了科学鉴定结论的基准。因此，主张客观的危险说的学者往往认为本判例采取了客观的危险说；主张具体的危险

① 日本《下级裁判所刑事判例集》第 2 卷，第 7 · 8 合并号，第 1049 页，转引自张明楷著：《未遂犯论》，法律出版社、日本成文堂 1997 年联合出版，第 295 页。

② 日本《最高裁判所刑事判例集》第 16 卷，第 3 号，第 305 页，转引自张明楷著：《未遂犯论》，法律出版社、日本成文堂 1997 年联合出版，第 295 页。

说的学者常常认为本判例采取了具体的危险说。① 这个案例讨论的焦点就在于是否“达到了致死量”的问题，非常典型地回答了行为的量与质的区别。之所以两种不同的学说能够同时解释相同的个案，并能得出相同的结论，原因就在于，无论是科学法则还是一般人的通念，判断的基点都在于手段的质是一种能够致人死亡即构成要件的行为，量的不足不能排除危险的存在。

二、客体不能犯的判断——有无法

在因客体原因导致犯罪未完成的场合，判断是不能犯还是未遂犯的客观标准就是有无法。有就是存在，无就是不存在。即看在行为人的有效作用范围内是否有客体的存在，如果有，即为未遂犯；如果没有，即为不能犯。在适用中，由于客体是一种社会关系问题，是看不见、摸不着的东西，所以，客体的有无一般是通过该客体的载体——对象表现出来。因而，判断客体的有无，一般就是判断对象的有无。通常在没有对象存在的情况下，也不存在客体不能犯的问题。这里有必要说明的是什么情况才算是在行为人的有效作用范围之内。在行为人的有效作用范围之内是指，在行为人所采用的手段能有所及，或者虽然不能直接作用，但通过当场补救能有所及的情况。例如，闯入室内开枪杀人而被害人不在房内，这就属于对象不在行为人作用范围之内的情况；如果闯入室内向西屋开枪，而被害人在东屋，这就是虽然被害人不在行为人直接作用的范围之内，但行为人能够当场补救纠正的情况，也属于在行为人的有效作用范围之内；如果行为人闯入室内开枪杀人，被害人不在室内，但行为人已经发现被害人在视线内的远处，也使行为人有补救纠正的余地，属于在作用范围之内；如果被害人实际上在行为人的作用范围之内，只是行为人没有发现，仍然存在着补救纠正的可能，属于在作用范围之内。这里的当场也并非不存在一定的时空幅度。例如，有这样一起

① 参见奥村正雄:《不能犯论预备的考察》，载《同志社法学》第32卷，第5号，第130~130页；野村稔著:《未遂犯研究》，日本成文堂1984年版，第419页。转引自张明楷著:《未遂犯论》，法律出版社、日本成文堂1997年联合出版，第295~296页。

案例，被告人在航行的船舶中实施了以欺诈赌博方法骗取赌资的行为，但由于对方没有携带足够赌资的金钱，因而未能骗取金钱。日本最高裁判所 1951 年 5 月 8 日的判决指出："旅行中的船客通常多少持有金钱，或许也能从他人那里借来一些金钱，因此，即使假定被害人没有携带足够赌资的金钱，也具有发生骗取金钱这种结果的可能性。"① 诈骗罪的特点是被害人自动交出财物，这种情况下，被害人完全有可能当场向他人借得金钱交付行为人，或者当场以其他物品作为折抵，或者当场决定到银行支取后交付行为人，所以认定为对象存在是合理的。对有和无应以辩证的观点去看待。

在对象存在的情况下，行为人误以为不存在，这当然不存在不能犯的问题。例如，行为人向左边床上开枪而被害人在右边床上未被发现，在这种情况下，客体是存在于行为人的有效作用范围之内的，只是由于行为人的愚笨或者马虎等原因而未予发现。客观的存在是意识真实反映的前提，故而客体的存在也就必定是反映客体存在的前提，行为人作出不存在的反映是偶然和意外的，因为"有，没有道理变成无。"② 所以，虽然行为人对客观事物作出了虚假的反映，但客观的存在使客体已经处于危险之中，因而只能构成未遂犯。

在客体不存在的情况下，行为人错误地以为存在，不论犯意多么强烈、手段多么残忍，都使危害的产生成为不可能，因而构成不能犯。张明楷教授介绍过日本一个案例，日本法官的判决结论是笔者不能赞同的。案情是，被告人 F 与 T 都是某事务所的职员，而且二人均对同事务所的 S（被害人）不满。1958 年 12 月 24 日晚 8 时 30 分左右，F 因被 S 打了一拳，便产生杀害 S 的念头，于是拿出放在事务所里的枪支，S 见状逃走，F 瞄准 S 开了第一枪，打中 S 左胸部；S 还没有死亡继续逃走，在离上述事务所约 30 米的某齿科医院前，F 连续开了两枪，分别击中头

① 日本《最高裁判所刑事判例集》第 5 卷，第 6 号，第 1004 页，转引自张明楷著：《未遂犯论》，法律出版社、日本成文堂 1997 年联合出版，第 302～303 页。

② ［日］中江兆民著：《一年有半、续一年有半》，商务印书馆 1979 年版，第 95 页。

部与背部，S随即死亡。被告人T在事务所大门前听到枪声后，立即拿出一把日本刀跑到齿科医院前帮助F，并以杀人故意用日本刀向已经倒下的S的左右腹部、右前腕部、左胸部刺杀。但在T实施刺杀行为时S就已经死亡了。第一审鉴定人作出的结论是：T实施刺杀行为时S还没有死亡。于是，第一审判决认定S的死亡是由F的枪杀行为与T的刺杀行为共同造成的，肯定F与T的行为成立杀人罪。针对这一判决，被告人T的辩护人提出，T在实施刺杀行为之前，S就已经死亡，因此，T只不过是用日本刀毁坏S的尸体，只成立毁坏尸体罪，而不成立杀人罪。广岛高等裁判所在进行二审时，重新作了鉴定。第二审鉴定人的结论是，被告人T在实施刺杀行为时，被害人S已经死亡。广岛高等裁判所1961年7月10日的判决根据这一鉴定结论，认定原审判决对事实认定有误，就T的行为只构成毁坏尸体罪的主张作了如下判示："根据原审判决出示的证据，被告人T……以为S还活着便以杀人故意用日本刀向S的左右腹部、前胸部及其他部位刺杀。"关于S的死亡时期，原审的鉴定结论与本审的鉴定结论不同，本审采用S是因F的枪杀行为而死亡的后一鉴定结论。"由于关于S的生死在专家之间有分歧、生死界限在医学上也微妙，不仅被告人T在加害的当时认为被害人还活着，而且一般人也不可能认为S当时已经死亡，因此，认为被告人T的上述加害行为有导致S死亡的危险是极为自然的。在这种场合，即使在被告人T实施加害行为之前一会儿S已经死亡，那也只是因为意外的障碍而不能产生预期的结果，不能认为行为在性质上没有发生结果的危险。所以，不能认定被告人T的行为是杀人的不能犯，以杀人的未遂罪论处是合适的。"① 对于这种情况，如果采取具体危险说或者修正的客观的危险说就会得出被告人T乃杀人罪未遂的结论；如果采取客观说，就会得出被告人T乃杀人罪之不能犯的结论。笔者对判例的结论不敢苟同。既然二审裁判所选择了T的行为发生在S已经死亡之后的证据，那么当T实施行为时S的生命权这一客体或者承载S的生命权这一客体的对象即活着的

① 日本《高等裁判所刑事判例集》第14卷，第5号，第310页，转引自张明楷著：《未遂犯论》，法律出版社、日本成文堂1997年联合出版，第299~300页。

S就不复存在了，在客体不存在的情况下，何来客体的危险呢？中江兆民断言“有，没有道理变成无”，我们可以通过逆向推论：无，也没有道理变成有。在一般人的感觉已被证明不真实的情况下作为定案的依据是稍显荒谬的。那种把人的不具有客观真实成分的感觉当做客观真实的做法，实际上是割裂了感觉和客观实在之间的联系，从而陷入不可知论。在S已经死亡的情况下，仅以人们通常认为S还活着和T会认为S还活着，就把已经死去的S生生的当做活人，这就从根本上瓦解了鉴定制度。法官断案以揣测一般人的感觉为必须，并且所谓的一般人也是不可能确定的，这又从根本上否认了认识的物质内容和客观基础，导致唯心主义就已成为不可避免。况且，犯罪构成要件上的客体是客观存在的客体，是实在的对象承载着的实在的客体，当它不存在的时候虚拟它的存在，那是捏造的客体，捏造的客体产生了捏造的危险，于是才做出了捏造的罪行。如此，我们也就无颜以动机与效果的统一论者自居了。

在客体不能的问题上，人们常用的例子是行为人以盗窃故意，将手伸进他人的衣袋，但衣袋里没有任何财物。如果被害人随身没有任何财物，这是典型的侵权不能犯，因为客体是根本不存在的。我国将这种行为称作绺窃，绺窃行为带有极强的随机性，除了当场并仅限于被害人当时的随身以外，反复实施的可能性是渺茫的。但是，如果行为人将手伸进被害人的左衣袋刚好没有财物，但被害人的右衣袋里有财物的话，行为人就构成了盗窃未遂犯。因为如前所述，行为人完全存在着当场对未完成犯罪的行为予以纠正补救的可能性，而且这种补救和纠正不仅是可能的，而且是常规的。这已然不是客体无，而是客体有了，客体的存在就消灭了客体不能犯的成立条件。

三、主体不能犯的判断——是否法

我国在刑法理论上一般不承认主体不能犯的存在，但在司法中，对不具有主体资格的情况不认为是犯罪却已经成为常识，这是刑法理论与实践严重脱节的表现。

在主体不能犯的认定上，采取“是否法”是求证行为性质的有效方法。在犯罪未完成的情况下，如果行为人具备刑法分则所规定的由特殊身份才能构成的某一犯罪的主体资格，就构成该罪的主体，成立未遂犯；如果行为人不具备刑法分则所规定的由特殊身份才能构成的某一犯罪的主体资格，就不构成该罪的主体，成立不能犯。特殊犯罪主体的构成要件具有排他性，即刑法规定的主体以外的人不能构成规定的犯罪（除共犯情况以外）。根据哲学原理，肯定和否定是对立统一的，任何事物内部都具有肯定和否定两个方面。肯定的本身就意味着否定，比如说"这朵花是红色的"，就否定了这朵花是黑色、白色等非红色之可能，"要建设社会主义的市场经济"，就排除了资本主义市场经济的建设模式，如此等等。根据这个原理，在刑法中，规定了受贿罪的主体是国家工作人员，就否定了国家工作人员以外的人构成受贿罪的可能性；规定了玩忽职守罪的主体是国家机关工作人员，就排除了非国家机关工作人员构成玩忽职守罪的可能性；规定了不征少征税款罪的主体是国家税收工作人员，就意味着非国家税收工作人员不能构成本罪。例如，某公安机关聘用的临时工编制的治安员王某，协助民警抓获了有盗窃嫌疑的李某，扣留在派出所进行讯问。李某的妻子史某认为王某是公安局的，是国家工作人员，能办这件事，便托人求到王某，并送给王某10000元人民币，请王帮助上下打点关照。王某也认为自己的行为是受贿行为，便始终向民警隐瞒着这件事。后来由于李某犯罪证据比较充分，被公安机关依法刑事拘留。李的妻子认为王某收了钱没办事，就检举了送给王某10000元钱的事。这个案例表面上看已经构成了一个完整的行为过程，不存在犯罪的未完成问题。其实不然，至少受贿罪的客体始终没有受到侵犯。如果根据具体的危险说，由于从一般人的立场来看，行为人在公安机关工作，通常人们会认为是国家工作人员，因而行为人的行为具有实现身份犯的可能性，就认为具有实行行为性，所以成立未遂犯，虽然具体危险说认为这种情况极其罕见。还有的观点认为这种情况下不构成犯罪，但不一定叫做不能犯。这种观点认为，"主体不能与方法不能、客体不能具有本质区别，因为主体不能是指客观上缺乏构成要件所预定的行为主体，这就意味着行为不具有构成要件符合性，不具有实行行为性，不具有刑法法规预定的'定型的、类型的危险'，故不成立犯罪。

至于应否将主体不能称为不能犯则是另外的问题。"[①] 在我看来，在主体不能的场合，不能成立以特殊身份为构成要件的犯罪是理所当然的。如果缺乏刑法规定的构成要件，也能成立犯罪，则构成要件就可有可无甚至形同虚设而令人乏味了。

四、状况不能犯的判断——真假法

状况不能犯是指，不具备特定状况而实施了在特定状况下才能产生特定危害结果的行为。与主体不能犯相似，状况不能犯的状况也具有极其严格而具体的限制，有非此勿论的意味。因而在认定状况不能犯的时候，采取"真假法"比较适宜。行为人基于故意实施以特定的状况为构成要件的行为时，如果刑法所规定的构成行为人意图之罪的时间、地点、情景等状况真实存在，并且未能完成犯罪，就是该罪的未遂犯；如果刑法所规定的构成行为人意图之罪的时间、地点、情景等状况虚假存在，并且未能完成犯罪，就是该罪的不能犯；如果刑法所规定的构成行为人意图之罪的时间、地点、情景等状况虚假存在，并且完成了行为，也构成不能犯。例如，我国刑法规定：战时自伤身体，逃避军事义务的，处3年以下有期徒刑；情节严重的，处3年以上7年以下有期徒刑。这就是战时自伤罪。此罪规定了特定的时间要素——战时，作为构成要件的必备要素。例如，军人江某奉命到边境放哨，他便以为发生了战争。江某怕苦怕累，又害怕打仗，于是在单独站岗时，假装发现敌情，先用冲锋枪打了一个点射，随即朝自己小腿内侧开了一枪，子弹贯穿小腿，造成轻伤。这就是比较典型的以特定的时间（战时）为犯罪构成要件要素的状况不能犯。由于刑法所特定的时间状况并非真实存在、是虚假的，所以只能构成战时自伤罪的不能犯。日本刑法中有妨害救火罪，是指行为人在发生火灾之际，毁坏灭火器具的行为。此罪将火灾之际的情景的出现作为特定的构成犯罪的要件要素，如果没有发生火灾而行为人误以为发生了火灾并破坏灭火器具，就不构成犯罪，而构成不能犯。如果不采用"真假法"，而采用其他方法来判断状况不能犯与否，就会产

---

① ［日］名和铁郎：《未遂犯的论理构造》，载［日］福田雅章等编：《刑事法学的综合的检讨》（上），有斐阁1993年版，第430～431页。

生诸多的歧义。例如，有两个朋友“事实先生”和“法律先生”，在10月15日上午去D州打猎。该州法律规定，除10月1日至11月30日这段时间外，任何其他时间在本州打猎的均以轻罪处罚。就在当天，他们两人都打死了一头鹿。“事实先生”错误地认为这天是9月15日（意即认为现在是禁猎期）；“法律先生”则错误地认为只有11月份才是法律许可的打猎期（意思也是认为现在是禁猎期）。两个人都有错误认识，都把非禁猎期误认为是禁猎期。[①] 根据“真假法”，法律所规定的构成犯罪的特定的时间要素在行为人实施行为时是不存在的，行为人认为存在这一条件是虚假的，因而不构成犯罪，成立不能犯。但是如果根据事实错误和法律错误的方法进行认定，结果就相去甚远。“事实先生”记错了行为的日期，属于事实错误，构成犯罪，不可辩护；而“法律先生”记错了法定禁猎的日期，属于法律错误，构成不能犯，可辩护。这样的处理，显然是不够恰当的。既然法律规定的构成要件的要素不存在，就意味着构成要件不齐备，对之加以处罚，是违背罪刑法定主义的。

（发表于《法制与社会发展》2002年第5期）

---

① 储槐植著：《美国刑法》（第二版），北京大学出版社1996年版，第145页。

被害人承诺与认识错误

郭理蓉

被害人承诺，又称被害人的同意[①]，是指法益主体对于他人侵害自己可以支配的权益的行为所表示的允诺。其源自罗马法学家乌尔比安"对意欲者不产生侵害"的法律格言，意即行为人实施某种侵害行为时，如果该行为及其产生的结果正是被害人所意欲的行为与结果，那么，对被害人就不产生侵害问题。[②] 被害人承诺历来是作为犯罪阻却事由、特别是违法性阻却事由的一种。除少数国家和地区（如意大利、韩国和我国澳门特别行政区）在立法上明确将被害人承诺规定为一种法定的正当化事由外，大多数国家的刑法中均无被害人承诺的明文规定，所以理论上通常将其作为超法规的违法性阻却事由予以论述。

不过，被害人的承诺并不是一个典型的违法性阻却事由[③]，在不同的场合，它具有不同的意义。从被害人承诺所产生的刑法效果来看，主要有以下几种情况：第一，被害人的承诺对犯罪的成立没有影响。如猥亵儿童罪、拐卖儿童罪，即使得到了儿童的同意，也丝毫不影响该罪的成立。第二，被害人的承诺是犯罪成立的必要条件。如德、日等国刑法中规定的同意杀人罪、同意堕胎罪等，须以被害人的同意为前提，才能成立本罪。我国刑法所规定的嫖宿幼女罪显然也是以幼女的承诺为前提

---

① 在法益主体对他人侵害自己可以支配的法益的行为表示允许的情况下，该法益主体就很难说是被害人，因此，用"权利人的同意"来表述所谓"被害人的承诺"的情形或许更准确（参见冯军：《被害人承诺的刑法涵义》注1，载《刑法评论》第1辑，法律出版社2002年版）。但由于"被害人承诺"已成为约定俗成的用语，本文仍沿用之。

② 参见张明楷著：《刑法格言的展开》，法律出版社1999年版，第253页。

③ 参见［日］大塚仁著：《犯罪论的基本问题》，中国政法大学出版社1993年版，第156页。

的。第三，被害人的承诺是犯罪阻却事由。即如果存在被害人的承诺，则行为不符合犯罪构成要件、不违法，因而不成立犯罪。① 强奸罪、盗窃罪等即为此例。第四，被害人的承诺是刑罚轻处事由。即被害人的承诺不否定犯罪的成立，但可以作为减轻处罚的理由。例如，对他人实施“安乐死”在我国成立故意杀人罪，但由于存在被害人的承诺，在量刑上通常较普通的故意杀人罪为轻。②

前述第一种和第二种情况下的“被害人承诺”从其所产生的刑法效果上来说，并非刑法上作为正当化事由之一的被害人承诺。第四种情况下的被害人承诺只影响刑罚裁量，对犯罪成立与否并无影响，因此亦不属于正当化事由。只有第三种情况下的被害人承诺才是本文所要讨论的内容。

一、被害人承诺的成立条件

作为犯罪阻却事由的被害人承诺，其成立须具备一定的条件：

第一，承诺主体的合格性。所谓承诺主体的合格性包括两个方面的内容：一是承诺必须由具体法益的归属主体作出。③ 因为只有法益的所有者才有权处分法益。但是，未成年人或者精神病人欠缺自然意义上的认识能力时，具有亲权的法定代理人拥有同意权，在特定的场合也可以履行同意义务。④ 二是承诺主体具有承诺能力，即作出承诺的人必须具有认识其承诺的性质、作用、范围及后果的理解能力。具备承诺能力的人才是被害人承诺的合格主体。不能正确理解承诺的内容和意义的人

---

① 德、日刑法理论将被害人承诺分为阻却构成要件的被害人承诺（合意）和阻却违法性的被害人承诺（同意）。根据我国的刑法理论，犯罪构成符合性与刑事违法性的判断是统一的，行为排除犯罪构成符合性的，同时也就排除了刑事违法性。因此，这里没有予以区分，而统称为“犯罪阻却事由”。

② 在刑法明文规定有同意杀人罪的情况下，被害人的承诺不仅是犯罪的成立条件之一，同时也是刑罚轻处事由。

③ 参见［日］野村稔著：《刑法总论》，全理其等译，法律出版社2001年版，第265页。

④ 参见［德］耶赛克、魏根特著：《德国刑法教科书》，徐久生译，法制出版社2002年版，第463页。

（如儿童及其他精神障碍者）作出的承诺无效。至于承诺能力的判断标准如何确定？对此，理论上存有分歧。有学者认为，作出承诺的被害人必须达到一定的年龄，并且具有正常的辨认能力和控制能力。关于该年龄的确定，如果刑法有规定的，应以刑法的规定为准，如果刑法没有规定，则应以民法中关于民事行为能力的相关规定为准。① 也有学者认为，判断有无承诺能力之关键点乃在于依被害人智力之成熟情况，而有能力了解及判断对其法益受到侵害之本质、效果及其影响等。被害人依其心智成熟度而有能力认知舍弃法益之意义及其效果，且有能力加以判断者，始具承诺能力。至于被害人是否要达到一定之年龄或者是否具有民法之行为能力，则均非所问。② 笔者认为，以年龄和心智状况作为判断承诺能力的两项主要指标，无疑是具有合理性的，但也不能绝对化。在刑法对被害人的年龄和精神状况有明确规定的情况下，自应以刑法规定为准；刑法未明确规定的，则应主要根据被害人的实际心智状况判断其是否具有承诺能力，年龄可作为一个参考指标予以考虑。

第二，所承诺法益的个人性。承诺的对象只能是承诺人有权处分的法益。各国刑法理论普遍认为，被害人承诺的成立以承诺人对被侵害的法益具有处分权为前提。承诺人只能就其有权处分的个人法益作出承诺。对于系关国家、社会等的公共法益，个人无权处分，这是各国刑法学界的通识。就个人法益来说，也不是都可以由法益所有人随意处分，而是有一定限制的。具体来说：（1）生命权不可承诺；（2）身体健康权是可有限承诺的权利。但在“有限”的界定上，则有不同观点。笔者同意将善良风俗与伤害程度结合考虑的折中观点，即所承诺的伤害必须以不违背善良风俗和不造成严重伤害（如永久性残疾）为限；（3）人身自由权和财产权都属于可承诺的权利。但是，如果涉及共有关系中的财产权，情况则相对要复杂一些：按份共有的，如果共有财产是可分的，则被害人可以并且也只能就其所有的那部分财产予以承诺；共有财产不可

① 参见王政勋著：《正当行为论》，法律出版社 2000 年版，第 459～460 页。

② 参见林山田著：《刑法通论》（上册），增订六版，台湾出版社 1998 年版，第 252 页。

分的按份共有以及共同共有的，未经其他共有人同意，被害人无权就共有财产作出承诺；（4）名誉权、人格权在不涉及公共利益的情况下，也可以承诺；（5）性权利也可以承诺，但不满14周岁的幼女所作出的承诺除外。总而言之，承诺的对象只能是“法秩序中完全可以由被害人自由支配与处分的权益”①，被害人必须是该法益的唯一权益人。② 被害人就自己无权处分的法益作出的承诺不能阻却犯罪的成立。

第三，承诺的真实性。被害人承诺是被害人对自己权益的处分决定，因此必须是被害人自由的、真实的意思表示。被害人在被强制、被欺骗、受胁迫的情况下作出的承诺无效。

第四，承诺必须通过某种方式明确表现出来。承诺的表示方式，既可以是明示，也可以是默示；既可以用语言表达、书面告知，也可以通过行为表示。无论采取哪种方式，都必须是“能够明确地从外部能够认识的”③，也就是说，被害人对该权益的态度必须明朗，不能模棱两可以致他人不知所从。

第五，行为人应认识到被害人的承诺。被害人的承诺不仅要表现于外部，而且应到达对方即为行为人所认识。行为人不仅应认识到承诺的存在，而且应认识到被害人承诺的内容（行为及其结果）。因此，其所实施的侵害行为不应超出承诺的范围，否则，不能排除犯罪性。

第六，承诺必须是在行为实施之前即存在或者在行为实施当时作出。当然，如果被害人在行为之前作出承诺，但行为时又改变主意的，应以行为时的意思表示为准。因此，只有行为时存在的承诺才能阻却犯罪的成立。事后作出的追认或允诺不具有阻却犯罪成立的效果，至多只能使行为人被免予起诉（告诉才处理的犯罪）或者对刑罚的裁量产生一定影响。

第七，承诺的内容不违反法秩序。也就是说，承诺的内容或者基于

① 参见李海东著：《刑法原理入门（犯罪论基础）》，法律出版社1998年版，第92页。

② 参见李海东著：《刑法原理入门（犯罪论基础）》，法律出版社1998年版，第91页。

③ 参见王政勋著：《正当行为论》，法律出版社2000年版，第462页。

承诺所实施的行为不为刑事法律所禁止。有观点主张，被害人承诺的内容不能有不当目的或动机，不能危害社会，[①] 其主观上必须是为了追求有益于社会的目的。[②]“不能危害社会”是必要的、当然的要求，但是，是否必须基于“正当动机或者追求有益于社会的目的”，则值得商榷。如，性交易、通奸等行为，其动机和目的显然并非有益于社会或符合公序良俗的，但由于存在被害人的承诺，阻却了犯罪的成立。法律不是提倡良好社会风尚的道德准则。法律禁止之外的，就是公民可以做的。因此，关键在于行为是否违反了法秩序，是否为刑事法律所禁止，而不在于承诺是否出于不当动机或目的或者是否符合公序良俗。如果要求必须具有有益于社会的动机或目的才能成立被害人承诺，则一方面限制了公民的自我决定权，另一方面也有刑法的泛道德化之嫌。

应注意的是，在多数情况下，被害人承诺是对特定的人作出的，而不是对所有人的。[③] 被害人往往基于感情或者其他原因，只对某个人或某些人所实施的侵害行为予以承诺，而如果其他人对其实施同样的行为，则是违背被害人意志的。特别是在两个以上的行为人共同实施侵害行为的案件中，如在共同奸淫或者共同致人伤害时，被害人只同意与其中一人发生性关系或者只同意其中一人对自己造成伤害结果，其他人的奸淫行为或伤害行为并未得到被害人的允诺，在这种情况下，被害人承诺只对那些特定的人有效。当然，这应以被害人将承诺所针对的特定对象予以明确化为前提；在表达含糊、所指不明的情况下，不能认为其作出的承诺是有效的承诺，其他人并不能因此而阻却犯罪的成立。

二、被害人承诺中的认识错误及其意义

刑法上的认识错误，是指行为人对自己的行为的刑法性质、后果和

---

① 参见高铭暄主编:《刑法学原理》(二)，中国人民大学出版社 1993 年版，第 256 页。

② 参见马克昌主编:《犯罪通论》，武汉大学出版社 1999 年版，第 828 页。

③ 之所以说“多数情况下”，是因为不能排除个别情况下，被害人可能对不特定人群作出承诺。例如，某人站在大街上，冲着人群喊:“你们打我吧！别打成重伤就行！”于是得到一顿饱揍，鼻青脸肿。这种情形下，被害人作出的承诺也是有效的。

有关的事实情况不正确的认识。关于被害人承诺中可能出现的认识错误及其意义或影响，笔者分两类情况予以探讨：

（一）被害人的认识错误

被害人在认识错误的情况下作出的承诺具有何种效果？如前所述，被害人承诺成立及有效的条件之一是承诺的真实性。所谓真实性，是指承诺是被害人自由的、内心真意的表示，不存在意思缺陷。被害人在被欺骗、有人格缺陷以及受胁迫或强制的情形下作出的承诺都是存在意思缺陷的。

被害人由于被欺骗而发生认识错误所作出的承诺无效，但是这种情形下的错误仅限于对所承诺的内容（行为及其结果）、范围、对象等的认识错误。单纯的动机错误（如误以为通过与上司发生性关系可获得升职加薪）不影响承诺的有效性。基于人格缺陷的错误所作出的承诺是否有效，取决于错误是否是一个明显的错误，以至于行为人能够明确地认识到被害人的错误。例如，某人想给他的邻居留言：“我不同意你把我院子里那棵挡住你窗前阳光的树锯掉。”但他因为不谨慎而忘记了写上“不”字。只要邻居明确地知道该树对其主人具有非常特别的价值和意义，树的主人无论如何不会同意锯掉该树，仅仅因为某种难以避免的疏忽才写漏了字，那么，邻居仍然锯掉该树的行为就成立物品损坏罪。①至于受胁迫或强制而作出的承诺，笔者认为，不属于被害人的认识错误问题。因为在这种情况下，被害人对所承诺的行为及其结果并不存在认识错误，只是由于胁迫或者强制而失去意志自由，其作出的承诺不是自由且真实的意思表示，因而无效。

被害人在认识错误的情况下所作出的承诺是否一律无效？笔者认为，对此不能一概而论。我们来看两个案例：

案例一：某甲（女）上班时因匆忙误将自己宿舍钥匙忘在屋里，深夜下班无法进门，遂去往男友宿舍，打算从窗户爬进去住一晚（其男友宿舍在一层，某甲的宿舍在高层）。到了以后，见房门未上锁，以为男友出差已提前回来，而事实上是男友的同事某乙（男）因搬家而在此暂

---

① 参见冯军：《被害人的刑法涵义》，载《刑法评论》第1辑，法律出版社2002年版。

住一宿（某乙电话征得某甲男友同意撬门进屋）。某甲没有开灯摸黑爬上床去，并抚摸某乙。某乙半梦半醒之间与某甲发生了性关系。次日清晨，某甲发现并非其男友，遂告某乙强奸。

案例二：某日凌晨，孙某（男）饮酒之后去本厂女工宿舍，在推门进宿舍时，将尚在熟睡的女工赵某惊醒。赵某以为站在床边的孙某是自己的男朋友，便说了一句“站在那儿干啥”。此时，孙某意识到赵某将自己当成了其男朋友，随即走到赵某的床边，先亲吻、搂抱，后脱去赵某的衣服，将其奸淫。当赵某发现孙某不是自己的男朋友时，高声呼救，孙某仓皇逃走。后被抓获。①

上述两个案例中，虽然被害人都存在认识错误，但有所不同。案例一中，被害人某甲的认识错误并非由某乙所致，某甲在完全有能力、有可能辨明事实的情况下未作辨认，本身就缺乏必要的谨慎，而且主动挑逗某乙，由此导致了结果的发生。某甲的错误应属于前述基于人格缺陷而发生的认识错误，但该错误并非足够明显以至于某乙能够明确认识到某甲的错误。对某乙来说，事情的发生是很难预见的。虽然存在认识错误，但某甲所作出的承诺不能视为无效。因此，笔者认为，此案中某乙不构成犯罪；若其无过失，则属意外事件；如有过失，也只能予以民事赔偿（强奸罪非过失犯罪）。案例二则不同，孙某的行为与被害人赵某的认识错误之间具有因果关系，孙某在凌晨推门进入赵某的宿舍，该行为本身导致赵某发生了认识错误。孙某认识到赵某将自己当成了其男朋友，就“将错就错”，冒充其男朋友实施了奸淫行为，在这一过程中，赵某实际上是受欺骗而作出了承诺，该承诺无效，不能阻却犯罪的成立。孙某明知赵某认识错误而利用了这种错误，其主观上显然为故意，客观上又实施了奸淫行为，孙某因此应构成强奸罪。

因此，在被害人认识错误的情况下所作出的承诺并非一概不能阻却犯罪的成立，应根据案情具体分析。

（二）行为人的认识错误

被害人承诺中可能发生的行为人的认识错误，概括而言，有以下几

---

① 摘自最高人民法院中国应用法学研究所编：《人民法院案例选》1998年第3辑，时事出版社1998年版，第7~9页。

种情况：

其一，行为人对是否存在被害人承诺认识错误。包括两种情况：一是被害人原本没有承诺，但行为人误以为有承诺而实施侵害行为；二是被害人事前已有承诺，但行为人没有认识到这种承诺而实施侵害行为。对于前一种情况，比较一致的观点认为，应当认定为过失犯罪，但不排除意外事件的可能性。对于后一种情况，则存在分歧：彻底的结果无价值论者主张无罪，因为行为实际上没有造成侵害结果；彻底的行为无价值论者主张犯罪既遂，因为行为人完全是出于犯罪故意从而实施了犯罪行为。有学者认为，应以结果无价值为基础同时考虑行为无价值，因而主张成立犯罪未遂。即行为人出于故意实施侵害行为是违法的，但其结果是被害人承诺的，因而缺乏侵害结果，所以不能成立犯罪既遂。① 笔者倾向于认为该种情形不成立犯罪。这不仅仅是从结果无价值的角度出发所得出的结论，而且也与被害人承诺的存在价值和意义相符。被害人承诺之所以能够作为刑法上的正当化事由，主要是基于对公民自由决定权的尊重，同时也是刑法谦抑性的体现。在法益所有人已就其所能支配处分的法益放弃法律保护的前提下，仍介入刑法干涉，将行为诉诸犯罪并处以刑罚，笔者并不认为这是符合被害人承诺的初衷以及刑法的谦抑精神的。

其二，行为人对被害人承诺的法益、行为或结果的范围认识有误的，不排除犯罪的成立。例如，被害人允许行为人到自己家中拿走某样特定的东西抵债，而行为人误以为只要是被害人家里的东西，随便哪样都可以，遂将被害人与他人的共有财产拿走，因其行为超出了被害人承诺的范围，行为人应构成盗窃罪。但倘若是被害人就自己无权处分的共有财产作出承诺，而行为人对此并不知情的，则不构成犯罪（盗窃罪是故意犯罪，即便在有过失的情况下也不可能成立盗窃罪）。再如，某甲对某乙说，“你打我吧，有点皮肉之伤没关系。”某乙误以为重伤也无碍，于是打断了某甲的一条腿，某乙应构成故意伤害罪。但如果某甲对某乙说，“你打我几下让我清醒清醒吧。”某甲的本意只是想让某乙给他两拳头，可某乙用力打了某甲一耳光，结果将某甲的耳朵打聋，某乙应

① 参见张明楷著：《刑法格言的展开》，法律出版社1999年版，第263页。

构成过失致人重伤罪。

其三，行为人虽然认识到存在被害人的承诺，但对承诺的真实性认识错误。包括两种情况：一是将被害人的真实承诺误认为是虚假承诺而实施了侵害行为；二是将被害人不真实的承诺误认为真实而实施了侵害行为。第一种情况下，被害人已经作出了真实的承诺，尽管行为人存在认识错误，但其实施的侵害行为实际上是得到承诺的行为，并未造成法益侵害，因此不构成犯罪。而第二种情况下，行为人的行为是否构成犯罪，取决于被害人所作出的承诺是否明显不真实而不致让人信以为真。而是否“明显不真实”，应以一般人的认识和判断能力为基础，并结合行为人的智识状况来判断。如果被害人虽作出的是虚假承诺，但并非明显不真实，态度也颇为认真，以至于行为人排除了合理怀疑，信以为真因而实施侵害行为的，行为人主观上有过失的，可能成立过失犯罪；若无过失，则不构成犯罪。反之，在承诺显然是开玩笑、明显不真实的情况下，不能排除犯罪的成立。例如，某丙对某丁说，“你如果能破译我保险箱的密码，里面所有的钱就都归你。”这显然是个玩笑。某丁倘若真的破译了某丙保险箱的密码并取走里面的钱，无疑应构成盗窃罪。

［发表于《云南大学学报》（法学版）2003年第1期］

论期待可能性错误

田鹏辉

期待可能性错误是刑法中错误论的重要组成部分。研究期待可能性错误对于完善科学的刑法错误论体系，确保准确定罪量刑具有重要意义。

一、期待可能性错误的概念与性质

（一）期待可能性错误的概念

期待可能性理论一经提出，就作为阻却责任的根据，因而关于期待可能性的错误，也就是有关责任阻却事由的错误。而在大陆法系中有关责任阻却事由的错误，一般很少被讨论。一是因为错误论主要在故意论中论述，是以可否阻却故意中的构成要件的错误（事实的错误）以及违法认识中的禁止的错误（违法性的错误）为中心展开的。而期待可能性通常被认为是与责任能力、故意过失相并列的第三责任要素，行为人对自已有无责任能力的误认并不影响责任的轻重，故意过失作为心理要素也不可能成为行为人的认识错误问题，因此期待可能性错误是责任论唯一应予以研究的问题。二是因为大陆法系刑法学中的错误论往往是以本国的刑事立法为依据的，刑事立法关于错误的规定，对错误的概念、分类、效果及其在理论体系中的位置具有重要影响。而在现行刑法中，关于责任阻却事由的规定并不多，这从客观上妨碍了学者对期待可能性错误的研究。甚至有人否认期待可能性错误的现实意义和理论价值。

针对期待可能性错误，日本学者木村龟二指出，“在不存在缺乏期待可能性的情况，而行为者却误认为其存在时，对行为者的责任有怎样的影响呢？这就是有关期待可能性的错误问题。”① 大谷实教授用列举的

① ［日］木村龟二著：《刑法学词典》，上海翻译出版公司 1991 年版，第 295 页。

方式指出，“例如违法拘束命令不存在而误信其存在的场合，或以期待可能性不存在为基础的情形没有而误信为有。”[①] 在对错误进行分类时，大塚仁教授认为，“期待可能性错误，是指虽然不存在导致缺乏期待可能性的情况，但是，行为人却误认为存在。”[②] 几位先生的描述初步勾勒了期待可能性错误的轮廓，但没有完全揭示期待可能性错误的内涵和外延。所谓期待可能性，是指在实施行为当时的具体情况下，能期待行为人作出合法行为的可能性。如果行为人实施行为时具有选择合法行为的可能性，为有期待可能性；如果行为人实施行为时没有选择合法行为的可能性，为无期待可能性。错误是指行为人的主观认识与客观现实不一致。据此，期待可能性错误就是行为人对实施行为当时的具体情况，即期待可能性有无的主观认识与客观现实不一致。当然，这只是期待可能性错误的一种情形。还有另一种情形，即行为人对自己行为的法律评价与现实不一致。基于上述认识，笔者认为，期待可能性错误是指行为人实施与犯罪相关的行为时，对期待可能性事由的认识或者对自己行为的法律评价与现实不一致。期待可能性错误与传统错误一样，既影响行为人的罪过形式，又影响行为人的刑事责任，理应成为错误论研究的课题，而非期待可能性本身的问题。但是，期待可能性错误又有自己的特征：

第一，期待可能性错误只能发生在故意行为过程中。传统错误论认为在故意犯罪和过失犯罪中都存在刑法中认识错误问题[③]，而期待可能性错误只能发生在故意行为过程中，过失行为中不存在期待可能性错误问题。

第二，传统错误是对犯罪构成事实的认识错误，相对于行为人的主观认识有两个事实，一是行为人预想实现的犯罪事实，二是因错误而实际发生的事实。其主旨在于解决行为人对与其预想不一致的事实能否成

---

① ［日］大谷实著：《刑法总论讲义》，日本成文堂1994年版，第367页。

② 李海东著：《日本刑事法学者》（上），法律出版社、日本成文堂1995年版，第307～311页。

③ 刘明祥著：《刑法中错误论》，中国检察出版社1996年版，第27～28页。

立犯罪故意。而期待可能性错误是对期待可能性事由的认识错误。相对于行为人的主观认识只有一个事实，即因错误而发生的事实，其主旨在于解决行为人对该事实是否以及如何承担刑事责任。

第三，因错误而发生的事实应具有刑法上的重要性，即属于犯罪构成事实，否则不存在要行为人对这一事实负刑事责任的问题，也不必作为期待可能性错误问题加以讨论。正如大塚仁所言，“在刑法上应当作为问题的错误，应当像贝林格和李斯特所指出的那样限于重要的东西上。”①

（二）期待可能性错误的性质

以错误是对事实还是对法律的不知或误认作为标准，把刑法中的错误分为事实错误和法律错误。这是最古老也是至今仍被广泛采用的分类方法，既具有高度的概括性，又符合形式逻辑的分类规则。那么，期待可能性错误应属于何种性质的错误呢？日本学者对此有不同观点：第一种观点认为，期待可能性是一种客观的事实，因此期待可能性的错误属于事实错误的范畴，应该适用有关事实错误的理论来处理；第二种观点认为，期待可能性错误应作为法律的错误（或禁止的错误）来看待；第三种观点认为，期待可能性的错误既不是关于构成要件要素的错误，也不是关于违法要素的错误、法律的错误（或禁止的错误），而是关于责任要素的一种独特的错误类型，不是通常的错误理论能够解决的，而必须通过有关责任的规范要素的、独特的错误理论来解决②。第一种观点只是片面地注意到了客观环境对期待可能性错误产生的影响，而忽略了行为人的主观结构，如知识水平、经验、信仰等因素，因而只认识到期待可能性错误的一种情形。与第一种观点相反，第二种观点仅注意到了行为人的部分主观知识要素，更不全面。第三种观点把期待可能性错误作为与事实错误、法律错误相并列的第三种错误类型，犯了分类标准不统一的逻辑错误。笔者认为，期待可能性事由是一种客观事实，既包括

① ［日］大塚仁著：《犯罪论的基本问题》，中国政法大学出版社 1993 年版，第 197 页。

② 刘明祥著：《错误论》，法律出版社、日本成文堂 1996 年版，第 249 ~ 254 页。

行为时的客观状态，也包括行为人已客观存在的责任能力、心理态度等，因此对期待可能性的认识错误首先是一种事实错误。如果行为人对自己行为的法律评价与现实不一致，那么这又是法律错误。可见，期待可能性错误既不是单纯的事实错误，也不是单纯的法律错误，而是既有事实错误，又可能有法律错误，是事实错误与法律错误相竞合的错误形态。当行为人对期待可能性事由有无的认识与现实不一致时，为事实错误；当行为人对期待可能性事由存在正确认识，而对其行为的法律评价与现实不一致时，为法律错误。

二、期待可能性错误的种类与罪责认定

关于期待可能性错误可以分为几种类型的问题，日本学者持有不同观点①。笔者认为，期待可能性错误可简明地概括为如下两种类型：一是误有为无的期待可能性错误，即期待可能性本来存在，而行为人误以为不存在；二是误无为有的期待可能性错误，即期待可能性本来不存在，而行为人误以为存在。然后，各自再区分为事实错误和法律错误。现分述如下：

（一）误有为无的期待可能性错误

1. 误有为无的事实错误，即期待可能性事由本来存在，而行为人误以为不存在。例如，甲乙二人因海难事故而落海，二人在争夺一块木板时，甲误以为此木板的浮力只能承受一人（实际上能承受二人），因而奋力将乙推开致使乙被淹死。对此错误应如何处理，日本学者主要有三种观点：第一种观点认为，期待可能性是故意的成立要件，无期待可能性即无故意，因此在期待可能性的错误不可避免的场合，当然阻却故意。第二种观点认为，期待可能性是责任的要素，期待可能性的错误不是关于构成要件内容的事实的错误，应该与法律的错误（禁止的错误）同样对待，即在错误可以避免的场合，不阻却责任；当错误不可避免时，则阻却责任。期待可能性的错误与故意的成立与否毫无关系。第三种观点认为，误信无期待可能性的事实存在的场合，故意是存在的，只

① 刘明祥著：《错误论》，法律出版社、日本成文堂1996年版，第249~254页。

不过在这种错误不可避免的场合，是一种无责任的行为；但是，如果行为人陷入错误是因为他的过失，则可能构成过失犯①。如前所述，期待可能性是独立于故意和过失之外的要素，二者不能混为一谈，因此第一种观点并不足取。第二种观点将期待可能性错误视为法律错误，有失全面，并割裂了期待可能性错误与故意的关系。第三种观点没有回答错误可以避免时，应如何处理。笔者认为，当行为人对期待可能性事由发生认识错误时，首先要看该错误是否可以避免，即是否具有实施适法行为的期待可能性。如果可以避免，即具有期待可能性，则可能承担故意的责任。若因过失而陷入错误，而刑法又有关于该行为过失犯的规定，自然应负过失犯的责任。如果错误不可避免，即无期待可能性，则应阻却责任。本案中，当行为人对浮具的承受力产生认识错误时，其精神状态与没有期待可能性的情况完全相同，基于自我保全的目的而争夺木板，同时明知乙也是为保全自己而争夺木板，在此情形下，将乙推开致死，实属故意无疑。但应否承担刑事责任，应区分两种情况：第一种，如果行为人是航海经验较丰富的海员等相关人员，则应认识木板的实际承受能力，即错误可以避免，理应承担故意犯的责任。如果没有尽到注意义务，即因过失陷入认识错误，则应承担过失犯的责任。第二种，如果行为人是无相关知识、经验的一般人，在紧急情况下，不可避免会陷入认识错误，则应免责。因为在精神受强制下，法秩序并不能期待行为人为合乎法规范所要求的行为。

2. 误有为无的法律错误，即行为的违法性本来存在，而行为人误以为不存在。例如，尽管不存在作为紧急避难要件的紧迫危害，但行为人误认为在此情况下可以实施紧急避难，为了保护自己价值较小的财产，而实施了牺牲价值较大的他人财产的行为。由于违法性的错误，行为人误认为自己的行为被法律允许，也就是对自己行为的违法性缺乏认识，没有承受现实的心理压迫，应阻却故意。那么，行为人是否应承担刑事责任呢？笔者认为，在此情况下，应进一步考察有无违法性认识的可能性及与期待可能性的关系，进而认定行为人是否应承担刑事责任。违法

---

① 刘明祥著：《错误论》，法律出版社、日本成文堂1996年版，第249~254页。

性意识的可能性是适法行为的期待可能性的基础。期待可能性是在行为人有违法性意识（或违法性意识的可能性）的情况下，能否期待其不实施违法行为的问题。它是与犯罪事实的认识及违法性意识的可能性不同的确定责任有无的要素。违法性意识的可能性是在期待可能性之前应予考察的问题，如果无违法性意识的可能性，则不发生进一步考察其有无期待可能性的问题，当然阻却故意责任。如果有违法性意识的可能性，由于过失陷入认识错误，且刑法有关于该行为过失犯的规定，则应负过失责任。

（二）误无为有的期待可能性错误

1. 误无为有的事实错误，即期待可能性事由本来不存在，而行为人误以为存在。例如，不能游泳的救助义务者，对有溺死危险的儿童救助不可能时，错误地认为能够救助，并以杀意置而不顾致儿童溺死。对此错误，日本学者主要有如下观点：第一种观点认为，既然无期待可能性的事实客观存在，那就意味着具有责任阻却事由，自然应该阻却责任。第二种观点认为，在消极错误的场合，不阻却责任的成立。由于行为人对自己所处的状况并无错误认识，所以对其行为可以作直率的评价，即可以认为是符合构成要件的违法且有责的行为。总之，尽管客观上存在责任阻却事由，但行为人并无认识，则不能阻却责任。因为客观存在的责任阻却事由，如果没有反映在行为的主观方面，那对阻却责任是毫无意义的。对行为人仍然应该按故意的既遂犯来处罚①。第一种观点仅看到了客观事由，而忽略了行为人的主观恶性和客观危害。第二种观点较为妥当。行为人产生认识错误后，没有承受现实的心理压迫，具有实施适法行为的期待可能性，其意志是自由的。如果在意志支配下实施了违法行为，就不能阻却责任。本案中，行为人陷入认识错误后，既可以自己履行救助义务，也可以向他人求救。然而，行为人却在杀人故意的支配下，不予救助致儿童溺水死亡，自然不发生阻却责任的问题。尽管从事实上看，即使行为人无杀意，该儿童也会溺死，但是行为人产生杀意以后，其不予救助的不作为就成了杀人罪的实行行为，根据主客观相一

① 刘明祥著：《错误论》，法律出版社、日本成文堂1996年版，第249～254页。

致的原则，也应承担刑事责任。但应该看到，这种情形毕竟属于客观上期待不可能，因此，作为量刑情节，应酌情减轻行为人的刑事责任。

2．误无为有的法律错误，即行为的违法性本来不存在，而行为人误以为存在。例如，为了不溺死，争夺一块仅能支撑一人的木板，行为人实施了使对方牺牲的行为，认为是有罪的场合。追究刑事责任的理论根据是行为人的主观恶性和客观危害，而不论行为人对自己行为的法律性质有何种认识。如果行为本身不构成犯罪，即使行为人主观上认为有罪，也只是幻觉犯的一种，不成立犯罪。本案中，行为人的生命面临紧迫的威胁，明显不具有实施适法行为的期待可能性，实施非法行为是行为人唯一、无奈的选择。因为一般人不可能牺牲自己生命以保全社会和他人，法律也不能过分期待人们如此行动。正如霍布斯所说："如果一个人是由于眼前丧生的恐惧而被迫做出违法的事情；或者如果一个人缺乏食物或者其他生活必需品，除非犯法没有任何其他办法保全自己，就像在大饥荒中无法用钱购买或者施舍得到食物时抢劫或者偷窃一样，那么，该人可以完全获得恕宥，因为任何法律都不能约束一个人放弃自我保全。"①。因此行为人的行为仅具有刑事违法的外观，而不具有刑事违法的实质，"犯罪"只存在于行为人的想象之中。从主观上来看，行为人虽然是知"罪"犯"罪"，具有一定恶性，但并不具备刑法所指的犯罪故意。从客观上看，该行为成立紧急避难，即使具有一定的社会危害性，也尚未达到犯罪的程度，因此缺乏负刑事责任的客观基础。可见，行为人的误解不能改变行为的法律性质，更不能因此对其定罪处罚。

三、适用期待可能性错误理论应注意的相关问题

（一）明确期待可能性的判断标准

所谓期待可能性判断标准，就是以什么为标准，来判断行为人是否具有实施适法行为的期待可能性。对此，西方学者有三种观点：一是行为人标准说；二是平均人标准说；三是国家标准说。这三种学说各有其道理。但笔者认为，个人责任是现代刑法的基本原则。期待可能性理论

① ［英］霍布斯著：《利维坦》，商务印书馆1985年版，第234～235页。

实际上是阐释行为人在行为时是否具有意志自由，是否具有主观恶性的理论，适用于具体案件中的具体人，其目的是想把那些陷入某种具体的恶劣情况和自己生理、心理失去某种机能或某种机能不健全的行为人从刑事惩罚中解救出来。因此判断期待可能性有无及其程度的标准，采行为人标准说较为合适。更值得注意的是，错误的主体是人，大多认为仅限于行为人。期待可能性错误也不例外，是行为人的一种认识错误，如果采平均人标准说或国家标准说，则由于行为人的主观认识对有无期待可能性不产生任何影响，因此，期待可能性错误也就不称其为问题。

（二）慎重适用期待可能性错误理论

期待可能性理论产生于20世纪初期。目前，在大陆法系的德国、日本及我国台湾地区的刑法理论里，占有极其重要的地位，并逐步得到了立法和司法的承认。然而近年来，我国刑法学者才开始对其进行研究，且尚不深入，司法实践中也很少适用。因此，我国有学者指出，在一定条件下，期待可能性确实可以排除罪过心理，阻却责任，但在适用时必须严格限制，不宜超法规适用，只能以法律的规定为根据。法律无明文规定时，不能用期待可能性理论随意认定行为人无罪过心理，免除刑事责任。至于期待可能性对罪过程度轻重的影响，则可以作为量刑的酌定情节，慎重适用①。这一观点同样适用于期待可能性错误理论。我国刑法中包含了丰富的期待可能性思想，但关于期待可能性及其错误问题，刑法中并没有明文规定，特别是期待可能性错误理论，刑法学界更是鲜有论及，很不成熟。因此在司法实践中应慎重适用其阻却或减免刑事责任。若盲目适用，恐有隐患。

［发表于《沈阳师范大学学报》（社会科学版）2003年第1期］

① 姜伟：《期待可能性理论评说》，载《法律科学》1994年第1期，第25～26页。

刑法中的危险及其判断：从未遂犯和不能犯的区别出发

黎 宏

一、问题的提起——未遂犯、不能犯与迷信犯之争

所谓不能犯，是指行为人出于犯罪的意思而实施了行为，但是该行为从其性质来看不可能引起结果的情况。如意图通过念咒的方法杀人的情况就是如此。国外的刑法学说认为，不能犯完全没有实现犯罪构成要件的可能，不具有构成要件符合性，因而不是犯罪。① 日本1972年公布的《修正刑法草案》也采纳了这一见解，其第25条规定："行为在性质上不可能引起结果的，是未遂犯，不罚。"

我国刑法学的通说中没有不能犯的概念，只有不能犯未遂的概念。作为与能犯未遂相对应的概念，所谓不能犯未遂，是指犯罪分子已着手实行犯罪行为，因所使用的工具、方法不当，或犯罪对象不存在，犯罪未能得逞的情况。刑法学的通说认为，从行为总体上看，在不能犯未遂的情况下，行为人主观上具有犯罪故意，客观上具有该种犯罪故意支配下的行为，虽其行为不能发生犯罪结果，但仍然具备了犯罪构成主客观方面的必备要件，本质上是具有社会危害性的犯罪行为，须负未遂犯的刑事责任。② 由于以上理由，所以，误把白糖等无毒物当做砒霜等毒药去毒杀人；误用空枪、坏枪、臭弹去射杀人；误认尸体为活人而开枪射杀、砍杀；误认空包内有钱财而扒窃；误认为被害人在卧室而开枪射

---

① 参见［日］大谷实著：《刑法讲义·总论》，成文堂2000年版，第395页。

② 参见马克昌等主编：《刑法学全书》，上海科学技术文献出版社1993年版，第130页。

击；误认男子为女子而实行强奸等，都是不能犯未遂，都要承担刑事责任。[①]

但是，对于上述观点，已经有学者提出，应当进行反思。换句话说，对不能犯未遂的情况应否均作为犯罪未遂来处理，还需要作进一步研究。如有学者认为，只有当行为人主观上具有故意，客观上实施的行为具有导致危害结果发生的危险时，才能认定为犯罪未遂；如果客观上实施的行为没有任何危险，则不能以犯罪未遂论处。[②] 笔者同意上述观点。我国刑法学的通说认为，犯罪是行为，但不是一般意义上的行为，而是具有社会危害性的行为即危害行为。但是，什么样的行为是具有社会危害性的行为？我国刑法学一般只是泛泛而谈，没有具体探讨。[③] 国外刑法学认为，实行行为（类似于我国刑法中的"危害行为"）是具有引起各个犯罪类型中所预定的法益侵害危险的行为。如"杀人"行为并不是指所有的导致了死亡结果的行为，而是从该类行为的性质上看，具有导致他人死亡性质的行为。如希望他人死于空难而劝他人乘坐某航空公司的班机，碰巧该飞机失事，致使他人死亡的行为，不能说是杀人罪中的实行行为。因为，在当今社会，乘坐民航客机已经是一种安全系数很高的出行方式，旅客并不一定时刻要面临死亡危险。换句话说，劝人坐飞机的行为在类型上不具有故意杀人罪中的实行行为的特性。基于这种道理，国外刑法学说认为，成立犯罪构成中的实行行为，行为人仅有引起

① 参见高铭暄、马克昌主编：《刑法学》，北京大学出版社、高等教育出版社 2000 年版，第 159 页。另外，也有学者认为，通常所说的不能犯，实际上就是未遂犯的一种。对于这种行为，除了情节显著轻微不构成犯罪的以外，都应当以未遂犯论处。参见马克昌主编：《犯罪通论》，武汉大学出版社 1999 年版，第 457 页。

② 参见张明楷著：《刑法学》（上），法律出版社 1997 年版，第 260 ~ 261 页。

③ 如说"危害行为是刑法意义上的危害行为，而不是一般意义上的危害行为，更不是一般意义上的行为。凡行为造成了社会危害，并且这种危害已经达到了刑法规定应当追究刑事责任程度，即被认为具备了刑法所规定的社会危害性"。马克昌等主编：《刑法学全书》，上海科学技术文献出版社 1993 年版，第 63 页。其他著述的有关内容，基本上大同小异，在此不一一列举。

犯罪结果的意图或者愿望还不够，还要求其所实施的行为在形式上符合具体犯罪的构成要件、实质上具有导致结果发生的现实危险。[①]

我国学者虽然没有像国外学者那样对有关危害行为的内容进行深入探讨，但是在迷信犯的问题上却有类似的论述。所谓迷信犯，一般是指行为人采用迷信方法杀人的行为，如用诅咒的方法或针扎纸人的方法杀人，或者用剪碎的头发作为毒物拌在饭菜里企图毒死人等。我国学者认为，在迷信犯的场合，行为人主观上虽有犯罪意图，但客观上没有危害社会的结果，没有任何危险性，缺乏主客观相统一的犯罪构成，不能作为犯罪论处。[②] 可见，我国刑法学理论也认为，成为刑法中的危害行为，该行为本身必须具有引起结果发生的危险。

同时，我国刑法中的有关规定也表达了同样的意思。如《中华人民共和国刑法》（以下简称《刑法》）第13条规定："一切危害国家主权……以及其他危害社会的行为……都是犯罪。"这就明确规定，只有在该行为属于危害社会的行为即已经引起了危害社会的结果或者具有发生危害社会结果的可能性的时候，才能成立犯罪。

因此，我们完全有理由说，即便在我国，某种行为成立犯罪，其仅在形式上符合某种犯罪构成还不够，在实质上还必须具有引起某种具体犯罪的结果[③]的现实危险。不具有这种危险的行为，即便在形式上看起来似乎是某种犯罪构成的客观行为，也仍然不是刑法中所说的危害行为。行为既然不具有引起发生犯罪结果的具体危险，当然谈不上是危害行为，而不是危害行为，又怎么能将该行为作为未遂犯加以处罚呢？因此，行为是否具有引起某种犯罪结果的现实危险，换句话说，该行为是否具有我国刑法中所谓的社会危害性，就成为区分未遂犯和不能犯的关键。

---

① 参见［日］前田雅英著：《刑法总论讲义》，东京大学出版会1999年版，第124~125页。

② 参见马克昌等主编：《刑法学全书》，上海科学技术文献出版社1993年版，第130页。

③ 这里的结果是指对于刑法所保护的一切社会利益所造成的损害，即广义的结果。

以下，试就此问题展开分析。

二、危险及其判断

（一）有关危险判断的各种学说及其缺陷

关于如何判断行为是否具有引起犯罪结果的危险，我国刑法学鲜有讨论。在国外刑法学上，存在非常复杂的对立。从以什么样的事实为基础加以判断的观点来看，大致来说，有以行为人本人的主观认识为基础来判断是否具有危险的主观说和以行为自身的性质为基础来判断是否具有危险的客观说之间的对立。这两者之间，根据对危险的判断基准的理解不同，又有“纯粹主观说”“抽象危险说”“具体危险说”“客观危险说”之争。

1.“纯粹主观说”。来源于主观主义的刑法理论，认为只要实施了体现犯罪意思的行为，不问该行为是否具有危险性，都成立未遂犯。但同时又认为迷信犯，只是单纯地表明希望的行为而已，同时，由于行为人性格懦弱不具有性格上的危险，所以是不能犯。但迷信犯也是充分地体现了行为人主观意思的行为，因此，从主观主义的立场来看，也应当受到处罚。但是，该种学说却将它作为不能犯，这表明，纯粹主观说自身在某些问题上也是互相矛盾的。[①] 另外，第二次世界大战之后，主观主义刑法学在国外正处于穷途末路之势，因此，“纯粹主观说”已经鲜有人支持。

2.“抽象危险说”。也称“主观危险说”，它以行为人的主观意思上的危险为出发点，以行为人在行为时所认识的事实为基础，从客观角度来判断有无危险。这种观点认为，在判断某行为是否具有危险的时候，应当从一般人的立场来看，如果按照行为人的犯罪计划向前发展，就有发生危害结果的危险的话，就是未遂；如果没有该种危险的话，就是不能犯。[②] 如在行为人以为玩具枪是真枪而向他人射击的场合，由于在一

---

① 参见［日］大谷实著：《刑法讲义·总论》，成文堂 2000 年版，第 398 ~ 399 页。

② 参见［日］大谷实著：《刑法讲义·总论》，成文堂 2000 年版，第 398 页。

般人看来，向人举枪射击的行为（意图实施的行为）是危险行为，因此，该行为成立故意杀人未遂。同样，在行为人以为对面山坡上有人而开枪射击，但实际上并没有人的场合，由于开枪射击行为在一般人看来是具有致人死亡危险的行为，因此，该行为构成故意杀人未遂。在“抽象危险说”看来，迷信犯是不能犯。因为迷信犯的所谓犯罪计划，在一般人看来，是违背科学规律的荒谬不经的东西，根本没有危险性。

“抽象危险说”将行为人的认识作为判断危险的基础，认为行为人的行为之所以成立犯罪，是因为其所持有的犯罪意图对法秩序具有抽象危险，所以又被称为“行为人危险说”。但是，仅仅将犯人的危险意念作为判断危险的根据，会将客观上完全没有危险的行为也作为犯罪予以处罚，而这显然是不妥的。因为无论行为人的内心是如何恶毒，但用不能发射子弹的玩具枪无论如何也不能造成杀死他人的危害结果。而且，完全按照“抽象危险说”的理论，以行为人的主观内容作为危险判断的基础的话，在行为人意图杀人，以为食盐能够杀人而在他人饭碗里放入了氰化钾的场合，如果仅仅因为行为人的主观意图是“用食盐杀人”，而用食盐杀人的方法在一般人看来是没有危险性的，从而否定其行为的危险性，就会得出行为人的行为不构成犯罪的结论，而这显然是不合理的。因此，“抽象危险说”尽管在试图对危险性进行客观判断这一点上对“主观说”的缺陷作了一些弥补，但是由于这种学说在危险判断的基础上仅以行为人的认识或计划为内容，所以并没有逃出主观主义的窠臼。①

3. “具体危险说”，是指“以行为当时一般人所能认识的事实以及行为人所特别认识到的事实为基础，从一般人的立场出发来判断有无危险的立场”。② 按照这种观点，在出于杀人的故意，向一般人都会认为是“人”的稻草人开枪的场合，成立杀人未遂，但是在一般人都明白是稻草人的场合，就成立不能犯。这一观点是以“该客观存在的行为在一般

① 参见［日］大谷实著：《刑法讲义·总论》，日本成文堂2000年版，第399页。

② 参见［日］大谷实著：《刑法讲义·总论》，日本成文堂2000年版，第398页。

人看来会不会发生结果”为根据来划定未遂犯的界限的。在不以行为人的认识而是以一般人的认识为判断基础这一点上，与“主观说”具有不同之处，但“具体危险说”又将行为人特别知道的事实也作为判断行为是否具有危险的基础，认为如在用砂糖杀害重度糖尿病患者的场合，一般人不可能知道被害人是糖尿病患者，而且行为人本人也不可能知道这一事实，那该行为就是不能犯；但是，尽管一般人不可能知道该事实，但行为人本人通过某种途径了解到该事实，那该行为就应该作为未遂犯加以处罚。

“具体危险说”是日本刑法学中的通说。但是近年来，这种学说也遭到了批判。批判者认为该学说没有将作为必须具有个别判断的责任谴责内容和行为是否具有危险的内容区分开来。如“具体危险说”认为，在危险的判断上，以“一般人难以认识的事实为基础，过于残酷”，因此，主张以一般人能够认识的事实为基础。但是批判者认为，“过于残酷”的评价是属于责任谴责的问题，与行为在客观上是否具有危险是两回事。[①] 同时，“具体危险说”认为，危险性的判断也必须以行为人所特别知道的事实为基础，换句话说，如在向尸体开枪射击的场合，在其他条件完全相同的情况下，如果行为人知道是尸体而开枪，该行为就没有杀人的危险；如果不知道是尸体而开枪，该行为就具有杀人的危险。批判者认为这也是过于牵强的判断。知道是尸体而开枪与不知道是尸体而开枪的场合，其处罚确实是不同的，但这主要是由于责任程度的不同而引起的，而不是由于该行为的危险性不同。就行为的客观危险程度而言，行为人知道与不知道并没有什么差别。[②]

4.“纯粹客观危险说”。又称“绝对不能”、“相对不能区别说”，认为不能犯之中，有根本不可能实现犯罪，与由于存在特殊情况，而不可能实现犯罪的场合之分。前者是绝对不能，所以是不可罚的不能犯，后者是相对不能，所以是应当受到处罚的未遂犯。作为这种学说的发

---

① 参见［日］齐藤信治著：《刑法总论》（第三版），有斐阁 1998 年版，第 234 ~ 235 页。

② 参见［日］前田雅英著：《刑法总论讲义》，东京大学出版会 1999 年版，第 155 ~ 156 页。

展，有将不能犯分为对象不能和方法不能两种情形，认为只有在方法相对不能的场合才是未遂犯，而在其他情况下都是不能犯。所谓对象的绝对不能，是指把死人当活人而开枪射杀之类的场合；所谓对象的相对不能，是指为了杀人而向他人宿舍开枪，但碰巧对方外出而未得逞之类的场合；所谓方法的绝对不能，是指出于毒杀的目的而让他人饮用糖水之类的场合；所谓方法的相对不能，是指出于杀人的意思而开枪，碰巧枪里没有子弹之类的场合。“纯粹客观危险说”，在德国，又称为旧客观说，是自费尔巴哈以来的学说，它在以行为时和行为后所判明的全部客观事情为判断基础、以裁判时为标准，从事后的、客观的立场来判断行为是否具有危险的一点上有其特点。①

一般认为，日本判例是持“绝对不能、相对不能区别说”的主张。但是批判者认为，“纯粹客观危险说”是将科学的危险作为前提，主张从事后的、客观的立场来判断行为是否具有危险的见解，具有方法论上的错误。因为从事后来看，任何没有发生犯罪结果的未遂犯都是有其理由和原因的。如果将这种理由和原因作为阻碍结果发生的必然原因，那么就会出现所有的未遂犯都是不能犯的结局，这显然是和现行法处罚未遂犯的规定是不相吻合的。② 另外，“客观危险说”在不能明确区分绝对不能和相对不能一点上，也具有致命的缺陷，③ 因此，在学界，支持这种观点的人也不多。

（二）危险的判断基准

笔者认为，行为有无危险即社会危害性，是判断该行为是否构成犯罪的前提，如果行为具有造成某种犯罪结果的危险，那么该行为就有可能成立犯罪，反之，就不成立犯罪。但是，刑法之所以将某种行为规定为犯罪，并不仅仅是因为该行为客观上引起了某种危害结果，还因为该

① 参见［日］大谷实著：《刑法讲义·总论》，成文堂2000年版，第397页。

② 参见［日］前田雅英著：《刑法总论讲义》，东京大学出版会1999年版，第156~157页。

③ 参见［日］大谷实著：《刑法讲义·总论》，成文堂2000年版，第397页。

行为极有可能造成某种结果，危及刑法所保护的利益，破坏现实的社会秩序。因此，刑法上的危险判断不是一个简单的事实判断问题，而直接关系到刑法的规制范围；不仅仅与法律规范的逻辑分析有关，也与刑罚规范的性质、刑法机能的认识有关。上述国外刑法学中的各种主张之所以存在各种各样的问题，难以得出令人满意的结论，就在于忽视了这一点。

在强调刑法的威慑机能，仅仅将刑法作为控制社会秩序的手段的社会，必然会主张绝对主观主义的刑法观，将一切对社会具有危险（哪怕是抽象危险）的行为，都作为犯罪予以处罚；相反，在强调刑法的保障机能，将刑法作为保障个人权益、限制国家刑罚权任意发动的手段的社会，必然会强调绝对客观主义的刑法观，认为只有在人的行为对刑法保护的利益已经造成了实际损害的时候，才能作为犯罪予以处罚。但是现代社会中，并没有哪一个国家的刑法完全采用了上述绝对主观主义或者绝对客观主义的刑法观，而是在二者之间进行平衡。一方面，坚持法益侵害原则，认为违法行为原则上只有在对法益造成了实际侵害的情况下才能作为犯罪予以处罚；另一方面，又从维持社会秩序需要的立场出发，将一些没有给法益造成实际侵害的行为也作为预备犯、未遂犯或者中止犯而予以处罚。这种状况表明，现实社会中的刑法，实际上是根据现代社会中保护个人法益和维持社会秩序的需要，将上述客观主义刑法学和主观主义刑法学的见解进行折中和调和而制定出来的。虽然一般认为当今社会是主张个人权利的社会，保护公民的个人权利和利益、限制国家刑罚权的任意发动是现代社会的主流，因而，刑法学也应当是客观主义的刑法学，但是我们必须注意到，当今社会所谓的客观主义刑法学实际上也是一种应该打引号的称呼。因为前面已经说过，按照绝对客观主义的刑法学的立场，行为只有对刑法所保护的法益造成了实际侵害的时候才能构成犯罪。而当今的所谓客观主义的刑法学认为，不仅行为对刑法所保护的利益造成了实际侵害结果的场合构成犯罪，而且在没有造成实际侵害，只是对刑法所保护的法益造成了现实的威胁或者危险的场合，也同样能够成立犯罪。这种观点与主观主义刑法学的最大区别在于：主观主义刑法学认为，未遂犯等尽管没有对刑法保护的利益造成实际侵害，但是该种行为已经充分地体现了行为人的主观恶性和人身危险性，从预防犯罪的角度出发，对该种行为应当给予刑罚处罚。而客观主义的观点则不这样表述，它认为未遂犯等之所以受到处罚，是因为其对刑法保护的利益构成了现实的威胁。这种观点尽管在否认主观要素是危险的认识基础方面有其独到之处，但是其和主观主义刑法学的差别仍然难以说清。因为“对法益具有危险或者威胁”仍然是对未然情况的推测或者判断，不可能像已经发生的实际侵害那样特定。因此，尽管我们可以用“现实危险”这种貌似客观的表述来说明对未遂犯等的处罚理由，但是在危险存在与否的认定上，最终还是取决于人们的主观认识和判断，这是无论如何也否认不了的。

既然刑法学中所谓危险性的存在与否最终都是与人们的主观判断有关，那么现在面临的问题是这种判断该如何进行，即应当以什么样的事实为危险判断的基础？由谁来判断？在什么时刻进行判断？由于对这三个问题的理解不同，在有关危险的有无的理解上各也不相同。上述有关区别未遂犯与不能犯的各种国外学说，之所以在理解上存在如此大的分歧，根本原因就在于对这三个问题的理解不一致。

笔者认为，某一行为是否具有危险，应当以事后查明的行为时所存在的各种事实为基础，以行为时为标准，从一般人的立场出发来判断。如果就事后所查明行为时存在的事实来看，发生结果的可能性极大，就可以说该行为具有危险或者说具有社会危害性，应当成立犯罪（未遂犯）；如果就事后所查明的行为时存在的各种事实来看，该行为完全没有发生结果的可能或者可能性极小，就可以说该行为没有危险或者说没有社会危害性，而不成立犯罪（不能犯）。理由是：从《刑法》第 13 条规定犯罪必须是具有应当承担刑事责任程度的社会危害性的行为以及第 22 条、第 23 条将犯罪的预备与未遂区分开来并规定了不同的处罚原则等来看，我国刑法在未遂犯的处罚上基本贯彻了刑法客观主义的指导理念。既然如此，那么在未遂犯的危险判断上，就应当摈弃行为时行为人的主观意思内容而以行为时所存在的客观情况以及行为后所查明的事实为基础来进行判断。这是坚持刑法客观主义所应当具有的基本立场。

但同时也要注意到，刑法坚持客观主义，将保护法益作为社会危害性即违法性本质的根本目的是维护现存的社会秩序。而对社会秩序的维护，除了对侵害法益的行为即犯罪行为的惩罚之外，更主要的是通过事先明确规定犯罪与刑罚，向社会一般人提供行动准则的方式来实现的，因此，对于刑法上的观念或内容的理解，不能脱离一般人的理解，否则，通过罪刑法定原则为一般人提供行动准则的理念就会成为一句空话。另外，刑法规范既是行为规范，又是裁判规范。所谓行为规范，是指禁止人们为一定的有害行为或命令人们得为一定的有益行为的法。它以一般人为适用对象。所谓裁判规范，是指在人们因为没有遵守一定的命令或禁止规范而被判定为违法要给予其一定的制裁时必须遵守的法。它以司法人员（主要是法官）为适用对象。[①] 刑法一经公布，便意味着一旦实施符合犯罪构成的行为，就会被处以某种刑罚，其中包含着国家禁止人们实施某一行为的强烈愿望。一般人意识到这一愿望并依此采取行动，在现实生活中也是极为自然的。因此，刑法在成为法官定罪量刑的判断标准的裁判规范之前，首先应看成是一般人预测自己行为后果的行为指南。从这一意义上讲，对于刑法中的危险的意义的理解，必须从行为时的立场出发，以社会通常观念即一般人的理解为标准来判断。如果坚持“绝对客观说”的立场，完全以行为后所查明的客观事实为基础，以裁判时为标准，从专家的立场出发来判断有无危险，则会得出任何未遂犯都是不能犯的结论。这显然不符合《刑法》处罚未遂犯的规定。

按照这种观点，误用空枪、坏枪、臭弹去射杀人；误以为被害人在卧室而隔窗射击；误认男子是女子或者误认妻子是他人而实施强奸行为；等等，都是具有发生危险结果的行为，应当作为未遂犯处理。因为上述行为，从实施当时的情况来看，一般人都会认为其具有发生犯罪结果的现实危险。相反地，就当时存在的情况来看，一般人认为该种行为不具有发生某种结果的危险的话，就不能因为行为人本人的犯罪计划具有危险性而认定该行为具有危险而认定其构成犯罪。如在误将白糖等无毒物当做砒霜等有毒药而用来毒杀人的场合，或者行为人意图用毒物杀人，但是在商店购买毒物的时候由于说错了名字，结果买回了营养品，

---

① 如《刑法》第232条规定：“故意杀人的，处死刑、无期徒刑或者十年以上有期徒刑；情节较轻的，处三年以上十年以下有期徒刑。”这一规范既是约束审判人员定罪量刑的裁判规范，又是命令一般人不要杀人的行为规范。

行为人将该营养品当做毒物放进被害人饭碗的场合，这些情况下，不管行为人的意图多么邪恶，但是一般人都知道，白糖和营养品等物质在通常情况下，无论如何是不可能致使他人死亡的，即根本没有引起犯罪结果的危险，所以是不成立犯罪的（不能犯），不应当作为未遂犯处理。

（三）判断危险时应当注意的几个问题

在适用上述观点分析行为是否具有危险的时候，必须注意以下几个问题：

1. 什么是科学的一般人的立场。所谓科学的一般人，是指在某个社会中受过正常教育、具有正常的辨别和判断能力的人，相应地，所谓科学的一般人的立场，就是指具有该种正常理智的人，在当时的特定环境下，根据对各种现实因素的分析所可能具有的立场。它与专家的立场又有所不同，专家的立场完全是从科学的、实证的角度来表明的立场。一般来说，在现实生活中，就同一行为所可能具有的性质，科学的一般人的判断与专家的判断往往是一致的，但也有不一致的场合。在不一致的场合下，应当从保护合法权益和维持社会秩序的目的出发，以行为时的一般人的认识为准。如在向他人的静脉注射了极少量的空气，由于没有达到致死数量而未能引起他人死亡的案件中，日本最高法院认为："向人体的静脉注射空气的行为，不管汴射量为多大，都是足以致人死亡的非常危险的行为，这是一般社会观念上的必然结论。因此，被告人实施了社会一般观念上的足以致人死亡的、向他人静脉注射空气的行为……尽管从医学的、科学的角度来看，上述行为不可能致人死亡，但不能因此直接认为被告人的行为是不能犯。"① 上述判决意见中所谓的"社会一般观念"，实际上，就是社会上受过正常教育的科学的一般人的理解。之所以这样考虑，主要是因为，刑法中有关犯罪条文的规定，是以社会一般人的观念为标准而制定的，因此，对刑法条文的解释和理解也必须按照一般人的认识来进行。如果对刑法条文内容的理解完全偏离社会一般人的认识，刑法就会失去其保护法益从而达到维持社会秩序的本来目的。

当然，刑法中的危险虽然是以社会上的一般人即普通人的认识为标

① 日本《最高法院刑事判例集》第16卷第3号，第305页。

准来进行判断的，但是社会中的一般人的认识也是以科学的、物理的认识为基础的，换句话说，一般人的立场和专家的立场之间的界限并不是一成不变的，而是随着一般人的科学知识的提高，两者之间的距离会越来越近。

2. 作为危险判断基础的事实到底是事后查明的客观事实还是行为当时一般人所能认识的事实。这的确是一个非常困难的问题。如果以行为时一般人能够认识的事实作为判断基础的话，那么对外表上看起来很健康但实际上患有糖尿病的人注射葡萄糖的行为，是没有危险的行为，构成不能犯；相反地，如果以事后所查明的客观事实为基础的话，则对外表上看起来很健康但实际上是糖尿病患者注射葡萄糖的行为，就是具有危险的行为，构成未遂犯。因此，作为判断基础的事实不同，对行为是否具有危险所得出的结论也完全不同。

作为刑法客观主义见解的“抽象危险说”以行为时一般人所能认识的事实作为危险的判断基础。但是，如果完全以一般人能够认识的事实为基础，则在行为人知道事实真相，但仍然对外表上一般人完全看不出来的重度糖尿病患者注射葡萄糖的场合，也不得不认为是没有危险的不能犯。这显然是不合适的。在此，“具体危险说”提出了“行为人特别知道的事实”的概念。即在行为人知道他人患有糖尿病而注射葡萄糖的时候，该行为就有危险；而在行为人不知道他人患有糖尿病而注射的时候，该行为就没有危险。假定这种观点成立的话，那么作为行为客观属性的危险，就成为一个随着行为人认识的有无而变化的主观东西了，这是不符合危险的客观属性的；同时，将一般人在行为时所能认识的事实作为危险判断的基础，而完全否认事后判断的必要性，就会将以为是他人的手提包而盗窃，拿回来之后发现是自己丢失的手提包的行为，或者以为是违背妇女意志而实施了奸淫，结果发现并不违反妇女意志（该妇女早已对行为人有意）的行为都认为是具有危险，必须受到刑法处罚的行为。其实，对于这些情况，不给予刑法处罚也并不会对现存的社会秩序造成危害。① 因此，笔者认为，作为行为危险判断对象的事实，原则

① 按照刑法的规定，成立盗窃罪的犯罪对象的，必须是他人财物；成立强奸罪，必须违反被害人的意志。国外刑法也是这么规定的。

上应当是事后所查明的、行为时客观存在的事实。①

3. 必须注意理论上所说的危险判断和司法实践中有关未遂犯的处罚范围并不完全一致。换句话说，刑法中的未遂犯的处罚根据，并非以科学分析所证明的客观危险为唯一基础。从客观主义刑法理论上讲，没有社会危害性或者说没有危险的行为，无论行为人的主观上怎么具有恶意，也不能作为犯罪处理。因为在这种场合，客观上不存在作为犯罪进行处罚的基础。因此，人们常说，刑法以处罚既遂犯为原则。但是，为了维持现存社会秩序的安定，有时候也必须将一些由于某种原因而没有造成现实结果但足以对社会秩序的稳定造成重大影响的危险行为作为未遂犯例外地予以处罚。那么什么样的行为是对社会秩序具有重大影响的危险行为呢？笔者认为只能根据该行为本身所具有的性质、现行的社会治安秩序以及一般人的处罚感情等行为本身所具有的客观危险以外的刑事政策上的因素来决定，换句话说，有时，刑法上的危险，可能就是一定社会中、一定时期内的社会一般人的感觉（所谓“恐惧感”）。为了维护社会秩序，在特定时候，对社会一般人的恐惧感，不能完全不予以考虑。如英国近年来由于犯罪的剧烈增加，而大量扩大未遂犯的处罚范围，并相应缩小或者限制不能犯的成立范围。相反的，日本由于在20世纪70年代之后，社会治安状况较好，因此，许多学者就提议要缩小未遂犯的处罚范围，将过去的一些作为未遂犯处罚的犯罪作为不能犯处理，②就是这种观点的明显体现。明确这一点是非常重要的，因为如果完全以事后所查明的客观事实为基础，从客观的立场出发来判断有无危险，就

① 在交通肇事之后，将被害人从现场移至他处的行为是构成杀人罪还是遗弃罪的判例中，东京地方高等法院的法官们认为，考虑到被害人受伤的程度是重伤，当时的气温又很低（零点时为2.6度，凌晨3点时为0.8度，6点时为0.2度），被害人被放置的地方直到早晨都极少有人来往等事后查明的情况，可以认定，即便行为人不知道撞击给被害人造成了何种内伤，但担心被害人死亡也是常识性的事情。因此，判定被告人行为时符合故意杀人罪的构成要件的违法类型。参见日本《最高法院刑事判例集》第24卷第1号，第168页。

② 参见［日］前田雅英著：《刑法总论讲义》，东京大学出版会1999年版，第160页。

会将这些行为都视为是绝对没有危险的行为，作为不能犯处理：盗窃银行金库，但碰巧金库里面什么也没有的行为；向他人开枪，但碰巧枪里没有子弹的行为；或者用刀在他人腹部和胸部连砍数刀，碰巧对方早已死亡，是一具尸体的行为。但实际上，这些行为，在行为时的一般人看来，是危险性极高的行为；从一般预防和特殊预防的角度来看，也是具有处罚必要的行为；从司法实践的角度来看，一般都是作为犯罪未遂予以处罚的。①

三、结语

未遂犯与不能犯、迷信犯的差别不在于行为人的人格或者犯罪计划、犯罪意图是否危险，而在于该行为是否已经造成发生结果的现实危险。这种危险是客观的，只能以行为后所查明的行为时所具有的事实为基础，以行为时为标准，从一般人的立场来加以判断。行为人主观上的邪恶意图、犯罪计划以及人格上的缺陷，不能成为判断危险的依据和事实基础，而只能是判断行为人的刑事责任的基础。我国刑法学的通说认为，行为人主观上具有犯罪意图，客观上实施了在该种犯罪意图支配下的行为，就可以说该行为具有社会危害性，应当承担刑事责任。笔者认为这种观点是不妥的。因为这种观点至少存在以下两个方面的问题：

1. 它违背了刑法客观主义的基本要求。当今所说的刑法客观主义所考虑的问题与过去所说的不同，大而言之，包括两个层次：第一个层次的问题是，刑法处罚的对象到底是人的思想还是行为？主张前者的，就是刑法主观主义；主张后者的，就是刑法客观主义。第二个层次的问题是，在判断某种行为是否刑法分则中所规定的具有社会危害性的行为

---

① 如日本判例认为，出于盗窃意图将手伸进他人口袋的行为或者出于抢劫意图将他人按倒在地的行为，不管被害人口袋里有没有东西，都是犯罪未遂（日本大审院 1932 年 3 月 25 日的判例，日本大审院 1928 年 7 月 24 日的判例）；意图夺取警察枪支杀死警察，结果警察的枪里没有装子弹的场合，仍然是故意杀人未遂（日本福冈高等法院 1953 年 11 月 10 日的判例）；对已经倒地的被害人胸部连砍三刀，事后发现对方在倒下的一瞬间已经死亡的场合，仍然认定行为人的行为是故意杀人未遂（日本广岛高等法院 1961 年 7 月 10 日的判例）。

的时候，是只考虑该行为在客观上所造成的实际侵害与威胁，还是也要考虑行为人的主观恶意？主张前者的，是所谓彻底的刑法客观主义；而主张后者的是折中主义或者二元论，有的干脆称之为变相的主观主义。我国刑法学的通说一方面认为犯罪是具有社会危害性的行为，另一方面在危险的判断上又主张只要出于犯罪意图实施了行为，即便该行为自身不具有引起结果的危险也具有社会危害性，这明显是违背其前提的，间接提倡主观定罪论。

2. 它混淆了行为的社会危害性和行为人的主观责任的概念。上述通说认为，在判断行为是否具有危险的时候，不仅要考虑行为本身所具有的客观危害，还要考虑行为人的主观意图，这实际上是将行为本身是否具有危害性，与行为人是否要对该行为承担责任这两个方面的问题混为一谈了。行为本身是否危险是考察行为是否危害行为的问题，属于犯罪构成中客观要件的内容；而行为人在行为时的主观意图，是考察行为人是否要对该行为承担刑事责任时要考虑的要素，是属于犯罪构成主观要件的内容。在刑法客观主义之下，行为人之所以成为罪犯，首先是因为其行为是危害行为；其次，是因为其对该危害行为具有罪过，要承担刑事责任。行为本身具有危险或者造成了危害结果是成立犯罪的前提，也是刑法客观主义的出发点。而我国刑法学恰好在这一点上存在问题。一方面认为犯罪是行为，无行为即无犯罪，主张客观主义的刑法理论；另一方面，又认为行为是否具有社会危害性，除了要考虑行为的性质、方法、后果等客观情节之外，还必须考虑行为人的故意、过失、动机、目的等主观方面的情况，即将行为人的主观要素作为影响行为的客观危险的变量，这无疑是对作为其前提的刑法客观主义立场的否定。它是导致我国刑法学中犯罪论体系混乱的原因，也是导致我国刑事司法实践中罪刑擅断、主观定罪的主要原因。因此，深入研究危险的本来意义，恢复客观主义犯罪论的本来面目，已成为我国刑法学研究的当务之急。

（发表于《法商研究》2004 年第 4 期）

我国刑法中的不能犯界说：以危险判断学说为基准

廖万里

我国刑法理论通说以行为人的实行行为能否构成犯罪既遂为标准，把犯罪未遂形态划分为能犯未遂与不能犯两种类型。不能犯，又称不能未遂，是指犯罪分子已经着手实行犯罪，由于其所使用的工具、方法不当或所侵害的对象不存在，使犯罪不能得逞。①

值得注意的是，并不是任何不可能使犯罪得逞的行为都成立不能犯。只有当不可能使犯罪得逞的行为具有对现实的社会关系造成危害的可能性，即行为具有“危险性”，才是刑法意义上的危害行为，才有成立不能犯的可能。需要注意的是，不能犯行为的危险与能犯的未遂犯行为的危险也有区别，两者的刑事责任也非等量齐观。因此，加强对不能犯的研究对于准确划分不能犯与能犯未遂、不可罚行为的界限以及罪轻与罪重、罪与非罪的界限，均具有重要的理论与实践意义。

一、危险的定义及不能犯判断的学说

从现代语义学上看，危险的定义是相当明确的。《汉语大词典》将“危险”定义为艰难险恶，不安全，谓有可能导致灾难或失败；而《现代汉语词典》则将其解释为遭到损害或失败的可能。两者都是强调某种可能性，或指灾难的可能，或指失败的可能，或指损害的可能，等等。②

然而从法学上看，危险却是一个不容易界定的概念。到目前为止，各国现行刑法典并没有给“危险”下一个明确的定义或给出一个明确的

① 参见高铭暄主编：《中国刑法学》（上），中国人民大学出版社 1989 年版，第 176 页。

② 参见刘树德著：《行为犯研究》，中国政法大学出版社 2000 年版，第 51 页。

立法解释，而是依靠学者的论述和司法人员的认定。[①] 但危险是一个如此多义的概念，以至于日本学者木村龟二感叹道："给'危险'下定义，一定是个危险的定义，因为危险有多种多样的含义。"[②]

一般来说，在迄今为止的刑法理论中，出于不同的视角或研究方法，人们对危险有下述两种不同的理解：第一种是指行为人的危险，即行为人性格的危险及其反社会性。这种行为人的危险可以表现为两个方面，即尚未犯罪者实施犯罪的可能性和有前科者再次实施犯罪的可能性。第二种是指行为的危险，即行为对法益造成侵害的危险。随着纯粹主观主义刑法理论的衰退，第一种危险概念作为处罚的依据逐渐被舍弃。因为作为犯罪的刑罚根据的，应当是行为所指向的、对法益造成侵害的危险。[③] 但第二种危险概念由于行为无价值与结果无价值两种观念的对立，在理论上又被分为"行为的危险说"和"结果的危险说"。前者认为危险是行为的属性，即所谓行为对法益造成侵害的危险；后者认为危险是外在于行为的结果属性，即危险应当是结果所造成的危险。我国有学者把前者表述为侵害性，把后者表述为实害性。[④] 也就是说，前者含主动的意思，强调的是施予作用的一方，事实上并不一定导致危险的结果；而后者含被动的意思，强调的是被作用的一方，事实上存在危险的结果。

危险概念的存在是以可能性概念的存在为前提的。如果根据科学的

---

① 德国旧刑法曾规定：所谓公共危险，是指对个人包括对单独个人之身体生命予以危险，或惹起属于他人财产之重要物品价值之危险，或使其减灭违反公共福利者。这项规定虽为故意使交通陷于危险而设，但德国著名学者却将其视为危险概念的一般规定，将其适用于刑法有关的一切危险事项。参见［日］山口厚：《危险犯的研究》，东京大学出版社 1982 年版，第 4 页。

② 转引自鲜铁可著：《新刑法中的危险犯》，中国检察出版社 1998 年版，第 5 页。

③ 参见［日］野村稔：《刑法中的危险概念》，载［日］西原春夫主编：《日本刑事法形成与特点》，李海东等译，法律出版社 1999 年版，第 270 ~ 271 页。

④ 参见顾肖荣：《危险的判断与不能犯未遂犯》，载《法学研究》1994 年第 2 期。

原则，而且在所有事实都已经查清的事后进行判断，那么该事实是否发生，就是可以确定的，也就不存在可能性的问题，因而也就不存在危险概念的前提。所以，我们承认危险的概念是以事实不能完全查清为前提的。因此，对于危险的存在与否，我们只能站在一定的立场上，按照一定的标准进行判断。笔者认为，不能犯所要求的危险是指对社会主义社会关系造成侵害的危险，因而如何正确界定不能犯的范围，就取决于我们站在何种立场上进行危险的判断。

目前，世界各国都存在各种不同的危险判断学说，这些危险判断学说一般可以归纳为下列四种类型：（1）客观的危险与主观的危险。关于危险的判断，如以一般人的观点为标准来认定有无发生结果的可能性，为客观的危险；如以行为人本人的观点为标准来认定有无发生结果的可能性，即为主观的危险。（2）具体的危险与抽象的危险。如以行为当时所存在的具体情况为标准来认定有无结果发生的可能性，为具体的危险；如以行为当时所存在的抽象事情为标准来认定有无结果发生的可能性，即为抽象的危险。（3）行为的危险与行为人的危险。以客观上所存在之事实为基础，认为有危险的情形，谓之行为的危险；以行为人所认识的事情为基础，而认为有危险，谓之行为人的危险。（4）对于客体的危险与对于法秩序的危险。对于具体的客体有发生结果之可能性者，为对于客体的危险；如依行为人的意图，能实现其意图，而足以侵害客体者，即为对于法秩序的危险。

以上危险判断学说的多样性，也正好说明确定不能犯界限的困难性。不了解危险的定义以及判断的复杂性，就不可能理解关于不能犯判断的各种学说。

在大陆法系中，不能犯被认为是行为绝无发生结果可能性（即危险）的，若有危险就成立普通未遂犯。因此，综合以上关于危险判断的不同学说作为判断危险存在与否的根据，从而区分不能犯与未遂犯（普通未遂犯）具有非常重要的理论与实践意义。

关于不能犯判断的学说，具体言之可分为以下几种：

1. “客观说”。它又分为“客观危险说”、“修正的客观危险说”以及“具体危险说”。（1）“客观危险说”又称“旧客观说”或“绝对不能、相对不能说”。该说从行为侵害法益的危险中寻求未遂犯可罚的依据。它抛开具体情况而抽象地、一般地、事后性地判断可罚性的依据，主张如果结果的发生被认为是绝对不能的，是不能犯；若结果的发生被认为是相对不能的，是未遂犯。如行为人将砂糖当做砒霜杀人，由于砂糖无论在何种情况下都不可能造成他人死亡的结果，因此为不能犯；而用分量不足的毒药杀人则可能成立未遂犯。（2）“修正的客观危险说”是以“客观危险说”为基础并对其进行修正的学说。因为学者们对“客观危险说”“修正”不一，所以没有形成统一的观点。但该说一般认为，判断具体危险时，应以事后所了解的事实为基础，并将这种事实在一定范围内抽象化后，按照科学上一般人的认识标准来分析实害结果发生的可能性。如行为人以不足量的毒药杀人，虽然从事后所了解的事实进行判断不能致人死之，但如果将“不足量的毒药杀人”这一事实抽象为“毒药杀人”则无疑会产生致人死之的结果，因此成立未遂犯。当然，对何种事实进行抽象，如何抽象，不同的学者意见不一。（3）“具体危险说”又称“新客观说”。该说也是从行为侵害法益的危险中寻求未遂犯可罚的依据。行为人实行的行为对于犯罪的结果有客观危险的，为未遂犯；无危险的，为不能犯。这里的所谓危险则以行为时所存在的情况为判断危险的基础，即根据行为时行为人所特别认识的事实及一般人所认识的事实，进行客观评价。如枪杀尸体的行为，依客观观察，绝对不可能发生杀人的结果，应为不能犯；但就具体存在的情况观察，行为人一直认为该尸体是活人，一般人亦认为该尸体与活人无异，对之开枪射杀，即有具体危险，则为未遂犯。

2.“主观说”。它又分为“纯主观说”与“抽象危险说”。（1）“纯主观说”。该说从行为者性格的危险中去寻求未遂犯的可罚性依据，认为行为人如果以行动表明其犯罪的意思，其犯意即对于法律秩序有危险，所以不问其外部行为有无危险，也不问其构成要件有无欠缺，或有无结果发生的可能，都是未遂犯。根据这一点，原则上不能犯被否定了，但认为迷信犯由于性格上的懦弱而使用了超自然的方法，对其没有处罚的必要，故不可罚。（2）“抽象的危险说”又称“主观的危险说”。该说从行为者意思的危险中去寻求未遂犯的可罚性依据，认为应以行为人认识的事实为基础进行判断，一般人所认识的情形不得作为判断有无客观危险的资料，并主张抽象地考察行为人所认识的事实有无实现的危险。如行为人意图用砒霜杀人，但误用了砂糖，如果按照行为人的计划，无疑会有杀人的危险，因此，成立未遂犯。[①]

关于不能犯判断的学说在历史上曾经有过复杂的斗争，但是在大陆法系刑法理论发展到今天，客观主义的学说已经战胜了主观主义的学说，特别是“客观说”中的“具体危险说”已经占据了通说的地位。需要指出的是，在大陆法系国家中，日本认为无论是在刑法理论上还是在司法实务中不能犯非未遂犯，在刑法上具有不可罚性，不能犯判断的学说被用来区分未遂犯与不能犯；而德国认为不能犯具有可罚性，不能犯判断学说则是用来区分普通未遂犯与不能犯的，至于不能犯与不可罚行为的界限，则以事实欠缺[②]的理论来加以解决。

二、我国刑法中的不能犯与不可罚行为的界限

在我国刑法理论中不能犯是一种与能犯未遂对应的未遂类型，因此，对不能犯界限的划定需要进行两次危险判断：第一次危险判断的目的在于确定不能犯与不可罚行为的界限，第二次危险判断的目的在于确定不能犯与能犯未遂的界限。

（一）我国刑法学界的争议

对于第一次判断，我国刑法理论通说并没有明确说明其所持的立

---

① 参见马克昌著：《比较刑法原理》，武汉大学出版社 2002 年版，第561 ~ 575 页；张明楷著：《未遂犯论》，法律出版社 1997 年版，第 225 ~ 282 页；[日] 野村稔著：《刑法总论》，全理其、何力译，法律出版社 2001 年版，第 346 ~ 352 页；[日] 大塚仁著：《刑法概说》（总论），冯军译，中国人民大学出版社 2003 年版，第 225 ~ 231 页。

② 事实的欠缺（mangel am tatestand），或称“欠缺构成要件”，又称“欠缺类型事实”，是指虽不具备犯罪的主体、客体、手段以及其他成立犯罪所必需的附随要件，但行为人却误以为这些仍然存在而实施行为。参见高仰止著：《刑法总则理论与实用》，台湾五南图书出版公司 1981 年版，第 327 页。事实的欠缺是德国刑法学家贝林格于 1906 年在犯罪论中提出的。贝林格认为，国家制定法律，是因为一定行为具备可罚的违法性，也就是行为具备一定客观的及主观的要素，如其行为自始欠缺构成要件或其一部，则无完成此项犯罪的可能性。参见陈朴生著：《刑法专题研究》，台湾政治大学法律系 1988 年印行，第 392 页。

场，但从其论述来看，我国不能犯成立的范围是相当广泛的，如有教科书指出："如行为人误把白糖、碱面等当作砒霜等毒药去杀人，误用空枪、坏枪、臭弹去射杀人，从而未能发生致人死亡的结果。在这类情况下，行为人具备犯罪的主客观要件，只是由于对犯罪工具实际效能的误解而致使犯罪行为未发生犯罪既遂时的犯罪结果，应以犯罪未遂追究行为人的刑事责任……具体的犯罪对象不存在，行为人误以为存在而实施犯罪行为，因而致犯罪未得逞的，应定为犯罪未遂。如行为人误以为野兽、牲畜、物品、尸体为人而开枪射杀的，应令其负故意杀人罪未遂的刑事责任。"① 据此，许多学者都认为我国刑法理论对不能犯问题（第一次危险判断）基本上是坚持"抽象危险说"。②

对于通说所采取的"抽象危险说"，近年来有学者提出了批评。理由如下：首先，上述通说没有考虑行为在客观上是否侵犯法益，导致客观上完全不可能侵犯法益的行为也成立犯罪未遂。其次，上述通说没有坚持主客观相统一的原则，导致主观归罪。因为"抽象危险说"不是根据行为的客观事实判断该行为有无侵害法益的危险，而是根据行为人认识的"事实"判断有无危险。结果是，只要行为人对实行行为有认识，不管客观上有无实行行为，都认为有危险。再次，与上述两点相联系，通说必然扩大刑法的处罚范围，有侵犯人权之嫌。最后，通说存在自相矛盾之处。通说一方面认为犯罪客体是任何犯罪的构成要件，另一方面又认为行为人误将尸体当做活人而射杀时不存在犯罪客体，因而成立故意杀人未遂，这显然是自相矛盾的。基于此，持上述观点的学者认为，为了坚持主客观相统一的原则，为了贯彻"法益侵害说"，只有当行为人主观上具有罪过，其客观上实施的行为具有侵害法益的危险时，才能认定为犯罪未遂；否则，便不成立犯罪未遂。至于客观行为是否具有侵害法益的危险，则应以行为时存在的所有客观事实为基础，站在行为时

① 高铭暄、马克昌主编：《刑法学》（上编），中国法制出版社1999年版，第277页。

② 参见张明楷著：《刑法学》（上），法律出版社1997年版，第260页。

的立场，根据客观的因果法则进行判断。[①]

可见，我国刑法学界目前对于第一次危险判断学说之争主要是“抽象危险说”与“具体危险说”之争。由于这两种学说都不是绝对从主观方面或客观方面判断危险，因此，又被称为“折中说”，但前者偏向于“主观说”，后者偏向于“客观说”。两者的具体区别所在，我们可以行为人误将砂糖当砒霜而投毒杀人为例来加以说明：如果坚持“抽象危险说”，则不论在当时情况下一般人的认识如何都成立不能犯，因为它是着眼于行为人行为当时所认识到的主观情况，因此，当一般人按照行为人在行为当时所认识的“主观状况”，感到有危险，就成立不能犯。如果坚持“具体危险说”，因为它强调的是根据行为当时的客观情况进行判断，即行为当时一般人可能认识的情况以及一般人虽然不能认识但行为人能特别认识的情况，所以，如果在当时的情况下一般人不会误认砂糖为砒霜，则不为犯罪；而如果一般人也会误认砂糖为砒霜，则不能说行为无危险，因而成立不能犯。

（二）“具体危险说”的采用

我国刑法理论是建立在主客观相统一原则的基础之上的，因此，对于危险的判断也应该以主客观相结合的学说为标准。“纯主观说”从行为者性格的危险中去寻求未遂犯的可罚性依据，容易导致主观归罪；“客观危险说”忽视直接故意犯罪行为都是在人的主观意志支配下进行的事实，由一般人置身事外来进行所谓的客观评断，也失之偏颇。相比较而言，“折中说”比较妥当。但如前所述，“折中说”中包含“抽象危险说”与“具体危险说”两种学说，那么究竟哪种学说更为妥当呢?

笔者认为，在现阶段，根据我国刑法的精神、刑法理论学说的现状和社会形势似乎采用“具体危险说”较为妥当，即以行为时一般人所认识到的事实以及行为人所特别认识到的事实为基础，以行为时为标准，从一般人的立场出发，考察在该种情况下实施行为是否有发生结果的危险，如果有危险就成立不能犯，如果没有危险就不构成犯罪。理由如下：

1. 刑法典价值取向的必然要求。任何一部刑法典都是主观主义与

---

① 参见张明楷著：《法益初论》，中国政法大学出版社2000年版，第419页。

客观主义刑法立场激烈冲突妥协下的产物，因此，刑法典的制定并非绝对地要么采主观主义，要么采客观主义，而是两者兼而有之，但却有所偏重，或着重体现主观主义，或主要站在客观主义的立场上。

学者们一致的观点是我国1979年颁行的刑法偏重于主观主义，具体体现在以下几个方面：(1) 规定了类推制度。(2) 在犯罪成立方面的主观主义化，如关于规定犯罪成立条件的条文很少；刑法分则中的许多犯罪在客观方面相同或基本相同，且罪过内容甚至犯罪性质也相同，仅因为行为人的目的不同而规定为不同的犯罪；对犯罪预备和犯罪未遂以处罚为原则，即在原则上对犯罪预备和犯罪未遂都应处罚。(3) 在刑罚论中，贯彻了以一般预防为主、特殊预防为辅的主观主义刑法思想。[①] 而修正后的刑法则体现出了某种客观主义的回归，如规定了罪刑法定原则，禁止以类推来填补法律的漏洞；在犯罪成立方面，尽量明确分则各罪的罪状；客观行为相同，罪过具体内容不同的行为也可以成立同一罪名，如1997年颁行的《中华人民共和国刑法》（以下简称《刑法》）第239条所规定的绑架罪就将以勒索财物为目的的绑架行为和以其他目的（政治目的、制造恐怖气氛的目的）绑架他人作为人质的行为规定在一起，并尽量对分则中的一些条文通过客观方面的描述来限定其主观要素；同时对法定刑进行了细化；取消了常习惯犯等。

可见，在刑事立法价值已经转变的情况下，仍旧坚持原有立法思想，以建立在旧刑法基础之上的从行为者意思的危险中去寻求未遂犯可罚性依据的“抽象危险说”似乎不妥。但是，这并不是说笔者认为我国现行刑法是建立在以客观主义为主的基础之上的纯粹侵害刑法。相反，在笔者看来，现行刑法仍旧是以主观主义为主的危险刑法。现行刑法的转变至多只能说是比1979年颁行的《刑法》体现出更多的客观主义色彩而已。因为判断两者的标准主要是刑法典对于未遂犯的态度。也就是说，如果一国的刑法处罚所有的未遂犯，则无疑是以危险刑法为主；如

① 参见周光权著：《法治视野中的刑法客观主义》，清华大学出版社2002年版，第198页。

果对未遂犯的处罚限于重要的犯罪，则其是以侵害刑法为主。① 而我国现行刑法仍旧坚持以处罚未遂犯和预备犯为原则，所以，现实情况并不像有的学者所欢呼的那样“新刑法明显地体现出倾向于客观主义的趋势”，② 而这也正是笔者赞同采用“具体危险说”而不赞同采用“客观危险说”的原因之一。

2. 与我国的刑法理论相符合。

（1）采用“具体危险说”符合社会危害性理论。我国刑法理论通说认为，所谓犯罪就是触犯刑事法律规范，具有严重社会危害性，应当受到刑罚处罚的行为。行为具有一定的社会危害性，是犯罪最本质的特征。所谓社会危害性，是指行为对社会主义社会关系造成的实际损害或可能造成的损害。我国现有刑法理论都是建立于社会危害性理论之上的。既称社会危害性，那么行为是否有危害或危害程度如何，就只能站在社会的立场上进行评价。因为任何行为都是具体的、历史的、社会的行为，行为是否危害社会是由具体的、现实的社会利益所决定的。法国学者布律尔指出：“人的任何行为，本身都无所谓无辜或有罪。在我们看来最为可憎的犯罪行为，如杀害父母行为在某些社会群体里是允许的；而另一些在某些原始群体中受到严厉惩罚的犯罪行为，如违反某些宗教迷信的禁忌在我们看来是无所谓的。”③ 因此，社会危害性并不是行为的固有属性，而是具有历史变异性。④ 刑法意义上的社会危害性从根本上说不过是社会主文化群所作出的一种价值判断，或者说不过是社会上大多数人共有价值观在刑法领域的具体反映。因此，刑法学中的危险只能是“具体危险说”中社会一般人所理解的社会经验法则意义上的危

---

① 参见蔡墩铭著：《刑法基本理论研究》，台湾汉林出版社 1981 年版，第 176 页。

② 陈家林：《不能犯基本理论研究》，硕士学位论文，武汉大学法学院，2000 年 6 月，第 4 页。

③ ［法］亨利·莱维·布律尔著：《法律社会学》，许钧译，上海人民出版社 1987 年版，第 89 页。

④ 参见冯亚东著：《理性主义与刑法模式》，中国政法大学出版社 1999 年版，第 13 页。

险，而不能以行为人犯罪意思的危险为出发点，也不能像“客观危险说”所主张的那样站在纯粹自然因果法则的立场上判断危险的有无。

在我国刑法中，对于危险除了有无的问题之外，其程度如何也是一个重要的问题。因为根据现行《刑法》第13条的规定：“……危害社会的行为，依照法律应当受刑罚处罚的，都是犯罪；但是情节显著轻微危害不大的，不认为是犯罪。”这说明只有社会危害性严重的行为，才能被认为是犯罪。如果行为的危险程度轻，也就不符合这一条件，不能作为犯罪处罚。我们在此所要判断的是具有刑法意义的可罚的危险，因此，即使站在“抽象危险说”立场上所认定的行为具有危险，这种危险也显然过于微小，符合“情节显著轻微危害不大”的要求，不能认为是达到犯罪程度的危险。由此可见，以“具体危险说”来认定行为的危险从而判断其是否成立刑法上的危害行为（不能犯）是恰当的。

（2）采用“具体危险说”符合我国刑法中的未遂理论。所谓实行行为，亦称实行犯罪，是指实施刑法分则规定的直接威胁或侵害某种具体社会关系而为完成该种犯罪所必需的行为。[①] 因此，成立刑法上的实行行为必须是它直接侵犯某种社会关系，对犯罪的直接客体具有现实而直接的威胁性或破坏性。但是如果站在“抽象危险说”的立场上，以行为人在行为时所认识的事实为基础，即使从客观的角度判断此行为有危险，我们也不能说这种危险对犯罪的直接客体具有现实而直接的威胁性或破坏性，因而具有这种危险的行为也就不能成为刑法上的实行行为。既然没有实行行为，何来犯罪未遂？从而也就不是不能犯的行为。因此，如果采取“抽象危险说”很可能会将一些本身并不具有危险的行为错误地认为是不能犯行为，从而不适当地扩大了刑罚的处罚范围。而“具体危险说”，以行为当时一般人所认识到的事实以及行为人所特别认识到的事实为基础，以行为时为标准，从一般人的立场出发，如果在该种情况下实施行为能够实现构成要件，就认为有发生结果的具体危险。无疑这种行为对犯罪的直接客体具有现实而直接的威胁性或破坏性，故将它作为评价刑法上危险的标准是恰当的。

3. 符合作为行为规范和裁判规范的刑法规范的要求。根据现行

① 参见马克昌主编：《犯罪通论》，武汉大学出版社1999年版，第180页。

《刑法》第 2 条的规定，刑法保护法益的根本目的是维护现存的社会秩序。而对社会秩序的维护，除了对侵害法益的行为即犯罪予以惩罚以外，更主要的是通过事先明确规定犯罪与刑罚从而向社会一般人提供行动的准则和指南的方式来实现的。[①] 从这个意义上讲，刑法规范是行为规范和裁判规范的统一。在行为者实施某一行为时，刑法规范首先是作为行为规范发挥其评价作用的。在结果发生时，刑法规范已经不发挥作为行为规范的机能，而是作为制裁规范，确定行为整体的无价值。前者的评价是行为本身的违法性，后者的评价是关于结果的违法性。[②]

不能犯是立法者基于行为无价值而设置的，因其行为本身所具有的性质而被判断为法律上的无价值，所以其判断的要点应在于事前的判断。“客观危险说”没有把行为时一般人感觉到有侵害法益危险的行为当做违法，无视刑法在社会生活中作为行为规范而发挥作用的事实，不利于保护现存的社会秩序，所以不够恰当。同时，作为行为规范的刑法规范只能禁止那种连一般人都觉得具有侵害法益危险的行为，并且只有在具有那种危险时，才发出排除该危险的命令。从这个意义上讲，侧重于处罚行为人性格上的危险或者单纯犯罪计划的“抽象危险说”显然也欠妥当。

4. 符合刑法保障机能与保护机能统一的要求。刑法是具有强制力保证的国家法，担负着维护国家秩序的责任。为圆满完成维护国家秩序的使命，应该和谐地实现刑法的保护功能、保障功能，不能过于强调某一功能。刑法的保护机能，是指刑法通过制裁侵害一定社会关系的犯罪行为，而达到使社会关系不再受犯罪侵害的目的。刑法的保障机能，是指刑法为无罪的人不受法律追究和犯罪人不受法外之刑提供法律保障。[③] 刑法这两种机能的价值取向显然是有所不同的。在法治社会，国家权力

---

① 参见黎宏：《从一案例看未遂犯和不能犯的区别》，载《中国刑事法杂志》2001 年第 3 期。

② 参见［日］野村稔著：《刑法总论》，全理其、何力译，法律出版社 2001 年版，第 353 页。

③ 参见赵秉志主编：《新刑法教程》，中国人民大学出版社 1997 年版，第 38 页。

应受到公民权利的制约，保障人权应当是国家权力存在的根据。同时，公民权利的行使又受到法律的限制，是在一定范围内的自由。表现在刑法上，国家为了保护社会，就需要设置刑罚，但对此又必须加以限制；否则就有侵犯人权的危险。

对行为可能导致侵害法益的危险的处罚，从刑事政策的角度来看，是国家刑罚权在法益实害未发生时而事先介入的。因此，如何限制和认定危险的程度，就成为调控国家刑罚权的关键。刑罚是一把双刃剑，用之不当，则国家和人民两受其害。既然国家的刑罚权应得到限制，那么对于危险的判断，自然不能让其触须伸得过长；否则势必对公民带来潜在的"危险"。以往我们坚持"抽象危险说"，显然意味着过于强调刑法的社会保护机能而轻视刑法的人权保障机能。如今，在市场经济体制下，个人的权利日益受到重视与保护，因此，应当加重刑法的人权内涵，故应该采取"具体危险说"。只有这样，才能既可防止权力侵犯权利，又可防止刑法过于强调人权保障机能而忽视社会保护机能。

5. 有坚实的社会基础。法律既然是社会的规范，法律理论就不能仅仅是法学家或社会精英的见解，至少在结论上需要社会一般人的认同和接受。根据这种观点，行为的危险既包括从物理的视角所看到的指向犯罪实现的危险，也包含着根据社会一般观念所认识的危险。而且，对犯罪实现的危险的一般认识随社会的发展变化而发生变化，因此，需要根据评价时的具体社会观念来判断。"抽象危险说"从行为者意思的危险中去寻求未遂犯的可罚性依据，容易将客观上完全没有危险而一般人也并不认为有危险的行为，仅因行为人犯意有危险而作为不能犯处罚。这不仅扩大了处罚范围，而且难以为社会上的一般观念所接受。从这个意义上讲，"具体危险说"站在一般人的立场上来判断行为的客观危险是妥当的。

（三）"具体危险说"的适用

在明确采用"具体危险说"作为判断不能犯与不可罚行为的界限之后，还需要对"具体危险说"在具体适用中容易引起争议的问题作进一步的讨论与分析。

关于何谓"一般人"，有人认为是科学上的一般人即具备科学知识的平均人，也有人认为是社会上的一般人即普通人。[①] 笔者认为，不能犯的危险并不意味着纯粹科学的、物理的危险，而是建立在社会心理基础之上的危险，因此，对这种危险最终还是要以社会上的一般人即普通人为标准进行判断。由此可见，将这里的“一般人”理解为社会上的一般人是合适的。另外，对于何谓“一般人所认识到的事实以及行为人所特别认识到的事实”，人们的看法也不一致。笔者认为，在一般人所认识到的事实与行为人所认识到的事实相一致的情况下，对危险的判断是不存在疑问的，但是，如果两者认识不一致时，则需要作具体分析。在行为人认为存在某种事实、行为有危险而一般人并无这种认识时，只有在这种事实确实存在的情况下，才被认为是可以作为判断的事实，从而认为存在危险，因此，成立不能犯；如果这种事实并不存在，那么不成立不能犯。若一般人认为存在某种事实、行为有危险而行为人对此并无认识，则这种行为并不符合主观构成要件，故不能认为是犯罪。

具体分析如下：

1. 在工具不能的场合。

（1）行为人误认为硫磺可以致人死亡而用其毒杀人，但一般人并不认为硫磺会致人死亡，则行为没有具体危险，因此，行为人的行为不成立不能犯，行为不可罚。（2）行为人误认胃药为砒霜而用之去毒杀人，而在当时的情况下，一般人也会误认胃药为砒霜，则行为有具体危险，因而成立不能犯；但如果一般人在当时并不会误认胃药为砒霜，则不成立不能犯，行为不可罚。

2. 在手段不能的场合。[②]

（1）行为人以不足量的鼠药去毒杀人，由于鼠药在一般人看来能够毒死人，有具体的危险，所以构成不能犯。（2）行为人用射程不够的手枪射击位于射程之外的被害人，由于手枪在一般人看来是能够致人死亡的，行为存在具体的危险，所以构成不能犯。

---

① 参见张明楷著：《未遂犯论》，法律出版社 1997 年版，第 225 页。

② 笔者赞同这一观点，即工具不能犯与手段不能犯既不是两个等同的概念，也不存在一方包容另一方的情形，而是两个不同的概念。参见马克昌主编：《犯罪通论》，武汉大学出版社 1999 年版，第 458 页。

3．在对象不能的场合。

（1）行为人误认为保险箱有财物而盗窃，但里面并无财物，如果根据当时的情形一般人都认为保险箱里放有贵重物品，这种盗窃行为有具体危险，因而成立盗窃罪的不能犯；而如果根据当时的情形一般人都认为此保险箱是废弃的保险箱，里面不可能有财物，则行为人的行为不成立不能犯，行为不可罚。（2）行为人误将尸体当活人而开枪，如果根据当时的情况一般人都会认为尸体是活人，则认为有致人死亡的危险，成立不能犯；而如果根据当时的情况一般人都认为是尸体的，则不成立不能犯，行为不可罚。

三、我国刑法中的不能犯与能犯的未遂犯之界限

不能犯与能犯的未遂犯虽然都属于未遂犯的范畴，但不能犯的不能发生结果而有危险存在的“危险”与能犯的未遂犯能够发生结果的“危险”显然有区别。因此，在确定了不能犯的危险以后，还应进一步区分不能犯的危险与能犯的未遂犯的危险的界限，从而区分不能犯与能犯的未遂犯。

在我国刑法理论中区分能犯的未遂犯与不能犯不是根据危险来进行判断的，而是以实际上能否构成犯罪既遂为标准来进行判断的（如行为人向被害人开枪射击，由于被害人躲避而未遂的，属于能犯的未遂犯；而行为人向被害人开枪，由于枪里没有子弹而未遂的，则是不能犯），但是对于“能否”是站在何种立场上进行判断，我国刑法理论却未进一步论述。

笔者认为，不能犯的本质特征是行为不可能导致犯罪既遂的发生。但行为不是抽象的，而是具体的，是在一定条件下实施的，因此，所谓“性质上不可能导致犯罪既遂的发生”，是指内在于该行为因果序列中的事实决定了该行为必然不可能导致既遂的发生，而且这种属性是一种物理状态。所以，判断这种危险所依据的事实不能是行为人所认识到的事实或一般人所认识到的事实，而只能是行为后所调查的该行为因果序列中的全部客观事实，至于不属于这一因果序列中的事实则不予以考虑。如投毒杀人只考虑“投毒”这一因果序列中的全部客观事实，如毒药的药性、投毒的数量、被害人的身体状况等，而对于别的因果序列中的事

实则不予考虑，如被害人扔掉毒药、他人救助等。另外，判断时所依据的方法应该是科学的准则，而不是一般人的观念。如果没有其他因果序列的事实介入，行为就能导致结果发生的，这种情况是能犯的未遂犯；而如果不需要其他因果序列的事实介入，行为本身不能导致结果发生的，则成立不能犯。

综上所述，第二次危险判断，即判断能犯的未遂犯与不能犯的界限，应该以行为后所调查清楚的该行为因果序列中的一切事实为基础，根据科学的准则进行判断。如果行为没有导致既遂危险的，成立不能犯；如果行为有导致既遂危险的，成立能犯的未遂犯。

这种危险判断学说与"客观危险说"的最大区别，在于它仅就具体行为因果序列中的事实进行判断，而不是以行为时的一切事实进行判断。因为如果以行为时的一切事实进行判断，由于绝对不能与相对不能是两个相对的概念，因而很难认定，而这正是"客观危险说"的致命缺陷。这种危险判断学说与"修正的客观危险说"的区别在于它并不对事实进行抽象。事实就是事实，如果对其进行抽象则往往会因为判断者的不同而得出不同的结论。

下面以具体案例来分析这种危险判断学说。例如，在行为人向被害人开枪但未能致被害人死亡的场合，如果由于枪里没有子弹，或被害人在枪支的射程之外，或被害人穿有防弹衣等这些开枪行为的因果序列中的事实不能致被害人死亡的，则认为行为无导致既遂的危险，成立不能犯；如果由于被害人的躲闪或他人的救助，而未出现被害人死亡结果的，则认为在此种情况下，行为本身具备发生死亡结果的可能，但是因为其他因果序列事实的介入，而使致人死亡的结果未发生，所以成立能犯的未遂犯。

（发表于《法商研究》2005 年第 2 期）

论阻却犯罪的违法性错误

彭文华

法律错误，又叫违法性的错误，是指行为人对自己行为事实的法律认识与法律处断不一致。法律错误是刑法上的一个十分重要的概念，对于区别罪与非罪、此罪与彼罪具有直接的作用和影响，各国刑法都十分重视对其规范。

一、古老原则遭遇到的挑战

关于违法性错误问题，涉及一项古老的法律原则：不知法不赦原则。这一原则起源于诺曼底时代的绝对原则，一直以来，为各国普遍遵循。其基本含义是，对于违法性的错误，不能作为免责理由。不过，近些年来，随着社会的进步和科技的发展，不知法不赦原则遇到了前所未有的挑战。其背景在于：在现代社会中，随着经济的发展，经济法规越来越多，且越米越复杂，而很多经济领域中的犯罪又恰恰是以违反某项经济法规为前提的，有些情况下行为人又确实很难了解法律的变化，笼统地套用“不知法不赦”的古老法则有失公正。有人便针对不知法不赦原则提出了针锋相对的论断，认为故意应当以违法性认识为必要。但这样做的结果是为行为人以不知法为由逃避法律追究大开方便之门。于是，大多数人采取了折中的态度，即主张对情有可原的不法性错误可免除行为人的刑事责任。折中的观点在德国、奥地利、美国等国的刑法中得到体现，但也有日本等国刑法仍然坚持不知法不赦原则。学术界长期以来对违法性认识是否阻却犯罪故意也进行了激烈争论，主要有违法性意识不必要说、违法性意识必要说和违法性意识可能性必要说三种。其中，违法性意识不必要说秉承不知法不赦原则，过于绝对而支持者很少，于是衍生出自然犯法定犯区别说；违法性意识必要说（严格故意说）把违法性意识作为故意之必然要素，走向另一极端，批评者甚多，便派生出可能的违法性认识说（准故意说）。违法性意识可能性必要说包括限制故意说和责任说。责任说是指违法性意识及其可能性是别的责任要素，独立于事实的（犯罪构成要件）的故意，因此欠缺该要素时阻却了责任。[①] 这一学说在大陆法系国家得到大多数人的认同。例如，德国刑法第 17 条规定：“行为人行为时没有认识其违法性，如果错误认识不可避免，则对其行为不负责任。如果错误认识可以避免，则依第 49 条第 1 款减轻处罚。”概括地说，当前，在国外立法与审判实践中，对于法律错误是否阻却故意，绝对的肯定或者否定的观点，已经很少见，而在学术上人们几乎一直认同不知法不赦原则已经过时。主张根据行为人有无法律认识错误的可能性进行判断，进而有条件地肯定法律错误阻却故意的折中观点，尤其是责任说受到许多大陆法系国家的首肯。

尽管责任说相对科学、合理，但对于其中的“可能性”的理解，不无疑问。理解不好，就会同违法性意识必要说一样，为行为人以不知法律为理由逃避罪责提供借口，造成刑法实施上的障碍。对于何谓“可能性”，可谓众说纷纭，主要有相当理由说、过失说及避免可能性说等。所谓的“相当理由说”，如日本学者大谷实认为，在故意犯罪中，为了有违法性的意识的可能性，需要：（1）基于犯罪事实的认识，行为人被给予检讨自己的行为在法律上是否有允许的机会；（2）由于这个机会使自己产生实施适法行为的动机，即形成反对动机是可能的。[②] 而以过失作为标准的学说，显然将可能性等同于过失犯罪中的注意义务的可能，其说服力令人怀疑。避免可能性说与德国刑法之规定大致相同，类似的还有我国澳门刑法中的谴责可能性规定。需要指出，对“避免可能性”是难以客观量化的，必须依赖于对主客观的综合权衡。“在司法实践中，辨别不法性错误之产生究竟是‘不可谴责’还是‘可谴责’，主要依赖于法官在综合分析案件各种情况的基础上进行理性的判断，尤其是要注

---

① ［日］野村稔著：《刑法总论》，全理奇等译，法律出版社 2001 年版，第308～313 页。

② 马克昌著：《比较刑法原理》，武汉大学出版社 2002 年版，第 490～491 页。

意分析社会上一般人看法及行为人自身的认识能力。”① 例如，在大义灭亲的场合，行为人认为灭亲是为民除害，益在他人，但是，一般人更应该知道杀人是犯法的，故行为人的行为违法是显然的。又如，对于计算机犯罪，如为世代身处与外界几乎隔绝的偏僻山村的不识字农民，进城偶尔敲击计算机键盘而触犯刑法，则其违法性认识是可以避免的。但对于该山村的大学生，同样的行为就不能免除违法性认识。对于避免可能性，奥地利刑法第9条在这方面作了很好的示范。该条规定：其一，对于行为人及一般人而言，如果很容易认识行为是不法的，则其法律上的认识错误就是应受指责的；其二，对于行为人及一般人而言，如果不是很容易认识行为是不法的，虽然行为人不了解有关法律规定，但根据其职业、工作或其他情况，行为人有义务认识该规定的，那么其法律上的认识错误也应受指责。而在首先出现不知法不赦原则例外情形的美国，对于违法性错误阻却故意的情形，则严格限制在基于相当理由完全不知法律存在的场合以及信赖有关权威机关的意见的场合。②

二、违法性意识之不必要与必要的困惑

与国外不同的是，我国刑法对认识错误没有任何规定，更谈不上对法律错误的规范。这就直接导致在司法实践中，违法性认识从来都不是司法人员关心的内容，法官根本不会理会行为人对行为的法律性质的认识。传统理论对法律错误的研究也很有限，多数教材在谈到法律错误时，通常将之分为假想的犯罪、假想的不犯罪和罪名与罪刑的错误三种。这种分类的缺陷是，将错误中的“法律”限定为刑法显得过于狭窄；对包括违法性认识在内的法律错误缺少深入探讨，等等。不过，对于违法性的错误是否阻却故意，我国学术界争议激烈，主要观点与国外基本相同，但在内涵及表述上，存在较大区别。违法性意识不必要说认为，违法性认识不是故意的内容，不阻却故意的成立。该观点在我国是通说。其主要理由是，违法性认识是人们应当知晓的范畴，不存在有无

---

① 赵国强：《论澳门刑法中的事实错误与不法性错误规定》，载《行政》1998年第2期。

② 张明楷著：《刑法格言的展开》，法律出版社1999年版，第211页。

的问题，故不需要考察是否有无违法性认识。不过，持该观点的学者又不得不承认，对于违法性认识不阻却故意的成立，不能绝对化，不能排除个别例外的情况。如果原来并非法律所禁止的行为，一旦用特别法规定为犯罪，在这个法律实施的初期，行为人不知道有这个法律，从而没有认识自己行为的违法性，是可能发生的。根据行为人的具体情况，如果行为人确实不知道有这种法律，而认为自己的行为是合法的，那就不应认为具有犯罪故意。① 该说坚决反对将违法性认识引入故意，认为“如果将违法性概念引入，不但涉及犯罪故意概念的变化，更会导致犯罪概念、犯罪构成理论乃至整个刑法理论大裂变，毫不夸张地说，这将意味着传统刑法理论大厦的崩塌，现行刑法也不得不因此而作休克性修改。当我们要否定一种既成的理论，并试图创造一种新的理论取而代之的时候，首先要考虑新创造的理论是否比原来的理论更合理、更完善的时候，这种否定和创造才是有意义的。”② 与违法性不必要说相对，违法性意识必要说认为，违法性认识是故意内容，阻却故意成立。③ 违法性认识可能性必要说认为，违法性认识的可能性是故意成立的要件，阻却故意的成立。如果有充分理由表明行为人虽然认识了行为事实，但确实不知，且根据当时的情况也不可能认识行为是触犯刑法的，就不构成犯罪的故意。其主张类似于大陆法系同一学说中的责任说。

的确，违法性认识引入，可能会影响我国传统的犯罪构成理论，这一点毫无疑义。大陆法系递进式的犯罪构成模式，使每一个要件都有自己的独立内涵，从而违法性认识完全可以成为与故意成立无关的概念。于是，在违法性认识错误的场合，如果错误不可避免，虽然不阻却事实故意，却可以阻却责任，这便是前述责任说的理论依据。我国犯罪构成理论由于是平面式的，故意是犯罪成立的必要条件之一，故有犯罪故意

---

① 高铭暄主编：《中国刑法学》，中国人民大学出版社 1989 年版，第 127 页。

② 谢望原、柳忠卫：《犯罪成立视野中的违法性认识》，载《法学评论》2003 年第 3 期。

③ 贾宇：《论违法性认识应是犯罪故意的必备条件》，载《法律科学》1997 年第 3 期。

而阻却责任或者不成立犯罪的现象在我国刑法理论中不可能成立。这也是违法性意识可能性必要说在我国刑法理论中难以成立的原因。然而，遗憾的是，通说的立论依据看起来不无道理，实际上却值得商榷。对于社会危害性认识与违法性认识是完全一致的论断，通说认为，我国刑法规范与我国社会主义的行为价值观、是非观是一致的，危害社会的行为及其结果达到一定严重程度就会被刑法所禁止所制裁，具有正常理智的公民都会了解这一点。[①] 行为的社会危害性与违法性是犯罪这个统一体中两个紧密联系、互相依存、互相渗透的方面，二者既是对立的又是统一的。行为的社会危害性中包含着行为的违法性，行为的违法性中体现着行为的社会危害性，不可将二者割裂开来，更不能将二者对立起来。[②] 我们认为，就社会危害性认识与违法性认识的关系而言，通说的理解显然是期望、理想多于现实。人们当然希望社会危害性与违法性是高度合一的，但真正要达到这一点是不现实的。正如我们把公平、正义作为法律的灵魂，但这只是一种目标、方向，是法律永恒的追求。而现实生活中的法律由于受到诸多因素的影响，是不可能做到尽善尽美，完全体现公平与正义的。社会危害性与违法性的关系也大致如此。社会危害性是一种抽象的、一般的、记叙的现象，人们使用"社会危害性"这个词，是从行为对社会的效果方面来界定的，即指行为对社会产生有害结果的性质。这里的"危害性"具有客观性，融入了一定的朴素的社会评价因素，注重与强调的是某种人的行为对社会存在的负价值性。[③] 即使是无意识的身体活动，也会对社会产生破坏作用和消极的影响，称之为具有社会危害性也是现实的。那么，法律是否能够做到准确、及时地对行为作出恰如其分的社会评价呢？答案显然是否定的。因为法律规范以及行为违法本身的具体化、个别化以及规范化特点，决定了法律规范不可能绝对真实、无误地反映人们对某一行为的社会评价，这也是法律不可避

① 高铭暄主编：《新编中国刑法学》，中国人民大学出版社 1998 年版，第 193～194 页、第 173 页、第 143 页。

② 宋庆德：《犯罪故意的哲学思考》，载《中央政法管理干部学院学报》1996 年第 3 期。

③ 史卫忠著：《行为犯研究》，中国方正出版社 2002 年版，第 7 页。

免地要进行修改、补充的原因所在。刑法也同样离不开不断被修改与补充的一般规律。于是，因为种种原因，导致人们对某一行为的社会作用和效果的评价发生变更时，原来不具有社会危害性的行为就有可能具有社会危害性，原来具有社会危害性的行为就有可能不具有社会危害性，这在经济、行政法规不断涌现的今天，也已是司空见惯的现象了。如果刑法没有（也不可能）对此作出同步反映，则是否违法就不能真实反映行为的社会危害性了。可见，违法性认识与社会危害性认识的一致是相对的观念上的，并非绝对的、现实中的。当然，在多数情况下，是否违法还是能够真实反映行为的社会危害性的，此时违法性认识与社会危害性认识是一致的，二者之间是抽象与具体、一般与个别、内容与形式的关系。

通说认为违法性认识不必要的主要根据是，社会危害性认识本来就是故意认识的内容，认识社会危害性必然认识违法性，因而没有必要再强调违法性认识是否必要。这里涉及社会危害性是否应该属于故意认识的内容的问题。通说对此持肯定态度的理由是：我国刑法第 14 条关于犯罪故意概念明确规定，行为人对行为的社会危害性是有认识的，而且学术界也通常认为犯罪故意的认识因素包含对社会危害性的认识。还有的学者指出，对社会危害性的认识是当然的，不存在是否认识的问题。在刑法中，"有些行为的实施足以说明行为人具备犯罪故意的认识因素，行为犯便是如此。有些危害行为的主体是特殊主体，与其职责密切相关，他们在实施危害行为时，都会认识到危害社会的结果。"① 不过，也有学者否定社会危害性是明知的内容，认为社会危害性有其独立的行为客观属性。理由在于：犯罪的社会危害性具有客观的属性，对它的评价标准同样也是客观的，它不会以行为人如何认识而随意变化；将社会危害性纳入到犯罪故意的认识范畴，无助于对犯罪故意的正确认定；将社会危害性纳入认识的范畴，实际上要求行为人对自己的行为的法律性质必须作出正确的认识，并排除社会危害性认识错误的存在。这事实上是不可能的。我们认为，通说有些勉强。以刑法规定作为立论依据，与刑

① 金泽刚：《若干个罪的罪过性质问题研究——兼论犯罪故意的含义》，载《中国刑事法杂志》总第 36 期。

法理论研究的价值取向似乎有些冲突。“即是从理论的高度对刑事立法及其理论根据进行新的认识和评价，不能以是否符合现行立法规定来裁判理论观点的是非，不应当将理论刑法学贬低到注释刑法学的层次去进行研究。”①而且，日本学者理论研究虽然不可否认地是以刑法为依据，但也不过是“尽量”而已，并不是唯刑法规定是从，当“尽量”而为仍然得出刑法规定与理论及实践相矛盾时，无论是哪国学者都会毫不犹豫地指出立法的缺陷与不足。至于认为社会危害性的认识是故意的当然内容的观点，也是没有充分依据的。确实，有些行为从其本来含义来看，是完全能够揭示行为人对行为的社会危害性的认识的，但这与社会危害性认识成为故意内容还相去甚远，毕竟只是“有些行为”能够揭示行为人对行为的社会危害性的认识，而故意包含社会危害性认识则是针对所有的故意犯罪而言的。我们认为两种观点都有合理之处，却也存在不足。一般情况下，认为社会危害性是故意的内容并没有错误，此时社会危害性不仅仅具有客观属性，也包含主观属性。但是，以此认为社会危害性的主客观属性是绝对的，则有失片面。受自身特性以及现实情况的影响，某些情况下社会危害性的单纯客观属性也是存在的。首先，行为的社会危害性是从国家的立场出发进行认定，个人乃至集体对其认识是绝对难以统一的，要求以一个法律的故意标准来规范人们对社会危害性的统一认识，是不现实的。以抢亲行为为例，在有的少数民族被认为是正常的，在汉族则显然是暴力干涉婚姻自由。当个人乃至集体对社会危害性的认识与国家设定的不一致时，客观的社会危害性是唯一的判断依据。其次，由于习惯的、沿袭的认识，有些行为的社会危害性会发生变化，致使在法律性质上出现了截然相反的情形，此时要求个人适应时势都必须认识这种变化，简直不可想象。这种情况下，只能选择根据客观情况判断行为的社会危害性。再次，行为的社会危害性的判断主体最终是国家。如我国刑法第 13 条规定犯罪的概念，显然是从国家和统治者的立场出发加以归纳的，其成立标准并不以个人意愿为转移。又如，警察枪决人犯不具有社会危害性，个人杀死人犯则具有社会危害性，决定因

① 杨兴培、陈昌:《社会危害性不是犯罪故意的认识内容》，载《政法论坛》1996 年第 3 期。

素在于是否得到国家确认、允许，这也说明社会危害性属于国家判断的范畴。如果要求犯罪者的认识与国家认识保持一致，不但不可能，还会抹杀刑法的阶级性。而国家的判断标准本来就是客观的。最后，将社会危害性纳入故意的认识范畴，会造成刑法规定的不协调。例如，关于排除社会危害性的行为，就是在人们对其性质认识不清时，由国家宣示其对社会有益。正当防卫等行为的社会危害性评价只能是客观评价，如果考虑行为人主观认识就是与刑法规定相矛盾。

通过分析，不难发现，违法性意识必要说的立论依据并非是完全科学、合理的，存在令人难以信服之处。而且，确实坚持违法性意识不必要的话，将使得人们不得不面对通说所提到的“个别例外”的尴尬，这“个别例外”的矛盾，肯定会随着我国社会、经济的发展，逐渐演变成“某类例外”的矛盾。这也是为什么违法性意识不必要说无论是在大陆法系国家，还是在英美法系国家，都随着历史的发展在逐渐没落的原因所在，乃至于现在持此学说的学者几近于无。[①] 所以，如果在犯罪构成理论中不承认存在“违法性认识”可以阻却犯罪的情形，则可能导致传统刑法理论失去现实意义。至于违法性意识必要说，缺陷也是不可避免的。我们不可能也无法要求每个人对自己的行为在法律上的意义具有必要的、清楚的认识，而司法实践中对个人的违法认识追查清楚将是十分困难的，不但成本高昂，关键问题还在于不切实际。这样必然促使犯罪者以违法性没有认识为由，借故推脱责任。此时，刑法虽然能够生动反映现实，但由于缺乏具体操作与规范的可行性，很可能在实践中无以适从，显然走向另一极端。这也是为什么从一开始起，违法性认识必然说就遭到人们的反对，以至于从来没有得到多少人提倡的原因。违法性意识可能性必要说则至少在我国当前的刑法理论中是难以立足的。

三、违法性错误的定位

既然违法性意识不必要说、违法性意识必要说和违法性意识可能性必要说都有失片面，那么有无可能，既让刑法充分尊重实际情况，从而

---

① 赵秉志主编：《刑法总论问题探索》，法律出版社 2003 年版，第 227 页。

认可违法性认识阻却犯罪的可能，又不至于与现行刑法理论与刑事立法发生严重冲突？笔者认为，将违法性认识引入犯罪的构成要件之中，是没有任何疑义并值得肯定的，关键是如何与我国刑法规定及犯罪构成理论相协调。其实，在我国，既然违法性意识作为故意的认识内容无以立论，就没有必要归入故意的认识内容之中。实际上，违法性认识完全可以作为行为主体的责任能力内容之一，违法性认识能力应当属于辨认能力之一。理由在于：首先，从辨认能力的本身含义来看，应当包括违法性认识能力。一般认为，责任能力中的违法性认识能力是指行为人对自己行为在刑法上的意义、性质、后果等的分辨识别能力，即行为人认识自己行为是否为刑法所禁止、所谴责和所制裁的能力。可见，辨认能力本来就是针对行为事实及其违法性而言的。因此，辨认能力是应当包括行为事实的辨认能力和违法性的辨认能力的。其次，从实际情况看，不可避免的违法性错误，即行为人根本认识不到自己的行为是违法，与刑法规定的无责任能力的人没有辨认能力之意义并无二致。相对来说，前者可能是一种事实上的、确实的无辨认能力，而后者虽然也以事实上的无辨认能力为核心，但多少还具有法律拟制的特征。如刑法规定已满14周岁未满16周岁的人对盗窃罪不具有责任能力，就是拟制多于事实，故应该说前者更有理由被认定是丧失辨认能力的情形。再次，将违法性错误纳入责任能力范畴，能够充分反映我们对大陆法系有关认识错误理论的辩证扬弃。因为，在大陆法系的责任说中，违法性意识作为责任故意的内容，自然与责任能力密不可分，从而成为最终决定犯罪是否成立的因素。据此，在我国犯罪构成理论中，如果将不可避免的违法性错误作为无责任能力的特定情形，是合乎情理的。

鉴于承认违法性意识能力可以成为责任能力的内容，容易给行为人逃避法律追究提供借口，故必须加以严格限制，这也是绝大多数国家通行的做法。参照美、德、奥等大多数国家的经验，将违法性认识阻却犯罪的情形，限定在错误不可避免时，是比较可取的。对于何谓“不可避免”，应当从两个方面进行严格约束：一是不可避免的客观性。客观的不可避免受两个因素的限制，即一般人的认识水平和行为人自身的职业、经验、阅历等。在通常的场合，如果对于某一行为，普通人对其法律性质能够认识的话，则行为人的认识也就可以避免错误的产生。如对大熊猫，一般人都能够认识到伤害其的行为是违法的，则行为人以不认识大熊猫为理由主张伤害错误不可避免就不能成立，其行为当然成立犯罪。在某些知识性、专业性比较强的场合，除一般人的认识能力外，还要考察其经验、学识、专业、阅历等，才能判断是否可以避免错误的产生。一般来说，人们的经验、阅历越丰富，学识越广博，在某种程度上对错误的可避免性就越强，反之就越弱。二是不可避免的主观性。即行为人的认识错误，不是因为可以认识而不认识或者应当认识而由于疏忽大意没有认识，而是根据客观情况和自身的认知水平，根本就不会认识到行为的违法性。这是不可避免的认识错误与过失的主要区别。例如，林业部门发文，认定以前为不属于保护动物的某种动物为国家一级保护动物，而远在边陲的某猎户第二天就射杀了一只这种动物。根据该地区实际情况，由于交通闭塞等原因，该猎户不可能立即获知此文件信息，通常都要一个星期左右才能获悉最新文件。因此，该猎户是不可能认识到其行为是捕杀珍贵野生动物并具有违法性的，故其认识错误应当阻却犯罪故意，不能以犯罪论处。但是，如果一周之内因该猎户本人不主动或疏忽大意，没有及时了解相关文件，则对捕杀珍贵野生动物的违法行为之性质的认识错误就是可以避免的，故这种错误认识就不能阻却其犯罪故意，应当追究其刑事责任。

（发表于《政治与法律》2005 年第 3 期）

不能犯未遂构成特征新论

郭天武

我国传统刑法理论在犯罪未遂内部研究不能犯未遂，认为犯罪未遂分为能犯未遂和不能犯未遂，不能犯未遂全部可罚。这一研究在方法上有可取之处，但犯罪未遂的概念并未在不能犯未遂中贯彻，从而在本质上造成了不可罚的不能犯行为侵入不能犯未遂的概念，导致作为非犯罪行为的不能犯也以犯罪未遂处罚。我国刑法学通说观点认为，“不能犯，又称不能犯未遂，在我国一般认为是指犯罪分子已经着手实行犯罪，由于所使用的工具性质或所侵害的对象特征，使得犯罪不能得逞的情况。”① 笔者认为，通说的表述虽有可取之处，但在具体内容上存在以下问题：一是“犯罪着手”理论的形式客观说使不能犯未遂行为的起始点不具有确定性；二是使得我国刑法理论中的不能犯未遂在可罚根据上是持主观危险说的；三是没有考虑行为人对事实的认识错误在影响行为人主观犯罪意图外在客观化程度上存在本质不同。笔者认为，要正确地理解不能犯未遂的概念，必须明确不能犯未遂的犯罪构成要件。

一、相对于不可罚的不能犯而言，不能犯未遂在客观上具有法益侵害的相称性

我国刑法理论通常认为，刑法中的主客观相统一原则是指构成犯罪和追究刑事责任，要求行为人在客观上必须实施了危害行为，在主观上必须具有罪过，两者互相依存，缺一不可。犯罪是人的行为和主观罪过统一体②。主观与客观相统一的定罪原则，就是对犯罪的评价采取主观与客观的双重参照③。并且，主观与客观的相统一是以两种逻辑结构为

---

① 高铭暄著：《中国刑法学》，中国政法大学出版社 1989 年版，第 176 页。

② 杨春洗著：《刑事法学大辞书》，南京大学出版社 1990 年版，第 184 页。

③ 陈兴良著：《刑法哲学》，中国政法大学出版社 1997 年版，第 574 页。

基础的：一方面，犯罪是人的一种行为，人在实施犯罪行为时，有其逻辑发展的过程。犯罪发生的逻辑结构是一个从主观到客观的演变过程，即具有刑事责任能力的人先产生犯罪心理，后在这种罪过心理的支配下才能实施一定的行为造成法益侵害的结果。这是一个主观犯罪意图外化为客观危害的过程。这一逻辑过程能够说明行为人能够承担犯罪行为所带来的法律后果，即刑罚的适用是建立在行为人罪过基础上。另一方面，犯罪构成作为体现各种具体犯罪特殊本质的法律结构，其历史使命是为定罪服务，它的逻辑结构与犯罪发生的逻辑结构相反。首先进入司法机关视野的是侵犯了一定法益的行为，是一反向回溯的过程，因而确定具有法益侵害性的行为是定罪的逻辑起点。在行为具有客观的法益侵害的基础上，才能进一步查明该行为是否为具有责任能力的人出于故意或者过失实施的，从而为定罪提供主观根据。

立足于我国主客观相统一的定罪原则及司法逻辑的定罪过程，笔者采纳意大利刑法学中关于犯罪未遂可罚性的起点的立法模式，这是在否定“法国式”犯罪着手理论的前提下建立起来的。它在本质上是以客观说为基点的与主观说的折中①。虽然以“行为的相称性及犯意指向的明确性”来确定犯罪未遂可罚行为的起点，把一部分具有行为相称性及犯意指向明确性的犯罪预备行为纳入犯罪未遂阶段，从而带来犯罪预备理论的否定，但从另一个角度讲，又是犯罪预备理论的新生，从而解决犯罪预备为什么不具有可罚性。对我国犯罪构成理论而言，可以更彻底地贯彻“犯罪构成是定罪的唯一根据”这一命题。对于一部分不具备行为的相称性及犯意指向明确性的犯罪预备，排除其可罚性，从而没有必要再讨论预备的着手及未遂的着手问题，“着手”可以得以统一，即作为犯罪实行行为的起点而存在。

所谓行为的相称性，是指未遂行为能对刑法所保护的法益造成现实损害的危险，或者说是一种明显发生危害的可能性，是未遂行为本身显示出来的一种能够决定危害发生的性质。

首先，就相称性的判断对象而言，只能以一定环境中的具体行为作为判断的对象。如果仅从抽象的角度，对任何行为都不可能得出绝对相

---

① 张丽卿著：《欧陆刑法理论回顾》，三民书局1995年版，第117页。

称或不相称的判断，因为任何行为的结果，都是行为本身与行为时的各种条件相互作用的产物，离开了行为时的各种具体条件，就不可能得出行为是否具有与犯罪相称的结论。例如，李某购买了一把黑色塑料仿真枪，自制了露出双眼的头套，来到某银行前窥探，看到银行内无客户后，戴上头套，手持“手枪”冲进银行，高喊：“抢劫，你们把钱拿出来，不拿就打死你们!”工作人员被突如其来的情况惊呆了，双方对峙了十几秒钟，歹徒做贼心虚，逃出银行。在该案例中，行为人虽然使用了假枪，但是考虑到犯罪发生的时间、地点，行为人胁迫、恐吓，这一“假枪”已达到了足以压制对方反抗的程度。所以，一把仿真手枪在具体的环境中达到了与抢劫罪相称性的要求。又如，行为人甲某本想买一把真枪去报复邻居乙某，但买到的是一把假枪，而甲某并不知情。某日傍晚，甲某遇到乙某后，对其扣动扳机。就这种以假枪故意杀人的行为而言，无论如何具体与抽象，也不应具有故意杀人罪的相称性。另外，如果犯罪对象根本不存在，即使从行为当时所处的位置来看，应得出行为具有相称性的结论，未遂行为也不具有与实施犯罪相称的性质。因为，犯罪对象的缺乏意味着刑法所保护的法益不存在，那么行为对法律保护利益的危险就失去了存在的基础。这种情况下惩罚行为人，就只能以表现出来的犯罪意志为根据。

其次，就相称性的判断时间而言，应是一种“行为时”的判断，即在事件结束后，在所设想的具体环境中，预测事件的发展。如果在行为后，根据行为发展过程的实际情况来判断的话，只能得出任何未遂行为都不可能具有刑法所要求的相称性；而如果立足于行为前，则可能失去行为相称性判断的客观基础，只能以行为人的主观意图为判断对象，得出任何未遂行为都具有刑法所要求的相称性。同时，所谓将行为的相称性放在行为人行为时的环境中加以评价，不仅是从“时间”意义上，同时也是从“逻辑”意义上来说的，即从行为人所预见、行为人对行为的控制角度来加以评价。从这个角度来看，不仅那些犯罪行为实施后发生的“意外因素”不能排除行为的相称性，因为相称性是一种行为时判断，就是那些行为时存在，但在客观上不可能为行为人所认识的“意外因素”，同样也不能排除行为的相称性。因为从行为人的角度看，这些因素在逻辑上应属于行为实施后才发现的因素。例如，某甲去抢劫，但警察事前已获知情况并采取了预防措施而未能得逞，在警察已有所防备的情况下，某甲的抢劫肯定不成功，但这种情况并不能排除行为的相称性①。

最后，行为相称性判断的标准，只能在行为人所预见的范围内对行为人所实施的行为进行判断，然而，这种相称性的判断却不能以行为人的判断为标准。如果以行为人的预见为标准，只会得出任何手段实施的犯罪行为，在行为未实施完毕或结果未发生的情况下，都与犯罪相称的结论。因为相称性的本质是已实施的未遂行为显示出来的侵害法益的客观危险，已实施终了的未遂行为显示出来结果发生的可能性；未实施终了的未遂行为则表现为完成犯罪的可能性。笔者坚持，对于客观行为是否具有侵害法益的危险，应以行为时存在的客观事实为基础，站在行为时的立场，予以一般人的判断。所以，只有当行为人主观上具有罪过，其客观上实施的行为具有侵害法益的危险时，才能认定为是犯罪未遂；行为人主观上具有犯罪意图，其客观行为没有侵害法益的任何危险时，就应认定为不可罚的不能犯（非罪行为）。

就相称性的判断而言，只是对行为人犯罪意图客观外化程度的量化评价，因为客观危险存在一个由小到大发展的过程，就行为本身而言，就是不断发展，最后达到既遂的过程。所以，笔者认为，仅仅立足于行为客观方面并不能赋予犯罪未遂行为可罚起始点以质的规定性。这也是日本刑法理论采用客观危险说或具体危险说的弱点所在②。尤其重要的是，仅仅立足于行为客观方面量化的评价，并不能对预备行为与实行行为加以实质区别。国内学者在论及这一问题时，认为二者的区别在于法益侵害的危险程度不同，而非危险有无的不同，实行行为只能是具有侵害法益的紧迫危险性的行为，或者说具有发生结果的一定程度的危险性

① ［意］杜里奥·帕多瓦尼著：《意大利刑法学原理》，陈忠林译，法律出版社1998年版，第302页。

② ［日］大谷实著：《日本刑法精义》，黎宏译，法律出版社2004年版，第355页。

的行为[①]。但是，何为“一定程度的危险”，在理论上不是一个非常具体的概念。有的学者进一步具体论述，预备行为是对客观法益的“间接”危险，实行行为是对客观法益的“直接”危险，把可罚性实质根据的危险概念，分割为着手前的危险和着手后的危险，从而实行行为也成为一个相对的概念，分割为犯罪预备的实行行为，犯罪未遂的实行行为。这在理论上也不具有可操作性。所以，将危险概念绝对地客观化或物理化，从理论上并不能解决不能犯的危险范围[②]。“对于可罚的危险应当作二元的把握。行为的主观危险抑或行为人的法益侵害的意志（行为无价值）若不存在，刑事政策就失去了对象，刑罚介入也就失去了目标和理由；如果行为的客观损害及其可能性（结果的无价值）不存在，那么，刑罚介入也就没有了限制和根据，而且对于大量的犯罪，在量的区别与限制上也就无法把握。”[③] 立足犯罪实行行为是主客观的统一体，需在行为相称性这一客观方面判断完成的基础上予以主观方面的限制。这也是行为指向明确性提出的现实理由。

二、相对于不可罚的不能犯而言，不能犯未遂在主观上具有犯意指向的明确性

所谓犯意指向的明确性，是指行为人已实施的行为，必须能从客观上表明行为人的行动明显具有正在实施犯罪的性质，或者说犯罪行为已发展到了其实施方式本身就能清楚地说明行为目的，并且行为人已不太可能自动中止的程度。所以，那些本身尚不足以清楚地说明行为人的犯罪意图，尚不明显地具有实施犯罪的性质，或者行为人还有可能改变犯罪工具的行为，就属于不应受处罚的纯粹的预备行为；如果客观上具有明确地指向实施犯罪的性质，则构成犯罪的未遂，必须受到刑罚处罚，

---

① 张明楷著：《法益初论》，中国政法大学出版社 2000 年版，第 360 ~ 361 页。

② 李海东：《社会危害性与危险性：中、德、日刑法学的一个比较》，载陈兴良主编：《刑事法评论（四）》，中国政法大学出版社 1999 年版，第 64 页。

③ 李海东：《社会危害性与危险性：中、德、日刑法学的一个比较》，载陈兴良主编：《刑事法评论（四）》，中国政法大学出版社 1999 年版，第 55 页。

如为杀人而准备射击，消除他人的防卫措施，排除阻碍犯罪的特质性障碍等。当然，犯意指向的明确性从现实的角度予以考察，除了马上就要既遂的行为外，未遂行为本身往往不可能清楚地表明行为人的犯罪目的。这需要除分析未遂行为实施方式外，尚须考察行为过程的全部情节，查明行为人的犯罪意图，然后再以行为人的犯罪意图为参照对象，判断未遂行为是否具有行为指向明确性的特征。笔者认为，行为指向明确性的本质在于行为客观方面的法益侵害与行为人主观方面的犯罪意图的联系性。虽然我国台湾地区学者强调行为指向明确性应理解为行为客观性质的判断，但是这正好说明罪的成立只能立足于由客观行为去认定主观罪过这一司法逻辑过程①。虽然行为人的主观态度可以利用众多诉讼证据，特别是行为人事后的行为、行为人的口供来证明，也就是说，犯罪意图的证明在诉讼程序中有众多途径可以获得，但要证明犯罪未遂行为的成立则必须立足于行为在客观上表明行为人正在实施犯罪。

我国刑法在定罪过程中也主张主客观相统一，但主要是立足于哲学上的辩证关系予以探讨，认为行为人主观上有罪过，客观上有危害行为，就达到定罪原则的主客观相统一，其罪就可以成立。对客观行为是否具有客观危害性及客观行为是否能够认定行为人主观具有犯罪意图，我们的定罪原则对此并不关心。有论者认为，我国刑法的犯罪构成结构是耦合式结构，将四大要件先分而论之，然后加以整合。其长处是简单易懂，便于司法人员掌握，但也存在一定缺陷，主要是将各要件之间的关系确定为一种共有关系，即无我则无你，从而在部分与整体的关系上存在逻辑混乱的现象②。有的学者进一步讲，我国犯罪构成结构的缺陷是犯罪构成内部层次关系不清楚③。笔者认为，我国犯罪构成理论注重构成要素的研究，但并不注重构成要素之间逻辑关系的研究，而我国犯罪构成本身能够比较好的体现犯罪发生的逻辑结构，但并不能切实体现

---

① 陈朴生著：《刑法学原理》，五南图书出版公司 1996 年版，第 235 页。

② 陈兴良著：《刑法哲学》，中国政法大学出版社 1997 年版，第 549 ~ 550 页。

③ 储槐植：《论刑法学的若干重大问题》，载《北京大学学报》（哲学社会科学版）1993 年第 3 期，第 56 页。

司法实践中由客观到主观的定罪过程。所以有学者主张，“犯罪构成共同要件应当按照如下顺序排列：犯罪主体、犯罪主观方面、犯罪客观方面、犯罪客体。因为犯罪构成要件在实际犯罪中发生作用而决定犯罪成立的逻辑顺序是这样的：符合犯罪主体条件的人，在其犯罪心理态度的支配下，实施一定的犯罪行为，危害一定的客体，即社会主义的某种社会关系。”① 然而，犯罪构成的历史使命是为定罪提供根据，它应体现司法定罪的逻辑结构。所以，笔者主张犯罪客体要件、犯罪客观要件、犯罪主体要件和犯罪主观要件要按司法机关认定犯罪的顺序进行排列。虽然逻辑顺序为我们指明认识事物本真的途径，但犯罪构成中客观要素达到何种程度才能与主观要素相统一呢？笔者认为，行为相称性及犯意指向的明确性是对犯罪构成中主客观要素内在逻辑的比较合理地解决。

行为的相称性与犯意指向明确性是彼此相依、彼此限制的。行为具有客观的法益侵害的危险是刑罚权发动的客观面的量的限制。由于法益侵害在客观面上具有量的幅度，所以达到什么程度发动刑罚权，单纯地对法益侵害进行客观的量的考察并不具有确定性。立足于犯罪行为是主客观的统一体，可以对行为的相称性予以主观方面的限制，即行为的相称性得以确立并且能够明确地指向行为人正在实施犯罪。犯罪未遂行为的可罚起始点得以确认，因为行为人主观上的犯罪意图首先是一个有无的问题，这也是定罪所要解决的问题，虽然行为人主观恶性可能存在量的差别，但那是在量刑时所要考虑的。所以，犯罪意图的质的规定性可以为行为相称性提供相应的质的规定性。从理论上讲，行为的相称性及行为指向的明确性的彼此联系、彼此限制，可以为犯罪未遂行为的可罚起点提供一个明确的标准。

“无罪过即无犯罪”是现代刑法的基本原则。从犯罪发生的逻辑结构来说，是主观罪过不断客观外化而最终形成犯罪构成的客观要件；从犯罪认定的司法逻辑结构来看，是在法益侵害的基础上查明犯罪意图，罪过才得以确认。所以，笔者承认“一个行为能否成为犯罪构成中的客观要件以及成为何种犯罪构成的客观要件，是受犯罪主观要件的内容与

---

① 赵秉志、吴振兴著：《刑法学通论》，高等教育出版社1993年版，第84页。

形式的制约”，但是一个客观上并不具有法益侵害的行为，因为行为人主观犯罪意图在具体案件中经过各种途径或证据的证实，而认为“行为虽然在客观上并未造成刑法所规定的具体损害，甚至行为在客观上还未完全具备刑法分则所要求的客观性质，还未实际指向体现刑法所保护的社会关系的客观事物，但只要在行为中包括了犯罪构成主观要件所要求的认识内容……即包含了犯罪构成的主观要件，行为同样构成犯罪”①是司法实践中以白糖误为砒霜谋杀非糖尿病患者的理论支点。

笔者认为，无论是不能犯未遂，还是不可罚的不能犯，二者都是不能犯行为，其前提是二者主观上都有犯罪意图，并且其犯罪意图随着客观外化的程度而不断发展。但从犯罪构成的角度讲，二者的主观方面具有质的区别。不能犯未遂行为的主观方面因为客观的行为的相称性及犯意指向明确性的完成，即客观行为达到犯罪构成质的规定性，从而使其主观方面上升为罪过，而不可罚的不能犯行为因不具有这一特点而导致行为人主观方面不具有罪过性。

三、相对于既遂犯而言，不能犯未遂不完全具备刑法分则规定的全部构成要件

不能犯未遂行为不完全符合刑法分则所要求的构成要素，即行为未完成或结果未发生。苏联学者特拉依宁把犯罪未遂用公式表示为：未遂行为 = 故意 + 构成因素的行为 - 结果。这种公式虽然简单明了，但是过于简单并具有片面性。因为就既遂与未遂的区别而言，不能仅以有无结果发生为标准。其公式可表示为：犯罪构成的未遂形态 = 刑法分则所规定的犯罪构成的既遂形态 - 犯罪客观方面的某个缺失的因素或者某个构成因素的未完成部分。这个公式表明犯罪构成的未完成形态，仍然是一个由四大要件以一定结合方式组成的具有特定社会危害性的有机整体。但由于犯罪客观方面的某些因素的未完成或缺失，其整体性能特别是对社会危害性的说明受到影响②。无论犯罪未遂还是犯罪既遂，它们都符

---

① 高铭暄著：《刑法学》，法律出版社 1982 年版，第 114 页。马克昌著：《犯罪通论》，武汉大学出版社 1991 年版，第 126 页。

② 何秉松著：《刑法教科学》，中国法制出版社 1997 年版，第 316 页。

合犯罪构成，只是二者在具有犯罪构成四个要件的条件下构成要素上存在差别。同时，犯罪既遂和犯罪未遂二者在刑法规范的叙述上存在不同，刑法分则规定的是以实行行为为样本的犯罪既遂的构成，对刑法总则有关犯罪未遂的规定，实际上具有成倍增加刑法分则中犯罪规范的作用。由于有了犯罪未遂的规定，每一种犯罪规范的规定，实际上都增加了一个与之相适应的未遂形式，所以，不能犯未遂行为是符合犯罪构成的，其刑事责任的确定，是在立足于刑法总则与刑法分则的基础上对其定罪量刑。

四、相对于常态犯而言，不能犯未遂的行为人对事实存在错误认识

不能完成犯罪的原因是由于行为人主观上的认识错误。在不能犯未遂的场合，行为人主观上具有犯罪的故意，如果不是由于对事实的认识错误，很可能使犯罪达到既遂状态。这种错误认识主要表现为两种情形：

其一，对犯罪手段的认识错误。有论者认为，存在“方法不能犯”和“工具不能犯”①。所谓工具不能犯，是由于对作案工具的实际效能产生了错误认识，选择了不能完成犯罪的工具，而导致犯罪的不能完成。所谓方法不能犯，是对作案方法的适当性产生了错误认识而导致犯罪未能完成。在这种场合下，行为人所选择的作案工具并无错误，只是使用方法不当造成的。从汉语语义出发，笔者认为以上两种情况，可以统称为手段不能犯。

但行为人的行为是否具有犯罪未遂的相称性，判断对象不是行为人所使用的“方法”或“工具”，而是行为人在行为时的具体环境中所实施的具体行为。因为就“方法”或“工具”而言，可能从抽象的角度看“相称”，但在具体情况下却“不相称”，甚至是相反的情况。例如，从抽象的意义看，“枪击他人”是与杀人相称的手段，但在具体的情况下，如被害人在射程之外，就不再是相称的杀人手段。又如给人喝糖饮料，如果抽象地看，不可能是具有致人死亡的性质，但给快昏迷的糖尿病人喝这种饮料，就是一种完全相称的杀人方法。因此，只有以具体的行为

---

① 高铭暄著：《刑法学》，法律出版社1982年版，第113页。

为判断对象，才可能将未遂行为定义为现实的，而不是假设或潜在的危险基础之上。

行为相称性的判断应放在具体的环境加以评价，对行为人在其所预见的范围内实施的手段予以一般人的判断。行为人对手段的认识错误也表现为两种情形：一是手段在具体环境中具有行为相称性及犯意指向的明确性，也就是具备了犯罪构成客观要件的质的要求，这种情况属于不能犯未遂行为；二是手段不具有行为的相称性及行为指向的明确性，即不具有犯罪构成中犯罪客观要件的质的规定性，属于不可罚的不能犯行为，非罪行为。例如，行为人以杀人故意将没有达到致死量的毒药给他人饮用时，成立不能犯未遂；行为人误将糖水当成毒药给他人饮用时，在行为人认识到被害对象是正常人的情况下，无论如何判断也不可能具有行为的相称性，所以不具有犯罪的着手，而构成不可罚的不能犯。

其二，对犯罪对象的认识错误。在我国刑法学中，犯罪客体是刑法所保护而为犯罪行为所侵害的人们的利益，犯罪对象是犯罪行为直接指向的具体的人或物。它们是两个既有联系又有区别的概念。犯罪客体不等于犯罪对象，有的犯罪没有犯罪对象，犯罪客体可以脱离犯罪对象而独立存在①。随着刑法理论的发展，这一观点受到了质疑，有的学者提出，“刑法所保护的社会关系不可能脱离具体的犯罪对象而存在”②，“犯罪对象与犯罪客体，是犯罪行为所作用的同一事物的两个不同方面……二者是既有内在联系，又有明显区别的两个概念。犯罪对象是犯罪客体的可感觉的方面，是犯罪客体在客观世界中的存在和表现形式。犯罪客体是隐藏在犯罪对象背后的，危害行为所侵犯的社会关系，它必须通过一定的犯罪对象才可能表现出来。”③ 笔者赞同犯罪客体与犯罪对象是既有内在联系又有区别的两个概念。那么，在不能犯的问题中，客体不能与对象不能是否完全一致呢？笔者认为，同犯罪客体与犯罪对象的关系一样，客体不能与对象不能也是既有区别又有联系的两个概念。犯罪对

---

① 赵长青著：《刑法学》，法律出版社 2000 年版，第 120 页。

② 陈忠林：《论犯罪构成各要件的实质及辩证关系》，载陈兴良主编：《刑事法评论（六）》，中国政法大学出版社 2000 年版，第 363 页。

③ 《刑事审判参考》，法律出版社 1999 年版，第 35 页。

象有“绝对不存在”与“相对不存在”之分，这是立足于客观危险说而产生的概念。犯罪对象绝对不存在构成不可罚的不能犯，而犯罪对象相对不存在构成不能犯未遂。

综上所述，笔者认为，所谓不能犯，是指行为人主观上具有犯罪意图，由于对事实的认识错误而使行为不可能发生犯罪结果的情况，它包括两个下位概念：不能犯未遂与不可罚的不能犯。传统理论中的不能犯行为不应一律按照犯罪未遂予以处罚，应区分为不能犯未遂（犯罪未遂）和不可罚的不能犯（非罪行为）两种情况，不能犯未遂与能犯未遂均属犯罪未遂，应承担犯罪未遂的刑事责任，但二者应有所区别。1997年《刑法》第22条第2款规定：“对于未遂犯，可以比照既遂犯从轻或减轻处罚。”立法上的概括规定对能犯未遂与不能犯未遂并未有所区别。虽然，能犯未遂与不能犯未遂就其主观恶性来看，二者并无不同，但就其能否达到既遂的客观危险性上，前者要大于后者。因此，能犯未遂与不能犯未遂在量刑时应考虑这一区别，能犯未遂可以比照既遂犯从轻或减轻处罚，而不能犯未遂在客观危险上小于能犯未遂，对不能犯未遂的量刑采用必减主义更能够体现二者的区别。对于不可罚的不能犯，行为人主观上虽有犯罪意图，客观上其行为不具有法益侵害的危险，这种行为是非罪行为，不应当追究其刑事责任，因为行为人并不具有承担刑事责任的全部条件。

（发表于《西南政法大学学报》2005年第6期）

析教唆犯与间接正犯之间认识错误的认定与处理

——以部分的主客观相统一原则为立场

许发民

故意犯罪的刑事责任以犯罪故意的存在为前提，而犯罪故意是认识因素和意志因素的统一。因此，对客观犯罪事实即犯罪构成客观要件事实产生错误认识时，就可能影响犯罪故意，进而影响刑事责任。错误论实际上是犯罪故意论中的一个专门研究领域。根据我国刑法第25条的规定，共同犯罪是指二人以上共同故意犯罪，因而共同犯罪中也存在这个问题，而且还更为复杂，不能简单套用单独犯产生错误认识时的情况来处理。以教唆犯与间接正犯之间的认识错误的认定与处理为例，中外皆歧见迭出，迄今仍未达成共识。本文提倡应以部分的主客观相统一原则为立场解决这种错误问题。

一、“错误”情况及观点聚讼

教唆犯与间接正犯之间的认识错误一般包括下列三种情况：

1. 把具有刑事责任能力的人误认为没有刑事责任能力的人而进行利用。例如，甲误认为乙是不能辨别是非的精神病人，诱致了乙去杀人，但是，乙实际上充分地理解了其行为的意义而杀了人。在这种情况下，行为人主观上具有间接正犯的故意，客观上却实施了相当于教唆犯的行为，出现了主客观不相统一的错误。对此，应如何认定和处理，中外学说意见不一。

德日主要有四种观点。“主观说”认为，这种错误不是特别重要的，对背后人应按照其意思构成相应的犯罪。因为在间接正犯的故意与教唆犯的故意之间尽管存在矛盾，但是，根据日本刑法第61条第1项关于“教唆他人实行犯罪的，判处正犯的刑罚”的规定，应该在法律上对教唆犯和正犯作相同处断，所以，是存在与行为人实际具有的故意相适应的行为。对于上例，甲应该作为杀人罪的间接正犯，乙应该作为杀人罪的正犯处罚。大场茂马、团藤重光、德国1913年刑法草案第33条第4项、1919年草案第26条第2项后段均持此说。“客观说”认为，应根据行为的客观意义，来确定背后人的犯罪性质。此说主张构成预见一定事实根据的行为是正犯行为还是共犯行为，乃是应该由裁判所判断的问题即由法官来评价判断，这只与法条的适用有关，不属于犯人的故意内容，故在此情况下，就应按照客观产生的事态处理，换言之，背后人应构成教唆犯。对于上例，根据客观产生的事态，就应认定甲是杀人的教唆犯，乙是杀人的正犯。竹田直平、修密特、迈耶等均持此说。“折中说”认为，以上两说均欠妥，主张应综合考虑背后人行为的主观方面和客观方面，在主客观相统一的范围内构成犯罪，而不能论以超脱的事实关系的责任。因此，对背后人应认为只构成教唆犯。对于上例，就不能科以甲超过客观的事实关系的责任，应认为是教唆犯。泉二新熊、福田平、西原春夫等均持此说。除此之外，日本学者平野龙一的观点较为独特，认为除了教唆犯的既遂外，根据情形可以是间接正犯的未遂，是法条竞合，只成立前者。①

我国代表性的观点主要有三。陈兴良教授认为，在这种情况下，主观说是可取的，但具体论证采用了抽象的主客观相统一的原则。他分析道，在这种错误中，利用者主观上具有利用他人犯罪的间接实行犯的故意，客观上实施了利用行为，尽管其行为客观上所起的是教唆作用，也不影响行为的性质。并指出，客观说与折中说都认为应以教唆犯论处，但教唆犯的成立除未遂以外是以他与被教唆的人具有共同故意为前提的。那么，在上述情况下，利用者与被利用者之间是否存在共同故意呢？回答是否定的。因此，对利用者应以间接正犯论处，被利用者构成

① ［日］木村龟二著：《刑法学词典》，顾肖荣等译，上海翻译公司1991年版，第393～394页；［日］大塚仁著：《刑法概说（总论）》，冯军译，中国人民大学出版社2003年版，第292～293页。

犯罪的，依法单独论处。[①] 张明楷教授写道，甲以为乙是没有达到刑事法定年龄的人，以间接正犯的意图唆使乙实施盗窃行为，事实上乙达到了刑事法定年龄，并实施了盗窃行为。若刑法将共犯人分为正犯、教唆犯与帮助犯，则必须确定甲是间接正犯还是教唆犯。尽管我国刑法将共犯人分为主犯、从犯与胁从犯，[②] 对于教唆犯，应当按照他在犯罪过程中所起作用处罚，但在是否成立共犯的意义上说，仍然有必要分清甲是间接正犯还是教唆犯。本书认为，应在主客观相统一的范围内，将甲认定为教唆犯。[③] 马克昌教授提出，根据我国刑法对教唆犯的规定和事实上的认识错误不影响犯罪故意成立的原则，[④] 在教唆犯误认为所教唆的对象是无责任能力者，实际上是有责任能力者，被教唆者实施了所教唆的犯罪时，教唆者以间接实行犯论，可按主犯处罚。

2. 把没有刑事责任能力的人误认为具有刑事责任能力的人而教唆，也就是说打算犯教唆犯罪却实施了相当于间接正犯的行为，出现了主观上的犯罪故意与客观上的犯罪行为不相一致。对此，中外学说意见亦有分歧。

日本主要有三种观点。“主观说”认为，在法律上（见日本刑法第61条），正犯与教唆犯应作同样的处理，因此，行为人有教唆犯的故意，并有相应的教唆行为时，就应作同样的处罚。即成立与行为人具有的故意相适应的教唆犯，大场茂马即持此观点。“客观说”认为，背后人客观上实施了间接正犯的行为，主观上也必然具有正犯的故意，因此应认定为间接正犯。竹田直平就持此观点。“折中说”认为，以上两说从方

---

① 陈兴良著：《共同犯罪论》，中国社会科学出版社 1992 年版，第 378～379 页，第 506～507 页；刘明祥著：《刑法中错误论》，中国检察出版社 2004 年版，第 299～301 页。

② 张明楷著：《刑法学》（第 2 版），法律出版社 2003 年版，第 357～358 页。

③ 马克昌著：《犯罪通论》，武汉大学出版社 1995 年版，第 580 页。

④ ［日］木村龟二著：《刑法学词典》，顾肖荣等译，上海翻译公司 1991 年版，第 393～394 页；［日］大塚仁著：《刑法概说（总论）》，冯军译，中国人民大学出版社 2003 年版，第 292～293 页。

法论上考察均难以支持。日本刑法第 38 条第 2 项规定："实施了本应属于重罪的行为，但行为时不知属于重罪的事实的，不得以重罪处断。"由此应认为追究较轻的教唆犯的责任是妥当的。这是因为这种处置协调地考虑了行为人主观上抱有的教唆犯的意思和客观上发生的间接正犯的事实，并兼顾了刑法第 38 条第 2 项的意旨。泉二新熊、团藤重光、平野龙一、福田平、西原春夫、川端博等学者及昭和 27 年 2 月 29 日仙台高等裁判所刑事判决特报第 22 号第 106 页均持此观点。①

我国学者代表性的观点有四。陈兴良教授认为应采主观说。因为在上述认识错误的情况下，行为人主观上是具有教唆故意的，在这种故意的支配下，客观上实施了教唆行为，从这个意义上讲，主观与客观是统一的。仅仅因为对被教唆的人的责任能力的认识错误，而使其行为在客观上发生了间接正犯的效果，但这并不能否认对行为人应以教唆犯论处。并指出采主观说似乎排斥了客观，实际上主观动机与客观效果只是在具体内容上不符合，但具有抽象符合：客观上具有犯罪行为，主观上具有犯罪故意，这仍不失为一种特殊情况下的主观与客观的统一。可见陈兴良教授所谓的主观说实为抽象的主客观统一说。② 张明楷教授认为，以为对方达到刑事责任年龄进行教唆，实际上对方没有达到法定年龄的，只能在主客观相统一的范围内，认定为教唆犯。③ 吴振兴教授认为这种情况应按间接正犯处罚。理由是，我国刑法根据在共同犯罪中所起的作用对共同犯罪人进行分类，对这类错误也可以按照行为人在犯罪中所起的实际作用解决。教唆犯把没有刑事责任能力的人误认为具有刑事责任能力的人而进行教唆时，行为人所起的实际作用，乃是利用他人作

---

① ［日］木村龟二著：《刑法学词典》，顾肖荣等译，上海翻译公司 1991 年版，第 393～394 页；［日］大塚仁著：《刑法概说（总论）》，冯军译，中国人民大学出版社 2003 年版，第 292～293 页。

② 陈兴良著：《共同犯罪论》，中国社会科学出版社 1992 年版，第 378～379 页，第 506～507 页；刘明祥著：《刑法中错误论》，中国检察出版社 2004 年版，第 299～301 页。

③ 张明楷著：《刑法学》（第 2 版），法律出版社 2003 年版，第 357～358 页。

为犯罪工具的作用，故应按间接正犯处罚。但是，“根据我国刑法的有关规定，教唆对象如果是无责任能力的未成年人，仍然按教唆犯从重处罚。”① 马克昌教授认为，根据我国刑法对教唆犯的规定和事实上的认识错误不影响犯罪故意成立的原则，在教唆者误认为所教唆的对象是有责任能力者，实际上是无责任能力者，被教唆者实施了所教唆的犯罪时，教唆者构成教唆犯，应按刑法第26条第1款（1979年《刑法》）的规定，根据其在犯罪中所起的实际作用，作为间接正犯处罚。② 第四种观点主张“过失说”，认为在这种行为人发生认识上的错误的情况下，既非间接正犯，亦非教唆犯，而为过失犯。③

3. 利用者诱致了不知情的被利用者实施犯罪行为，但是，被利用者在实行犯罪的过程中知情了，却仍然以自己的意思继续实施并完成了犯罪。对此，应该如何处理呢？这种认识错误，在我国尚未见到系统的讨论，在日本则存在三种歧见。

主观说认为，在这种情况下，利用者的诱致行为不是教唆犯的行为，而是实行行为，应该认为是间接正犯。因为诱致行为本身是作为利用者不知情者的间接正犯的实行行为而实施的，其后被利用者知情了只不过是关于因果关系的进行的轻微错误，不值得特别考虑。团藤重光、香川达夫即持此说。客观说认为，应按行为人的客观方面决定行为人是否成立犯罪，而既然客观上只是符合教唆犯的构成要件，则利用者成立教唆犯。④ 折中说认为应全面地把握利用者的行为与被利用者的行为，借此提出，应将利用者作为是该罪的教唆犯才是妥当的立场。福田平、川端博和大塚仁等即持这种主张。⑤

---

① 吴振兴著：《论教唆犯》，吉林人民出版社1986年版，第129～130页。

② 马克昌著：《犯罪通论》，武汉大学出版社1995年版，第580页。

③ 耿文田著：《教唆犯论》，商务印书馆1935年版，第23～24页。

④ 黎宏著：《日本刑法精义》，中国检察出版社2004年版，第243页。

⑤ ［日］大塚仁著：《刑法概说（总论）》，冯军译，中国人民大学出版社2003年版，第293页。

二、应以部分的主客观相统一原则为立场解决这种错误问题

主客观相统一原则，是公认的现代刑法中认定犯罪、追究刑事责任的不可撼动的基本原则，因此，也应是我们处理一切犯罪与刑事责任问题的基本立场。所谓错误，就是指主观认识与客观现实之间的不相一致或发生矛盾的情况。但有时在这种不一致中又存在着一定范围内的一致，即部分的主客观相统一的情况。对此，就不能仅根据行为人的故意内容或仅根据行为的客观事实认定犯罪与追究刑事责任，而应在故意内容与客观行为相统一的范围内认定犯罪与追究刑事责任，即应以部分的主客观相统一原则来解决这种错误问题。这一主张实质是针对错误问题这种具体情况，对完全的主客观相统一原则的辩证运用。因而以这种主张认定和处理教唆犯与间接正犯之间的认识错误，当然也就符合主客观相统一的现代刑法基本原则。但是，对此由于在理论上并未达成共识，于是便形成了处理这种错误问题的上述的观点聚讼。

1. 把具有刑事责任能力的人误认为没有刑事责任能力的人而进行利用的情况。根据部分的主客观相统一原则的要求，确定犯罪行为的性质及其刑事责任，必须同时考虑行为人的主观意思和表现于外的客观事态。就上述错误认识的情况而言，以间接正犯的意思却实施了相当于教唆犯的行为时，这里其实不仅存在着一个认识错误问题，而且还存在着一个间接正犯和教唆犯在犯罪构成上的关系问题。间接正犯的故意从实质上考察包含着亲自直接地违反法规范的意识，而教唆犯的故意不过是包含着以他人为中介违反法规范的意识，就此一点来看，两者明显不同；而且必须承认在以这种意识为基础的诱致行为上也还存在着细微的差异。然而对此主观说仅注重行为人的主观意思却无视行为的客观效果，客观说仅注重行为的客观效果却无视行为人的主观意思，均偏执一端，因而都是有悖于主客观相统一的原则的。从犯罪构成上分析，间接正犯与教唆犯之间的认识错误属于跨越了不同犯罪构成的对象认识错误的情况，那么，这两种犯罪构成之间是否不存在部分交叉重叠关系而完全不相一致呢？回答显然是否定的。实际情况是，这种不同中又存在着部分相同，于是在相同的部分便能够达到主客观要件之间的相互统一，因而就应由此解决这种错误问题。具体言之：（1）由于间接正犯的故意

在利用他人这一点上，与教唆犯的故意有着基本相同的一面；同时，从实质性的责难可能性程度上看，间接正犯的故意与教唆犯的故意相比较具有更为恶劣的性质。就此说来，间接正犯的故意能够把教唆犯的故意包含其中或者说教唆犯的故意被包摄于间接正犯的故意之内。借此，在法律上确认为更轻程度的教唆故意是可以的。(2) 从把具有刑事责任能力者误认为无刑事责任能力者而进行利用上说，从客观方面分析，正是由于背后人行为的诱致，中介人才作为正犯实施了实行行为，故其外部行为也可以说相当于教唆行为的定型。综上所述，当出现以间接正犯的意思却实施了相当于教唆犯行为的这种对象认识的错误时，根据部分的主客观相统一原则，应认定为教唆犯，相应地，应追究其教唆犯的刑事责任。

毋庸讳言，上述结论虽然与此情况下的客观说的结论是一样的，但是持论的立场显然大相径庭，因而不可混为一谈。由此认为以主客观统一为立场但客观说主张“以间接正犯的意思而实施了相当于教唆犯的行为……应当看做教唆犯。这实际上是以行为人的客观上的行为和结果为准而作出的结论”，因而所谓的主客观相统一说“与客观说的看法相同”① 就纯系误解，其指责显然不能成立。同时，当由于对象认识错误，行为跨越了两个不同但具有重叠或交叉关系的犯罪构成要件时，以所谓抽象的主客观相统一原则为立场认定行为的性质，实际上并未真正坚持主客观相统一原则的立场，因而也是欠妥的。以“抽象符合说”处理两个不同的犯罪构成要件之间的关系，在德日刑法上也系一说，但如所周知，影响力早已衰退，症结即为浅尝辄止于对主客观相统一原则的表象理解和把握而未能透彻理解该原则的真义和精髓。② 因而有力的学说则是坚持部分的主客观相统一原则的“法定符合说”，日本判例也持这种立场，认为“为了肯定存在犯罪的故意，……以犯人认识的事实和现实发生的事实……在作为犯罪的类型（定型）规定的范围内相一致（符合）为足够”（昭和25年7月11日最高裁判所刑事判例集第4卷7号第

① 吴振兴著：《论教唆犯》，吉林人民出版社1986年版，第129~130页。

② ［日］木村龟二著：《刑法学词典》，顾肖荣等译，上海翻译公司1991年版，第257~263页。

1261页）。[1] 可以说这种学说才真正把握了主客观相统一原则的基调。至于上文所述的其他一些学说，由于不符合部分的主客观相统一原则，本文当然也不予认同。

2. 把没有刑事责任能力的人误认为具有刑事责任能力的人而教唆的情况。根据部分的主客观相统一原则，也要协调地综合考虑行为人主观上抱有的教唆犯的意思和客观上发生的间接正犯的事实。如上文分析所示：（1）行为人在主观上具有教唆他人实施犯罪的故意；（2）在客观上虽然实施了相当于间接正犯的行为，但对于某种犯罪基本构成来说，在因间接正犯而实现，与其基本构成要件的修正形式即教唆犯的构成要件的实现之间，在利用他人这一点上是共通的。换言之，导致这种无责任能力的中介人行为的背后人的行为，就规范的观点而言，也可以说就是教唆行为。综上，对这种错误情况也应以教唆犯论，追究行为人较（间接正犯）轻的教唆犯的刑事责任。[2]

上述结论虽然说与对这种错误情况持主观说者一样，但正如前文所论，二者显然不可同日而语。因而认为以主客观相统一为立场但比如“所谓以教唆犯的意思而实施了相当于间接正犯的行为……也应看作教唆犯。这实际上是以行为人主观上的故意为准而作出的结论，与主观说的看法相同”[3]，这种议论显然就非为妥当之论。至于提出对这类错误问题按照行为人在犯罪中所起的作用来处理的主张也明显失当。因为按照这种观点，教唆犯把没有刑事责任能力的人误认为具有刑事责任能力的人而进行教唆，行为人所起的作用，乃是利用他人作为犯罪工具的作

---

① ［日］大塚仁著：《刑法概说（总论）》，冯军译，中国人民大学出版社2003年版，第197页。

② 在我国的刑法文化传统和与此相应的刑法意识中，教唆犯一直是惩治的重点。但是，从犯罪构成和法律规定上分析，间接正犯的刑事责任重于教唆犯，而不是相反。仅以刑法第29条第1款后段为例，在此，刑法规定“教唆不满十八周岁的人犯罪的，应当从重处罚。”但是教唆14周岁以下的人“犯罪”危害性显然比14周岁以上的人犯罪更严重，却属于间接正犯的情况，即并不能适用该规定。基于此，合理的解释只能是间接正犯的刑事责任重于教唆犯的刑事责任。

③ 吴振兴著：《论教唆犯》，吉林人民出版社1986年版，第129~130页。

用，应按间接正犯处罚。同时还提出"根据我国刑法的有关规定，教唆对象如果是无责任能力的未成年人，仍然按教唆犯从重处罚，而不是按间接正犯处罚。因此，把无责任能力者误当作有责任能力者而进行教唆时，只有这种无责任能力人属于精神病患者时，才能按间接正犯处罚。"[①] 然而，我国刑法根据在共同犯罪中的作用对共同犯罪人进行分类，主要是为了解决共同犯罪的处罚问题，但这是以解决了共同犯罪的定罪问题为前提的。而这里讨论的认识错误问题，主要不是为了解决其处罚问题，而首先是要解决其定罪问题。因此，这种主张看起来独辟蹊径，实质上无异于从其所谓的客观说。[②] 此其一。其二，该主张还存在着按双重标准来区分教唆犯与间接正犯的逻辑上的矛盾问题。因为无论是教唆无责任能力的未成年人还是无责任能力的精神病人实施严重危害社会的行为，对"教唆者"而言，主观心理状态及所采用的行为类（定）型都是相当的，并没有加以区别对待的理由和根据。至于前文所述的过失说，也是不成立的。对于本文讨论的这种错误，是否可以阻却犯罪故意，中外绝大多数学者的回答都是否定的。[③] 更为要紧者，这种观点明显将对教唆对象的心理状态与对教唆行为及其结果的心理状态加以混淆。实践中，从对教唆犯对象的认识错误来讲，在有的情况下确实有可能出于过失，比如应该认识到被教唆的人是没有刑事责任的人，由于疏忽大意而误认为其具有刑事责任能力。但这是认识错误的过失，而非犯罪过失。犯罪过失是指行为人对其危害社会行为及其结果的心理状态。而在教唆的情况下，危害结果是使被教唆的人产生犯意进而实行犯

---

① 吴振兴著：《论教唆犯》，吉林人民出版社 1986 年版，第 129 ~ 130 页。

② 陈兴良著：《共同犯罪论》，中国社会科学出版社 1992 年版，第 378 ~ 379 页、第 506 ~ 507 页；刘明祥著：《刑法中错误论》，中国检察出版社 2004 年版，第 299 ~ 301 页。

③ 王觐著：《中华刑法论》，中华印书局 1933 年版，第 720 页。

罪，对此，行为人是积极追求的并无任何过失可言。[①] 总之，对于不符合部分的主客观相统一原则的观点，本文不予支持。

3. 不知情的利用者中途成为知情者后，以自己的意思完成了犯罪的情况。例如，某甲试图将某乙作为工具，实施杀人罪的间接正犯，但中途某乙看清了事态，因而根据自己的杀人意图实施并完成了杀人行为。对此，像主观说主张的那样，仅以利用者的主观意思为准将甲认定为间接正犯，显然是很困难的。该说的趣旨是，诱致行为本身是作为利用不知情的间接正犯的实行行为而实施的，其后被利用者知情了只不过系因果关系进行过程中的轻微错误，因而在犯罪构成的评价上不值得特别考虑。但是，从法理上讲，间接正犯中的因果关系，按照利用者的诱致行为原样，是需要被利用者作为工具尽力于犯罪的实现的。因此，既然被利用者在中途知情，以自己的正犯意思实施了其后的行为时，就已经不适合于被视为间接正犯的因果关系了。比如在上例中，毕竟后来决定杀人的是某乙自己，这时就已经不存在乙仍作为工具被利用的事实了。就客观说而言，其结论虽令人赞同，但其在论证中偏执于客观一面的思维逻辑，却难以得到赞赏。而根据部分的主客观相统一原则，从利用者方面分析，虽说其间的认识错误已经超出了因果关系错误的范围，但是，在这种情况下，如前所述，仍然能够认为：作为利用者的间接正犯的意思在实质上内涵着教唆犯的故意，[②] 加之，其外部行为也可以被认定为相当于教唆行为的定型，借此，整体地把握利用者的行为与被利用者的行为时，结局就应该将利用者评价为教唆犯。

三、余论

综上可见，在任何科学研究中，方法论和价值立场实际上都是非常

---

① 陈兴良著：《共同犯罪论》，中国社会科学出版社1992年版，第378～379页、第506～507页；刘明祥著：《刑法中错误论》，中国检察出版社2004年版，第299～301页。

② 李光灿、马克昌、罗平著：《论共同犯罪》，中国政法大学出版社1987年版，第174页。

要紧的事。不首先理清这个问题，由于议争的基点不同，观点分歧和难以统一便在所难免，这对于学术争鸣的经济性和找准问题、深化研究都是极为不利的。以本文为例，当以部分的主客观相统一原则作为方法论和价值立场时，围绕教唆犯与间接正犯之间认识错误的认定与处理问题上的纷杂歧见便得到逐一清理，正确的结论也自然而然浮出水面。可见学术上任何细琐问题的解决，其实均离不开特定的方法论和价值立场，故提倡我国的刑法学研究应自觉地穿行于问题与主义之间。

（发表于《甘肃政法学院学报》2006 年第 1 期）

附录　论著索引

一、著作

综合类

1. 高铭暄主编:《刑法学》(修订本),法律出版社 1982 年版。
2. 高铭暄主编:《中国刑法学》,中国人民大学出版社 1989 年版。
3. 高铭暄、王作富主编:《刑法总论》,中国人民大学出版社 1990 年版。
4. 高铭暄著:《刑法总则要义》,天津人民出版社 1986 年版。
5. 梁世伟编著:《刑法学教程》,南京大学出版社 1987 年版。
6. 杨春洗等著:《刑法总论》,北京大学出版社 1981 年版。
7. 何秉松主编:《刑法教科书》,中国法制出版社 1993 年版。
8. 李光灿主编:《中华人民共和国刑法论》,吉林人民出版社 1984 年版。
9. 赵秉志等编:《中国刑法词典》,学林出版社 1989 年版。
10. 马克昌主编:《犯罪通论》,武汉大学出版社 1991 年版。
11. 喻伟主编:《刑法学专题研究》,武汉大学出版社 1992 年版。
12. 王作富著:《中国刑法研究》,中国人民大学出版社 1988 年版。
13. 樊凤林主编:《犯罪构成论》,法律出版社 1987 年版。
14. 甘雨沛等主编:《犯罪与刑罚新论》,北京大学出版社 1991 年版。
15. 张明楷著:《犯罪论原理》,武汉大学出版社 1991 年版。
16. 曾宪信等著:《犯罪构成论》,武汉大学出版社 1988 年版。
17. 高铭暄、王作富主编:《新中国刑法的理论与实践》,河北人民出版社 1988 年版。
18. 高铭暄主编:《新中国刑法学研究综述》,河南人民出版社 1987 年版。
19. 赵秉志等编:《全国刑法硕士论文荟萃》,中国人民公安大学出版社 1989 年版。
20. 李光灿、马克昌、罗平著:《论共同犯罪》,中国政法大学出版社 1987

年版。
21. 陈兴良著:《共同犯罪论》，中国社会科学出版社1992年版。
22. 吴振兴著:《论教唆犯》，吉林人民出版社1986年版。
23. 赵秉志著:《犯罪未遂的理论与实践》，中国人民大学出版社1987年版。
24. 陈兴良著:《正当防卫论》，中国人民大学出版社1987年版。
25. 姜伟著:《正当防卫》，法律出版社1988年版。
26. 陈兴良著:《刑法哲学》，中国政法大学出版社1992年版。
27. 姜伟著:《犯罪故意与犯罪过失》，群众出版社1992年版。
28. 赵秉志主编:《刑法新探索》，群众出版社1993年版。
29. 张明楷主编:《行政刑法概论》，中国政法大学出版社1991年版。

专题类

1. [苏] 基里钦科著:《苏维埃刑法中错误的意义》，法律出版社1956年版。
2. 时春明著:《刑法上错误的理论与实践》，兰州大学出版社1989年版。
3. 刘明祥著:《错误论》，法律出版社、日本成文堂1996年版。
4. 刘明祥著:《刑法中错误论》，检察出版社1999年版。

二、论文

综合类

1. 赵秉志等编:《全国刑法硕士论文荟萃》，中国人民公安大学出版社1989年版。
2. 法学文库编辑部编:《法学硕士论文选》，1989年版。
3. 史焕章主编:《华东政法学院法学硕士论文集》，1988年版。
4. 中国社会科学院研究生院编:《中国社会科学院研究生院硕士论文选》，1985年版。
5. 西南政法学院研究生处编:《硕士学位论文集》，1986年版。

专题类

1. 陈明华:《论刑法上的错误》(硕士论文)，北京政法学院1982年印。
2. 青锋:《论刑法中行为人的认识错误及刑事责任》，载西南政法学院研究生处编:《硕士学位论文集》，1986年印。
3. 简明:《论刑法上的错误》(硕士论文)，武汉大学1985年印。
4. 王明达:《论我国刑法上的认识错误》(硕士论文)，载甘雨沛等主编:

《犯罪与刑罚新论》，北京大学出版社 1991 年版。
5. 赵春辉：《论刑法中的认识错误》（硕士论文），西北政法学院 1988 年印。
6. 李新建：《刑法错误论》（硕士论文），中国政法大学 1988 年印。
7. 安健：《论刑法上的认识错误》（硕士论文），中南政法学院 1992 年印。
8. 温汉：《是正当防卫还是假想防卫?》，载《上海司法》1981 年第 3 期。
9. 朱音：《假想防卫刑事责任的探讨》，载《法学》1982 年第 1 期。
10. 肖开权：《道道难题，一个原理——从若干案例探讨刑法上的错误》，载《政治与法律》1982 年第 2 期。
11. 朱华容、夏吉先：《我们对〈误认尸体为活人加以杀害如何定罪〉的看法》，载《法学》1983 年第 9 期。
12. 应懋：《误认尸体为活人加以杀害应定何罪?》，载《法学》1983 年第 5 期。
13. 姜代境：《论假想的防卫》，载《西北政法学院学报》1984 年第 4 期。
14. 王者香：《析假想防卫》，载《法学》1984 年第 8 期。
15. 陈泽宪：《因果关系错误与刑事责任浅析》，载《河北法学》1984 年第 1 期。
16. 赵秉志：《论我国刑法中的能犯未遂与不能犯未遂》，载《法学杂志》1985 年第 4 期。
17. 陈明华：《刑法上认识错误的概念及分类》，载《西北政法学院学报》1985 年第 1 期。
18. 刘晓红：《意外事件和假想防卫》，载《法学》1985 年第 12 期。
19. 利子平：《“不能犯”质疑》，载《法学季刊》1985 年第 1 期。
20. 王小鸣：《浅谈犯罪中止与不能未遂竞合时的定性问题》，载《法制建设》1985 年第 2 期。
21. 周国均：《试论假想防卫》，载《中国刑警学院学报》1986 年第 4 期。
22. 王观强：《谈谈假想防卫及其刑事责任》，载《法律适用》1986 年第 3 期。
23. 青道夫：《论行为人对其行为社会危害性的认识错误及刑事责任根据》，载《中国人民公安大学学报》1987 年第 2 期。
24. 陈岳：《论犯罪对象不能犯的刑事责任》，载《江海学刊：经济社会版》1987 年第 2 期。
25. 李心鉴：《日本刑法学界关于事实错误的争论》，载《国外法学》1988

年第4期。
26. 薛进展:《罪行轻重的认识错误与定罪量刑》,载《人民司法》1988年第4期。
27. 孙立权:《假想防卫过当辨析》,载《现代法学》1989年第3期。
28. 李心鉴:《刑法中违法性错误与故意的关系》,载《政治与法律》1990年第5期。
29. 周其华:《假想防卫的主观要件》,载《政法丛刊》1991年第1期。
30. 汪保康:《共同犯罪中认识错误的几种情况》,载《法律科学——西北政法学院学报》1991年第6期。
31. 刘艳红:《聋哑人假想防卫系意外事件》,载《法学》1992年第8期。
32. 高铭暄:《错误中的正当化与免责问题研究》,载《当代法学》1994年第1期。
33. 何秉松、于齐生:《论刑法上的错误》,载《政法论坛》1994年第4期。
34. 刘明祥:《论刑法中的因果关系错误》,载《法学评论》1994年第4期。
35. 顾肖荣:《危险性的判断与不能犯未遂犯》,载《法学研究》1994年第2期。
36. 刘明祥:《论假想防卫过当》,载《法学》1994年第10期。
37. 张传先、李铁根:《论假想防卫》,载《河南师范大学学报》(哲学社会科学版)1994年第5期。
38. 刘明祥:《论共同实行犯的事实错误》,载《法商研究——中南政法学院学报》1994年第5期。
39. 刘明祥:《论刑法中错误的分类》,载《国家检察官学院学报》1994年第4期。
40. 刘明祥:《关于事实错误的学说及其评析》,载《外国法译评》1995年第4期。
41. 刘明祥:《论事实错误与法律错误的区别》,载《法学评论》1995年第4期。
42. 于世忠:《论因不能预见而产生的假想防卫》,载《浙江省政法管理干部学院学报》1995年第3期。
43. 刘明祥:《论假想防卫》,载《武汉大学学报:哲社版》1996年第1期。
44. 张明楷:《论英美刑法中关于法律认识错误的处理原则》,载《法学家》1996年第3期。

45. 阮齐林:《论刑法中的认识错误》,载《法学研究》1996 年第 1 期。
46. 张翔飞、汪海军:《论刑法上的错误》,载《宁波大学学报:人文版》1996 年第 4 期。
47. 马宪亭、贾铁铮:《假想防卫探析》,载《人民检察》1998 年第 5 期。
48. 张庆方:《论违法性认识错误对刑事责任的影响》,载《烟台大学学报:哲社版》1998 年第 2 期。
49. 马荣春:《刑法偶然因果关系的哲学错误与实践危害》,载《江苏公安专科学校学报》1999 年第 1 期。
50. 史迪芬·巴里斯:《自我防卫:错误的引导》,载《广西政法管理干部学院学报》1999 年第 1 期。
51. 袁宗建:《行使正当防卫权应避免的几种错误》,载《思想政治课教学》2000 年第 5 期。
52. 王向光:《论假想防卫》,载《南京晓荘学院学报》2000 年第 2 期。
53. 陈家林:《不能犯新论》,载《国家检察官学院学报》2000 年第 1 期。
54. 杜澎:《论刑法中“行为性质错误”》,载《法学评论》2000 年第 3 期。
55. 李文锋:《析传统盗窃罪中的价值认识错误》,载《律师世界》2000 年第 7 期。
56. 吴忆萍:《论事实错误对刑事责任的影响》,载《重庆商学院学报》2000 年第 5 期。
57. 倪培兴:《对象错误条件下犯罪既遂的认定问题研究——对一例故意杀人案的定性分析》,载《中国刑事法杂志》2001 年第 4 期。
58. 宋川:《从一起绑架、非法拘禁案析共犯的错误与继承的共犯》,载《人民司法》2001 年第 1 期。
59. 黎宏:《从一案例看未遂犯和不能犯的区别》,载《中国刑事法杂志》2001 年第 3 期。
60. 黄祥青:《误认尸块为毒品予以运输,应如何定罪处刑?——兼谈不能犯的定罪与量刑》,载《政治与法律》2001 年第 2 期。
61. 马克昌:《紧急避险比较研究》,载《浙江社会科学》2001 年第 4 期。
62. 程木英:《正当防卫制度新议》,载《辽宁警专学报》2001 年第 2 期。
63. 臧春阳:《正确区分正当防卫与假想防卫》,载《锦州师范学院学报》(哲学社会科学版)2001 年第 4 期。
64. 黄卿堆:《不能犯问题研究》,载《政法论丛》2002 年第 4 期。

65. 高英姿、李静：《试析不能犯》，载《律师世界》2001 年第 9 期。
66. 汤火箭：《认识错误的刑事责任分析》，载《河北经贸大学学报》2001 年第 6 期。
67. 郑晓红：《假想犯论要》，载《法制与社会发展》2002 年第 5 期。
68. 郑军男：《不能未遂犯论争："客观危险说"批判》，载《法制与社会发展》2002 年第 6 期。
69. 刘红：《论犯罪故意与违法性认识》，载《福建公安高等专科学校学报：社会公共安全研究》2002 年第 3 期。
70. 江学：《假想防卫的范围探讨》，载《武汉理工大学学报：社科版》2002 年第 4 期。
71. 张德友：《不能犯的判断方法：危险概念的理性探析》，载《法制与社会发展》2002 年第 5 期。
72. 晓桥：《假想防卫构成犯罪》，载《同学少年》2002 年第 5 期。
73. 周旭、张少林：《"危险"的判断：论刑法中的不能犯》，载《山东行政学院 山东省经济管理干部学院学报》2003 年第 6 期。
74. 刘艳珍：《试论不能犯》，载《华北水利水电学院学报：社科版》2003 年第 4 期。
75. 田鹏辉、安巍：《论刑法中客体错误》，载《北方论丛》2003 年第 1 期。
76. 郭理蓉：《被害人承诺与认识错误》，载《云南大学学报：法学版》2003 年第 1 期。
77. 伍莺莺、杨明：《美国刑法中错误素质的要求》，载《甘肃政法成人教育学院学报》2003 年第 4 期。
78. 高锋志：《论违法性错误》，载《红河学院学报》2003 年第 5 期。
79. 田鹏辉：《论期待可能性错误》，载《沈阳师范大学学报》（社会科学版）2003 年第 1 期。
80. 程皓：《偶然防卫研究》，载《江西公安专科学校学报》2003 年第 5 期。
81. 郑立功：《论盗窃犯罪中价值认识错误》，载《太原师范学院学报》（社会科学版）2004 年第 1 期。
82. 丁玉玲：《刑法事实认识错误分析》，载《长春工程学院学报》（社会科学版）2004 年第 4 期。
83. 陈山：《比较视野下的刑法错误理论》，载《乐山师范学院学报》2004 年第 9 期。

84. 张莉琼：《浅析刑法中的事实错误》，载《西北民族大学学报：哲社版》2004年第4期。

85. 黎宏：《刑法中的危险及其判断：从未遂犯和不能犯的区别出发》，载《法商研究》2004年第4期。

86. 辛忠孝、李江波：《试论不能犯之行为》，载《武汉大学学报：社科版》2004年第2期。

87. 廖万里：《试论我国刑法中不能犯条款之增设》，载《云南大学学报：法学版》2004年第5期。

88. 陈协平：《中日刑法理论中不能犯之比较》，载《南通工学院学报：社科版》2004年第4期。

89. 曲直：《论假想防卫》，载《长江大学学报：社科版》2004年第2期。

90. 杜文俊：《"不知法律不免罪，事实错误可辩护"——事实错误与法律错误的区分及认定处理》，载《贵州警官职业学院学报》2005年第6期。

91. 曾赛刚：《对象错误之定性研究》，载《江西社会科学》2005年第10期。

92. 冉翚：《刑法上打击错误的认定——以个案为视角》，载《成都教育学院学报》2005年第10期。

93. 刘宇：《论防卫错误的竞合形态》，载《长春理工大学学报》（社会科学版）2005年第2期。

94. 许国鹏、杜攀：《论不能犯界定及有罪性判断》，载《法律适用》2005年第3期。

95. 廖万里：《我国刑法中的不能犯界说：以危险判断学说为基准》，载《法商研究》2005年第2期。

96. 彭文华：《论阻却犯罪的违法性错误》，载《政治与法律》2005年第3期。

97. 锦传涛：《论不能犯》，载《河南公安高等专科学校学报》2005年第5期。

98. 陈洪兵：《由捕杀珍稀动物犯罪的认定谈刑法中的错误认识——以日本"狸·貉事件"和"貘玛·鼯鼠事件"判决为切入》，载《河南公安高等专科学校学报》2005年第5期。

99. 张玉良：《法律认识错误》，载《长春理工大学学报（社会科学版）》2005年第2期。

100. 郑泽善：《论未遂犯与不能犯之区别》，载《中国刑事法杂志》2005年第 5 期。
101. 罗丽:《不能犯论说》, 载《石油大学学报（社会科学版）》2005 年第 4 期。
102. 吕晓伟:《假想防卫刍议》, 载《宝鸡文理学院学报（社会科学版）》2005 年第 3 期。
103. 倪培兴:《论事实错误案件的归责原则》, 载《中国刑事法杂志》2005 年第 3 期。
104. 张玉良:《法律认识错误》, 载《长春理工大学学报（社会科学版）》2005 年第 2 期。
105. 张明楷:《论金融诈骗罪的事实认识错误》, 载《国家检察官学院学报》2005 年第 4 期。
106. 郭天武:《不能犯未遂构成特征新论》, 载《西南政法大学学报》2005 年第 6 期。
107. 张凯、张殿军:《间接正犯之错误探析》, 载《红河学院学报》2006 年第 6 期。
108. 朱会生、武志坚:《不能犯刑事责任的准确判断与缺陷解决》, 载《江西社会科学》2005 年第 9 期。
109. 陈向君:《浅议刑法中的事实错误》, 载《新学术》2006 年第 1 期。
110. 周春荣:《解决事实错误的三种学说评析》, 载《山西警官高等专科学校学报》2006 年第 4 期。
111. 全敏刚:《略论刑法上的认识错误》, 载《甘肃农业》2006 年第 11 期。
112. 刘柏纯:《论法律认识错误对刑事责任的影响》, 载《河北法学》2006 年第 8 期。
113. 胡广军:《教唆犯的认识错误问题》, 载《河南公安高等专科学校学报》2006 年第 3 期。
114. 许发民:《析教唆犯与间接正犯之间认识错误的认定与处理——以部分的主客观相统一原则为立场》, 载《甘肃政法学院学报》2006 年第 1 期。
115. 梁绍锋:《刑法错误论的若干问题》, 载《研究生法学》2006 年第 6 期。
116. 王国宾:《对假想防卫的理性分析》, 载《法学杂志》2006 年第 2 期。
117. 向本阳:《略论假想防卫及其过当》, 载《玉林师范学院学报》2006 年第 4 期。

北京师范大学刑事法律科学研究院

刑法学研究总整理文库书目

刑法哲学专题整理
中国刑事政策专题整理
刑法解释专题整理
刑事管辖权专题整理
刑法基本原则专题整理
犯罪构成专题整理
未成年人犯罪专题整理
刑法中行为专题整理
刑法因果关系专题整理
刑法中的错误专题整理
共同犯罪专题整理
罪数形态专题整理
刑事责任专题整理
量刑情节与量刑方法专题整理
累犯专题整理
数罪并罚专题整理
刑罚执行制度专题整理
社区矫正专题整理
中国区际刑法专题整理
国际刑法总论问题专题整理
国际刑事司法协助专题整理
国际刑事法院专题整理
恐怖主义犯罪专题整理
经济刑法专题整理
生产、销售伪劣商品罪专题整理
商业贿赂犯罪专题整理
证券、期货犯罪专题整理
侵犯知识产权犯罪专题整理
合同诈骗罪专题整理
非法经营罪专题整理
故意伤害罪专题整理
非法拘禁罪、绑架罪专题整理
刑讯逼供罪专题整理
抢劫罪专题整理
诈骗罪专题整理
侵占罪专题整理
计算机与网络犯罪专题整理
妨害司法罪专题整理
医疗事故罪专题整理
环境犯罪专题整理
毒品犯罪专题整理
贪污罪专题整理
挪用公款罪专题整理